KB179569

에밀 뒤르켐의
자살론

에밀 뒤르켐의
Emile Durkheim

자살론

Suicide: A Study in Sociology

에밀 뒤르켐 지음 ▪ 황보종우 옮김 ▪ 이시형 감수

청아출판사

현대인의 사망 원인 중 자살은 다섯 손가락 안에 들 만한 요인일 것이다. 수험으로 인한 중고생의 자살, 해고와 취업난으로 인한 청장년층의 자살, 생활고로 인한 부부와 가족의 자살, 심지어 부모에게 야단을 맞았다는 등의 지극히 사소한 이유로 목숨을 내던지는 아이들까지 생기고 있다. 이러한 극단적인 선택은 동물에게서는 볼 수 없는 인간만의 독특한 행위다.

자살에 대한 사회의 입장은 두 가지로 나뉜다. 어떤 사람들은 자신의 목숨은 자신의 것이므로 그것을 버리는 것도 자신의 권리라고 말한다. 실제로 자살에 대해 대중은 상당히 동정적인 입장을 견지하고 있다. 반면 자살 방조는 법적으로 처벌을 받는 죄이고, 사회적으로도 결코 자살을 권장하지 않는다. 자살은 내세에서 처벌을 받는 죄악이라고 주장하는 종교도 있다.

그렇다면 대체 왜 이렇게 많은 사람이 자살하는 것일까? 그들이 말하는 다양한 이유라는 게 정말로 자살할 만큼 너무도 괴롭고 힘든 것이었을까? 비슷한 상황에 처한 다른 사람들은 어째서 똑같은 선택을 하지 않는 것일까?

우리가 자살에 대해 떠올리는 수많은 질문에 대한 대답이 채 20세기도 되기 전에 쓰인 책에 모두 들어 있다는 것은 놀라운 일이다. 1897년 프랑스 사회학자 에밀 뒤르켐이 쓴 이 책은 자살에 관해 현대인이 궁금해할 질문에 명쾌하게 답하고 있다.

그는 가난과 고통으로 자살하는 사람, 권태와 우울증으로 자살하는 사람, 심지어 명예를 위해 자살하는 사람들에게 내재되어 있는 진정한 원인이 무엇인지, 연령과 지역, 기후와 건강, 결혼 여부에 따라서 자살률이 어떻게 달라지는지, 자살을 방지할 수 있는 방법은 무엇인지까지 프랑스 및 인근 지역의 자살 통계와 기타 자료들을 활용하여 세밀하게 분석하고 밝혔다. 특히 사람들이 흔히 하는 착각, 이를테면 신경쇠약 등의 정신병이 있는 사람들이 자살을 할 것이라든지, 자살을 막으면 그 폭력성이 살인으로 연결된다든지, 경제 부흥기보다는 경제 위기 때 자살하는 사람이 훨씬 많을 거라는 생각 등을 엄격한 자료 비교와 분석을 통해 바로잡고 있다.

이런 면에서 이 책은 사회학의 기초를 공부하고자 하는 사회학도들에게 필수적인 교재일 뿐만 아니라 자살에 관심이 있는 일반 독자에게도 훌륭한 지식 공급원이 될 것이다.

고전은 우리에게 당시의 사상을 알려줄 뿐만 아니라 과거와 현재를 통찰하여 미래를 볼 수 있는 힘을 키워 준다. 이 책에 담긴 자살에 관한 사회적 분석을 통하여 현대 사회에서 자살이 성행하는 원인을 파악하고, 앞으로 사회가 나아가야 할 길을 찾을 수 있다면 그것이야말로 뒤르켐이 진정 이 연구를 통해 얻고자 했던 성과일 것이다. 현대의 젊은이들과 그 외 다양한 독자들이 이 책을 통해 우리 사회에 대한 지식을 넓히고, 자살이 범죄나 단순한 정신병이 아닌 중대한 사회 현상이며 모든 사람이 힘을 합쳐 해결해야 하는 문제임을 파악할 수 있기를 바란다.

이시형

Emile Durkheim

Suicide: A Study in Sociology

10년 전만 하더라도 사회학이란 말은 거의 알려지지 않았으며 별로 신뢰받지 못하는 분위기였다. 그러나 근래에 이르러서는 널리 활용되고 있으며 이 새로운 학문을 연구하는 사람도 늘고 있고 대중의 반응도 우호적이다. 사회학은 그만큼 기대를 모으고 있다. 그러나 지금까지의 성과는 간행물의 수나 간행물이 일으킨 관심에 미치지 못하고 있다.

학문의 진보는 그 학문이 다루는 문제를 어느 정도 해결하는가에 달려 있다. 지금까지 알려지지 않았던 새로운 법칙을 발견하거나 완전한 해결책을 제시하지는 못하더라도 최소한 문제의 공식을 바꿀 만한 새로운 사실을 발견할 때 학문은 진보한다. 사회학이 이러한 성과를 올리지 못하는 것은 사회학이 제기하는 문제들이 대개 분명하지 않기 때문이다. 사회학은 여전히 체계 정립과 철학적 종합의 단계에 있다. 사회학은 사회의 특정 분야에 집중하는 대신 모든 문제에 명확한 해답을 주는 보편성을 추구하고 있다. 이런 방법은 소위 모든 문제에 대한 해답을 제시함으로써 잠깐 대중의 관심을 끌 수는 있지만 어떤 객관적 성과도 얻을 수 없다.

　짧은 연구와 성급한 직관으로는 복잡한 현실의 법칙을 알아내기에 부족하다. 그리고 무엇보다도 그렇게 광범위하고 비약적인 일반화로는 어떤 증거도 제시할 수 없다. 그렇게 해서는 검토 중인 가설에 들어맞는 유리한 사례들만 들 수 있을 뿐이다. 그러나 이러한 예시는 증명이 아니다. 또한 너무 많은 문제를 다루게 되면 어느 한 가지도 충분히 연구할 수 없다. 그러면 비판적 검증을 거치지 못한 피상적 자료만 다룰 뿐이고, 따라서 순수 사회학 연구는 확실한 문제만 다뤄야 한다고 주장하는 사람에게는 별 소용이 없다. 대부분의 연구가 어떤 특정한 조사 분야에 속한 것이 아닌 데다 진정으로 권위 있는 문헌 자료도 없기 때문이다.

　물론 사회학의 미래를 믿는 사람들은 이러한 상태가 끝나기를 바란다. 만일 지금과 같은 상태가 계속된다면 사회학은 다시 과거처럼 불신의 대상이 될 것이다. 그리고 이성의 발전을 바라는 사람들이라면 이런 퇴보를 반기지 않을 것이다. 이성의 발전을 부정하고 무시하는 상황이 계속된다면 인간 정신은 심각하게 퇴보할 것이기 때문이다. 그러나 지금까지 이룩한 성과가 부족하다고 해서 실망할 필요는 없다. 포기하는 게 아니라 새롭게 각성해야 한다. 사회학과 같은 새로운 학문은 시행착오를 겪는다고 해도 이를 되풀이하지만 않는다면 비난받을 이유가 없다. 따라서 사회학은 어떤 목표도 포기해서는 안 된다. 그 대신 사회학이 처음의 기대를 달성하려면 철학적인 논의가 되지 않도록 노력해야 한다.

사회학자는 사회적 주제를 형이상학적으로 고찰하는 데 머물지 말고 명확하게 규정된 사실들을 연구 대상으로 삼아야 한다. 이 사실들은 쉽게 정의할 수 있고 분명한 한계가 있어야 하며 사회학자는 여기에 엄격하게 집중해야 한다. 역사학, 민족학, 통계학 등의 보조 학문도 필수적이다. 보조 학문을 활용하는 데 있어 유일한 위험성은 보조 학문의 성과가 사회학자가 다루고자 하는 주제와 실제로는 관련성이 없을지도 모른다는 점이다. 사회학자가 연구 주제를 세심하게 제한한다고 해도 그 주제가 대단히 풍부하고 다양하여 보조 분야에서 예상치 못한 무궁무진한 성과가 생길 수도 있기 때문이다.

그러나 이것은 문제가 안 된다. 근거가 불충분하고 이론화가 제한적이라고 해도 사회학자가 꾸준히 연구를 진행한다면 앞으로 계속 연구하는 데 필요한 밑바탕이 될 것이다. 객관적인 근거가 있는 개념은 그 창안자 개인에게 국한되지 않는다. 그런 개념들에는 비인격적 성질이 있어서 다른 사람도 그 개념을 활용할 수 있다. 즉 개념은 전파될 수 있고 그렇기에 과학 연구가 계속 이어지는 연속성이 가능한 것이다. 과학의 진보는 이 연속성을 바탕으로 한다.

이 책에 담긴 연구는 이러한 정신을 바탕으로 이루어졌다. 나는 자살을 이 책의 주제로 선택했다. 왜냐하면 자살만큼 정확하게 정의할 수 있는 주제도 없기 때문이다. 게다가 이 주제가 특히 시기적절한 것으로 보였다. 이전 연구의 한계를 넘어설 필요가 있었기 때문이다. 또한 그러한 집중적 연구를 통해 사회학이 단순한 변증법적 주장 이상의 것임을 증명할 수 있는 진정한 법칙을 발견할 수도 있고, 내가 증명하고자 하는 법칙이 나타날 수도 있다.

물론 내 연구에 실수가 있을 수도 있고 귀납 과정에서 관찰한 사실을 지나치게 확대했을 수도 있다. 그러나 적어도 각각의 명제마다 그에 대한 증거가 딸려 있다. 나는 가능한 한 많은 증거를 제시하려고 노력했으며 무엇보다도 각각의 사례마다 무엇이 사실이고 무엇이 주장이나 해석인지를 구분하려고 노력했다. 그러므로 독자들은 혼동 없이 나의 설명에서 적절한 것이 무엇인지를 판단할 수 있을 것이다.

또한 연구 범위를 제한하는 것이 폭넓은 관점이나 보편적 시각을 잃는 것은 아니다. 그와 반대로 나는 결혼, 과부와 홀아비의 삶, 가정생활, 종교 집단 등에 대해서 몇 가지 명제를 정립했다고 생각한다. 그리고 그 명제들이 앞에서 언급한 상태와 제도에 대해 도덕론자들이 말하는 일반론보다 훨씬 유익하다고 믿는다. 내 연구가 현재 유럽 사회가 겪고 있는 보편적 부적응 문제의 원인과 그런 부적응을 해소할 수 있는 대책에 관해 몇 가지 제안을 할 수 있을 것이다.

우리는 보편적 상황은 보편론을 통해서만 설명될 수 있다는 생각을 버려야 한다. 보편적 상황은 특수한 원인과 관련이 있고, 특수한 원인은 그러한 원인을 나타내는 구체적 징후를 자세히 연구할 때 규명할 수 있다. 현재의 자살은 현대인이 겪고 있는 집단적 질환이 전염되는 한 형태이다. 그러므로 자살을 연구함으로써 그런 집단적 질환을 이해할 수 있다.

마지막으로 내가 다른 책에서 자세하게 언급하고 검토한 중요한 방법론적 문제들이 이번 연구 과정에서 구체적이고 특정한 형태로 나타날 것이다.[1] 그러한 방법론적 문제 가운데 하나는 이 연구에 중요한 공헌을 했기에 여기서 독자들에게 설명하고 가야겠다.

내가 사용한 사회학 연구 방법은 다음과 같은 기본 원리에 전적으로 근거하였다. 즉 사회적 사실이 사물로서, 개인의 외부에 존재하는 실체로서 연구되어야 한다는 것이다. 이 원리 때문에 나는 많은 비판을 받았다. 그러나 이보다 더 근본적인 원리는 없다. 사회학이 존재하기 위해서는 무엇보다도 사회학만의 독자적 연구 대상이 있어야 한다.

사회학은 다른 과학 영역에 속하지 않는 실체를 파악해야 한다. 그러나 개인의 의식 외부에 실체가 존재하지 않는다면 사회학은 그 자체의 연구 대상을 가질 수가 없다. 그러한 경우 유일하게 관찰이 가능한 것은 개인의 정신 상태뿐이다. 그 밖의 것은 존재하지 않기 때문이다. 그러나 그와 같은 주제는 심리학 영역에 속한다. 이러한 관점에서 보면 결혼, 가족, 종교의 본질은 이러한 제도들에 대응되는 개인적 욕구인 부모의 애정, 효성, 성적 욕구, 종교적 본능 등으로 구성된 것이 된다.

그러면 이러한 제도 자체와 그 제도의 다양하고 복합적인 역사적 형태는 무시되거나 무의미한 것이 된다. 그러한 제도는 개인의 본성이 가지는 보편적 성격의 피상적이고 우연한 표현에 불과하므로 개인적 특성의 한 측면일 뿐 특별히 연구할 필요가 없는 것이다. 물론 인간의 감성이 시대에 따라 어떻게 표현되는지를 고찰하는 것도 때에 따라 흥미로운 일일 수 있다. 그러나 그 모든 표현은 불완전하기에 별다른 중요성을 부여할 수 없다. 실제로 제도의 모든 의미를 만들어 내는 본질에 좀 더 주의를 기울이기 위해 그 본질을 완전하게 반영하지 못하는 제도 자체는 무시하는 편이 더 나을 때도 있다.

사회학에 보다 확고한 기초를 세우기 위해서 개인의 심리적 특질을 기반으로 한다는 명분은 사실상 사회학의 유일한 연구 대상을 포기하는 것이다. 이런 주장을 하는 사람은 사회가 없으면 사회학이 있을 수 없으며, 개인들만이 존재한다면 사회는 존재할 수 없다는 것을 깨닫지 못하고 있다. 그뿐만 아니라 그러한 견해는 사회학을 막연한 일반론으로 만들려는 주장의 근거가 된다. 사회생활의 구체적 형태(제도)가 다른 본질에서 파생된 것에 불과하다면 그 형태를 정의하는 일(사회학)이 어떻게 중요할 수 있겠는가?

그러나 이 책에서는 이와는 반대로 개인이 그보다 큰 도덕적 실체, 즉 집단적 실체에 지배되고 있다는 것을 강조하였다. 각국의 국민들은 사망률보다도 더욱 확고한 자살률을 가지고 있다. 자살률의 상승은 각 사회의 고유한 자살촉진계수와 일치한다. 그리고 하루, 한 달, 한 해에 따라 나타나는 자살률의 변화는 사회생활의 리듬을 반영한다. 결혼, 이혼, 가족, 종교, 군대 등의 제도는 명확한 법칙에 따라 자살에 영향을 미치고, 그런 법칙 중 일부는 수치로 명확하게 표현할 수 있다. 이러한 사실을 알게 되면 더 이상 그런 상태와 제도를 아무런 특징도 없는 비효율적인 이념의 배열에 불과하다고 볼 수는 없을 것이다.

오히려 그와 같은 제도는 실재하고 살아 있는 능동적인 세력으로 여겨야 한다. 왜냐하면 그러한 제도가 사회를 구성하는 개인들에게 결정적인 영향을 미치는 방식을 통해 제도들이 개인으로부터 독립된 존재임을 입증하고 있기 때문이다. 그리고 설사 개인이 그러한 세력의 형성에 한 요소로서 참여한다고 하더라도 일단 형성된 세력은 개인을 통제한다. 그러므로 사회학이 왜 객관적일 수 있으며 객관적이어야만 하는지가 보다 분명해진다. 사회학은 심리학이나 생물학과 마찬가지로 명확하고 실질적인 실체를 연구하기 때문이다.[2]

마지막으로 과거에 나의 학생이었던 두 사람, 보르도 초급대학의 N. 페랑(N. Ferrand) 교수와 철학교수 자격자(아그레제) M. 마르셀 모스(M. Marcel Mauss)의 도움에 감사한다. 페랑 교수는 이 책에 실린 모든 지도를 작성해 주었고, 모스는 [표 21]과 [표 22]의 작성에 필요한 자료를 정리해 주었다. 이 표들의 중요성은 나중에 알게 될 것이다. 이 일을 위해서 연령, 성, 결혼 여부, 자녀의 유무 등에 따라 2만 6천 건의 자살 기록을 각각 분류해서 연구해야 했는데, 이 어려운 작업을 모스 혼자서 해냈다.

이 책에 실린 도표들은 연례보고서에 실리지 않은 법무부의 자료에서 추려 작성하였다. 이 자료들을 친절하게 제공해 준 법률 통계 국장 타르드(M. Tarde) 씨에게도 깊은 감사를 표한다.

에밀 뒤르켐

| 서론 |

'자살'이라는 단어는 일상에서 자주 쓰인다. 그리고 그 의미도 보편적으로 알려져 있으므로 새삼 정의를 내리는 것은 불필요하다고 생각할 수도 있다. 그러나 일상 용어와 그 용어가 표현하는 개념은 항상 여러 의미로 쓰여서 경우에 따라 의미가 달라지므로 매우 애매하다. 그뿐만 아니라 일상 용어는 분석을 거친 분류를 통해서 나오는 것이 아니라 그저 대중의 혼돈된 인상을 반영하는 것에 불과하다. 그래서 서로 다른 종류의 사실들을 무분별하게 하나의 용어에 포함하거나 같은 현상을 서로 다른 이름으로 부르기도 한다. 따라서 일상 용어를 보다 엄밀하게 정의하지 않고 일상적인 의미 그대로 사용한다면 같이 묶어야 할 것을 나눠 놓거나 구분해야 할 것을 하나로 묶어 버리는 실수를 할 수도 있다. 그렇게 되면 사물들 사이의 참된 연관 관계를 알아보지 못하게 될 뿐만 아니라 사물들의 본질을 잘못 파악하게 된다.

우리는 오직 비교에 의해서만 사물을 설명할 수 있다. 과학적 연구는 비교할 수 있는 사실들을 다룰 경우에만 가능하다. 그리고 유용하게 비교할 수 있는 자료를 많이 모을수록 과학적 연구가 성공할 가능성이 높다. 그러나 피상적인 일상 용어를 통해서는 존재들 간의 본질적 연관성을 명확하게 규명할 수 없다.

그렇기에 학자는 일상 용어의 의미에 따라 대충 모아 놓은 여러 가지 사실 집합을 자신의 연구 주제로 삼을 수 없다. 자신이 연구하려는 사실 집합을 직접 규정해서 과학적 연구가 가능하도록 그 사실 집합에 동질성을 부여하고 각각의 개별적 의미를 부여해야 하는 것이다. 그래서 식물학자가 꽃이나 열매를 논하고 동물학자가 물고기나 곤충을 논할 때는 여러 가지 전문 용어를 미리 규정한 의미에 따라 사용한다.

그러므로 우리는 먼저 자살이라는 이름 아래 연구할 사실들의 순서를 정해야 한다. 다양한 유형의 죽음 가운데 논리적인 관찰자들이 인정할 수 있을 만큼 객관적이고, 다른 유형과 구분될 만큼 특수하며, 일반적으로 자살이라 부르는 일상 용어의 의미에서 벗어나지 않는 죽음의 형태가 존재하는지부터 살펴보아야 한다.

그러한 죽음의 형태가 있다면 우리는 자살이라는 이름 아래 자살의 차별적 특징을 나타내는 모든 사실을 모아 놓을 것이다. 설사 그런 집합에 일상적으로 자살이라 불리는 사례가 다 포함되지 못하거나 혹은 일반적으로 다른 분류에 속하는 사례가 포함된다고 하더라도 일단은 모든 사실을 모을 것이다. 중요한 것은 일반적인 지성적 입장에서 자살이 무엇인지를 정확하게 표현하는 것이 아니라 자살이라는 분류에 해당하는 대상의 범주를 정하는 일이다. 그러한 범주는 객관적으로 정해야 한다. 즉 사물의 명확한 특성에 대응하는 것이라야 한다.

여러 종류의 죽음 가운데 어떤 것은 사망자 자신의 행위로 인해 살인자가 바로 피살자가 되는 특성을 갖는다. 그리고 바로 이 특성이 자살이라고 하는 일반적 관념의 근본이 된다. 그러한 자기 살해 행위의 내재적 성격은 중요하지 않다. 자살은 일반적으로 적극적이고 난폭한 행동이며 어느 정도 육체적 힘을 사용하는 것으로 인식된다. 하지만 소극적인 태도나 단순한 회피에서도 같은 결과가 생길 수 있다. 먹기를 거부하는 것도 칼이나 총에 의한 자기 파괴와 마찬가지로 자살이다.

그런 의미에서 자살자가 자살을 실현하기 위해서 죽기 직전에 무언가 직접적인 행동을 해야만 자살인 것은 아니다. 인과관계가 간접적이라 해서 자살이라는 현상의 성격이 변하지는 않는다. 예를 들어 우상 파괴자가 순교자가 되는 영광을 누리기 위해 사형에 해당하는 대역죄를 범하고 사형 집행인의 손에 죽임을 당했다고 해 보자. 그는 직접 자기 몸을 찌른 것과 마찬가지로 스스로 죽음에 이른 것이다.

이와 같은 적극적이고 직접적인 유형과 소극적이고 간접적인 유형의 자발적 죽음은 구체적인 실행 방법만 다를 뿐 구별해야 할 이유가 없다. 그리하여 우리는 첫 번째 공식에 도달하게 된다. 즉 자살이라는 용어는 희생자 자신의 적극적 또는 소극적 행위의 직접적 또는 간접적 결과로 인한 모든 죽음을 가리킨다.

그러나 이러한 정의는 아직 불완전하다. 이 정의는 전혀 다른 두 가지 종류의 죽음을 구별하지 못하기 때문이다. 환각에 빠져 지상으로 착각하고 높은 건물의 창에서 뛰어내린 사람의 죽음과 자신의 행동을 알면서 뛰어내린 멀쩡한 사람의 죽음을 똑같이 분류하고 취급할 수는 없다. 사실 어떤 의미에서 거의 모든 죽음은 직접적이든 간접적이든 피해자의 행동 때문에 일어난다. 죽음의 원인은 인간의 내부에 있기보다는 외부에 있다. 그러나 원인은 우리가 그 원인의 작동 영역에 뛰어들 때 발동되는 것이다.

그렇다면 희생자가 죽기를 원해서 죽음을 가져온 행동을 했을 경우에만 자살로 간주해야 할 것인가? 즉 희생자가 진정으로 죽음을 원하고 의도적인 자기 살해를 행하였을 때만 그것을 자살이라고 해야 하는가? 하지만 자살을 이러한 특성만으로 정의한다면 그 특성이 아무리 중요한 것이라고 하더라도 관찰이 어렵기에 쉽게 파악하기 힘들다는 난점이 있다. 그가 죽음 자체를 원했던 것인지 아니면 다른 목적이 있었는지 그 동기를 어떻게 알아낼 수 있겠는가.

의도라는 것은 아주 내밀한 것이기에 다른 사람은 단지 추측으로 해석할 수밖에 없다. 심지어는 자신도 자신의 의도를 깨닫기 어렵다. 자신이 하는 행동의 진정한 이유를 잘못 이해하는 일이 얼마나 많은가? 우리는 항상 사소한 감정이나 맹목적인 일상의 반복에 따른 행동을 강렬한 열정이나 고상한 이유에 의한 것이라고 설명한다. 그뿐만 아니라 일반적으로 행위는 행위자가 추구하는 목적에 의해 정의될 수 없다. 왜냐하면 동일한 행위 체계 하나가 너무나 많은 여러 가지 목표에 들어맞을 수 있기 때문이다.

자기 파괴의 의도가 있는 행위만을 자살로 규정한다면, 흔히 자살이라고 부르는 죽음과 명백한 차이가 있긴 하지만 근본적으로는 동일하며 또 다른 용어로는 표현할 수 없는 죽음을 자살이라고 부를 수 없게 된다. 자기의 부대를 살리려고 죽음을 무릅쓴 병사는 결코 죽기를 원했던 것은 아니다. 그러나 그의 죽음은 파산을 피하려고 자살하는 제조업자나 상인들의 죽음처럼 스스로의 행동에 의한 것이 아닌가? 이것은 신앙을 위해서 죽는 순교자나 자식을 구하려고 자신을 희생하는 어머니의 경우에도 마찬가지다. 죽음이 단순히 목적을 이루기 위해 피할 수 없었던 불행한 결말이든, 실제로 죽음 자체를 추구하고 원했든 간에 죽은 사람은 삶을 포기한 것이다. 이것은 사실상 같은 종류의 행동이며 다만 그 방법이 달랐을 뿐이다.

이러한 죽음들은 대단히 많은 본질적 유사성을 가지고 있으므로 하나의 유(類)에 속해야 하며, 그 유의 종으로 구분되어야 한다. 물론 일반적으로 자살은 주로 삶의 의욕을 잃은 사람의 절망적인 행위를 가리킨다. 그러나 실제로는 삶을 포기하는 그 순간에만 자살을 원했다고 하더라도 생명을 잃기는 마찬가지다. 살아 있는 사람이 무엇보다도 소중한 생명을 포기하는 행동에는 분명히 본질적으로 공통된 특성이 있다. 자살을 결심하게 된 동기의 다양성은 단지 부차적인 차이만 일으킬 뿐이다. 따라서 그러한 결심이 생명의 희생을 초래한다면 과학적으로 그것은 자살이다. 그것이 어떤 종류의 자살이냐 하는 것은 나중에 살펴볼 것이다.

모든 형태의 자살에서 나타나는 공통적인 특성은 이 결정적인 행위를 알면서 행한다는 점이다. 즉 동기가 어떻든 간에 자살자는 자살 행위의 순간에 자신이 하는 행위의 결과를 알고 있다. 자살을 이같이 규정한다면, 자살은 자신이 원하지 않은 죽음이나 무의식적인 행동에 의한 죽음 등과 분명히 구별된다. 그러한 차이는 쉽게 알아볼 수 있는 특징이라 할 수 있다. 개인이 자신의 행동이 초래할 자연적인 결과를 미리 알고 있었는지 아닌지는 어렵지 않게 파악할 수 있다.

따라서 자살 행위의 순간에 자신이 하려는 행동의 의미를 알고 하는 행동들은 제한된 동질적인 그룹을 형성하며 다른 형태의 행동들과 구별된다. 그렇기 때문에 그 그룹에 자살이라는 명칭을 붙일 수 있다. 그 명칭으로는 자살이라는 용어가 적절하다. 굳이 다른 용어를 만들 필요가 없다. 관습적으로 자살이라 부르는 사건 대다수가 여기에 속하기 때문이다. 따라서 결론적으로 다음과 같이 정리할 수 있다. 자살이라는 용어는 자살자 자신이 그 결과를 알고 행하는 적극적 또는 소극적 행위의 직접적 또는 간접적 결과로 인한 모든 죽음의 경우를 뜻한다. 그리고 자살 미수는 자살과 같이 정의할 수 있으나 실제로 죽지는 않은 경우다.

이 같은 정의에 따라 우리 연구에서는 동물의 자살과 관련된 것은 모두 배제한다. 동물의 지능에 관하여 우리가 알고 있는 바에 따르면, 동물이 죽음을 예견한다든가 자살 방법을 알고 있다고는 생각할 수 없기 때문이다. 어떤 동물의 경우 다른 동물이 도살된 곳에 가지 않으려고 한다는 것은 잘 알려진 사실이고, 그런 행동은 마치 죽음에 대한 예감을 가진 것처럼 보인다. 그러나 사실은 피 냄새가 그러한 본능적 반응을 불러일으켰다는 설명으로 충분하다.

그밖에 자살인 것처럼 보이는 다른 사례들도 전혀 다르게 설명될 수 있다. 가령 성이 난 전갈이 자신의 침으로 자기 몸을 찔렀다고 하더라도 이 행동은 아마도 자동적이고 무차별적인 반응일 것이다. 전갈이 화를 내게 된 동기는 우연 또는 무작위적인 것이다. 전갈이 그런 행동의 결과를 미리 알았다고 말할 수는 없다. 다만 자신의 행위로 자신이 피해를 본 것이다. 그리고 만약 주인을 잃은 개가 음식을 먹지 않는다면 개는 슬픔으로 인해 식욕을 잃었을 뿐이다. 단식으로 죽는다고 할지라도 그 개가 죽음을 예견했던 것은 아니다. 이처럼 단식을 한다거나 독침으로 자신의 몸을 찌르는 경우 모두 결과를 예견하고 그러한 방법을 택했다고 할 수는 없다. 즉 이러한 경우에는 우리가 정의한 자살의 특성이 없으므로 앞으로는 인간의 자살만을 다룰 것이다.[1]

이러한 정의는 포함해서는 안 될 경우를 포함하거나 제멋대로 빼 버리는 일이 없도록 방지하는 것에 그치지 않는다. 이 정의를 통해서 자살이 전반적인 도덕 생활에서 어떤 위치에 있는지를 볼 수 있다. 우리의 정의에 따르면, 자살은 흔히 생각하듯이 다른 형태의 행위와 무관한 전적으로 유별난 집합, 기괴한 현상만 모아 놓은 고립된 범주를 형성하는 것이 아니다. 오히려 수많은 중간적인 사례들을 통해서 다른 형태의 행위와 연관되어 있음을 보여 준다. 자살은 그저 일상적 행동의 과장된 형태일 뿐이다.

자살은 희생자가 그 행동의 통상적 결과를 확실히 알면서도 치명적인 행동을 할 때 성립된다. 그러나 이때의 확실성에는 정도의 차이가 있다. 결과에 어떤 의혹을 느낀다면 그것은 자살이라기보다는 자살과 유사한 새로운 행동이라 할 수 있다. 자살 및 자살과 유사한 행동 사이에는 단지 정도의 차이가 있을 뿐이다. 치명적인 결과에 대한 확실한 예견 없이 다른 사람을 위해 자신을 헌신하는 것은 분명히 자살이 아니다. 설령 그가 죽는다고 하더라도 죽음을 원치 않으면서 목숨을 건 모험을 즐기는 무모한 사람이나 만사에 관심이 없는 무감각한 기질을 가진 사람이 건강을 돌보지 않다가 목숨을 잃는 경우와 마찬가지로 자살이 아닌 것이다.

하지만 자살과는 다른 행동 방식은 진정한 자살과 확연하게 구별되지는 않는다. 이러한 행동은 자살과 비슷한 정신 상태에서 나온다. 행위자가 죽음의 위험이 따른다는 것을 알고 있으며, 죽음의 위험을 알면서도 그런 행동을 멈추지 않는 것이다. 유일한 차이점은 죽음의 가능성이 더 낮다는 것뿐이다. 그러므로 연구에 지나치게 몰두한 나머지 죽은 학자가 과로에 의한 자살을 한 것이라 해도 일반적으로 완전히 부당한 말이라고 할 수는 없을 것이다. 그러한 행동은 일종의 배아 상태의 자살이다. 이 행동을 완전하게 완수된 자살과 혼동하는 것은 방법론적으로 옳지 않다. 그러나 자살과 그와 유사한 행위 간의 밀접한 관계를 결코 무시해서는 안 된다. 왜냐하면 자살이 한편으로는 용기나 헌신과 끊을 수 없는 연관이 있지만 다른 한편으로는 경솔함이나 태만과 밀접한 관계가 있다는 것을 인식하게 되면 자살이 전혀 다른 현상으로 보일 것이기 때문이다. 이 연관성의 의미는 이 책의 다음 부분에서 보다 분명하게 이해하게 될 것이다.

그러나 위와 같이 정의된 사실이 사회학자의 관심 대상이 될 수 있을까? 자살은 개인에게만 영향을 미치는 개인적인 행동이므로 전적으로 개인적인 요인에 의한 것으로 보여 심리학에 속하는 것 같다. 그리고 자살 결심은 흔히 개인의 기질, 성격, 내력, 개인사 때문으로 설명되지 않는가?

자살을 이런 방식으로 연구하는 것이 어떤 조건하에서 어느 정도로 정당한가 하는 문제는 지금 논의할 필요가 없다. 그러나 자살을 전혀 다른 각도에서 고찰할 수 있다는 것도 확실하다. 자살을 서로 관계가 없으며 따로따로 연구해야 할 개별적 사건으로 보는 대신, 한 사회에서 일정 기간 동안 일어난 자살을 전체로 보기로 하자. 그 전체는 단순히 개별 자살 사건의 합계, 총계가 아니다. 그 자체가 하나의 통일성, 개별성 및 그에 따른 본질을 가진 독자적인 새로운 현상이 된다. 더욱이 이 새로운 현상의 본질은 압도적으로 사회적이다.

실제로 기간을 적절하게 잡을 경우, [표 1]에서 보는 것처럼 한 사회의 자살 통계는 거의 변하지 않는다. 그 이유는 사람들의 생활을 뒷받침하는 환경 조건들이 비교적 변동이 없는 상태로 유지되기 때문이다. 물론 때때로 현저한 변화가 일어나기도 하지만 이는 매우 예외적인 경우이다. 또한 현저한 변화는 언제나 사회 상황에 영향을 미치는 일시적인 위기와 분명히 시기를 같이하고 있다.[2] 이 같은 경우는 유럽 여러 나라에서 혁명이 일어난 1848년에 유럽의 모든 나라에서 자살의 수가 격감한 예에서 찾아볼 수 있다.

[표 1] 유럽 각국의 자살 건수(절대 수)

연도	프랑스	프로이센	영국	작센	바이에른	덴마크
1841	2,814	1,630		290		377
1842	2,866	1,598		318		317
1843	3,020	1,720		420		301
1844	2,973	1,575		335	244	285
1845	3,082	1,700		338	250	290
1846	3,102	1,707		373	220	376
1847	(3,647)	(1,852)		377	217	345
1848	(3,301)	(1,649)		398	215	(305)
1849	**3,583**	(1,527)		(328)	(189)	337
1850	**3,596**	**1,736**		390	**250**	340
1851	**3,598**	**1,809**		**402**	**260**	**401**
1852	**3,676**	**2,073**		**230**	**226**	**426**
1853	**3,415**	**1,942**		**431**	**263**	**419**
1854	**3,700**	**2,198**		**547**	**318**	**363**
1855	**3,810**	**2,351**		**568**	**307**	**399**
1856	**4,189**	**2,377**		**550**	**318**	**426**
1857	**3,967**	**2,038**	1,349	**485**	**286**	**427**
1858	**3,903**	**2,126**	1,275	**491**	**329**	**457**
1859	**3,899**	**2,146**	1,248	**507**	**387**	**451**
1860	**4,050**	**2,105**	1,365	**548**	**339**	**468**
1861	4,454	**2,185**	1,347	(643)		
1862	4,770	**2,112**	1,317	**557**		
1863	4,613	**2,374**	1,315	**643**		
1864	4,521	**2,203**	1,340	(545)		411
1865	**4,946**	**2,361**	1,392	**619**		451
1866	**5,119**	**2,485**	**1,329**	704	410	**443**
1867	**5,011**	**3,625**	1,316	752	471	**469**
1868	(5,547)	3,658	**1,508**	800	453	**498**

1869	5,114	3,544	1,588	710	425	462
1870		3,270	1,554			486
1871		3,135	1,495			
1872		3,467	1,514			

보다 긴 기간을 두고 고찰한다면 좀 더 급격한 변화를 관찰할 수 있다. 그러나 그러한 변화는 만성적인 것이다. 단지 사회의 구조적 특성들이 일제히 크게 변했음을 증명할 뿐이다. 흥미로운 점은 그런 변화가 매우 천천히 일어나는 것이 아니라 급격하면서도 지속적으로 일어난다는 점이다. 자살 건수는 몇 년 동안 매우 한정된 범위 안에서 변화하다가 갑자기 급격한 상승이 일어나고 이어 반복된 진동 끝에 완만한 상승세를 보이다가 결국 고정된다. 왜냐하면 사회적 균형의 붕괴는 갑작스러운 일처럼 보이지만 그러한 붕괴의 결과가 완전히 나타나기까지는 시간이 걸리기 때문이다.

그러므로 자살 수치의 변동은 독특하고 연속적인 파동운동을 하다가 돌발적으로 변화가 발생하면 한동안 증가하고 이후 또 다른 갑작스러운 변화가 올 때까지 정체된다. [표 1]에서 보면, 유럽 전역에서 1848년에 일어났던 사건의 여파로 이러한 파동이 일어났음을 알 수 있다. 혹은 국가에 따라 1850~1853년 사이에 큰 변동이 일어난 것을 볼 수 있다. 독일에서는 1866년의 전쟁 이후에, 프랑스에서는 제정(帝政)의 전성기였던 1860년경에, 영국에서는 1868년경 현대적 상업 조약 때문에 일어난 상업 혁명 이후에 그러한 변동이 일어났다. 그리고 1865년경 프랑스에서 다시 일어난 새로운 변화도 같은 이유 때문일 것이다. 마지막으로 1870년의 전쟁 이후 새로운 변동이 시작되었고, 이 변화는 유럽 전역에서 여전히 눈에 띄게 일어나고 있다.[3]

즉 모든 사회는 역사의 순간마다 자살에 대해 특정한 경향을 보인다. 이러한 경향의 상대적인 강도는 전체 자살자 수와 연령 및 성별, 전체 주민 수와의 비율로 측정할 수 있다. 우리는 이 수치를 '한 사회의 자살에 의한 사망률'이라고 부를 것이다. 이 수치는 대개 주민 1백만 명 또는 10만 명에 대한 비율로 계산된다.

이 비율은 오랫동안 일정할 뿐만 아니라 그 불변성은 주요 인구 통계 자료에 비해 훨씬 더 크다. 특히 전체 사망률은 자살률과 비교하면 해마다 크게 달라지고 있으며 변동 폭도 훨씬 크다. 이 점은 여러 기간에 걸쳐 두 가지 현상이 변동하는 양상을 비교해 보면 확실히 알 수 있다. 그것을 보여 주는 것이 [표 2]이다. 이러한 관계를 나타내기 위해서 매년 사망률과 자살률을 일정 기간 동안 평균하여 백분율 형태로 나타냈다.

[표 2] 자살률과 사망률의 변동 비교

연도	인구 10만 명당 자살자 수	평균치 (백분율)	인구 1천 명당 사망자 수	평균치 (백분율)
1841	8.2	96	23.2	101.7
1842	8.3	97	24.0	105.2
1843	8.7	102	23.1	101.3

1844	8.5	100	22.1	96.9
1845	8.8	103.5	21.2	92.9
1846	8.7	102.3	23.2	101.7
평균	**8.5**	**100**	**22.8**	**100**
1849	10.0	98.9	27.3	113.2
1850	10.1	100	21.4	88.7
1851	10.0	98.9	22.3	92.5
1852	10.5	103.8	22.5	93.3
1853	9.4	93	22.0	91.2
1854	10.2	100.9	27.4	113.6
1855	10.5	103	25.9	107.4
평균	**10.1**	**100**	**24.1**	**100**
1856	11.6	103.5	23.1	97
1857	10.9	97.3	23.7	99.3
1858	10.7	95.5	24.1	101.2
1859	11.1	99.1	26.8	112.6
1860	11.9	106.0	21.4	89.9
평균	**11.2**	**100**	**23.8**	**100**

연도	연이은 두 연도 간의 차이			평균의 상회와 하회	
	최대 차이	최소 차이	차이의 평균	최대 하회치	최대 상회치
1841~1846					
사망률	8.8	2.5	4.9	7.1	4.0
자살률	5.0	1	2.5	4	2.8
1849~1855					
사망률	24.5	0.8	10.6	13.6	11.3
자살률	10.8	1.1	4.48	3.8	7.0
1856~1860					
사망률	22.7	1.9	9.57	12.6	10.1
자살률	6.9	1.8	4.82	6.0	4.5

표를 통해 한 해와 다른 해 간의 차이나 평균과의 차이도 비교할 수 있다. 이 비교를 통해 알 수 있는 것은 매 시기 자살률의 변동에 비해 전체 사망률의 변동 정도가 훨씬 크다는 점이며, 평균적으로 두 배가 넘는다. [표 2]에서 연속된 두 연도 간의 최소 차이는 마지막 두 기간에 한하여 두 수치가 거의 같은 정도이다. 하지만 이러한 최소 차이는 전체 사망률에서는 예외적인 것이며, 자살률의 경우에는 매년 간의 차이가 최소 차이와 거의 비슷하다. 이 점은 평균치의 차이를 비교해 보면 알 수 있을 것이다.[4]

물론 한 기간 중의 연도별 차이를 비교하지 않고 각기 다른 기간의 평균치들을 비교한다면, 사망률 변동에서 관찰되는 차이는 거의 무시해도 좋을 것이다. 계산 기간을 더 길게 잡아 보면 매년 일어나는 증가 또는 감소에 의한 변동과 일시적이고 우연한 원인에 의한 변동은 서로 상쇄된다. 그리하여 이런 변동은 서로 상쇄되어 평균치에서 사라지고 사망률의 불변성은 더욱 커진다. 예를 들어 프랑스에서는 1841년부터 1870년에 이르기까지 매 10년간 평균 사망률이 각각 23.18, 23.72, 22.87이다. 그러나 1년 간격으로 본 자살률의 변화가 최소한 10년 간격으로 본 전체 사망률의 변화만큼 안정되어 있다는 점은 주목할 만하다. 더구나 전 기간에 걸친 평균 사망률의 일정함은 지나치게 일반화되고 비인격화된 것이어서 한 사회에 관한 설명을 불완전하게 만든다. 사실상 이러한 평균 사망률은 문명 수준이 대체로 비슷한 사회에서는 실질적으로 거의 같으며 적어도 그 차이는 매우 작다.

예를 들어 방금 언급한 프랑스의 경우, 1841년에서 1870년까지 매 10년간 평균 사망률은 인구 1천 명당 23명 정도의 수준을 오갔다. 같은 기간 동안 벨기에에서는 각기 23.93, 22.5, 24.04였고, 영국에서는 각기 22.32, 22.21, 22.68, 덴마크에서는 각기 22.65(1845~1849), 20.44(1855~1859), 20.4(1861~1868)였다. 그러므로 지리적으로만 유럽에 속하는 러시아를 제외하면, 위에서 밝힌 유럽 각국의 사망률과 현저한 차이를 보인 나라는 이탈리아와 오스트리아뿐이다. 이탈리아는 1861~1867년 사이에 30.6으로 상승했으며, 오스트리아는 더 높은 32.52였다.[5]

반면에 자살률은 한 사회 안에서는 매년 작은 변화만을 보이지만 서로 다른 사회끼리는 두 배, 세 배, 네 배, 심지어는 그 이상까지도 차이를 보인다([표 3] 참고). 따라서 자살률은 사망률보다 각 사회집단의 특성을 훨씬 더 잘 나타내는 지표로 생각할 수 있을 정도로 고유한 것이다. 그뿐만 아니라 자살률이 각 사회의 국민성과도 밀접하게 관련되어 있다고 생각될 정도로 각 사회의 자살률 서열은 시기가 달라도 거의 정확하게 일치하고 있다. 이 점은 [표 3]에서도 입증된다. 여기서 비교하고 있는 세 기간 동안 자살은 모든 사회에서 증가하고 있지만, 그러한 증가의 와중에도 각 사회는 서로의 격차를 그대로 유지하고 있다. 즉 각 민족은 제각기 독특한 가속 계수를 지니고 있다.

[표 3] 유럽 각국의 인구 1백만 명당 자살률

	기간			순위		
	1866~1870	1871~1875	1874~1878	제1기	제2기	제3기
이탈리아	30	35	38	1	1	1
벨기에	66	69	78	2	3	4
영국	67	66	69	3	2	2
노르웨이	76	73	71	4	4	3
오스트리아	78	94	130	5	7	7
스웨덴	85	81	91	6	5	5
바이에른	90	91	100	7	6	6
프랑스	135	150	160	8	9	9
프로이센	142	134	152	9	8	8
덴마크	277	258	255	10	10	10
작센	293	267	334	11	11	11

그러므로 자살률은 그 안정성과 변동성이 보여 주는 바와 같이 통합적이고 확정적인 사실적 질서이다. 이러한 자살률의 안정성은 서로 고립된 한 무리의 독특한 특성의 결과이며, 이 특성들은 서로 다른 부대 상황에도 불구하고 동시에 효과를 미친다고 보아야만 설명이 가능하다. 그리고 자살률은 한 사회의 고유한 성격에 따라 변하기 때문에 그러한 특성들의 구체성과 개별성을 입증해 준다.

간단히 말해서 이와 같은 통계 자료는 각 사회가 집단적으로 겪고 있는 자살 경향을 보여 준다. 그러나 우리는 이러한 경향의 실제적인 본성을 여기에서 언급할 필요는 없다. 그런 경향이 실체를 가진 집단정신의 상태이든[6] 단순히 개별적인 상태의 합계에 불과한 것이든 말이다. 물론 앞의 주장과 뒤의 가설이 서로 조화되기는 어렵지만, 이 문제는 뒤에서 다시 논의할 것이다.[7] 이 주제에 대한 개인의 의견이 무엇이든 어떤 이름으로 부르든, 이러한 경향은 분명히 존재한다. 사회마다 일정한 수효의 자발적인 죽음을 발생시키는 경향이 있고, 그러한 경향은 사회학에 속하는 특수 연구 주제다. 이것이 바로 우리가 수행하려는 연구다.

우리는 개별 자살 사건들의 원인에 영향을 미치는 모든 조건을 완벽하게 조사하려는 것이 아니다. 다만 사회적인 자살률이라고 하는 구체적 사실의 기반이 되는 조건을 검토하고자 할 뿐이다. 실제로 개별 자살에 영향을 미치는 조건과 사회적 자살률에 영향을 미치는 조건 사이에 어떤 연관성은 존재하겠지만, 이 두 가지 문제는 분명히 서로 다른 것이다. 개별적 조건 가운데 상당수는 전체 자살자 수와 전체 인구수 사이의 관계에 영향을 미칠 정도로 일반적인 것이 되지 못한다. 그러한 개별적 조건들은 몇몇 개인이 자살한 원인이 되기는 하겠지만, 사회 전체의 높고 낮은 자살 경향에 영향을 미치지는 않는다.

또한 그러한 조건들은 사회 조직의 특정한 상태에 의거하지 않으므로 사회적인 반향을 불러일으키지도 못한다. 그러므로 그러한 조건은 심리학자들의 관심 대상이지, 사회학자들의 관심 대상은 아니다. 사회학자는 고립된 개인이 아니라 집단에 영향을 미칠 수 있는 원인을 연구하기 때문에 자살 요인 가운데 사회학자의 관심 대상이 되는 것은 사회 전체적으로 감지되는 요인뿐이다. 자살률은 그러한 요인들의 소산이다. 이것이 바로 우리의 관심 대상을 이런 요인들에 한정하는 이유다.

이상이 이 책의 주제이며, 이 책은 3부로 구성되어 있다.

어떤 현상을 설명하려면 광범위한 보편성을 갖는 비사회적인 원인에 의존해서 설명하거나 아니면 명백히 사회적인 원인에 의존해서 설명할 수밖에 없다. 우리는 먼저 전자의 영향을 탐구하여 그것이 실재하지 않거나 고려할 가치가 전혀 없다는 점을 규명할 것이다.

다음으로 사회적 원인의 본성을 규정할 것이다. 즉 사회적 원인이 어떻게 효력을 발휘하며, 각기 다른 종류의 자살과 연관된 개별 사례들과 어떤 관계가 있는지를 밝힐 것이다.

그리고 나면 자살을 구성하는 사회적 요인, 즉 방금 언급한 집단적 경향, 이 집단적 경향과 다른 사회적 현상과의 관계, 그런 경향에 맞설 수 있는 대응 수단 등을 보다 정확하게 밝힐 수 있을 것이다.[8]

제1부

비사회적 요인

Emile Durkheim

Suicide: A Study in Sociology

제1장 자살과 정신 질환[1]

우리가 자살률에 영향을 미칠 거라고 추측하는 비사회적 원인에는 두 가지가 있다. 바로 신체적-심리적 기질과 물리적 환경의 특성이다. 나라마다 그 강도는 다르지만, 개인 체질에 따라 또는 적어도 특정한 부류의 개인에게는 사람을 직접적으로 자살로 이끄는 경향이 존재할 가능성이 있다. 한편 기후와 온도 등이 인간에게 미치는 영향도 간접적으로 같은 효과를 가져올 수 있다. 어쨌든 이러한 가설을 검토해 보지도 않고 무시할 수는 없다. 우리는 이 누 가시 요인을 차례대로 검토하여 우리가 연구하고자 하는 현상에 이 요인들이 과연 영향을 미치는지, 만약 그렇다면 어떻게 미치는지를 살펴볼 것이다.

~

특정 질병의 연간 발병률은 민족별로는 확실히 다르지만 한 사회 내에서는 상대적으로 안정되어 있다. 그중 하나가 정신 질환이다. 따라서 모든 자살이 정신 질환에서 비롯된다고 생각한다면 우리의 문제는 해결될 것이고, 자살은 단순히 개인적 질병에 불과할 것이다.[2]

상당수의 정신과 의사들이 이러한 이론을 지지한다. 에스퀴롤(Esquirol)은 "자살은 정신이상의 모든 특성을 보여 주며,[3] 인간은 정신착란 속에서만 자살을 시도하고 자살한 사람들은 정신적으로 이상이 있다."[4]라고 했다. 이러한 원리에 따라 그는 자살이 비자발적인 것이므로 법으로 처벌해서는 안 된다고 결론지었다.

팔레(Falret)[5]와 모로 드 투르(Moreau de Tours)도 거의 같은 이야기를 하고 있다. 모로 드 투르는 자신의 논지를 제시하며 다음과 같이 언급하였다.

"모든 자살을 정신이상의 결과로 보아야 하는가? 이 어려운 문제에 대해 여기서 대답하는 대신에 일반적인 것을 하나 지적하고자 한다. 정신 질환을 깊이 연구하고 보다 많은 정신 질환자를 경험하고 관찰했던 사람일수록 위의 질문을 긍정하는 경향이 있다는 것이다."[6]

1845년 부르댕(Bourdin) 박사는 의학계에 큰 파장을 일으킨 논문에서 같은 의견을 더욱 거리낌 없이 발표하였다.

이러한 이론은 두 가지 방식으로 옹호되어 왔다. 첫 번째는 자살 그 자체가 질병, 즉 정신병의 특이한 형태라고 주장하는 것이다. 두 번째는 자살 자체가 별도의 정신 질환이라기보다는 단순히 한 가지 혹은 몇 가지 정신 질환에 의해서 나타난 사건에 불과하며, 제정신인 사람에게서는 발견되지 않는다고 주장하는 것이다. 전자는 부르댕의 주장이고, 에스퀴롤은 후자를 주장하는 대표적인 권위자다. 에스퀴롤은 다음과 같이 쓰고 있다.

"자살은 단지 여러 상이한 원인들로부터 비롯되어 여러 가지 형태로 나타나는 현상으로 보인다. 이러한 현상이 어떤 질병이 아님은 분명하다. 자살 자체를 어떤 질병으로 간주하고 그것을 일반 명제로 주장한다면, 사례들로 보아 틀린 것이다."[7]

자살이 정신 질환의 발현임을 증명하는 두 번째 방법은 첫 번째 방법보다 엄밀하거나 확정적이지 않다. 왜냐하면 이를 부정하는 경험적 입증이 불가능하기 때문이다. 자살의 모든 사례를 완벽하게 조사할 수는 없으며, 사례마다 정신 질환이 미친 영향이 있었다는 것을 완전하게 조사할 수도 없다. 아무리 수가 많다고 하더라도 개별적인 사례들만 인용해서는 과학적 일반화의 근거가 될 수 없다. 반대 사례가 확인되지 않았다고 해서 없다는 것이 아니므로 반대 사례가 존재할 가능성은 항상 있다. 그러나 첫 번째 주장은 입증할 수만 있다면 확정적인 것이 될 수 있다. 만일 자살이 그 자체의 특성과 독특한 진행 경과를 지닌 정신병으로 밝혀진다면 문제는 해결된다. 즉 모든 자살자는 미친 사람이라는 것이다.

그러나 정말 자살이라는 정신병이 존재할까?

자살 성향은 특수하고 제한적이기 때문에 만일 자살이 일종의 정신병에 해당한다고 하면, 한 가지 행동에 국한된 부분적 정신병일 것이다. 말하자면 자살이라는 한 가지 목적에만 국한된 정신착란증이라고 해야 한다. 그렇지 않고 여러 가지 목적이 있다면 그것은 정신착란증이라고 규정할 수 없기 때문이다. 전통적인 정신병리학에서는 이같이 제한적인 정신착란증을 편집광(모노마니아)이라고 부른다. 편집광은 한 가지 측면을 제외한 모든 다른 정신적 측면에서는 완전히 건강하다. 즉 제한된 한 가지 결함만 가지고 있는 것이다. 예를 들어 때때로 술을 마시거나 도둑질을 하거나 욕을 하는 등의 비이성적이고 부조리한 욕망을 갖지만 다른 모든 행동과 사고는 완전히 정상적이다. 그러므로 만일 자살광이라는 것이 있다면 그것은 편집광일 수밖에 없으며, 또 실제로 그와 같이 불린 적도 있다.[8]

한편 만일 편집광이라고 불리는 이러한 특이한 질환을 인정한다면 자살을 편집광의 하나로 주장하는 이유도 명백해진다. 방금 이야기한 정의에 따르면 이런 종류의 질환은 지적인 기능에 아무런 장애도 보이지 않는다는 특성이 있다. 편집광이 누리는 정신생활의 기본은 건강한 사람과 다름없다. 다만 편집광은 그러한 공통된 기본에서 하나의 특정한 심리 상태만 뚜렷하게 분리되어 있을 뿐이다. 즉 편집증은 충동에 있어서 한 가지 극단적 감정, 상상에 있어서 한 가지 잘못된 환상에 불과하다고 할 수 있으나, 다만 그 정도가 마음을 완전히 사로잡아 노예화한 상태이다. 그런 열망이 지나치게 커져서 다른 모든 대뇌 기능을 마비시킬 정도가 되면 병적인 과대망상의 편집증이 된다.

정신적 균형을 깨뜨리는 격렬한 감정 폭발은 편집증을 일으키기에 충분하다. 그런데 자살은 보통 갑자기 표출되는 것이든 점진적으로 쌓여 온 것이든 간에 어떤 비정상적인 열정에 영향을 받는다. 따라서 그와 같은 힘이 자기 보존이라는 원초적 본능을 거스를 수 있다는 주장이 합리적인 것처럼 보인다. 더욱이 대부분의 자살자는 자기 파괴라는 특별한 행위 이외에는 다른 사람들과 전혀 구별되지 않는다. 그러므로 자살자들을 일반적인 정신착란증 환자라고 볼 수는 없다. 이상이 자살을 편집광이라는 이름의 정신 질환이라고 주장하는 논거다.

그러나 과연 편집광은 존재하는가? 오랫동안 이에 대해서는 의문이 제기되지 않았다. 정신과 의사들은 편집광이 부분적 정신착란증이라는 이론에 이의 없이 동조해 왔다. 그러한 이론이 임상적 관찰에서 증명된다고 생각했을 뿐만 아니라 심리학적인 발견에 의한 당연한 결론으로 간주되기도 한다.

인간의 정신은 대체로 협동적으로 작용하지만 때로는 분리될 수도 있는 개별적인 기능들로 구성되어 있다고 여겨졌다. 따라서 그러한 기능들이 따로따로 병에 걸릴 수 있다고 생각한 것도 당연한일이다. 인간의 지성은 의지와 관계없이 표현되고 감성은 지성과관계없이 표현된다. 감성에는 아무 문제없이 지성이나 의지만 병들거나 그 반대의 경우가 존재하지 못할 까닭이 없지 않은가? 이를 인간 정신을 구성하는 기능 가운데 한 가지 특정한 형태의 기능에 적용해 보면, 같은 원리로 충동, 행동, 고립된 특정 생각에만 장애가 일어날 수도 있다는 이론이 가능하다.

그러나 오늘날 이 같은 견해는 일반적으로 부인되고 있다. 편집광이 존재하지 않는다는 것을 직접적인 관찰을 통해 증명할 수는 없지만, 그것이 존재한다는 결정적 사례도 찾을 수가 없었다. 임상 진찰에서도 완전히 고립된 상태에 있는 한 가지 병적인 정신적 충동을 발견한 적이 없다. 한 기능이 손상을 입을 때는 언제나 다른 기능도 장애를 받게 된다. 그러한 동시적 장애를 편집광 신봉자들이 관찰하지 못했다면 그건 그들의 연구가 부족했던 것이다.

팔레는 다음과 같이 말하고 있다.

"종교적 관념에 사로잡힌 종교적인 편집광이라고 할 수 있는 정신이상자를 예로 들어 보자. 그는 스스로 신의 계시를 받아 새로운 종교를 세상에 퍼뜨리라는 신의 소명을 받았다고 말한다. 그의 생각은 전적으로 정신이상이다. 하지만 그는 이런 종교적 생각을 제외하고는 다른 사람과 똑같이 사고한다. 그러나 그에게 좀 더 주의 깊게 질문을 던지면 다른 병적인 생각들을 곧 발견할 수 있을 것이다. 예를 들면 종교적 관념과 맞먹는 자만심의 성향이라든지 말이다. 그는 종교뿐만 아니라 사회도 개혁하라는 소명도 받았다고 믿을 것이다. 그리고 아마도 자신이 가장 고귀한 운명을 타고났다고 생각할 것이다. 만약 환자에게서 과대망상의 성향을 발견할 수 없다면, 그 대신 자기 비하나 공포의 성향을 발견하게 될 것이다. 자신이 종교적 관념에 사로잡혀 방황하다가 파멸하리라고 믿을 게 분명하다."[9]

물론 이러한 여러 형태의 정신착란증 전부가 한 사람에게 복합적으로 나타나는 것은 아니지만 대개는 연관되어서 나타난다. 또한 그러한 증세가 동시에 나타나지는 않더라도 빠르게 연속해서 나타난다. 끝으로 이와 같은 특수한 증상 외에도 편집광으로 추정되는 사람들은 항상 정신생활의 전반적 상태가 병의 바탕이 되고 있으며, 정신착란은 그런 상태의 외적이고 일시적인 표출에 지나지 않는다. 그러한 정신 상태의 기본적인 특성은 지나친 조울 증세 또는 도착 증세이다. 특히 사고와 행동 사이에 균형과 조화를 이루지 못한다. 이러한 환자도 이성은 가지고 있으나 사고에 공백이 있다. 그는 불합리하게 행동한다기보다는 연속성이 없이 행동한다. 그러므로 정신이상이 부분적으로 일어나며 정신생활의 일부에 국한된다는 주장은 옳지 못하다. 정신이상이 일단 뇌를 침범하면 그것은 즉시 정신 전반에 영향을 미치는 것이다.

더욱이 편집광 가설의 밑바닥에 깔린 원리는 실제 과학적 자료와도 모순된다. 이제 정신 기능에 관한 옛 이론을 옹호하는 사람은 거의 없다. 각기 다른 종류의 의식 활동이 통합되지 않는 별개의 세력들이며 오직 형이상학적 실체의 심층에서만 결합되는 것이라고 여기지 않고, 상호 의존적인 기능으로 간주한다. 따라서 다른 기능에는 장애가 없이 한 기능만 손상을 입을 수는 없다.

이 같은 설명은 신체의 다른 부분보다 정신생활에 있어서 더욱 적절하다. 정신적 기능에는 손상을 입은 장기와 손상을 입지 않은 장기로 구분할 만큼 명백하게 구별되는 장기들이 없기 때문이다. 두뇌의 한 부분이 역할을 수행하지 못하게 되었을 때 다른 부분이 즉시 대신할 수 있을 정도로 두뇌의 여러 부분이 서로 대체 가능하다는 사실에서 알 수 있듯이, 두뇌의 각기 다른 영역 간에 정신적 기능의 배분은 명확히 구분되어 있지 않다. 이들은 완전한 상호 관계를 맺고 있어서 어느 한 부분에만 이상이 일어나고 다른 부분은 무사한 경우는 없다.

그리고 보다 분명한 것은 정신이상으로 정신생활 전체의 급격한 변화 없이 오직 하나의 관념이나 정서만 변할 수는 없다는 것이다. 상상과 충동은 떨어져서 존재하지 않는다. 수많은 작은 실체, 영적인 원자들이 결합되어 마음을 구성하는 것이 아니기 때문이다. 상상과 충동은 의식 중심부의 전반적 상태가 외적으로 표현된 것에 불과하며, 거기에서 파생되고 표출된 것이기 때문이다. 따라서 그러한 일반적 상태 자체에 영향을 미치지 않고 상상과 충동만 병들 수는 없다.

즉 정신 질환이 부분적일 수 없다면, 이른바 편집광은 존재하지 않으며 존재할 수도 없다. 편집광이란 병명으로 불린 부분적 장애는 언제나 보다 광범위한 혼란에서 파생된 것이며 그 자체가 병이라기보다는 좀 더 일반적인 질환의 특수하고 이차적인 표현이다.

그러므로 편집광이 있을 수 없다면 자살 편집광도 있을 수 없다. 결론적으로 자살은 정신병의 한 형태가 아닌 것이다.

그러나 자살이 정신이상의 상태에서만 일어나는 것일 가능성은 남아 있다. 만일 자살 자체가 정신이상의 특정한 한 형태가 아니라면 모든 형태의 정신이상에서 자살이 일어날 수 있다는 말이 된다. 그렇다면 자살은 그 자체가 정신이상이 아니라 단지 정신이상의 일시적이지만 자주 일어나는 증상인 것이다. 어쩌면 이러한 빈번함은 자살이 정신이 온전한 상태에서 일어나는 것이 아니라 정신이상 상태에서 일어난다는 것을 시사하는 게 아닐까?

아직 결론을 내리기에는 이르다. 정신이상자의 몇몇 행동은 그들 특유의 행동이고 정신 질환의 특성이기도 하다. 하지만 어떤 행동은 정신이상자와 정상인에게서 공통으로 나타난다. 단지 그런 공통 행동이 정신이상자의 경우에는 특수한 형태로 나타나는 것이다. 자살이 위의 두 종류 중 첫 번째 행동에 속한다고 미리 추정할 이유는 없다. 정신과 의사들은 분명히 그들이 알고 있는 대부분의 자살자가 정신이상 증상을 보였다고 말한다. 그러나 자세히 검토해 보면 그러한 증거들은 지나치게 빈약하기 때문에 문제를 해결할 수 없다. 그뿐만 아니라 그처럼 한정된 특수한 경험으로부터 일반 법칙이 도출될 수는 없다. 정신과 의사들이 관찰한 자살자들로부터 관찰되지 않은 훨씬 더 많은 수의 사람들에 대한 결론을 끌어낼 수는 없다.

유일한 방법론적 절차는 정신이상자들이 저지른 자살을 본질적인 특성에 따라 분류하여 정신이상 자살의 기본 유형들을 만들고, 모든 자살이 이와 같이 체계적으로 정리된 기본 유형에 포함될 수 있는지를 알아보는 것이다. 다시 말하면 자살이 정신이상자에게만 일어나는 행위인지를 알려면 정신이상에서 발생하는 여러 가지 자살 형태를 확정하여 과연 그러한 형태에서만 자살이 발생하는지를 알아내야 한다.

일반적으로 전문가들은 정신이상자의 자살을 분류하는 데 별로 주의를 기울이지 않았다. 그러나 아마도 아래의 네 가지 유형에 대부분의 중요한 사례들이 포함될 것이다. 이 분류의 기본 요소들은 주세(Jousset)와 모로 드 투르의 연구에서 인용하였다.[10]

1. 조병 자살　　이것은 환각이나 착란에서 기인한다. 환자가 가상의 위험이나 치욕에서 벗어나기 위해서, 또는 신이 내린 신비한 소명에 복종하기 위해서 자살하는 것 등이다.[11] 그러나 그러한 자살 동기와 진행 형태는 자살을 초래한 질환, 이른바 조병(躁病)의 일반적인 특성을 반영한다.

조병의 대표적 특징은 극단적인 변동성이다. 즉 매우 다양하고 상충하기까지 하는 관념과 감정이 조병 환자의 의식 속에서 급속도로 잇달아 일어난다. 이는 연이은 회오리바람과 같다. 한 가지 정신적 상태가 즉각 다른 정신적 상태로 뒤바뀌는 것이다. 조병 자살의 동기도 마찬가지다. 조병 자살의 동기는 나타났다가 갑자기 사라지곤 하면서 매우 급격하게 변한다. 자살을 암시하는 환각이나 착란이 갑자기 일어나고 자살 시도가 이어지지만, 곧 상태가 바뀌어 자살 시도가 실패로 끝나면 적어도 당분간은 자살 시도를 되풀이하지 않는다. 나중에 다시 자살을 시도한다면 그것은 다른 동기 때문이다.

매우 사소한 일도 갑작스러운 변화를 일으키게 된다. 조병 환자한 사람이 자살하려고 얕은 강물로 뛰어든 적이 있다. 그 환자는 빠져 죽을 수 있는 곳을 찾고 있었는데, 그때 그의 행동을 수상하게 여긴 세관원이 다가와 그에게 총을 겨냥하고 물에서 나오지 않으면 쏘겠다고 위협했다. 그러자 그 환자는 순순히 자기 집으로 돌아갔고 더 이상 자살을 생각하지 않게 되었다.[12]

2. 우울증 자살 이는 극단적인 우울과 과도한 슬픔이라는 일반적 상태와 관련되어 환자가 주위 사람 및 사물과의 유대를 더 이상 건전하게 인식하지 못하는 경우에 일어난다. 더 이상 즐거운 데 마음이 끌리지 않는 환자는 모든 일을 어두운 구름을 통해 바라보듯 한다. 삶은 그에게 권태롭고 고통스러운 것에 지나지 않는다. 이러

한 느낌이 만성이 될 때 자살 충동도 뿌리를 내린다. 자살 충동이 매우 확고하며, 수많은 결정적 동기들은 기본적으로 동일한 것들이다.

건강한 부모를 둔 어느 어린 소녀가 시골에서 자라다가 14세쯤 되던 해에 교육을 위해 집을 떠나게 되었다. 그때부터 소녀는 심한 짜증을 느끼고 혼자 있기를 좋아하게 되었으며 곧 거역하기 어려운 죽음에의 욕망에 사로잡히게 되었다.

"그녀는 몇 시간이나 땅만 바라본 채 꼼짝하지 않았으며 마치 무서운 사건을 두려워하는 사람처럼 가슴을 떨고 있었다. 강물에 투신하기로 굳게 결심한 그녀는 구조가 불가능한 가장 외딴 장소를 찾아다녔다."[13]

자신이 하려는 행동이 죄악이라는 것을 깨달은 그녀는 잠시 자살을 포기하기도 하였다. 그러나 약 1년 후에 자살 충동이 더욱 강력하게 되살아나 결국 자살을 시도하기에 이르렀다.

종종 환상과 착란이 이러한 만사에 대한 절망과 관련되기도 하며 직접 자살로 이끌기도 한다. 그러나 앞서 고찰한 조병 환자들에게서 발견된 것과 같은 변동성은 없다. 그와 반대로 환상과 착란은 그런 증상을 낳은 전반적 상태와 마찬가지로 만성이 된다. 환자가 사로잡히게 되는 두려움이나 자기 비난, 슬픔의 감정은 언제나 동일하다. 이러한 종류의 자살이 조병에 의한 자살처럼 환상에 사로잡힌 나머지 일어난다고 하더라도, 우울증 자살은 조병 자살처럼 급성이 아닌 만성적이라는 특징으로 조병 자살과 구분된다.

그리고 우울증 자살은 매우 집요하다는 특징이 있다. 이 범주에 속하는 환자들은 자살 수단을 침착하게 준비한다. 그들은 자살이라는 목적을 추구함에 있어서 믿기 어려울 정도로 일관적이며 때로는 교활하기도 하다. 조병 환자의 불안정성과 우울증 환자의 일관된 정신적 상태는 극단적인 대조를 이룬다. 조병의 경우에는 지속적인 원인이 없는 순간적인 충동이, 우울증의 경우에는 지속적인 상태가 환자의 일반적 특징이다.

3. 강박증 자살   이 경우에 자살은 실제적이든 상상적이든 그 어떤 동기도 없이 일어나며, 뚜렷한 이유 없이 환자의 마음을 사로잡고 있는 죽음의 관념이 굳어지면서 일어난다. 그는 자살할 아무런 합리적 동기가 없다는 것을 분명히 알고 있으면서도 자살하려는 욕망에 사로잡혀 있다. 이는 반성과 이성의 통제를 벗어난 본능적인 욕구로서 물건을 훔치고자 하는 욕구, 살인하고 싶은 욕구, 방화하려는 욕구처럼 편집증 형태를 이룬다. 환자는 자신의 욕망이 어리석다는 것을 알고 있으므로 처음에는 저항한다. 하지만 저항하다 보면 슬픔을 느끼고 우울해지며 명치끝을 내리누르는 듯한 불안감이 점점 커진다. 그러므로 이런 종류의 자살은 '불안으로 인한 자살'이라고 불리기도 한다. 어느 환자가 브리에르 드 부아몽(Brierre de Boismont)에게 한 고백은 그러한 증상을 잘 나타내고 있다.

"나는 어느 회사에 근무하고 있었습니다. 일상 업무를 충실히 수행했지만 나 자신이 자동인형처럼 느껴졌으며 누가 나에게 말을 걸어올 때면 그 말소리가 허공에서 메아리치는 소리로만 들렸습니다. 나의 가장 큰 고통은 한순간도 벗어날 수 없는 자살에 대한 생각입니다. 나는 약 1년 동안 그런 충동에 사로잡힌 희생자였습니다. 처음에는 대수롭지 않았습니다만, 최근 두 달 동안에는 어디에 있든 그런 충동이 따라다닙니다. 하지만 나는 자살해야 할 아무런 이유가 없습니다. 나는 건강하고 가족 가운데 나와 비슷한 고통을 받고 있는 사람도 없습니다. 재정적인 손실을 입은 적도 없을뿐더러 수입도 충분한 편이라 내 또래 사람들처럼 즐거움을 누릴 수 있는 여유도 있습니다."[14]

그러나 환자가 저항을 포기하고 자살을 결심하는 즉시 불안은 사라지고 안정을 되찾게 된다. 경우에 따라서는 자살 시도가 실패하더라도 시도만으로도 충분하며, 비록 성공하지 못했다고 하더라도 병적인 욕망을 일시적으로 억누를 수 있다. 이는 환자가 죽음에의 충동을 비워 버린 것과 같다.

4. 충동적 혹은 자동적 자살　　이 유형의 자살은 위에서 논한 강박증 자살처럼 동기가 없이 일어난다. 이런 자살은 현실에 있어서나 환자의 상상에 있어서나 아무런 원인이 없다. 다만 짧거나 긴 시일에 걸쳐 마음을 사로잡고 점차 자살하고픈 의지를 일으키는

강박관념이 굳어지면서 급작스럽고 저항할 수 없는 충동에서 일어나는 자살이다. 눈 깜짝할 사이에 죽음에의 충동이 세차게 일어나 자살 행위 혹은 적어도 그 행동의 발단을 촉발한다. 이러한 갑작스러운 행위는 앞에서 논한 조병 자살을 연상시킨다. 단지 조병 자살은 아무리 비합리적일지라도 언제나 어떤 이유가 있다는 것이 다를 뿐이다.

조병 자살은 환자의 정신착란과 관련이 있다. 충동적 자살은 그와 반대로 자동적으로 자살 성향이 나타나고 실행되며 지적 사고가 개입되지 않는다. 칼을 보거나 절벽 위를 걷게 되는 등의 순간에 즉각적으로 자살하려는 마음이 생기고, 그 실행이 너무도 빨라서 대개 환자 자신도 어떤 일이 벌어지고 있는지 알아차리지 못한다.

"한 사내가 친구들과 조용히 이야기하고 있었다. 그런데 갑자기 그가 몸을 벌떡 일으켜 난간을 뛰어넘어 강물에 몸을 던졌다. 그를 구조한 후에 이유를 묻자 그는 자기 행동의 동기를 알지 못했다. 그는 저항할 수 없는 힘에 굴복했던 것이다."[15]

또 다른 환자는 다음과 같이 말한다.

"이상한 일은 내가 어떻게 창틀 위로 올라갔으며 그때 내가 무슨 생각을 하고 있었는지 기억할 수 없다는 것입니다. 나는 자살할 생각이 없었으며 지금은 그런 생각을 가지고 있었는지조차 기억나지 않습니다."[16]

소수의 환자들은 마음속에서 커지는 충동을 느끼고 즉시 그러한 충동을 떨쳐 버림으로써 죽음에 이르게 하는 환상에서 빠져나올 수 있었다.

한마디로 말해서 정신병 환자의 자살은 동기가 전혀 없거나 순전히 상상 속의 동기로 결행된다. 하지만 자살자 대다수는 동기가 있으며 그 동기가 비현실적인 것도 아니다. 그러므로 모든 자살을 정신이상으로 볼 수는 없다. 그렇게 본다면 언어도단일 것이다.

지금까지 살펴본 자살 유형 가운데 정상인의 자살과 가장 구별하기 어려운 것은 우울증 자살이다. 왜냐하면 자살하는 정상인도 정신이상자처럼 실의와 우울감에 빠져 있는 경우가 많기 때문이다. 그러나 양자 간의 근본적 차이는 정상적인 사람이 자살하는 심적 상태 및 행동에는 객관적 이유가 있는 반면에 정신병 환자의 자살은 외부적 상황과 무관하다는 점에 있다. 즉 정신병 환자의 자살이 정상인의 자살과 다른 것은 환상과 환각이 정상적인 지각과 다르고, 자동적인 충동이 의도적인 행동과 다른 것과 마찬가지다.

정상과 이상을 정확히 구별하기 어려운 것은 사실이다. 그러나 일반적으로 우리가 정상과 이상을 구별하지 못한다면 건강한 상태와 질병도 구별할 수 없을 것이다. 왜냐하면 질병이란 건강의 변화된 형태에 지나지 않기 때문이다. 설사 보통 사람은 자살하지 않고 정신적으로 이상을 보이는 사람만 자살한다는 사실이 증명된다고 하더라도 정신 질환이 자살의 필요조건이라는 의견이 정당화되는 것은 아니다. 정신병을 가진 사람이 보통 사람과 항상 다르게 생각하고 행동하는 것은 아니기 때문이다.

따라서 자살을 정신 질환과 밀접한 관계가 있다고 보는 것은 용어의 의미를 멋대로 제한하는 것이다. 에스퀴롤은 다음과 같이 주장한다.

"고귀하고도 헌신적인 감정으로 법, 신념, 국가 안보를 위해 위험 속에 자신을 내던지고 불가피한 죽음 앞에서 기꺼이 자신의 삶을 희생한 사람은 자살한 것이 아니다."[17]

그리고 그는 데키우스(Decius)와 아사스(Assas) 등을 예로 들었다. 팔레도 이와 비슷하게 쿠르티우스(Curtius), 코드로스(Codrus), 아리스토데모스(Aristodemus) 등의 경우를 자살로 간주하지 않았다.[18] 부르댕역시 종교적 신앙과 정치적 신념뿐만 아니라 고귀한 감정으로 인한 모든 자발적인 죽음을 자살에서 제외한다. 그러나 우리는 자살을 직접적으로 초래한 동기를 가지고 자살을 정의할 수 없으며, 따라서 자살과 자살이 아닌 것을 구별할 수 없다는 것을 알고 있다.

환자 자신이 자기 행동의 불가피한 결과를 확실히 알고 취한 행동으로 일어난 모든 자살은, 그 목적이 무엇이든 간에 본질적으로 너무나 비슷해서 서로 나누기가 어렵다. 결국 그 원인이 무엇이든 하나의 유(類)에 속한 여러 가지 종으로 분류할 수밖에 없다. 이러한 죽음들을 구분하려면 확실하게 확인하기 어려운 희생자의 목적 이외의 기준을 찾지 않으면 안 된다. 이러한 기준으로 적어도 정신병과는 상관없는 한 부류의 자살이 남는다. 하지만 예외를 적용하기 시작하면 한계가 없다. 헌신적인 감정에 의한 죽음과 덜 고상한 동기에 의한 죽음 사이에는 단지 모호한 경계선밖에 없기 때문이다. 첫째 부류와 둘째 부류 사이에는 감지하기 어려운 정도의 차이만 있을 뿐이다. 그러니 첫째 부류가 자살이라면 둘째 부류에도 같은 이름을 붙여서는 안 될 이유가 없다.

그러므로 정신병과 무관한 자살이 존재하며 그 수도 많다. 정신병과 무관한 자살은 의도적이며 완전한 환각이 아닌 신중한 숙고에서 비롯되었다는 점을 통해 식별할 수 있다. 따라서 많은 논란을 일으켰던 이 문제는 자유 문제와 결부하지 않고도 해결할 수 있다. 모든 자살이 정신이상인지 알기 위해서 우리는 그들이 자유롭게 행동한 것인지 아닌지를 문제 삼지 않았다. 단지 다양한 종류의 자발적인 죽음에서 관찰할 수 있는 경험적 특징만을 근거로 삼았을 뿐이다.

정신 질환자의 자살이 모든 자살에 해당하는 것이 아니라 그중 일부를 구성하는 데 지나지 않으므로, 정신이상에 해당하는 정신 질환 상태는 일반적인 자살의 공통적 경향을 설명하는 데 별 단서를 주지 못한다. 그러나 정신이상과 완벽하게 균형 잡힌 지성 사이에는 수많은 중간 단계가 있다. 이러한 중간 단계들을 이루는 것은 대개 신경쇠약이라고 불리는 질병이다. 그러므로 정신이상으로 인한 자살을 제외하고, 우리가 연구하고 있는 자살이라는 현상의 원인에 신경쇠약증이 중요한 역할을 하는지 아닌지 살펴보자.

정신이상에 의한 자살이 있다는 사실 자체가 문제를 일으킨다. 실제로 신경 계통의 심한 손상이 자살을 일으킨다면, 작은 손상은 같은 영향을 좀 덜한 정도로 일으켜야 마땅할 것이다. 신경쇠약은 정신 질환 초기 증세의 일종이므로 부분적으로는 같은 영향을 미치게 된다. 또한 신경쇠약은 정신 질환보다 훨씬 만연해 있고, 점점 보편적인 현상이 되고 있다. 따라서 이 같은 이상 상태의 숫자는 전체 자살률을 변동시키는 하나의 요인이 될지도 모른다.

더욱이 신경쇠약은 자살을 쉽게 일으키는 이유가 될 수도 있다. 신경쇠약자는 기질적으로 고통을 받기 때문이다. 일반적으로 고통은 신경 계통에 극심한 충격이 가해져서 생긴다. 지나치게 강렬한 신경 신호는 대개 고통스럽지만, 고통이 일어나기 시작하는 최대 강도는 개인에 따라 차이가 있다. 신경의 저항력이 강할수록 최대 강도가 높고, 저항력이 약할수록 낮다. 그러므로 저항력이 약한 사람일수록 빨리 고통을 느끼게 된다. 신경쇠약자에게는 모든 인상이 불쾌감의 원천이 되며 모든 행위에 지치게 된다. 그의 신경은 무방비 상태이므로 조그마한 접촉에도 장애를 받는다. 자동적인 생리 기능의 수행도 대개 고통의 근원이 된다.

한편 기쁨도 매우 낮은 수준에서 시작된다. 왜냐하면 약화된 신경 계통은 정상적인 생명체를 흥분시킬 수 없는 정도의 자극에도 민감하게 반응하기 때문이다. 그러므로 이런 사람은 사소한 일에도 지나치게 기뻐한다. 한 곳에서 잃은 것만큼 다른 곳에서 얻게 되므로, 이러한 보상 작용 덕택에 그들이 정상인과 마찬가지로 갈등을 견뎌 낼 수 있을 거라고 생각할지도 모른다. 하지만 실제로 그는 갈등에 약하다. 일상생활에서 가장 빈번하게 발생하는 인상과 감각이 항상 지나치게 강하기 때문이다. 그러므로 이런 사람은 생활을 제대로 조절하기가 어렵다.

물론 은거하여 외부의 소란과 부분적으로만 접촉해도 되는 특별한 환경을 조성할 수 있다면 최소한의 고통만 받으면서 살아갈 수도 있을 것이다. 결국 신경쇠약자는 자신을 괴롭히는 세상을 피해서 고독을 추구하는 사람처럼 보인다. 그러나 만일 혼탁한 세상을 벗어날 수 없고 외부의 충격으로부터 자신의 섬세한 감각을 보호할 수 없다면, 그는 기쁨보다는 고통을 더 많이 받을 것이다. 그래서 이런 사람은 자살을 생각하기가 쉽다.

신경쇠약자의 삶을 어렵게 하는 것은 이 같은 상황만이 아니다. 신경 계통이 극히 예민한 탓에 생각과 감정이 언제나 불안정한 균형 상태에 놓여 있다. 아주 사소한 인상도 비정상적인 강도로 작용하기에 그의 정신 조직은 항상 극도로 흥분된 상태이고 끊임없이 가해지는 충격 때문에 제대로 유지될 수가 없다. 정신 조직이 안정되려면 과거의 경험이 지속적인 효과를 가져야 하는데, 갑작스럽게 끼어드는 격렬한 변동이 과거의 경험을 파괴하는 것이다.

안정되고 지속적인 삶이란 그 사람의 기능들 역시 안정되고 지속될 때만 가능하다. 삶이란 외부 자극에 적절히 반응하는 것을 의미하며, 이러한 조화로운 반응은 오직 시간과 관습에 의해서만 확립될 수 있다. 그것은 경우에 따라서는 수 세대에 걸쳐 반복된 실험의 결과이며, 실험 결과는 부분적으로 유전되기도 하지만 그 행동이 완전하게 재현되지는 않는다.

그러나 행동할 때마다 모든 것을 재구성해야 한다면 행동이 제대로 이루어지지 못할 것이다. 안정성은 물리적 환경뿐만 아니라 사회적 환경과의 관계에도 필요하다. 개인이 조직화된 사회생활을 영위하려면 그와 마찬가지로 확고한 정신적, 도덕적 구조를 가지고 있어야만 한다. 신경쇠약자에게는 그러한 확고한 정신적, 도덕적 구조가 없다. 신경쇠약자는 마음이 동요된 상태라서 끊임없이 주변 상황에 휘둘린다. 그는 전통적인 방식으로 대응할 준비를 갖추지 못하고 있으므로 새로운 행동 방식을 만들어 내지 않으면 안 된다.

그리하여 잘 알려진 것처럼 신경쇠약 증세를 가진 사람들은 새롭고 신기한 것을 좋아한다. 그러나 만약 전통적인 상황에 적응해야 한다면 그의 즉흥적인 방식은 경험에서 우러난 방식보다 부족하므로 대개 실패할 것이다. 그러므로 사회 체계가 고정될수록 그처럼 유동적인 사람은 살기가 어려워진다. 따라서 이러한 심리적 유형은 아마도 자살자들 가운데 가장 흔하게 발견되는 유형일지도 모른다.

개인적인 조건이 자살 발생에 어느 정도로 영향을 미칠까? 그러한 조건 자체만으로도 상황의 도움이 따른다면 자살을 일으킬 수 있을까? 아니면 그러한 조건은 단순히 개인을 개인의 외부에 존재하면서 자살 현상의 유일한 결정적 원인이 되는 힘에 보다 가까이 접근하게 하는 데 불과한 것일까?

이러한 질문에 답하려면 자살자 수의 변화를 신경쇠약자 수의 변화와 비교해 봐야 한다. 불행히도 신경쇠약자 수의 변화는 통계적으로 고찰된 바가 없다. 하지만 그러한 난점은 간접적으로 해결할 수 있다. 정신병은 신경쇠약증이 심화된 형태라고 할 수 있으므로 신경쇠약자 수의 변화는 정신병 환자 수에 비례한다고 보아도 좋을 것이다. 따라서 정신 질환자 통계로 신경쇠약자 통계를 대신할 수 있을 것이다. 이 같은 절차를 통하여 우리는 모든 종류의 정신이상에 대한 자살률의 일반적인 관계도 알아낼 수 있다.

그러나 자살과 정신병의 관계를 부적절하게 해석하도록 만들 여지가 있는 한 가지 사실이 있다. 자살도 정신병처럼 농촌보다 도시에서 더 흔하게 일어난다는 사실이다. 즉 자살도 정신병처럼 증감하는 경향을 나타내는데, 이러한 경향이 자살이 정신병에 의해서 결정되는 것처럼 보이게 한다. 그러나 이 평형 관계가 반드시 원인과 결과의 관계를 의미하는 것은 아니다. 오히려 이 관계는 단순한 우연의 일치일 수 있다.

앞으로 검토하겠지만 자살의 사회적 원인이 도시 문명과 밀접한 관계가 있고, 대도시에서 자살률이 가장 높다는 점에서 자살과 정신병의 관계는 우연의 일치라는 가설이 더욱 타당할 것이다. 정신병이 자살에 미치는 영향을 평가하려면 사회적 조건에 비례하여 변하는 사례들을 배제해야 한다. 왜냐하면 두 요인이 같은 경향을 보인다면 최종 결과에 영향을 미치는 각각의 비중을 분간할 수 없기 때문이다. 두 요인이 서로 반비례할 경우, 즉 양자 사이에 상충하는 점이 있을 때만 어느 요인이 자살에 결정적인가를 알 수 있다. 만일 정신 질환이 자살의 원인으로서 결정적으로 중요하다면, 정신 질환이 자살에 미치는 특유한 영향이 나타나야 할 것이다. 비록 사회적인 조건이 그런 영향을 중화하는 경향이 있다고 하더라도 말이다. 그리고 역으로 개인적 조건과 사회적 조건이 상충할 경우에는 사회적 조건이 나타날 수 없어야 한다. 다음의 사실은 그 반대의 경우가 원칙임을 보여 주고 있다.

1. 정신병원에 수용된 환자의 경우에 모든 통계에서 여자가 남자보다 약간 더 많다. 비율은 나라에 따라 다르지만 다음 표에서 보는 바와 같이 일반적으로 1백 명의 환자 중 여자 54명 또는 55명에 대해서 남자는 46명 또는 45명꼴이다.

지역	연도	남자	여자
슐레지엔	1858	49	51
작센	1861	48	52
뷔르템베르크	1853	45	55
덴마크	1847	45	55
노르웨이	1855	45*	56*
뉴욕	1855	44	56
매사추세츠	1854	46	54
메릴랜드	1850	46	54
프랑스	1890	47	53
프랑스	1891	48	52

* 합계가 100을 초과하지만, 뒤르켐의 원전에 있는 대로 기재했다.

코호(Koch)가 11개국의 정신 질환자 수에 대한 통계를 비교한 결과 전체 정신병 환자 166,675명 중 남성은 78,584명, 여성은 88,091명으로 파악되었다. 이는 남성 1천 명당 1.18명, 여성 1천 명당 1.30명 꼴에 해당한다.[19] 마이어(Mayr)도 이와 비슷한 수치를 발견했다.

물론 여자 환자가 더 많은 것은 남자 환자의 사망률이 여자 환자의 사망률보다 높기 때문이 아니냐는 의문을 제기할 수 있다. 프랑스의 경우, 정신병원에서 사망한 환자 1백 명 가운데 55명이 남자다. 따라서 일정한 기간에 기록된 여자 환자 수가 남자 환자 수보다 더 많다는 사실이 여자가 남자보다 정신병에 더 잘 걸린다는 점을 입증할 수는 없으며, 단지 여자가 남자보다 더 오래 산다는 점만을 입증할 수 있다. 하여간 실제 정신병 환자 중에는 남자보다 여자가 더 많다는 것은 틀림없는 사실이다.

그렇다면 정신병에서 얻은 논증을 신경쇠약에 적용할 수 있으므로, 일정한 기간의 신경쇠약 환자도 남자보다 여자가 더 많아야 한다. 그리하여 자살률과 신경쇠약증 간에 인과관계가 있다고 한다면, 여성의 자살이 남성의 자살보다 더 빈번해야 할 것이다. 적어도 여성의 자살률이 남성의 자살률만큼은 되어야 한다. 여성의 낮은 사망률을 고려하여 신경쇠약 환자의 통계를 수정하더라도, 우리가 내릴 수 있는 유일한 결론은 여자도 남자만큼 정신병에 걸리기 쉽다는 것뿐이다. 여성의 낮은 사망률과 정신병 통계에서 여성이 차지하는 수적 우세는 거의 정확하게 상쇄된다.

그러나 여성의 자살 성향이 남성보다 더 높거나 같기는커녕 자살은 기본적으로 남성에게 주로 일어나는 현상으로 보인다. 여자 1명에 대하여 평균 4명의 남자가 자살하고 있다(표 4) 참고). 남자와 여자는 일정한 자살 경향을 보이며, 이는 사회적 환경마다 일정하다. 이러한 경향은 정신병에 비례해서 변하지 않는다. 정신병 환자의 연간 발생 수로 보든지 일정한 시점에서의 총수로 보든지 결과는 마찬가지다.

[표 4]* 자살자 수와 남녀 비율

지역과 기간	자살자 수		비율	
	남자	여자	남자	여자
오스트리아 1873~1877	11,429	2,478	82.1	17.9
프로이센 1831~1840	11,435	2,534	81.9	18.1

프로이센 1871~1876	16,425	3,724	81.5	18.5
이탈리아 1772~1877	4,770	1,195	80.0	20.0
작센 1851~1860	4,004	1,055	79.1	20.9
작센 1871~1876	3,625	870	80.7	19.3
프랑스 1836~1840	9,561	3,307	74.3	25.7
프랑스 1851~1855	13,596	4,601	74.8	25.2
프랑스 1871~1876	25,341	6,839	79.7	21.3
덴마크 1845~1856	3,324	1,106	75.0	25.0
덴마크 1870~1876	2,485	748	76.9	23.1
잉글랜드 1863~1867	4,905	1,791	73.3	26.7

* 모르셀리의 통계에서 인용.

2.   [표 5]는 종교가 다른 사람들 사이에 나타나는 정신 질환의 정도를 보여 준다.

[표 5]* 종교별 정신 질환자 비교(인구 1천 명 중 정신 질환자 수)

지역	연도	개신교	가톨릭	유대교
슐레지엔	1858	0.74	0.79	1.55
메클렌부르크	1862	1.36	2.00	5.33
바덴	1863	1.34	1.41	2.24
바덴	1873	0.95	1.19	1.44
바이에른	1871	0.92	0.96	2.86
프로이센	1871	0.80	0.87	1.42
뷔르템베르크	1832	0.65	0.68	1.77
뷔르템베르크	1853	1.06	1.06	1.49
뷔르템베르크	1875	2.18	1.86	3.96
헤세 대공국	1864	0.63	0.59	1.42

| 올덴부르크 | 1871 | | 2.12 | 1.76 | 3.37 |
| 베른 | 1871 | | 2.64 | 1.82 | |

* 코흐의 책 pp.108~119에서 인용.

정신 질환은 분명히 다른 종교보다 유대교도들 사이에서 가장 많이 발생하고 있다. 따라서 우리는 다른 신경 계통 질환도 비슷하리라고 가정하곤 한다. 하지만 유대교도의 자살 경향은 매우 낮다. 우리는 나중에 유대교도의 자살률이 가장 낮다는 점도 밝힐 것이다.[20] 이 경우 자살은 정신 질환과 정비례하기보다는 오히려 반비례한다. 물론 신경이나 대뇌 질환이 자살을 방지한다는 것을 증명하는 것은 아니다. 그러나 신경성 질환의 발생률이 가장 높은 곳에서 자살률이 가장 낮다는 점으로 미루어 볼 때 신경성 질환은 자살에 거의 영향을 미치지 못한다는 것이 입증된다.

가톨릭만 떼어서 개신교와 비교해 보면 반비례 관계가 덜 보편적이지만 역시 매우 자주 나타나고 있다. 가톨릭교도의 정신 질환 경향은 개신교도보다 3분의 1정도 낮을 뿐이며 따라서 그 차이는 매우 적다. 반면 가톨릭교도의 자살률은 어느 나라에서나 개신교도보다 훨씬 낮다는 것을 이후 [표 18](181쪽)에서 보게 될 것이다.

3.   나중에 밝혀지겠지만(104쪽 [표 9] 참고) 모든 나라의 자살 경향은 유년기부터 노년에 이르기까지 거의 일정하게 증가한다. 70세와 80세 이후에 조금 감소하지만 그 감소 정도는 아주 적다. 여전

히 이 시기의 자살은 성숙기의 2배 내지 3배로 유지되고 있다. 한편 정신 질환은 성숙기에 가장 빈번하게 나타난다. 30세 전후가 가장 위험한 시기이며 30세가 지나면 정신 질환이 줄어들고 노년으로 가면 아주 낮아진다.[21] 이러한 대조적 차이는 자살률에 변화를 가져오는 원인과 정신적 질환에 변화를 가져오는 원인이 서로 다르다는 것을 말해 준다.

연령별 자살률을 같은 기간 동안 새로 발생한 정신 질환 수와 비교하지 않고 전체 정신병 환자 비율과 비교해 보면, 정신병과 자살 사이에는 어떠한 관계도 없다는 것이 분명해진다. 전체 인구에 비해 정신병이 가장 많은 연령층은 35세 전후이다. 이 비율은 약 60세까지 비슷하게 지속된다. 그러다가 60세를 넘으면 급격하게 감소한다. 그러므로 자살률이 높은 연령층에서는 정신 질환자 수가 적으며 양자 간에는 어떠한 규칙적 관계도 발견할 수 없다.[22]

4. 자살과 정신병이란 두 가지 관점에서 여러 사회를 비교해 보아도 두 현상의 변동에는 아무런 관계가 발견되지 않는다. 물론 정신이상에 관한 통계가 국제적으로 엄밀한 비교를 할 수 있을 만큼 정확하게 수집되었다고 할 수는 없다. 하지만 서로 다른 두 사람의 논문에서 제시된 다음의 두 도표가 분명히 일치된 결론을 보여 주고 있다는 사실은 주목할 만하다.

[표 6] 유럽 각국의 자살과 정신 질환의 관계

A	인구 10만 명당		순위	
지역	정신 질환자 수	자살자 수	정신 질환	자살
노르웨이	180 (1855)	107 (1855~1855)	1	4
스코틀랜드	164 (1855)	34 (1856~1860)	2	8
덴마크	125 (1847)	258 (1846~1850)	3	1
하노버	103 (1856)	13 (1856~1860)	4	9
프랑스	99 (1856)	100 (1851~1855)	5	5
벨기에	92 (1858)	50 (1855~1860)	6	7
뷔르템베르크	92 (1853)	108 (1846~1856)	7	3
작센	67 (1861)	245 (1856~1860)	8	2
바이에른	57 (1858)	73 (1846~1856)	9	6

B*	인구 10만 명당		평균 자살자 수
지역	정신 질환자 수	자살자 수	
뷔르템베르크	215 (1875)	180 (1875)	107
스코틀랜드	202 (1871)	35	
노르웨이	185 (1865)	85 (1866~1870)	63
아일랜드	180 (1871)	14	
스웨덴	177 (1870)	85 (1866~1870)	
영국, 웨일스	175 (1871)	70 (1870)	
프랑스	146 (1872)	150 (1871~1875)	164
덴마크	137 (1870)	277 (1866~1870)	
벨기에	134 (1868)	66 (1866~1870)	
바이에른	98 (1871)	86 (1871)	153
오스트리아	95 (1873)	122 (1873~1877)	
프로이센	86 (1871)	133 (1871~1875)	
작센	84 (1875)	272 (1875)	

* 이 표의 정신 질환자 통계는 《성씨 사전(Dictionnaire of Dechambre)》(V. III, p.34)에 있는 논문 <정신착란(Alienation meutale)>에서, 자살자에 관한 통계는 외팅겐(Otingen)의 《도덕통계(Moralstatistik)》 부록 97에서 각각 인용했다. B지역의 오스트리아는 알프스 이남의 오스트리아를 가리킨다.

정신병 환자가 가장 적은 나라에서 가장 많은 자살자가 나오는데, 특히 작센 지방의 경우가 두드러진다. 센에마른에서의 자살에 대해 연구했던 르로이(Leroy) 박사는 이미 같은 사실을 관찰한 바 있다. 그는 다음과 같이 기술했다.

"대체로 정신 질환이 많은 곳에서는 자살도 많이 발생하고 있다. 그러나 두 현상의 최대 수치는 완전히 구별되는 것 같다. 인접해 있는 여러 나라 중에서 정신병과 자살 둘 다 아주 적은 나라가 있는가 하면, 정신 질환만 많이 발견되는 나라도 있다는 것을 알 수 있다. 그리고 그 반대 현상을 보이는 나라도 있다."[23]

모르셀리는 약간 다른 결론을 내렸다.[24] 그러나 모르셀리의 결론이 다른 이유는 정신 질환이라는 이름 아래 진짜 정신병과 백치를 다 포함했기 때문이다.[25] 정신병과 백치는 서로 다르며 특히 자살에 영향을 미친다고 추정하는 요소에 있어서는 더욱 그러하다. 백치는 자살의 소인이 되기는커녕 오히려 자살에 대한 안전판이 된다. 백치는 도시보다 농촌에서 많이 발견되는데, 자살은 농촌에서 더 드물게 일어난다. 이처럼 상이한 두 질환은 여러 신경 질환이 자살률에 영향을 미치는 비중을 결정하는 데 있어 반드시 구별해야 한다.

그러나 정신병과 백치를 합쳐서 보더라도 정신 질환 수치와 자살 수치에서는 어떠한 대응 관계도 발견할 수가 없다. 만일 실제로 모르셀리의 통계를 그대로 받아들여 주요 유럽 국가들을 정신 질환 인구(백치와 정신병 환자를 합친)의 비율에 따라 다섯 집단으로 나누어서 각 집단의 평균 자살률을 구해 보면 다음과 같은 표를 얻을 수 있다.

	정신 질환자 수(인구 10만 명당)	자살자 수(인구 1백만 명당)
제1집단(3개국)	340~280	157
제2집단(3개국)	261~245	195
제3집단(3개국)	185~164	65
제4집단(3개국)	150~116	61
제5집단(3개국)	110~100	68

전체적으로 보아 정신병 환자와 백치가 많은 나라에서 자살도 많이 발생하며 그 반대의 경우도 보인다. 그러나 두 현상 간의 명백한 인과관계를 보여 줄 만큼 두 비율 사이에 합치점을 발견할 수 없다. 제1집단보다 더 적은 자살자를 가지고 있어야 할 제2집단이 더 많은 자살자를 가지고 있으며, 마찬가지로 다른 집단들보다 적은 자살자를 가져야 할 제5집단이 제4집단, 심지어 제3집단보다도 더 많은 자살자를 내고 있다. 끝으로 모르셀리의 정신 질환자 통계를 훨씬 더 철저하고 엄밀한 코흐의 통계로 대체해서 본다면 양자 간에 대응 관계가 없다는 것은 더욱 명백해진다. 아래 표는 그러한 결과를 보여 준다.[26]

	정신병 환자와 백치 수(인구 10만 명당)	평균 자살자 수(인구 1백만 명당)
제1집단(3개국)	422~305	76
제2집단(3개국)	305~291	123

제3집단(3개국)	268~244	130
제4집단(3개국)	223~218	227
제5집단(4개국)	216~146	77

모르셀리는 이탈리아 여러 지방에 대한 또 다른 비교를 통해서 자신의 결론이 애매했다는 점을 스스로 인정했다.[27]

5.　요약하자면 지난 1세기 동안 정신병이 계속 증가했으며[28] 자살 또한 그러했으므로 양자 간에 상호 관계가 있다고 주장하고 싶은 생각이 들 수도 있다. 그러나 그와 같은 사실에서 아무런 결론도 끌어낼 수 없는 것은 뒤에서 보게 되겠지만 정신병이 드문 하층 사회에서도 때로는 매우 높은 자살률이 나타나기 때문이다.[29] 그러므로 사회적인 자살률은 정신병의 경향과 분명한 관계가 없을 뿐 아니라 귀납적으로 보아도 여러 형태의 신경쇠약증과도 분명한 관계가 없다.

우리가 앞서 밝힌 바와 같이 실제로 신경쇠약증이 자살을 일으키는 경우가 있다고 할지라도, 신경쇠약증이 반드시 자살을 일으킨다고는 할 수 없다. 물론 신경쇠약자가 지나치게 활동적인 생활에 뛰어든다면 틀림없이 고통을 받을 것이다. 그러나 활동적인 생활에서 물러나 정적인 생활을 택하면 다를 수 있다. 그와 같이 예민한 사람에게는 이해관계와 열정의 충돌이 격렬하고 거친 것이라면, 대신에 사색에 빠지는 즐거움을 충분히 맛볼 수 있는 능력을 갖고 있다. 허약한 몸과 예민한 감수성 때문에 활동적인 일에 적합하지 않다면 지적인 일을 하면 된다.

　마찬가지로 사회 환경이 너무 획일적이라서 자신의 천성과 맞지 않는다면, 유동적인 사회 속에서 자신이 수행할 역할을 찾을 수 있을 것이며 진보를 통해 살아남을 수 있을 것이다. 그렇게 되면 그는 진보의 선구자이기 때문에 진보를 통해 자신의 역할을 이어갈 수 있으며, 전통과 인습이란 멍에에 대한 반역자이기 때문에 유용한 혁신의 근원이 된다. 문명이 발달한 사회는 표현 기능이 중요하고 발달한 사회이며, 신경쇠약자는 고도의 복합성을 지니고 끊임없는 변화에 의존하고 있으므로 신경쇠약자는 그 수가 가장 많은 때에 오히려 생존의 이유를 갖는다.

　그러므로 신경쇠약자는 환경에 살아남을 수 있게 타고나지 못했기에 자신을 제거하려 하는 비사회적 부류가 아니다. 그들의 특수한 심리적 상태에 다른 원인이 부가되지 않는 한 그들의 삶은 자살 경향으로 발전하지 않는다. 신경쇠약증 자체는 매우 일반적인 경향으로, 반드시 어떠한 특정 행동을 일으키는 것이 아니라 상황에 따라 상이한 형태를 갖는다. 신경쇠약은 마치 사회적 원인이라는 비료 종류에 따라 여러 가지 경향이 뿌리내릴 수 있는 밭과 같다.

　삶에 대한 환멸, 무기력한 우울 등은 낡고 방향을 잃은 사회에서 일어나기 쉬우며 온갖 치명적인 결과를 수반할 수 있다. 이와는 반대로 생기발랄한 사회에서는 열정적인 이상주의, 관대한 개혁주의,

적극적 헌신 등이 일어날 것이다. 쇠퇴기에는 퇴폐적인 사람이 늘어나지만, 국가가 건설되는 것도 그들을 통해서이다. 즉 모든 위대한 혁신자도 그런 사람들 가운데서 나오는 것이다. 그러므로 그와 같이 모호한 힘으로는[30] 자살률과 같은 명백한 사회적 사실을 설명할 수 없다.

~

그러나 한동안 우리 문명에서 악의 근원으로 여겨지던 특별한 정신 질환이 있다. 바로 알코올 중독이다. 옳든 그르든 정신병이 증가하고 빈곤, 범죄 등이 성행하게 된 것을 알코올 중독 탓으로 돌렸다. 알코올이 자살 증가에 영향을 미칠 수 있을까? 미리 추정하자면 알코올 가설은 타당하지 않은 것 같다. 왜냐하면 자살은 교양 있고 부유한 계급에서 가장 많이 발생하고 있는데 그런 계급에는 알코올 중독자가 별로 없기 때문이다. 그러나 추정만으로는 답이 될 수 없다. 이제 사실을 검증하자.

프랑스의 자살자 분포도를 알코올 중독자 분포도와 비교하면, 양자 간에 아무런 관계도 찾아볼 수 없다.[31] 자살 분포의 특징은 두 개의 중심 지역이 있다는 점이다. 한 곳은 파리와 그 주변 5개 도를 포함하는 일드프랑스 지역 안에서 동쪽으로 뻗어 나간 지역이고, 또 하나의 주요 지역은 마르세유에서 니스까지 이르는 지중해 연안이다. 알코올 중독 지역은 이와는 전혀 다르다.

알코올 중독 분포에는 세 개의 중심 지역이 있는데 하나는 센강 주변의 노르망디이고, 다른 하나는 피니스테르와 브르타뉴 지방이며, 세 번째는 론과 그 인접 지방이다. 한편 자살 분포를 본다면 론 지방은 평균을 넘지 못하며, 노르망디 지방 대부분의 도(데파르트 망)도 평균 이하이며, 브르타뉴 지방에서는 자살이 거의 없다. 따라서 두 가지 현상의 지리적 분포는 대단히 차이가 나므로 알코올 중독이 자살 발생에 중요한 역할을 한다고 보기는 어렵다.

자살을 알코올 중독 자체가 아닌 알코올 중독으로 야기된 신경 또는 정신 질환과 비교해 보아도 결론은 마찬가지다. 자살자의 많고 적음에 따라 프랑스의 도를 8개 집단으로 묶은 다음 뤼니에(Lunier) 박사의 통계를 이용하여 집단들 간에 알코올 중독에 의한 정신 질환자 수의 평균치[32]를 검토해 보면 다음과 같다.

	인구 10만 명당 자살자 수(1872~1876)	정신병 환자 1백 명당 알코올 중독성 정신 질환자 수 (1867~1869, 1874~1876)
제1집단(5개 도)	50 이하	11.45
제2집단(18개 도)	51~75	12.07
제3집단(15개 도)	76~100	11.92
제4집단(20개 도)	101~150	13.42
제5집단(10개 도)	151~200	14.57
제6집단(9개 도)	201~250	13.26
제7집단(4개 도)	251~300	16.32
제8집단(5개 도)	300 이상	13.47

표의 두 열은 서로 대응하지 않는다. 즉 자살자 수는 6배 이상 증가한 반면에 알코올 중독성 정신 질환자 수는 거의 증가하지 않았을 뿐만 아니라 그 정도도 불규칙하다. 제2집단이 제3집단보다, 제5집단이 제6집단보다, 제7집단이 제8집단보다 많다. 하지만 만일 알코올 중독이 하나의 정신병적 상태로써 자살에 영향을 미친다면 그것은 알코올 중독이 일으킨 정신적 장애를 통해서일 것이다. 양자의 분포를 비교해 보면 두 평균치를 확인할 수 있다.[33]

뒤의 [부록 I]을 참조하면, 적어도 프랑스에서는 알코올 소비량과 자살 경향 사이에 밀접한 관계가 있는 것처럼 보인다. 실제로 프랑스 북부에서 알코올이 가장 많이 소비되고 있을 뿐만 아니라 자살률도 최고이다. 그러나 두 개의 분포도는 같은 모양이 아니다.

알코올 소비량이 가장 많은 지역은 노르망디와 노르이며 파리에 가까워질수록 소비량이 감소한다. 그러나 자살의 분포는 센강과 그 주변에서 가장 많고 노르망디는 적은 편에 속하며 노르까지는 미치지도 않는다. 알코올 소비량의 분포는 서쪽으로 뻗어서 대서양 연안에 이르는 반면 자살의 분포는 반대 방향이다. 자살의 분포는 서쪽으로 외르와 외르에루아르에서 갑자기 멈추지만 동쪽으로는 강하게 뻗어 가는 경향을 보인다. 더욱이 자살 분포도에서는 밀도가 높은 지역인 프랑스 남부의 바르와 부슈뒤론이 알코올 중독 분포도에서는 전혀 두드러지지 않는다.

간단히 말해서 알코올 중독과 자살 사이에 어떤 일치가 보인다고 해도 그것은 우연에 불과하며 아무런 규칙적 관계도 입증되지 않는다. 프랑스를 벗어나 더 북쪽을 사례로 들더라도 알코올 소비량의 일정한 증가가 자살의 증가를 수반하지 않는다. 프랑스에서는 1873년에 전체 주민의 1인당 평균 알코올 소비량이 2.84리터에 지나지 않았지만, 벨기에에서는 1870년에 평균치가 8.56리터에 달했으며, 영국에서는 9.07리터(1870~1871), 네덜란드에서는 4리터(1870), 스웨덴에서는 10.34리터(1870), 러시아에서는 10.69리터(1866), 상트페테르부르크에서는 무려 20리터(1855)에 달했다.

이와는 반대로 같은 기간에 프랑스에서는 인구 1백만 명당 150명이 자살했으나 벨기에에서는 겨우 68명, 영국에서는 70명, 스웨덴에서는 85명, 러시아에서는 극히 소수의 자살이 있었을 뿐이다. 상트페테르부르크에서도 1864년부터 1868년까지 연평균 자살률은 68.8명에 지나지 않았다. 북부 국가 가운데 유일하게 덴마크만이 알코올 소비량(1845년 16.51리터)과 자살률이 둘 다 높은 나라였다.[34]

즉 프랑스 북부 지방이 자살과 알코올 중독의 경향이 모두 높다고 하더라도 알코올 중독이 자살을 초래한 것은 아니며, 자살이 알코올 중독으로 설명되지는 않는다. 그러한 일치는 우연에 불과하다. 일반적으로 북부 지방 사람들이 알코올을 많이 마시게 된 것은 그 지역에서는 포도주가 귀하고 값이 비싸며,[35] 아마도 체온을 유지하기 위해 다른 지방보다 더 많은 영양 공급을 필요로 하기 때문이라고 생각된다. 그리고 한편으로 자살을 유발한 원인이 특별히 같은 지역에 집중되어 있었을 뿐이다.

이러한 결론은 독일의 여러 주를 비교할 때도 확인된다.

	1인당 알코올 소비량 (1884~1886)	평균 자살자 수 (인구 1백만 명당)	지역
제1집단	13~10.8리터	206.1	포젠, 슐레지엔, 브란덴부르크, 포메른
제2집단	9.2~7.2리터	208.4	동·서 프로이센, 하노버, 튀빙겐, 작센 지방, 베스트팔렌
제3집단	6.4~4.5리터	234.1	메클렌부르크, 작센, 알자스, 슐레스비히-홀슈타인, 헤세 대공국
제4집단	4리터 이하	147.9	라인 지방, 바덴, 바이에른, 뷔르템베르크

독일의 주를 자살자 수와 알코올 소비량으로 분류해 놓은 위의 표를 참조하면,[36] 자살 경향이 가장 높은 제3집단은 알코올 소비량이 가장 적은 집단 중 하나로 나타났다. 자세히 분석하면 보다 분명한 대조를 발견할 수 있다. 독일 전체에서 자살률이 가장 낮은 포젠 지방(인구 1백만 명당 96.4명꼴)에서 알코올을 가장 많이 소비하는 것으로 나타났다(1인당 13리터꼴). 작센에서는 다른 지방보다 4배에 가까운 자살률(인구 1백만 명당 348명꼴)을 보이고 있지만 알코올 소비량은 반밖에 되지 않는다.

끝으로 주의해야 할 것은 알코올 소비량이 가장 낮은 제4집단은 거의 남부 지방들로만 이루어져 있다는 점이다. 다른 관점에서 보면 독일에서 자살률이 낮은 지방은 지역 주민들이 가톨릭교도들이거나 그 지역에 규모가 큰 가톨릭 주민 집단이 있다.[37]

그러므로 정신 질환과 자살은 서로 규칙적이고 명백한 관계를 지닌다고 볼 수 없다. 한 사회의 자살자 수는 신경쇠약자나 알코올 중독자의 많고 적음에 의존하지 않는다. 여러 가지 형태의 정신적인 결함이 개인이 자살하게 되는 심리 상태를 만든다고 하더라도, 정신적인 결함 자체는 자살의 원인이 될 수 없다. 일반적으로 비슷한 상황에서는 정신적 결함이 있는 사람이 건전한 사람보다 자살하기가 더 쉽다. 그러나 반드시 정신적 결함이라는 조건 때문에 자살한다고 볼 수는 없다. 이러한 잠재성은 우리가 발견해야 할 다른 요인들의 작용을 통해서 효력을 나타내는 것이다.

제2장 자살과 정상적인 심리 상태-인종과 유전

앞에서 고찰한 바와 같이 자살 경향이 비정상적인 정신 상태에 특별히 근거하지는 않는다고 하더라도, 그 외의 개인적 기질에 근거하는지도 모른다. 자살의 경향은 신경 계통의 손상과 관계없이 순전히 심리학적인 현상으로 일어날 수도 있을 것이다. 편집증, 정신병, 신경쇠약이 아니라고 해서 자살 성향이 일어나지 않는 것은 아니다. 자살에 관해 몇몇 저술가들이 주장한 것처럼[1] 인종별로 제각기 고유한 자살률을 지닌다는 유명한 사실도 고려해야 한다. 왜냐하면 하나의 인종은 신체적, 심리적 특징에 의해서 다른 인종과 구별되고 정의되기 때문이다. 그러므로 실제로 자살률이 인종에 따라 달라진다면, 자살이 어떤 체질적 특성과 밀접하게 관련된다는 사실이 입증될 것이다. 하지만 이러한 관계가 정말로 존재할까?

~

인종이란 무엇인가? 일반인뿐 아니라 인류학자들조차 인종이란 말을 매우 다양한 뜻으로 사용하기 때문에 정의부터 내릴 필요가 있다. 인종의 여러 가지 정의 속에는 비슷한 외모와 혈연이라는 두 가지 개념이 항상 존재한다. 학파에 따라 이 중 하나가 우선적인 비중을 차지한다.

　최근에는 인종이란 같은 혈통에서 나온 뚜렷한 공통성을 지닌 개인들의 집단을 의미하는 것으로 이해되고 있다. 어떤 원인으로 한 유성 세대에서 하나 또는 여러 개체가 그 종의 나머지 개체들과 구별되는 변이를 일으키고, 이러한 변이가 다음 세대에서도 사라지지 않고 유전을 통해 점차 생명체 속에 확립되어 갈 때 품종(인종)이 나타난다. 이러한 의미에서 카트르파지(M. de Quatrefages)는 인종을 "성 번식에 의해서 원시적인 특성을 전승하는 동일한 종 내 유사한 개체들의 총합"이라고 정의하고 있다.[2]

이와 같이 이해한다면 인종(품종)은 여러 인종을 만들어 낸 한 종의 최초의 한 쌍과는 다르며, 단일한 한 쌍으로부터 전부 파생된 것이라 할 수 있다. 따라서 인종의 개념은 동일한 기원에서 나온 특별한 분류 방식으로 규정되고 정의된다.

유감스럽지만 이 같은 공식을 적용한다면 인종의 존재와 영역은 역사학, 민족학 연구에 의해서만 확정할 수 있으며 그 결과도 불분명하다. 왜냐하면 기원의 문제에 있어서는 매우 불확실한 결과만 나오기 때문이다. 더구나 오늘날 이러한 정의에 들어맞는 인종이 존재하는지조차도 의문스럽다. 인종 간의 혼혈 때문에 현재 인류의 여러 분파는 그 기원이 매우 다양하다. 따라서 여러 인종과 자살의 관계를 밝힌다는 것은 매우 어려운 일이다. 그런 관계가 어디서 시작되고 어디서 끝나는지 정확히 말할 수 없기 때문이다.

또한 카트르파지의 개념은 아직 과학적으로 해결되지 않은 문제를 해결된 것처럼 속단했다는 점에서도 잘못을 저질렀다. 그는 인종적인 특성이 진화를 통해서 형성된다고, 즉 유전을 통해서만 생명체 속에 고착된다고 가정하였다. 이러한 개념에 대해서 다원발생론을 주장하는 인류학 학파가 이의를 제기하였다. 이 학파에 따르면 인류는 성서의 이야기대로 한 쌍의 부부로부터 파생된 것이 아니라 지구 여러 곳에서 동시에 혹은 연이어 나타났다고 한다. 그러한 원시 종족들이 서로 다른 환경에서 독립적으로 형성되었다면, 그들은 처음부터 다른 종족이었다는 것이다. 즉 모든 종족은 각기 하나의 인종이 된다. 따라서 주요한 인종들이 가진 특징은 점진적으로 고착되어 형성된 것이 아니라 처음부터 한꺼번에 형성되었다는 것이다.

이런 큰 문제가 아직도 해결되지 못하고 있으므로, 인종이란 개념 속에 혈족이나 친족이란 개념을 도입한다는 것은 옳지 않다. 전체적인 인종의 기원 문제를 거론하기보다 관찰자가 직접 관찰할 수 있는 즉각적인 특성으로 인종을 정의하는 편이 더 나을 것이다. 인종을 구분하는 특성은 두 가지뿐이다. 첫째는 인종이란 비슷한 사람들로 이루어진 집단이라는 점이다. 같은 종교나 직업을 가진 사람들도 비슷하기는 마찬가지지만, 인종의 경우에는 그 비슷함이 유전에 의한 것이라는 점이 차별적 특징이다. 그것이 기원 당시에 형성된 것이라 해도 오늘날 유전적으로 전승이 가능한 유형이다. 그러한 의미에서 프리처드(Prichard)는 다음과 같이 서술했다.

"인종이란 낱말은 공통의 기원과 관계없이 유전에 의해 전승될 수 있는 일종의 특성을 지닌 개인들의 집단으로 이해된다."

브로카(M. Broca)는 다음과 같이 서술했다.

"인류의 여러 분파는 인종이라는 이름으로 불리는데, 인종은 같은 분파 내의 개인들 간에 어느 정도 직접적인 혈연관계가 있음을 시사한다. 그러나 이것이 다른 분파의 개인들 사이의 친족 관계 문제를 긍정하거나 부정하는 것은 아니다."³

이렇게 이야기한다면 인종의 본질에 관한 문제는 해결될 수 있지만, 인종이라는 용어가 지나치게 넓은 의미가 되어 실체가 없게 될 것이다. 인종을 이같이 정의하면 이 낱말은 더 이상 단순히 한 종의 매우 보편적인 분파, 자연스럽고 상대적으로 불변하는 인류의 구분만 뜻하는 것이 아니라 모든 종류의 유형을 뜻하게 된다. 실제로 이러한 관점에서 본다면 각 민족도 그 구성원이 수 세기에 걸쳐 밀접한 상호 관계와 부분적으로 유전적인 유사성을 맺었으므로 하나의 인종을 구성하게 될 것이다. 그리하여 우리는 때때로 라틴 인종, 앵글로색슨 인종이라고 부르는 것이다. 오직 이러한 의미에서만 인종을 역사 발전에 있어서 구체적이고 현존하는 요인으로 간주할 수 있다.

사람들이 뒤섞여 살며 역사의 용광로를 거치는 동안 원시적이고 기본적인 인종들은 독자성을 거의 다 상실할 정도로 서로 혼합되고 말았다. 독자성이 완전히 사라지지는 않았다고 하더라도 단지 애매하고 산발적인 특징만 불완전하게 섞여 있을 뿐, 신체적 특징을 이루지 못하고 있다. 키와 두개골의 구조에 관한 불확실한 자료를 근거로 구성한 인간의 유형은 사회 현상의 과정에 큰 영향을 미칠 만한 일관성과 확실성이 없다.

인종이라는 말의 의미를 보다 넓게 적용해 보면, 세분화된 소규모 유형의 인종은 훨씬 명확하며 자연의 소산이라기보다 역사적 산물이기 때문에 당연히 역사적 역할을 갖는다. 그러나 이러한 해석도 객관적 정의라고 보기 어렵다. 예를 들어 우리는 라틴 인종과 앵글로색슨 인종의 정확한 차이를 거의 알지 못한다. 사람들은 저마다 과학적 정확성 없이 자기 나름대로 말하고 있을 뿐이다.

이러한 이야기는 사회학자가 사회 현상에 대한 인종의 영향을 탐구하는 데 있어 세심하게 주의해야 한다고 경고한다. 이 문제를 해결하기 위해서는 상이한 인종과 그들만의 특징을 반드시 밝혀야 한다. 이러한 인류학적 불확실성은 '인종'이란 단어가 더 이상 어떤 확실한 실체와도 상응하지 않는다는 사실에 기인하는 것이므로 더욱 주의가 필요하다. 실제로 원시 인종은 고생물학의 연구 대상일 뿐이며, 오늘날 보다 작은 집단을 이루게 된 인종은 혈연보다는 문명에 의해 맺어진 사람들 또는 그들의 사회일 뿐이다. 이렇게 본다면 인종은 오늘날 민족과 거의 같은 것이라고 볼 수 있다.

그러나 여기서는 유럽에 큰 인종 유형이 있으며, 각 유형의 총체적인 특성을 대략 구별할 수 있고, 유럽 사람들이 이 유형 안에 들어간다고 가정하고 그러한 유형들에 인종이란 이름을 붙여 보자.

모르셀리는 이들을 네 가지 유형으로 나누었다. 여러 독일 민족과 스칸디나비아인, 앵글로색슨 및 플랑드르인을 포함하는 게르만 유형, 켈트로만(Celto-Roman) 유형(벨기에인, 프랑스인, 이탈리아인, 스페인인), 슬라브 유형, 우랄알타이 유형 등이다. 유럽에서 우랄알타이 유형은 너무 수가 적어서 자살에 관한 관계를 파악하기가 어렵기 때문에 예의상 언급한 것에 불과하다. 실제로 헝가리인과 핀란드인 그리고 일부 러시아 지방의 사람들만이 우랄알타이 유형에 속한다. 나머지 세 인종을 자살 성향이 큰 순서대로 분류하면 게르만족, 켈트로만족, 슬라브족의 순이다.[4]

그러나 이러한 차이를 진실로 인종의 영향 때문이라고 할 수 있을까?

이러한 주장은 하나의 인종으로 분류된 여러 집단의 사람들이 똑같은 자살 성향을 보인다면 설득력이 있을 것이다. 그러나 같은 인종에 속하는 국민들 사이에서 큰 차이가 나타나고 있다. 일반적으로 슬라브족은 낮은 자살 경향을 보이지만, 보헤미아인과 모라비아인은 예외이다. 보헤미아는 인구 1백만 명당 158명의 자살률을 보이고 모라비아는 136명의 자살률을 보인 반면 카르니올라는

46명, 크로아티아는 30명, 달마티아는 14명에 불과하다.

이와 비슷하게 켈트로만족 중에서는 프랑스가 인구 1백만 명당 150명의 자살률을 보이며 가장 두드러진 반면, 같은 시기에 이탈리아는 30명, 스페인은 그보다 더 낮은 자살률을 보였다. 이렇게 큰 자살률의 차이에 대해 모르셀리는 프랑스에는 다른 라틴 국가들에 비해 게르만계 주민이 많기 때문이라고 설명하지만, 우리는 그에 동의할 수 없다. 켈트로만족 가운데 프랑스가 가장 문명화된 국가라는 점을 인정한다면, 사회와 소위 민족 집단을 차별화하는 요소는 오히려 문명 수준의 차이다.

게르만족 간의 편차는 더욱 크다. 이 인종에 포함되는 네 집단 가운데 세 집단은 슬라브족이나 라틴족보다 자살 성향이 훨씬 낮다. 플랑드르는 1백만 명당 50명, 앵글로색슨은 70명의 자살률을 나타냈다.[5] 스칸디나비아인들 가운데 덴마크는 268명이라는 가장 높은 자살률을 보인 반면, 노르웨이는 74.5명, 스웨덴은 84명에 지나지 않는다. 따라서 덴마크의 높은 자살률을 인종 탓으로 돌릴 수는 없다. 보다 순수한 게르만 혈통의 스웨덴과 노르웨이에서는 전혀 반대되는 결과가 나왔기 때문이다.

간단히 말해서 게르만족 가운데 일반적으로 독일인만이 자살 성향이 강하다. 그러므로 용어를 엄격하게 사용한다면, 자살은 인종의 문제가 아니라 민족성의 문제다. 하지만 게르만 유형이 부분적으로, 적어도 유전적으로는 존재한다는 사실이 부정된 것은 아니기에 그 말의 의미를 극단적으로 확대 해석해서 켈트로만이나 슬라브, 앵글로색슨이나 스칸디나비아 사회보다 독일 인종에 속하는 사람들에게서 자살 성향이 더 강하게 나타나고 있다고 할 수도 있을 것이다. 그러나 위의 통계에서 내릴 수 있는 결론은 이것이 전부이다. 여하튼 이는 민족적 특성이 자살에 어떤 영향을 미칠지도 모른다고 생각하게 하는 유일한 사례이다. 하지만 여기에서도 우리는 인종은 실제로 자살에 아무런 영향도 미치지 않는다는 것을 알게 되었다.

독일인의 높은 자살 경향을 인종 탓으로 돌리고자 한다면, 독일에서는 자살이 일반적이라는 사실을 증명하는 것만으로는 충분하지 않다. 왜냐하면 독일 문명의 특수성 때문일 수도 있다. 인종 때문이라고 주장하려면 자살 경향이 독일 민족의 체질로 유전되는 것이며, 그것이 영속적인 특질이어서 사회적 환경이 변해도 지속된다는 것을 밝혀야 한다. 그래야만 그것을 인종의 영향이라고 간주할 수 있다.

이제 독일 외부에서 다른 민족의 상이한 문명에 동화되어 살고 있는 독일인들도 역시 높은 자살률을 보이는지 살펴보자. 오스트리아는 그 질문의 답을 찾기에 딱 맞는 곳이다. 독일인들은 오스트리아의 여러 지방에서 다양한 비율로, 전혀 다른 민족적 기원을 가진 주민들과 섞여 살고 있다. 그러면 그들의 수적 증가에 따라 자살률도 증가하는지 살펴보자. [표 7]은 1872년부터 1877년까지 5년간 각 주의 연평균 자살률과 독일계 주민의 수적인 비중을 함께 보여 주고 있다. 인종은 그들이 사용하는 언어에 따라 구분하였다. 물론 이것이 절대적으로 정확한 기준이라고 할 수는 없지만 사용할 수 있는 가장 정확한 기준이다.

[표 7] 오스트리아 각 지역의 자살과 인종 간 비교

인종	지역	인구 1백 명 중 게르만족의 수	인구 1백만 명에 대한 자살률	
순수 게르만족으로 구성된 지역들	하부 오스트리아	95.90	254	
	상부 오스트리아	100	110	평균 106
	잘츠부르크	100	120	
	티롤(알프스산맥 건너편)	100	88	
게르만족이 다수인 지역들	케른텐	71.40	92	
	슈타이어마르크	62.45	94	평균 125
	슐레지엔	53.37	190	
게르만족이 소수이며 중요한 지역들	보헤미아	37.64	158	
	모라비아	26.33	136	평균 140
	부코비나	9.06	123	
게르만족이 소수인 지역들	갈리치아	2.72	82	
	티롤(알프스산맥 이남)	1.90	88	
	리토랄	1.62	38	평균 54
	카르니올라	6.20	46	
	달마티아		14	

모르셀리가 직접 작성한 이 표에서는 독일계의 영향을 거의 찾아볼 수 없다. 독일계의 비율이 37%에서 9%에 불과한 보헤미아,

모라비아, 부코비나의 평균 자살률은 140명으로 독일계가 다수를 차지하는 케른텐, 슈타이어마르크, 슐레지엔의 125명보다 높다. 케른텐, 슈타이어마르크, 슐레지엔에는 슬라브계 소수 민족이 살고 있지만, 이 세 주의 자살률은 독일계 주민만 사는 유일한 지역인 상부 오스트리아, 잘츠부르크, 트랜스알파인(transalpine, 알프스산맥 건너편) 티롤의 세 주보다 높다.

물론 하부 오스트리아는 다른 지역보다 훨씬 높은 자살률을 보이고 있다. 그러나 이는 독일계 주민 때문이 아니다. 왜냐하면 독일계 주민은 상부 오스트리아, 잘츠부르크, 트랜스알파인 티롤에 더 많이 살고 있는데, 그곳의 자살률은 2분의 1 또는 3분의 1밖에 안 되기 때문이다. 자살률이 높은 진짜 이유는 하부 오스트리아의 대도시 빈에서 다른 모든 대도시에서처럼 매우 많은 자살자가 나오기 때문이다. 1876년 빈에서는 주민 1백만 명당 320명의 자살자가 나왔다. 대도시에서의 이러한 경향은 인종 때문이 아니다.

반대로 리토랄과 카르니올라, 달마티아의 낮은 자살률도 독일계가 적기 때문이 아니다. 마찬가지로 독일계가 적게 살고 있는 시스알파인(cisalpine, 알프스산맥 이남) 티롤과 갈리치아에서는 2배 내지 5배의 자살률을 보이고 있기 때문이다. 독일계가 소수인 8개 주의 평균 자살률을 계산해 보면 86명이 되는데, 이는 독일계만 사는 트랜스알파인 티롤의 자살률과 비슷하며, 독일계가 많이 살고 있는 케른텐, 슈타이어마르크의 자살률과도 큰 차이가 없다. 이처럼 게르만족과 슬라브족이 같은 사회 환경에서 살게 되면 그들의 자살 경향은 거의 같아진다. 따라서 상이한 환경 아래서 관찰된 자살률의 차이는 인종과 상관없다.

게르만족과 라틴족 사이에 나타나는 자살률의 차이도 마찬가지다. 스위스에는 두 인종이 함께 살고 있다. 주민의 전부 또는 일부가 독일계인 주는 15개 주로 평균 자살률은 186명(1876)이다. 프랑스계가 다수를 점하고 있는 주는 5개 주(발레, 프리부르, 뇌샤텔, 제네바, 보)이며 평균 자살률은 255명이다. 자살률이 가장 낮은 발레(1백만 명당 10명)는 게르만족이 가장 많이 사는 주(인구 1천 명당 319명)이다. 반면에 주민의 거의 전부가 라틴족인 뇌샤텔, 제네바, 보는 각각 486명, 321명, 371명의 평균 자살률을 보인다.

민족적 요인의 영향을 좀 더 분명히 밝히기 위하여 그 영향을 흐리게 할지도 모르는 종교적 요인을 제거해 보기로 하자. 이를 위해 우리는 같은 종교를 가진 독일계 주민과 프랑스계 주민을 비교하였다. 이 결과 역시 위의 논의를 뒷받침하고 있다.

스위스 연방에서의 자살자 수	
독일계 가톨릭	87명
독일계 개신교	293명
프랑스계 가톨릭	83명
프랑스계 개신교	456명

가톨릭교도 사이에는 인종별 차이가 없다. 개신교도 중에서는 프랑스계 사람들이 더 많은 자살률을 보이고 있다.

그러므로 이러한 사실은 독일인의 높은 자살률이 그들의 혈통 때문이 아니라 그들이 자라온 문명 때문이라는 것을 뒷받침한다. 하지만 모르셀리가 인종의 영향을 입증하고자 제시한 증거 가운데 하나는 얼핏 보기에 아주 결정적인 것처럼 보인다. 프랑스인은 주로 켈트족과 웨일스족의 두 인종이 혼합되어 있는데, 이 두 인종은 처음부터 키에 있어서 뚜렷한 차이를 보였다. 율리우스 카이사르 시대부터 웨일스족은 키가 큰 것으로 유명했다.

그래서 브로카는 주민들의 키를 통해 오늘날 프랑스의 두 인종이 어떻게 분포되어 있는지를 조사하였다. 그 결과 켈트족은 주로 루아르 남쪽에 살고 있으며, 웨일스족은 주로 북부에 살고 있다는 것을 발견하였다. 이런 민족 분포도는 자살의 분포도와 매우 흡사하다. 자살은 프랑스 북쪽에 주로 집중되어 있고 중부와 남부에서는 아주 적다.

모르셀리는 한 걸음 더 나아갔다. 그는 민족 집단의 분포에 따른 프랑스 자살률의 규칙적인 변화를 입증할 수 있으리라고 생각하고, 각 군을 여섯 그룹으로 나누어 각 그룹의 평균 자살률을 계산하였다. 또 그룹마다 키가 작아서 병역이 면제된 사람 수를 조사하였다. 이것은 각 그룹에 속하는 주민의 평균 키를 간접적으로 측정하는 방법이기도 하다. 병역 면제자 수가 적을수록 평균 키가 크기 때문이다. 결국 평균 자살률과 병역 면제자 수는 서로 반비례하는 것으로 나타났다. 즉 키가 작아서 병역이 면제된 사람이 적을수록, 다시 말해 평균 키가 클수록 자살률도 더 높다는 사실이 발견된 것이다.[6]

만일 이런 정확한 대응 관계가 성립한다면, 그것은 인종 이외의 다른 요인으로는 설명하기가 어려울 것이다. 하지만 모르셀리가 이런 결과를 끌어낸 과정 때문에 우리는 그의 결론이 결정적이라고 인정할 수 없다. 그는 브로카[7]가 켈트족과 웨일스족의 순수성 정도에 따라 나눈 6개 민족 집단을 기준으로 비교하였다.

브로카는 권위 있는 학자지만, 민족학 문제는 대단히 복잡해서 그가 제기한 분류가 정확하다고 할 수 없다. 아직도 다양한 해석과 상반된 가설이 나올 여지가 있다. 그가 확인할 수 없는 역사적 추정에 의존하고 있다는 것을 고려해야 한다. 그의 조사는 프랑스에 2개의 인류학적 유형이 있다는 것은 증명했지만, 그가 발견했다고 생각하는 중간적인 다양한 유형이 실재하는지는 의심스럽다.[8] 만약 우리가 체계적이지만 지나치게 정교한 이런 분류를 무시하고, 단순히 각 군을 키가 작아서 병역이 면제된 사람의 평균 숫자로 분류하고 평균 자살률과 비교한다면 모르셀리의 결론과는 전혀 다른 결과를 얻게 된다([표 8] 참고).

[표 8] 신장과 자살률의 관계

		1천 명당 병역 면제자 수	평균 자살률
장신이 많은 지역	제1집단(9개 도)	40명 이하	180
	제2집단(8개 도)	40~50명	249
	제3집단(17개 도)	50~60명	170
	전체 평균	60명 이하	191
단신이 많은 지역	제1집단(22개 도)	60~80명	115(센 제외 101)
	제2집단(12개 도)	80~100명	88
	제3집단(14개 도)	100명 이상	90
	전체 평균	60명 이상	103(센 포함) 93(센 제외)

자살률은 실제적 또는 추정적인 웨일스인의 특정 요인(큰 키)에 정비례하지 않는다. 즉, 가장 키가 큰 제1집단은 제2집단보다 자살률이 낮으며, 제3집단보다 약간 높을 뿐이다. 그리고 마지막 세 집단은 키와 관계없이 거의 같은 수준의 자살률을 보인다.[9] 이러한 통계가 보여 주는 것은 프랑스가 자살과 키에 있어 24개의 지역, 즉 자살률이 높고 키가 큰 북부 지역과 자살률이 낮고 키가 작은 중부 지역으로 나누어진다는 사실뿐이다. 그러나 두 과정이 정확하게 평행을 이루는 것은 아니다. 다시 말하자면 민족 분포도에 나타나는 두 개의 큰 집단이 자살 분포도에서도 마찬가지로 나타난다는 것이다. 그러나 이러한 일치는 포괄적일 뿐이다. 두 가지 통계의 상세한 변화는 그렇게 일치하지 않는다.

그러한 포괄적인 일치를 비례로 환원해서 검토한다면 더 이상 민족적 요소를 입증하는 결정적 증거가 될 수 없다. 그것은 단지 신기한 사실일 뿐 법칙을 증명하기에는 부족하다. 서로 독립된 요인들이 우연히 일치한 것에 불과하다. 인종이 자살률에 영향을 미친다는 가설을 증명하려면 다른 사실들에 의한 확증이 필요하다. 그러나 인종 가설은 다음의 사실들과 모순된다.

1.   명백한 실체이며 강한 자살 성향을 가진 독일인과 같은 집단 유형이 사회적 조건이 변하자마자 자살 성향이 사라진다거나, 혈통의 순수성이 명확하지 않은 켈트족이나 흔적만 남아 있는 고대 벨기에족 같은 집단이 자살 성향에 대해 실질적인 영향을 미친다면 이는 놀라운 일일 것이다. 인종을 특징짓는 극히 일반적인 특성들과 자살 성향의 복잡하고 특수한 특성 사이에는 너무나도 큰 차이가 있다.

2.   우리는 앞으로 고대 켈트족 내에서도 자살이 많았다는 사실을 알게 될 것이다.[10] 따라서 오늘날 켈트족이라고 추정되는 주민들 가운데서 자살이 드물게 일어난다면, 이는 인종이라는 선천적 특성보다는 외부 환경 변화에 의한 것이라고 할 수 있다.

3.   켈트족과 웨일스족은 순수한 원시 종족이 아니다. 그들은 혈연과 언어와 신앙으로 친족이 된 사람들이다.[11] 두 인종은 모두 대

규모 침입이나 연이은 이동으로 점차 전 유럽에 퍼진 장신의 금발 인종이다. 양자 간의 유일한 민족적 차이는 켈트족이 프랑스 남부의 키가 작고 피부색이 짙은 인종과 피를 섞게 되면서 공통 유형으로부터 더 분화되었다는 것뿐이다. 그러므로 웨일스족의 높은 자살률이 인종 때문이라면, 이는 웨일스족이 원시 인종에서 덜 변화했기 때문일 것이다.

그러나 이것이 사실이라면 프랑스 내외를 막론하고 이 인종적 특성이 더 진할수록 더 높은 자살률을 보여야 한다. 그런데 사실은 그렇지가 않다. 유럽에서 가장 키가 큰 사람(1.72미터)들은 노르웨이에 있으며 이들은 북부, 특히 발트해 연안에서 기원한 것으로 여겨진다. 또한 그들은 발트해 연안에서 그들의 순수성을 가장 잘 유지해 왔다. 그러나 스칸디나비아반도에서는 자살률이 증가하고 있지 않다. 그런가 하면 이 인종은 프랑스보다는 네덜란드와 벨기에, 영국에서 그 혈통의 순수성을 더 잘 유지하고 있는데도[12] 자살률은 프랑스가 다른 세 나라보다 훨씬 높다.

프랑스에서 자살의 지리적 분포는 이렇게 애매한 인종의 작용을 거론하지 않고도 설명할 수 있다. 프랑스는 민족적, 도덕적으로 두 부분으로 나누어져 있으며, 아직 완전히 통합되지 않은 것으로 알려져 있다. 중부와 남부 사람들은 고유의 기질과 특유의 생활 방식을 유지하고 있어서 북부의 생각과 풍습을 거부한다.

오늘날 프랑스 문명의 중심은 북부에 있다. 북부 또한 근본적으로 북부의 성격을 유지하고 있다. 이후 밝혀지겠지만 이런 북부 중심 문명에 프랑스인이 자살하게 만드는 주원인이 있으며, 북부 문명의 영향력이 미치는 범위가 자살이 가장 많이 일어나는 범위이기도 하다. 따라서 북부 사람들이 남부 사람들보다 더 많이 자살한다면, 이는 북부인의 민족적 기질 때문이 아니라 자살의 사회적 원인이 루아르 남쪽보다는 북쪽에 더 많이 존재하기 때문이다.

프랑스의 이중적 도덕성의 기원과 존속 문제는 역사적 문제이지 민족학으로 풀 수 있는 문제가 아니다. 그것은 인종의 차이 때문이 아니다. 아니, 적어도 인종의 차이 때문으로만 일어난 것은 아니다. 왜냐하면 아주 별개의 인종들도 서로 쉽게 피를 섞을 수 있고, 그 결과 독자성이 사라질 수 있기 때문이다. 북부인과 남부인이 수 세기에 걸쳐 공동생활을 했기 때문에 극복할 수 없는 적대적인 감정이 있는 것도 아니다. 프로방스 사람들이 파리 사람들과 다른 것처럼 로렌 사람들도 노르망디 사람들과 다르다. 그러나 역사적 이유로 남부에서는 향토 정신과 지역 전통이 더 강하게 남아 있다. 반면 북부에서는 공통의 외적에 대항할 필요성 때문에 이해관계의 밀접한 연대와 빈번한 접촉으로 주민들이 하나로 뭉치고 역사를 더 빨리 혼합했다. 바로 이 같은 사람, 관념, 물건의 활발한 교류가 늘면서 생긴 도덕적 조화 덕분에 이 지역이 고도 문명의 발상지가 된 것이다.[13]

자살 성향에서 인종이 중요한 요인이라는 이론은 또한 자살이 유전적이라는 점을 시사한다. 왜냐하면 유전이 되어야만 자살이 인종적 특성이 될 수 있기 때문이다. 그러나 자살이 유전된다는 사실이 증명된 적이 있는가? 이 문제는 방금 고려한 관계 외에 그 자체로도 세밀히 고찰할 가치가 있다. 만일 자살이 유전된다는 것이 증명된다면, 자살은 일정한 기질적 조건에 크게 의존한다는 결론이 나올 것이다.

그러나 먼저 그 말뜻을 분명하게 정의해야 한다. 자살이 유전적이라고 하는 것은 자살자의 자녀들이 단순히 부모의 기질을 물려받아 비슷한 상황에서 부모와 같은 행동을 하는 경향이 있음을 뜻하는 것일까? 이러한 의미라면 그것은 무가치한 주장에 그치고 만다. 왜냐하면 이 경우 유전되는 것은 자살 그 자체가 아니라 단지 어떤 상황에 처했을 때 특정한 행동을 취하기 쉽게 만들지만 반드시 그렇게 하도록 만들지는 못하는 일반적 기질일 뿐이다. 그러므로 자살의 결정 요인에 대한 충분한 설명이 못 된다. 실제로 자살 발생에 가장 크게 기여하는 개인적 기질인 신경쇠약증은 자살률의 변화를 가져오는 원인이 되지 못한다는 것이 밝혀졌다.

그러나 심리학자들은 유전을 전혀 다른 의미로 이야기해 왔다. 그에 따르면, 자살 경향이 부모로부터 자녀에게 직접적으로 그리고 완전하게 유전되며, 일단 전승되면 완전히 자동적으로 자살을 일으킨다는 것이다. 따라서 이것은 편집증과 별다를 것 없는 일종의 반자동적인 심리적 기제(메커니즘)이며, 거의 생리적인 기제라고 할 수 있다. 따라서 자살은 본질적으로 개인적인 원인에 의한 것이 된다.

과연 그러한 유전이 존재할까? 물론 자살은 무섭게 규칙적으로 반복되기도 한다. 갈(Gall)은 매우 놀라운 한 가지 사례를 들고 있다. "어느 지주가 일곱 명의 아들과 2백만 프랑의 유산을 남기고 자살했다. 아들들은 파리와 그 근교에 살았으며 물려받은 유산을 잘 지켰다. 어떤 아들은 유산을 늘리기까지 했다. 불운한 아들은 하나도 없었고 모두 건강하였다. 그러나 40년 안에 이 일곱 형제는 모두 자살하였다."[14]

에스퀴롤에 따르면 어느 상인의 경우 6명의 아들 중 4명이 자살하고 1명은 여러 번 자살을 기도했다.[15] 그런가 하면 부모와 자식과 손자가 잇달아서 자살한 사례도 있다. 그러나 생리학자들이 제시하는 사례들은 유전 문제에 대해 성급한 결론을 내리기보다는 조심스럽게 다루어야 함을 가르쳐 주고 있다. 즉 대를 이어서 결핵 환자가 되는 사례는 많지만, 학자들은 여전히 결핵이 유전된다고 보지 않는다. 오히려 그 반대의 결론이 더 지배적이다. 이 병이 같은 가족에게 반복해서 발생하는 것은 결핵의 유전성 때문이 아니라 그 병을 일으키는 세균에 감염되고 전염되기 쉬운 기질을 물려받았기 때문이다. 이 경우에 물려받은 것은 병 자체가 아니라 발병하기 쉬운 조건인 것이다. 이 같은 설명을 부정하기 위해서는 코흐균(결핵균)이 태아에게서 발견된다는 사실을 증명해야 할 것이다. 이 문제가 입증되지 않는 한 해답은 의문을 남긴다.

우리가 당면한 문제에도 마찬가지로 주의가 필요하다. 자살의 유전 문제를 해결하려면 자살이 유전된다는 주장에 유리한 몇 가지 사실을 인용하는 것만으로는 충분치 않다. 우선 그러한 사실이 다른 우연한 상황 때문이라고 할 수 없을 만큼 많아야 하며, 다른 설명이 가능해서는 안 되며, 다른 사실들과 모순되어서도 안 된다. 자살의 유전성은 이러한 세 가지 조건을 충족시키는가?

물론 유전적인 자살은 흔한 것으로 간주된다. 그러나 자살이 유전적이라고 결론짓기 위해서는 그 빈도가 높거나 낮다는 것만으로는 불충분하다. 전체 자살에 대한 비율이 제시되어야 한다. 만일 전체 자살 중에서 상대적으로 높은 비율로 유전에 의한 자살 선례가 있음이 밝혀진다면 두 사실 사이에 인과관계가 있음을 인정할 수 있다. 즉 자살이 유전적으로 전승된다고 인정할 수 있다. 그러나 이러한 증거가 없다면 그 사례들은 여러 가지 원인이 우연히 합쳐져서 일어난 것이라고 주장할 수 있다. 아직은 이 문제를 해명하는 데 꼭 필요한 관찰이나 비교가 대규모로 실시되지 않았고, 단지 약간의 재미있는 일화들이 인용되었을 뿐이다. 이 문제에 대한 정보가 부족하므로 결코 확정적인 결론은 내릴 수 없다. 더욱이 그 정보들마저 어떤 면에서는 서로 모순된다.

루이스(Luys) 박사는 자신의 병원에서 뚜렷한 자살 경향을 지닌

39명의 정신병 환자를 관찰하여 상당히 완벽한 자료를 수집했다. 하지만 가족 가운데 자살한 사람이 있는 환자는 단 한 명밖에 없었다.[16] 또한 브리에르 드 부아몽은 265명의 정신병 환자 가운데서 11명의 환자, 즉 4%의 환자들만이 부모가 자살하였다는 사실을 발견하였다.[17] 카조비에(Cazauvieilh)가 제시한 비율은 훨씬 더 높다. 그는 60명의 환자 가운데 13명, 즉 28%의 환자에게서 유전적 선례를 발견하였다.[18] 유전의 영향에 관한 유일한 기록인 바이에른 지방의 통계에 따르면, 1857~1866년 사이에 자살 1백 건 중 13건에서 유전적 선례가 발견되었다.[19]

이러한 사실들이 매우 불확정적이기는 하지만, 만일 이 사실들을 특수한 자살 유전으로 간주해야만 설명이 가능하다면, 이 가설은 다른 설명이 전혀 불가능하다는 점에서 인정받을 수 있을 것이다. 그러나 적어도 두 가지의 다른 원인이 있으며 이 원인들이 복합적으로 작용하면 같은 효과를 일으킬 수도 있다.

첫째, 이러한 관찰은 대부분 정신과 의사들이 정신병 환자를 대상으로 실시했다는 것이다. 아마도 모든 질병 가운데 정신병이 가장 유전성이 강한 병인지도 모른다. 그러므로 우리는 자주 발생하지만 그럼에도 불구하고 우발적인 정신이상이 유전되는 것인지 아니면 자살 경향이 유전되는 것인지를 따져 보아야 한다. 관찰자들은 모두 정신병 환자의 자살 중에서만 유전 가설에 유리한 사례들을 보고하고 있기에 이런 의문은 더욱 정당하다.[20] 그러한 상태에서도 물론 유전은 중요한 역할을 한다. 그러나 그것은 자살의 유전이 아니다. 유전되는 것은 일반적인 정신 질환, 즉 우발적으로 자살을 초래할지도 모른다고 우려되는 약한 신경이다.

이런 유전은 객혈이 폐결핵의 유전과 관계없는 것만큼이나 자살 경향과는 아무런 관계가 없다. 자기 가족 가운데 정신병 환자와 자살자가 있는 어느 불행한 개인이 자살한다면, 그것은 부모가 자살했기 때문이 아니라 부모가 정신병 환자였기 때문일 것이다. 정신 질환이 유전 과정에서 변한다면, 즉 예를 들어 선조의 우울증이 후손에게는 만성 착란증이나 충동적인 광증으로 변하고 가족 몇 명이 자살한다면, 이같이 상이한 종류의 정신병으로 인한 자살은 모두 상이한 종류의 자살이다.

그러나 이러한 주원인만으로는 모든 사실을 충분히 설명할 수 없다. 왜냐하면 먼저 정신병 환자의 집안 외에는 자살이 반복되지 않는다는 사실도 증명되지 않았다. 다음으로 어떤 정신병 환자의 집안에서는 정신병이 반드시 자살을 가져오는 것이 아닌데도 불구하고 자살이 일종의 풍토병처럼 된다는 중요한 사실이 남아 있기 때문이다. 정신 질환자라고 해서 모두 자살하는 것은 아니다. 그렇다면 왜 어떤 정신 질환자의 집안은 자살하도록 운명이 정해진 것처럼 보이는가? 그런 사례가 많은 것을 보면 분명 방금 언급한 것 외에 다른 요인이 있음을 짐작할 수 있다. 그것을 유전 탓으로 돌리지 않고 설명할 수 있을지도 모른다. 즉 두 번째로, 자살은 전염성이 있기 때문에 하나의 자살이 다른 자살을 야기할 수 있다.

다음 장에서 고찰하겠지만, 자살은 전염성이 강하다. 이 전염성은 체질상 일반적으로 암시에 쉽게 빠져들고 특히 자살이라는 암시에 쉽게 끌리는 사람들에게 강하게 작용한다. 이들은 깊은 인상을 받은 모든 행위를 반복하려 할 뿐 아니라, 결국 그런 행위를 반복한 끝에 하나의 경향을 이루게 된다. 이 이중적인 조건은 자살한 부모를 가진 정신 질환자나 신경쇠약증 환자들에게서 발견된다. 그들의 약해진 신경은 최면에 걸리기 쉬울 뿐 아니라 동시에 자살이라는 생각을 쉽게 받아들이게 한다. 그러므로 가족의 비극적인 죽음의 기억이나 모습이 그들에게 강박관념이나 저항할 수 없는 충동을 일으킨다고 해도 놀랄 일이 아니다.

이러한 설명은 유전 가설 못지않게 만족스러울 뿐 아니라 이러한 설명만이 다음과 같은 사실을 해석할 수 있게 해 준다. 자살이 반복해서 일어났던 가정에서는 자살이 흔히 거의 동일하게 일어난다는 사실이다. 자살은 대개 같은 나이에 심지어 같은 방법으로 일어난다. 어떤 가족은 목매는 방법을, 다른 어떤 가족은 질식이나 투신하는 방법을 선호한다. 한 가족이 몇 년 사이에 모두 같은 무기로 자살한 사례도 있다.[21] 자살 방법의 유사성은 자살이 유전된다는 또 다른 증거로 보인다.

그러나 만일 자살을 명확한 심리적 실체로 인정할 수 없는 분명한 이유가 있다면, 목을 매거나 총을 쏘아 자살하는 경향이 존재한다는 사실을 어떻게 인정할 수 있겠는가? 이런 사실은 남은 가족의 마음과 가문의 역사에 새겨진 자살의 전염성을 보여 주는 것이 아닐까? 그들은 가족의 자살이라는 기억에 사로잡혀 괴로워하기에 먼저 자살한 가족의 자살 방법을 그렇게 충실히 되풀이하는 것이라고 볼 수밖에 없다. 이러한 설명은 유전이 문제가 아니라 전염이 자살의 근원인 많은 사례를 통해서 더욱 타당성을 갖는다.

자살의 전염성에 대해서는 뒤에 다시 언급하겠지만, 자살은 여러 경우에 놀랄 만큼 비슷한 방법으로 일어난다. 그런 사례들은 서로의 복사판 같다. 1772년 어느 병원의 어두운 복도에서 같은 갈고리에 15명의 환자가 연달아 목매어 자살했다는 유명한 이야기가 있다. 그 갈고리를 제거하자 자살의 전염이 그쳤다. 이와 비슷하게 불로뉴에 있는 한 부대의 초소에서 어느 병사가 자기 머리를 쏘아 자살한 후 며칠 사이에 같은 장소에서 모방 자살이 잇달아 일어났다. 그러나 그 초소를 불태우자 자살의 전염도 그쳤다. 이 모든 사실은 강박관념의 무서운 힘을 보여 준다. 자살하려는 생각을 일으킨 물질적 대상이 사라지자 자살의 전염도 중단되었기 때문이다. 따라서 자살 사례들이 분명하게 서로 영향을 받아 전부 같은 방식을 따르는 경우에, 그러한 자살은 같은 원인 때문이라고 볼 수 있다. 특히 모든 요소가 한데 모여 효과가 극대화되는 가족의 경우에는 가장 강력한 효과를 일으킨다.

더욱이 많은 사람은 부모를 모방함으로써 선례의 힘에 굴복한다. 에스퀴롤은 그러한 가족의 사례를 관찰하였다.

"26세의 막냇동생이 우울증에 걸려 자기 집 지붕에서 몸을 던져 자살하였다. 그를 돌보아 주었던 둘째 형이 동생의 죽음에 자책감을 느끼고 여러 번 자살을 시도했다가 약 1년 후 장기간 단식을 거듭한 끝에 죽었다. 의사인 넷째도 자살하였다. 그는 죽기 2년 전에 심한 절망감을 느끼며 자신의 운명을 거역하지 않을 것이라고 나에게 이야기한 적이 있다."[22]

모로 드 투르는 다음과 같은 사례를 제시했다. 형과 숙부가 자살한 어느 정신이상자는 자신도 자살하리라는 생각에 사로잡혀 있었다. 정신병원에 수용된 그를 면회한 동생은 자신도 자살하게 되리라는 무서운 생각이 들어 경악했으며, 자신도 결국엔 그 생각에 굴복하게 될 것이라고 확신하게 되었다.[23] 어느 환자는 브리에르 드 부아몽에게 다음과 같이 고백했다.

"나는 53세가 될 때까지 건강했고 아무런 걱정거리도 없었습니다. 나는 원래 아주 명랑한 사람이었으나 3년 전부터 우울한 생각에 젖어 들기 시작했습니다. 지난 3개월 동안 그 생각은 끊임없이 나를 괴롭혔으며, 항상 자살하려는 충동을 느꼈습니다. 사실은 저의 형님이 60세에 자살했습니다. 나는 그 일을 한번도 심각하게 생각해 본 적이 없었는데, 56세에 접어들면서 그 기억이 생생하게 되살아나더니 이제는 영영 그 기억을 떨쳐 버릴 수가 없습니다."

팔레는 가장 결정적인 사례를 이야기했다.

"어느 19세 소녀는 숙부가 자살한 것을 알게 되었다. 이 소식은 그녀에게 큰 충격을 주었다. 정신병이 유전된다는 말을 들은 적이 있었던 그녀는 자신도 머지않아 그런 슬픈 상태에 빠지게 될 것이라는 강박관념에 사로잡혔다. 그녀가 그런 상태에 있을 때 그녀의 부친이 자살했다. 그때부터 그녀는 자살이 피할 수 없는 자신의 절대적인 운명이라고 생각했다. 그녀는 곧 일어날 자살만을 생각하였고, '나는 아버지나 숙부처럼 죽을 것이다! 나의 피는 그렇게 되도록 감염되었다!'라는 말을 끊임없이 되풀이했으며 자살을 시도했다. 그런데 그녀가 자기 아버지라고 믿고 있던 사람은 그녀의 친아버지가 아니었다. 그녀를 공포에서 구해내기 위해 그녀의 어머니가 이 사실을 고백하고 친아버지와 만나게 해 주었다. 친아버지와 그녀는 매우 닮았기에 그녀의 의심은 즉시 사라졌다. 그녀는 바로 자살을 포기했고, 차츰 명랑함을 되찾고 건강도 회복했다."[24]

그러므로 자살이 유전된다는 주장에 유리한 사례들은 자살의 유전을 증명하기에 충분치 않다. 오히려 그런 사례들은 다른 원인으로 설명이 가능하다. 그뿐만 아니라 심리학자들이 그 중요성을 간과한 통계적 사실은 자살이 유전된다는 가설과 일치하지 않는다. 그 사실은 다음과 같다.

1.   만일 사람을 자살하게 만드는 유전에 의한 기질적, 심리적 결정 요인이 있다면, 그 요인이 남녀에게 미치는 영향은 거의 비슷해

야 할 것이다. 왜냐하면 자살에는 성별이 없으므로 유전이 여성보다 남성을 더 자살하게 만들 이유가 없기 때문이다. 그런데 실제로는 여성의 자살은 아주 적으며 남성에 비해 극히 일부에 불과하다. 만일 유전이 자살의 원인이라면 그렇게 될 수 없을 것이다.

그렇다면 여성도 남성과 똑같이 자살 경향이 유전되지만 여성에게만 해당하는 사회적 조건 때문에 여성의 자살 경향이 억제되는 것일까? 전혀 입증되지 않은 막연한 가능성을 제외하면 대부분의 경우에 잠복해 있는 유전적 요소에 대해 어떻게 생각해야 할까?

2. 폐결핵의 유전에 관해 그랑셰(M. Grancher)는 이렇게 기록했다.

"3개월 된 아기가 결핵으로 밝혀졌다면 이를 유전 때문이라고 생각할 수도 있다. 충분히 그럴 만하다. 그러나 생후 15개월에서 20개월쯤 된 아기에게 결핵이 나타났을 때는 결핵이 자궁 내에서부터 잠복하고 있었는지 확실치 않다. 잠재적인 결핵의 존재를 뒷받침해 주는 아무런 근거도 없기 때문이다. 생후 15년이나 20년 혹은 30년 후에 발생한 결핵에 대해서는 어떻게 말해야 할 것인가? 출생 당시부터 병균이 있었다고 하더라도 오랜 세월이 흐르는 동안 그 독성이 사라지지 않았을까? 모든 악의 근원을 사람이 살아가는 동안에 감염된 생생한 세균이 아니라 화석화된 세균의 탓으로 돌리는 것이 과연 자연스러운 일인가?"[25]

사실 태아나 신생아에게 세균이 있다는 확증이 없으므로 결핵이 유전된다고 선언하려면 적어도 그 병이 유아들에게 흔히 발생한다는 증거가 있어야 한다. 이는 유아기에 발생하는 특수한 정신병의 기본적인 원인이 유전이라 하여 그 병이 유전적 정신병이라고 알려지게 된 이유와 같다. 코흐는 정신병이 유전에 의해서 영향을 받았을 경우, 비록 그것이 완전히 유전의 영향은 아닐지라도 가족 중에 선례가 없는 경우보다 일찍 발생하는 경향이 있다는 것을 밝히기까지 했다.[26]

물론 수염이나 동물의 뿔처럼 유전이면서도 어느 정도 나이가 든 후에 나타나는 특징이 있기는 하다. 그러나 이 같은 지체는 개체가 성장해야만 나타나는 생체적인 조건일 경우에만 유전 가설로 설명할 수 있다. 예컨대 사춘기에 이르기까지는 성적 기능과 관련해서 뚜렷한 영향이 나타나지 않는다. 그러나 유전적 특성이 어떤 나이에서도 나타날 수 있는 것이라면 즉시 나타나야 할 것이다. 따라서 그러한 특성이 늦게 나타날수록 유전은 조그마한 자극에 불과하다는 것이 더욱 분명해진다. 자살 경향도 신체적으로 특정 단계에서만 나타나야 할 이유가 없다. 만일 자살이 하나의 분명한 메커니즘으로 완전히 형태를 갖추어 유전되는 것이라면, 출생 직후 몇 년 안에 작동해야 한다.

그러나 실제는 그와 정반대이다. 자살은 어린이들에게는 매우 드물게 일어난다. 르고이에 따르면 1861년부터 1875년까지 프랑스에서는 16세 이하의 아동 1백만 명 중 소년 4.3명, 소녀 1.8명의 자살자가 발생하였다. 모르셀리에 따르면 이탈리아의 경우에는 소년 1.25명, 소녀 0.33명의 자살률(1866~1875)을 보여 그 수가 더욱 적다. 그 비율은 모든 나라에서 거의 비슷하다. 가장 빠른 자살은 5세에 발생했다는데 이는 극히 예외적인 경우이다. 그러나 이러한 예외가 유전 때문이라는 증거는 없다. 또한 아이들도 자살하게 만드는 사회적 원인에 영향을 받는다는 사실을 상기할 필요가 있다.

아동의 자살률에서도 사회적 환경의 차이가 발견된다. 아이들의 자살은 대도시에서 가장 많이 일어난다.[27] 대도시의 아이들이 조숙한 것을 보면 알 수 있듯이 다른 어느 곳에서보다도 대도시의 아이들은 사회생활을 일찍 시작한다. 도시의 아이들은 문명의 흐름을 가장 빠르고 철저하게 접하므로 문명의 영향을 더 일찍, 더 많이 받게 된다. 이 때문에 문명이 발달한 나라일수록 아이들의 자살률이 높다.[28]

그러나 아동기의 자살은 극히 드물며, 자살은 노년층에서 가장 많이 일어나고, 그 중간 연령층에서는 나이가 듦에 따라 자살률도 증가한다.

[표 9]* 연령별 자살률(인구 1백만 명당 자살자)

연령	프랑스 (1835~1844)		프로이센 (1873~1875)		작센 (1847~1858)		이탈리아 (1872~1876)		덴마크 (1845~1856)
	남	여	남	여	남	여	남	여	남녀 합계
16세 이하	2.2	1.2	10.5	3.2	9.6	2.4	3.2	1.0	113
16~20	56.5	31.7	122.0	50.3	210	85	32.3	12.2	272

20~30	130.5	44.5	231.1	60.8	396	108	77.0	18.9	307
30~40	155.6	44.0	235.1	55.6			72.3	19.6	426
40~50	204.7	64.7	347.0	61.6	551	126	102.3	26.0	576
50~60	217.9	74.8			906	207	140.0	32.0	702
60~70	274.2	83.7	529.0	113.9			147.8	34.5	
70~80	317.3	91.8			917	297	124.3	29.1	785
80세 이상	345.1	81.4					103.8	33.8	642

* 이 표의 자료는 모르셀리의 통계에서 인용.

약간 차이는 있지만 이런 관계는 다른 모든 나라에서도 마찬가지다. 스웨덴은 40~50세에서 가장 높은 자살률이 나타나는 유일한 나라다. 그 밖의 다른 나라에서는 도표 작성 중에 오차로 인해 생겼을 사소한 오류를 제외하고는[29] 하나같이 가장 높은 연령층이나 두 번째로 높은 연령층에서 자살률이 가장 높으며, 연령에 따른 자살률의 증가도 일관되게 나타나고 있다. 80세 이후에 관찰되는 감소 경향은 절대로 일반적인 것이 아니며 사소한 정도이다. 이 연령층의 자살률은 때로 70대보다 낮은 경우도 있지만 다른 연령층, 적어도 대부분의 연령층보다는 높다.

그렇다면 성년에 이르러서야 나타나며 그 이후부터 연령이 증가함에 따라 계속해서 증가하는 현상을 어떻게 유전 탓으로 돌릴 수 있겠는가? 유년기에는 전혀 존재하지 않거나 극히 드물다가, 나이를 먹으면서 계속 증가하고, 노년층에서 가장 많이 일어나는 현상을 어떻게 선천적인 질병으로 볼 수 있겠는가?

이 경우에 동시기(homochronous) 유전 법칙을 거론할 수는 없다. 이 법칙은 어떤 경우에는 유전된 특성이 그 부모와 비슷한 나이에 자손에게서 나타난다는 것이다. 그러나 이 법칙은 10~15세 이상의 모든 연령층에서 공통적으로 나타나는 자살의 경우에는 적용되지 않는다. 자살의 특징은 생애의 일정한 시기에만 일어나지 않고 나이를 먹음에 따라 지속적으로 증가한다는 것이다. 이 지속된 증가는 자살의 원인도 나이를 먹음에 따라 발전한다는 것을 의미한다. 유전은 이러한 조건을 충족하지 못한다. 왜냐하면 유전은 정의 그대로 즉시 발생하는 것이기 때문이다.

자살 경향은 태어날 때부터 잠재적으로만 존재하다가 뒤늦게 나타나서 점차 발전하는 다른 힘의 영향을 받을 때만 나타나는 것일까? 그렇다면 유전의 영향은 극히 일반적이고 애매한 경향으로 격하될 것이다. 왜냐하면 유전이 다른 요인의 도움을 필요로 하고 그 요인의 발생에 비례해서만 작용하는 것이라면, 그 다른 요인이 진정한 원인이 될 수밖에 없기 때문이다.

간단히 말해서 나이에 따른 자살률의 차이는 어떠한 체질적, 심리적 상태도 자살의 결정적인 원인이 될 수 없음을 보여 준다. 모든 생명체는 생명의 리듬에 종속되어 성장, 중단, 퇴화의 연속 단계를 거친다. 어떤 신체적, 심리적 특성도 무한히 성장할 수는 없다. 즉 모든 것은 절정에 이르면 쇠퇴하기 마련이다. 이와는 반대로 자살은 그 정점을 인생의 마지막 시기에 두고 있다. 80대에 종종 관찰되는 감소는 아주 미미할 뿐만 아니라 일반적인 것도 아니다. 90대가 60대만큼, 또는 그 이상으로 자살하고 특히 원숙기에 있는 사람들보다 더 많이 자살하는 이상, 그러한 감소는 상대적인 것이다.

그러므로 이는 자살률 변동의 원인이 선천적이고 불변하는 충동이 아니라 사회생활의 점진적인 작용임을 증명하는 것이 아닐까? 자살은 사람이 사회활동을 시작하는 시기에 따라 더 일찍 또는 더 늦게 일어날 뿐만 아니라 사람이 사회활동에 깊이 참여하는 정도에 따라 증가한다.

따라서 우리는 앞 장의 결론으로 다시 돌아가게 된다. 의심의 여지 없이 자살은 개인의 체질과 다르면 일어날 수 없다. 그러나 자살을 일으키기 가장 쉬운 개인적 상태는 정신병의 경우를 제외하면 결정적이고 자동적인 경향이 아니라 다만 일반적이고 막연한 경향에 불과하다. 이 경향은 상황에 따라 여러 가지 형태를 취한다. 이 경향은 자살을 허용하기는 하지만 반드시 자살을 일으키는 것은 아니므로 자살을 설명하지는 못한다.

제3장 자살과 우주적 요인[1]

개인적 기질 자체가 자살의 결정적 원인이 될 수 없다 해도, 특정한 자연적 요인과 결합하면 더 강하게 작용할지도 모른다. 때때로 자연환경이 잠재해 있던 질병을 발생시키는 것처럼, 어떤 사람에게 막연하게 잠재해 있던 자살 성향을 발동시킬 수 있을지도 모른다. 이 경우에는 자살률을 사회적 현상으로 볼 필요가 없다. 자살은 전부 또는 대부분 어떤 자연적 원인과 심신 상태가 결합되면서 생긴 비정상적 심리에서 일어나는 것이 되기 때문이다. 물론 그렇다면 자살이 어째서 사회 집단마다 고유한 유형을 보이는지 설명하기 어려울 것이다. 자연환경은 나라마다 크게 다르지 않기 때문이다. 하지만 주의해야 할 한 가지 중요한 사실이 있다. 즉 자살률의 변화 가운데 일부는 사회적 원인을 들지 않고도 설명할 수 있다는 것이다. 자살에 영향을 미친다고 여겨진 비사회적 요인은 기후와 계절별 온도 두 가지뿐이다.

자살은 유럽 지도에서 위도에 따라 다음과 같은 분포를 보인다.

위도	인구 1백만 명당 자살자 수
북위 36~43도	21.1
북위 43~50도	93.3
북위 50~55도	172.5
북위 55도 이상	88.1

자살은 유럽 남부와 북부에서 가장 적고 중부에서 가장 많다. 좀 더 정확히 말해서, 모르셀리는 자살이 가장 많은 지역은 위도 47~57도, 경도 20~40도에 걸쳐 있는 지역이라고 지적하였다. 이 지대는 유럽에서 기후가 가장 온화한 곳이다. 모르셀리는 약간 주저하면서 이러한 우연의 일치는 기후의 영향으로 볼 수 있다는 이론을 제시했다.

그러나 온화한 기후와 자살 경향과의 관계는 쉽게 파악하기 어렵다. 이러한 가설을 내세우려면 사실관계가 철저히 일치해야 한다. 그러나 자살과 특정 기후 사이에 일정한 관계가 있기는커녕, 자살은 어떤 기후에서나 빈번하게 일어난다. 이탈리아는 오늘날 비교적 자살률이 낮은 나라다. 하지만 로마가 유럽 문명의 중심이었던 로마 제국 시대에는 자살률이 매우 높았다. 고대에는 인도의 뜨거운 태양 아래서도 자살이 빈번하게 일어난 적이 있다.[2]

또한 이 지역의 형태를 보면 기후는 높은 자살률의 원인이 아님을 알 수 있다. 지도상에서 이 지역은 같은 기후를 가진 모든 나라를 포함하는 평등하고 동질적인 한 지대가 아니라 두 개의 서로 다른 지역이다. 한 지역은 일드프랑스와 그 부근에 있는 중부의 군들이고, 다른 지역은 작센과 프로이센 지역이다. 그러므로 이 지역들은 유럽 문명의 두 중심과 일치하는 곳이지, 기후에 따라 규정되는 지역은 아니다. 따라서 우리는 나라마다 자살 경향이 다른 원인을 아리송한 기후의 영향에서 찾기보다는 유럽 문명의 성격과 유럽 문명이 여러 나라에 전파된 방식에서 찾아야 할 것이다.

게리(Guerry)가 지적하고 모르셀리가 증명한 또 다른 사실도 비슷하게 설명할 수 있다. 중심 지역을 벗어난 여러 나라에서는 북쪽이든 남쪽이든 중심에 가까울수록 자살률이 높다는 것이다. 따라서 이탈리아는 북부에서 자살이 더 많은 반면, 잉글랜드와 벨기에는 남부에서 자살이 더 많이 발생한다. 그러나 이것이 온화한 기후에 더 가깝기 때문에 나타난 현상이라고 할 이유는 없다. 그보다는 프랑스 북부와 독일 북부 주민들의 생각과 정서, 즉 사회 풍조가 자살 쪽으로 강한 영향을 미치고, 비슷한 생활 방식을 가진 주변 나라에서 그 영향이 약간 약하게 나타나고 있다고 보는 것이 더 적절하지 않을까?

사회적 원인이 자살의 분포에 미친 커다란 영향을 보여 주는 또 다른 사실이 있다. 1870년까지는 이탈리아의 북부 지방에서 자살이 가장 많이 발생한 것으로 나타났으며, 다음이 중부이고 세 번째가 남부였다. 그러나 그 후 북부와 중부의 차이는 점차 줄어들다가 결국 순위가 뒤바뀌었다([표 10] 참고). 그러나 각 지역의 기후는 아무런 변화도 없었다. 이런 변화는 1870년 로마 정복으로 이탈리아의 수도가 중부 지방으로 옮겨 가면서 일어났다. 과학, 예술, 경제 활동의 중심지가 이동하면서 자살 경향도 이동한 것이다. 그러므로 우리는 아무런 확증도 없고 수많은 사실로 부정된 가설에 대해 더 이상 논할 필요가 없다.

[표 10] 이탈리아에서의 지역별 자살 분포

	인구 1백만 명당 자살자 수			북부를 100으로 할 때 지역별 자살률		
	1866~1867년	1864~1876년	1884~1886년	1866~1867년	1864~1876년	1884~1886년
북부	33.8	43.6	63	100	100	100
중부	25.6	40.8	88	75	93	139
남부	8.3	16.5	21	24	37	33

계절별 기온의 영향은 논증하기가 좀 더 수월할 것이다. 해석은 다양할 수 있지만 사실은 변하지 않는다.

만일 자료를 참고하지 않고 자살이 어느 계절에 가장 많이 일어날지 논리적으로 예상한다면, 우리는 하늘이 가장 어둡고 기온이 가장 낮고 습도가 가장 높은 계절을 생각하게 될 것이다. 자연의 모습이 황량할 때 사람들은 몽상에 빠지게 되고 불행한 열정에 사로잡히며 우울증에 빠지지 않는가? 더욱이 추위 때문에 더 많은 식량이 필요하지만 식량을 구하기는 가장 어려운 계절이므로 살기도 가장 어렵다. 몽테스키외는 이런 이유로 춥고 안개가 많은 나라에서 자살이 가장 많이 일어난다고 생각했으며 사람들도 오랫동안 그렇게 믿었다.

이런 식으로 계절을 따진다면 자살은 가을에 가장 많이 일어나리라고 예상될 것이다. 에스퀴롤은 이미 이 이론의 정확성에 대하여 의문을 나타낸 바 있지만, 팔레는 여전히 이 이론을 받아들이고 있다.[3] 오늘날의 통계 자료에 따르면 이 이론은 전적으로 부정된다. 자살률이 가장 높은 계절은 겨울도 아니고 가을도 아닌, 자연이 가장 아름답고 기온이 가장 온화한 멋진 계절이다.

인간은 삶이 가장 쉬울 때 삶을 포기한다. 1년을 따뜻한 3월에서 8월까지의 여섯 달과 그 나머지의 추운 여섯 달로 구분하여 둘로 나눈다면, 자살은 언제나 따뜻한 여섯 달에 더 많이 일어난다. 이 법칙에 예외가 되는 나라는 단 한 나라도 없다. 그 비율은 모든 나라에서 거의 정확하게 일치한다. 1천 명의 연간 자살자 가운데 590~600명 정도가 따뜻한 계절에 자살하고, 나머지 400명만이 추운 계절에 자살한다.

기온 변화와 자살의 관계는 더 정확히 분석할 수 있다.

12월부터 2월까지를 겨울, 3월부터 5월까지를 봄, 6월부터 8월까지를 여름 그리고 나머지 3개월을 가을이라고 하고, 이 네 계절을 자살률로 분류해 보면 자살은 거의 모든 나라에서 여름에 가장 많이 일어나는 것을 알 수 있다. 모르셀리는 이러한 관점에서 18개의 유럽 국가들을 34시기에 걸쳐 살펴보았다.

그 결과 가장 높은 자살률을 보인 계절이 여름이었던 경우가 30번, 즉 전체의 88%이고, 봄이었던 경우는 단 3번, 가을이었던 경우는 단 한 번이었음을 발견했다. 가을에 가장 높은 자살률을 보였던 유일한 경우는 바덴 대공국에서 있었던 일로, 이는 역사상 단 한 번뿐이었다. 이는 너무나 짧은 기간에 일어난 것을 계산한 결과일 뿐만 아니라 이런 경우가 다시는 발생하지 않았기에 가치가 없다. 다른 3번의 예외도 별 의미가 없다. 이 3번의 예외는 네덜란드, 아일랜드, 스웨덴에서 나타났다. 네덜란드와 아일랜드의 경우에는 계절별 평균의 기초가 되는 수치가 불확실하여 결론을 내릴 수가 없다. 네덜란드의 경우는 총 387건, 아일랜드의 경우는 총 755건의 사례에 불과했다. 일반적으로 이 두 나라의 자살률에 관한 통계는 그대로 믿기 어렵다. 끝으로 스웨덴의 경우에는 1835~1851년의 기간에만 예외적인 현상이 발견되었다. 만일 우리가 믿을만한 통계를 갖춘 나라들만 살펴본다면 이 법칙은 더욱 절대적이고 보편적인 것이 될지도 모른다.

자살률이 가장 낮은 계절에 대한 분석에서도 마찬가지로 매우 규칙적인 결과를 얻을 수 있다. 총 34번의 경우 중 30번, 즉 88%가 겨울이며, 가을이 4번이다. 법칙에서 벗어난 네 나라는 (앞에서와 마찬가지로) 아일랜드와 네덜란드 그리고 스위스의 베른주(칸톤)와 노르웨이다. 아일랜드와 네덜란드의 통계에 문제점이 있음은 이미 언급했으며, 나머지 경우도 총 97건의 사례에서 관찰된 것에 불과하므로 별 가치가 없다. 요약하자면 34번 가운데 26번, 즉 76%가 여름, 봄, 가을, 겨울의 순으로 자살률이 높은 것으로 나타났다. 이러한 관계는 덴마크, 벨기에, 프랑스, 프로이센, 작센, 바이에른, 뷔르템베르크, 오스트리아, 스위스, 이탈리아, 스페인에서 예외 없이 들어맞는다.

나라마다 계절 순위가 같을 뿐 아니라 계절별 비율도 거의 같다. 우리는 이런 통일성을 강조하기 위해 [표 11]에서 연간 자살자 총수를 1천 명 기준으로 해서 유럽 주요 국가의 계절별 자살률을 계산하여 제시하였다. 각 행마다 비슷한 수치가 반복해서 나타나고 있음을 볼 수 있다.

[표 11] 유럽 각국의 계절별 자살률

	덴마크 (1858~1865)	벨기에 (1841~1849)	프랑스 (1835~1843)	작센 (1847~1858)	바이에른 (1858~1865)	오스트리아 (1858~1859)	프로이센 (1869~1872)
여름	312	301	306	307	308	315	290
봄	284	275	283	281	282	281	284
가을	227	229	210	217	218	219	277
겨울	177	195	201	195	192	185	199
계	1,000	1,000	1,000	1,000	1,000	1,000	1,000

페리(Ferri)와 모르셀리는 이 같은 부인할 수 없는 사실로부터 기후가 자살 경향에 직접적으로 영향을 미친다는 결론을 내렸다. 즉 열이 두뇌 기능에 기계적으로 작용하여 자살을 자극한다는 것이다. 페리는 심지어 그러한 영향을 미치는 과정까지 설명하려 하였다. 즉 열은 신경 체계의 흥분을 증가시키는데, 따뜻한 계절에는 신체가 적당한 체온을 유지하기 위해 많은 열량을 소비할 필요가 없으므로 그 결과 축적된 에너지가 분출구를 찾게 된다는 것이다.

이런 이유로 여름에는 활기가 넘치게 되고, 소모되어야 할 넘치는 생명력이 난폭한 행동으로 표출된다는 것이다. 자살은 그러한 표출의 일종이며, 살인은 다른 형태의 표출이다. 따라서 여름에는 잔인한 범죄와 함께 자살이 증가한다는 것이다. 그뿐만 아니라 이 계절에는 모든 형태의 정신병도 증가하는 것으로 여겨진다. 그러므로 페리는 자살은 정신병과의 관계 때문에라도 여름에 많이 발생한다고 주장한다.

무척 단순한 이 이론은 얼핏 보아 사실과 일치하는 듯하다. 심지어 사실을 직접적으로 표현한 것처럼 보이기까지 한다. 그러나 실제로는 사실과 거리가 멀다.

우선 이 이론은 자살에 대한 논쟁의 여지가 있는 생각을 내포하고 있다. 이 이론은 자살의 확실한 심리적 전제가 지나친 흥분 상태이며, 자살은 폭력적인 행동이고 에너지의 막대한 방출을 통해서만 가능하다고 가정하고 있다. 그러나 이와 반대로 자살은 극심한 의기소침의 결과일 때가 많다. 흥분과 격노로 인한 자살이 일어날 수 있다는 것을 인정한다고 하더라도, 불행으로 인한 자살도 그에 못지않게 많다. 앞으로 이 점을 입증할 것이다.

그러나 열은 두 경우에 같은 방식으로 작용할 수 없다. 만일 열이 첫 번째 부류의 자살을 자극한다면 두 번째 부류의 자살은 억제해야 할 것이다. 열이 어떤 사람에게는 자살 충동을 강화하는 영향을 미친다고 하더라도, 다른 사람에게는 오히려 자살 충동을 누그러 뜨리는 영향을 미쳐 그 영향이 상쇄되고 감소해야 한다. 따라서 열은 통계 자료를 통해 파악 가능한 유형으로 나타날 수 없고, 통계에 나타나는 계절적 변화는 다른 원인을 가지고 있다고 보아야 한다.

계절별 자살률 변화가 그와 유사하고 동시적인 정신병 발병률이 변화한 결과에 불과하다는 설명이 인정받으려면, 자살과 정신병 간에 보다 더 직접적이고 밀접한 관련이 있어야 한다. 게다가 계절에 따라 자살률과 정신병 발병률이 동일한 영향을 받는다는 사실이 증명된 일도 없다.[4] 설사 두 현상이 일치한다고 하더라도 정신병의 증감이 계절별 기온 변화 때문이냐 아니냐 하는 문제는 여전히 의문으로 남는다. 전혀 다른 종류의 원인이 이러한 결과를 산출하거나 이러한 결과에 기여했을지도 모른다.

자살에 대한 열의 영향이 어떻게 설명되든, 그 실체를 알아보도록 하자. 너무 지나친 열은 사람을 자살하게 할 수도 있음을 보여 주는 사례들이 있다. 가령 이집트 원정 당시에 프랑스 원정군의 자살자가 늘어났는데, 그 원인이 기온 상승 탓으로 여겨졌다. 열대 지방에서는 때때로 작열하는 태양 아래서 갑자기 바다로 투신하는 사람들이 종종 있다고 한다. 디트리히(Dietrich) 박사는 샤를 드 괴르츠(Charles de Gortz) 백작이 이끈 1844~1847년의 세계 일주 여행 도중 선원들이 저항할 수 없는 충동에 빠진 것을 관찰하였으며, 이를 '공포'라고 불렀다. 박사는 다음과 같이 묘사했다.

"재난은 대개 추운 겨울에 나타난다. 선원들이 오랜 항해 끝에 뭍에 올라 뜨거운 난로 옆에 모여서 언제나처럼 폭음과 유흥을 즐기고 다시 배에 돌아왔을 때 무서운 '공포'의 증상이 나타난다. 그 병에 걸린 선원은 돛대 위에서 일하다가 현기증을 느끼거나, 잠을 자다가 갑자기 놀라 고함을 지르며 난폭해지기 시작하여 결국은 바다에 투신해 버린다."

마찬가지로 숨이 막힐 것 같은 열을 뿜는 시로코(sirocco)라는 열풍도 자살에 비슷한 영향을 미친다는 사실이 관찰된 일도 있다.[5]

이러한 효과를 내는 것은 열만이 아니다. 심한 추위도 같은 결과를 가져온다. 나폴레옹의 러시아 침공 때 프랑스 군대가 모스크바에서 퇴각하면서 많은 자살자가 나왔다고 한다. 그러므로 이상과 같은 사실은 가을보다는 여름에, 겨울보다는 가을에 더 많은 자살자가 생기는 이유를 설명하는 데 도움이 되지 못한다. 이러한 사례는 춥든 덥든 극단적인 기온은 자살을 유발하는 경향이 있다는 것을 말해 주는 데 불과하기 때문이다.

더욱이 모든 종류의 과도함, 즉 자연환경의 갑작스러운 격렬한 변화는 신체에 악영향을 미쳐 정상적인 기능을 교란하고 일종의 정신착란에 빠트려 자살할 생각을 일으킬 수도 있을 것이다. 이를 내버려 둔다면 자살할 수도 있다는 것은 분명하다. 그러나 드물게 일어나는 이러한 비정상적 혼란은 1년 중의 점진적인 기온 변화와 유사성이 없다. 그러므로 문제는 아직도 해결되지 않았다. 문제는 통계 자료의 분석을 통해서 해결해야 한다.

기온이 자살률 변화의 기본 원인이라면, 자살률은 기온 변화에 따라 규칙적으로 변해야 한다. 그러나 사실은 그렇지 않다. 봄이 약간 더 추운데도 가을보다 봄에 훨씬 많은 자살이 일어난다.

계절	프랑스		이탈리아	
	1천 명의 자살에 대한 계절별 비율	평균 기온*	1천 명의 자살에 대한 계절별 비율	평균 기온*
봄	284	50.36°F	297	55.22°F
가을	227	51.98°F	196	55.58°F

* 화씨온도. 뒤르켐 초판본에서는 섭씨온도로 나온다.

프랑스에서는 온도가 화씨 1.62도, 이탈리아에서는 화씨 0.36도 올라갈 동안 자살자 수는 각기 21%와 35%씩 줄어든다. 또한 이탈리아에서는 겨울의 평균 기온(화씨 36.14도)이 가을 기온(화씨 55.58도)보다 훨씬 낮은데도 불구하고, 두 계절의 자살률이 거의 비슷하다 (194건 대 196건). 모든 나라에서 봄과 여름의 자살률 차이는 근소하지만, 두 계절의 기온 차이는 매우 크다. 프랑스의 경우 기온 차이는 78%, 자살률 차이는 8%이다. 프로이센의 경우 기온 차이는 121%, 자살률 차이는 4%이다.

기온에 대한 자살의 독립성은 자살률을 계절별이 아닌 월별로 살펴보면 더욱 뚜렷하게 나타난다. 실제 유럽의 모든 나라에서 월별 자살률 변동은 다음 법칙을 따른다. 즉 자살은 1월부터 6월경까지 매월 규칙적으로 증가하고, 그 후부터 연말까지 규칙적으로 감소한다. 일반적으로 월별 최고 자살률을 보인 경우는 6월이 62%, 5월이 25%, 7월이 12%이다. 그리고 월별 최저 자살률을 보인 경우는 12월이 60%, 1월이 22%, 11월이 15%, 10월이 3%이다. 대개 연속해서 나타나는 자살률 변화의 가장 심한 불규칙성도 의미 있다고 보기에는 어려울 만큼 사소하다.

프랑스처럼 자살률의 장기간 변화를 관찰할 수 있는 모든 나라에서, 일반적으로 자살은 6월까지 계속 증가하고 그 후 1월까지는 계속 감소하며, 자살자 수가 가장 많은 달과 가장 적은 달의 차이는 평균 90~100%에 이른다. 따라서 자살은 가장 더운 달인 8월이나 7월에 최고 수준에 도달하는 것이 아니라, 그 반대로 8월부터 현저히 감소하기 시작한다. 이와 마찬가지로 대부분의 나라에서 가장 낮은 자살률은 가장 추운 달인 1월이 아니라 12월에 나타난다. [표 12]는 월별 자살률과 기온의 관계가 불규칙하고 간헐적임을 보여 준다.

[표 12] 월별 기온과 자살률의 관계

월	프랑스(1866~1870)		이탈리아(1883~1888)			프로이센(1876~1878, 1880~1882, 1885~1889)	
	평균 기온	연간 1천 명당 자살률	평균 기온 (로마)	평균 기온 (나폴리)	연간 1천 명당 자살률	평균 기온	연간 1천 명당 자살률
1월	36.16	68	44.24	47.12	69	32.50	61
2월	39.20	80	46.76	48.74	80	33.31	67

3월	43.52	86	50.72	51.26	81	37.93	78
4월	50.18	102	56.30	57.20	98	44.22	99
5월	57.56	105	64.40	63.61	103	50.84	104
6월	62.96	107	71.42	70.70	105	57.29	105
7월	66.12	100	76.82	75.74	102	59.39	99
8월	65.30	82	75.74	75.56	93	58.48	90
9월	60.26	74	70.16	71.70	75	52.88	83
10월	52.34	70	61.34	62.68	65	46.02	78
11월	43.70	66	51.62	53.96	63	37.27	70
12월	38.66	61	46.22	49.10	61	33.08	61

같은 나라에서 기온이 거의 비슷한 달 사이에 크게 다른 자살률을 보이기도 한다. 예를 들어 프랑스의 경우 5월과 9월, 4월과 10월이 그러하고 이탈리아의 경우 6월과 9월 등이 그러하다. 또한 그 반대도 드물지 않게 발견되는데 프랑스의 경우 1월과 10월 그리고 2월과 8월은 기온이 크게 다른데도 자살률은 거의 같으며, 이탈리아와 프로이센의 4월과 7월도 마찬가지다.

더욱이 나라마다 월별 기온은 큰 차이를 보이지만, 월별 자살률은 세 나라가 거의 똑같다. 즉 5월에 프로이센은 기온이 화씨 50.84도이고 프랑스는 57.56도, 이탈리아는 64.4도인 데 비하여 자살률은 프로이센이 104명, 프랑스가 105명, 이탈리아가 103명꼴이다.[6] 이는 거의 모든 달에 적용된다. 12월은 특히 그러하다. 세 나라의 연평균 자살률이 정확하게 같은 반면(연간 1천 명 가운데 61명) 12월의 평균 기온은 로마가 화씨 46.22도, 나폴리가 49.10도인 데 비해 프랑스는 38.66도, 프로이센은 33.08도이다.

나라마다 월별 기온만 차이 나는 것이 아니라 기온 증감 법칙이 다르다. 프랑스에서는 4월에서 6월 사이보다 1월에서 4월 사이에 기온이 더 많이 증가하는 데 비하여 이탈리아는 그와 정반대이다. 따라서 기온 변화와 자살률 변화는 서로 아무런 관계가 없다.

더욱이 기온이 영향을 미친다면 자살의 지리적 분포에 동일한 영향을 미쳐야 한다. 즉 가장 더운 지방에서 자살이 가장 많아야 한다. 열이 자살과 같은 난폭한 행동에 영향을 미친다는 추론은 너무나 명백한 것이어서 이탈리아 학자들은 기온이 높을수록 살인의 경향이 증가한다는 것을 입증할 때도 이에 의존하고 있다. 롬브로소(Lombroso)와 페리는 살인이 겨울보다는 여름에 더 많이 일어나므로 자살도 북부보다는 남부에서 더 많이 일어난다는 것을 입증하려고 하였다.

그러나 자살의 경우에는 이탈리아 범죄학자들의 주장이 입증되지 않았다. 자살은 유럽의 남부 국가에서 가장 적게 일어났던 것이다. 이탈리아의 자살률은 프랑스의 5분의 1에 불과하며, 스페인과 포르투갈의 자살률은 아주 낮다. 프랑스의 자살 분포도에도 자살률이 낮은 지역은 루아르 이남의 지방들로 되어 있다. 물론 이런 상황이 기온의 영향 때문은 아니다. 그러나 자살의 진정한 원인이 무엇이든 간에 열이 자살 촉진제라는 이론은 사실과 모순된다.[7]

이러한 난점과 모순 때문에 롬브로소와 페리는 그들의 학설에서 원칙은 그대로 둔 채 약간의 수정을 해야 했다. 롬브로소의 주장에 따르면, 자살을 일으키는 것은 열의 강도가 아니라 추운 계절이 끝나고 더운 계절이 시작될 때 발생하는 첫 번째 더위라는 것이다. 모르셀리도 이 주장에 동조했다. 처음 시작되는 더운 날씨는 아직 새로운 기온에 적응하지 못한 신체에 충격을 준다는 것이다. 그러나 [표 12]를 보면 이 설명이 전혀 근거 없음을 알 수 있다.

만일 이 이론이 옳다면, 월별 자살률의 변화를 표시하는 곡선은 가을과 겨울 동안 수평으로 유지되다가 모든 문제의 원인이 되는 첫 더위에 갑자기 상승한 후 신체가 적응할 시간이 지나자마자 갑자기 하강해야 한다. 그러나 그와 반대로 곡선은 아주 규칙적이다. 그리고 상승이 지속되는 동안 곡선은 실질적으로 거의 달마다 일정하게 상승한다. 자살률 곡선은 첫 더위가 오려면 아직 멀었는데도 12월에서 1월, 1월에서 2월, 2월에서 3월로 가면서 계속 상승한다. 또한 9월에서 12월까지는 계속 하강하는데, 그때는 이미 더운 날씨가 지나간 지 오래이므로 더운 날씨가 지났기 때문에 하강이 일어났다고 할 수는 없다.

그렇다면 더운 날씨는 언제부터 시작되는가? 대개 그러한 변화는 4월에 일어난다고 생각된다. 실제로 기온은 3월의 43.52도에서 4월에는 50.18도로 15.3% 상승한다. 반면 4월에서 5월은 14.7%, 5월에서 6월은 9.3% 상승한다. 따라서 갑작스러운 자살의 증가는 4월에 일어나야 할 것이다. 그러나 실제로 4월의 자살률 증가는 1월에서 2월 사이의 증가(18%)보다 높지 않다. 간단히 말해서 자살의 증가는 느리지만 6월 또는 7월까지 계속되므로 봄을 7월 말까지로 늘려 잡지 않는 한 자살의 증가가 봄 때문이라고 하기는 어렵다.

그뿐만 아니라 첫 번째 더위가 그렇게 해로운 것이라면, 첫 번째 추위도 같은 결과를 일으켜야 한다. 첫 추위도 준비가 안 된 신체에 충격을 주며 적응될 때까지 생명 유지 기능을 교란한다. 그러나 가을에는 봄에 일어나는 증가와 조금이라도 비슷한 자살의 증가가 일어나지 않는다. 그러므로 모르셀리는 자신의 이론에 따르면 더위에서 추위로의 변화가 그 반대의 변화와 같은 영향을 미쳐야 한다는 것을 알면서도 왜 다음과 같이 주장하는지 알 수 없다.

"이러한 첫 추위의 작용은 우리가 제시한 통계 자료에서 입증되고 있다. 또는 더운 날씨에서 추운 날씨로의 변화를 인간의 신체, 특히 신경 체계가 가장 예민하게 느끼는 10월과 11월에 자살 곡선이 두 번째로 상승하는 것을 통해서 보다 확실히 증명할 수 있다."[8]

그러나 [표 12]만 보아도 이러한 주장이 사실과는 전혀 다르다는 것을 알 수 있다. 모르셀리 자신이 제시한 통계인데도 거의 모든 국가의 자살자 수는 10월에서 11월 사이에 증가하지 않고 오히려 감소한다. 예외는 덴마크와 아일랜드 그리고 오스트리아(1851~1854)의 한 기간에서만 발견되며, 그와 같은 증가는 세 나라의 경우 모두 무시할 수 있는 정도다.[9] 덴마크의 경우는 자살률이 1천 명당 68명에서 71명으로, 아일랜드는 62명에서 66명으로, 오스트리아는 65명에서 68명으로 상승했다. 그리고 10월에 자살이 증가한 것은 전체 31개 사례 중 8개에 불과하다. 즉 노르웨이, 스웨덴, 작센, 바이에른, 오스트리아, 바덴에서의 각기 한 시기 그리고 뷔르템베르크에서의 두 시기이다. 나머지 모든 곳에서는 감소하거나 변화가 없다. 요약하자면, 전체 31개 사례 가운데 21개 사례, 즉 67%의 경우에서 9월부터 12월까지의 규칙적인 감소를 찾아볼 수 있다.

자살률 변화 곡선이 증가하거나 감소함에 있어서 완벽한 연속성을 가진다는 사실은, 1년에 한두 번 일어나는 갑작스럽고도 일시적인 평형 상실이라는 짧은 신체적 위기 때문에 자살률이 변화하지는 않는다는 것을 증명한다. 자살률 변화는 오직 그와 같은 연속성을 가지고 변화하는 다른 원인으로만 설명할 수 있다.

이제 우리는 그러한 원인들의 성격을 알아낼 수 있다.

연간 자살자들의 월별 비율을 같은 시기 낮의 평균 길이와 비교해 보면, 두 수치가 정확히 동일하게 변하고 있음을 알 수 있다([표 13] 참고).

[표 13] 프랑스에서의 낮의 평균 길이와 월별 자살률의 비교

낮의 길이(시간/분)*		증감	연간 자살자 1천 명당 월별 자살 건수	증감
		증가		증가
1월	9 19	1~4월 55%	68	1~4월 50%
2월	10 56		80	
3월	12 47		86	
4월	14 29	4~6월 10%	102	4~6월 5%
5월	15 48		105	
6월	16 3		107	
		감소		감소
7월	15 4	6~8월 17%	100	6~8월 24%
8월	13 25		82	
9월	11 39	8~10월 27%	74	8~10월 27%
10월	9 51		70	
11월	8 31	10~12월 17%	66	10~12월 13%
12월	8 11		61	

* 표시된 낮의 길이는 매월 마지막 날의 낮의 길이를 말한다.

　　두 수치의 변화는 완전히 일치한다. 각 수치는 같은 순간에 최고치가 발생하고 같은 순간에 최저치가 발생한다. 그 중간에 두 수치는 서로 보조를 맞추어 변화한다. 낮의 길이가 빨리 길어지는 기간에는 자살률도 많이 증가한다(1월에서 4월). 낮의 길이가 서서히 증가하는 동안에는 자살률도 서서히 증가한다(4월에서 6월). 감소하는 기간에도 두 수치의 변화는 여전히 일치한다. 심지어 대체로 낮의 길이가 비슷한 달들(7월과 5월, 8월과 3월)은 자살자 수도 거의 비슷하다.

이처럼 규칙적이고 정확한 일치를 우연이라고 보기는 어렵다. 낮의 길이와 자살자 수 사이에는 어떤 상관관계가 있는 것이 분명하다. 이 가설은 [표 13]에서 직접 도출될 뿐만 아니라 앞서 지적한 사실을 설명해 준다. 우리는 이미 유럽 주요 나라에서 자살이 1년 중 계절이나 달에 따라 거의 같은 분포를 보인다는 것을 확인하였다.[10] 페리와 롬브로소의 이론은 이 흥미로운 일치에 대해 아무런 설명도 하지 못한다. 유럽 여러 나라의 기온은 크게 다르며, 기온의 변화도 서로 크게 다르기 때문이다. 반면에 낮의 길이는 우리가 비교한 유럽 모든 나라에서 거의 같다.

그러나 낮의 길이와 자살률의 관계를 결정적으로 증명하는 것은 어느 계절에서나 자살은 대부분 낮에 발생한다는 사실이다. 브리에르 드 부아몽은 1834년에서 1843년까지 파리에서 일어났던 4,595건의 자살 기록을 검토했다. 자살 시간을 밝힐 수 있었던 3,518건 가운데서 2,094건은 낮에, 766건은 저녁에, 658건은 밤에 일어났다. 그러므로 낮과 저녁에 일어난 자살이 전체의 5분의 4이며, 낮에 일어난 자살만 해도 전체의 5분의 3에 달한다.

프로이센의 통계에는 이 주제에 관한 더 많은 자료가 있다. 이 자료들은 1869년부터 1872년까지 일어난 11,822건의 자살을 다룬 것이며 브리에르 드 부아몽의 결론을 확인해 준다. 그 관계가 매년 거의 비슷하므로 편의성을 위해 1871년과 1872년의 자료만을 소개하면 [표 14]와 같다.

[표 14] 하루 자살자를 1천 명으로 볼 때 시간별 자살자 수

	1871년		1872년	
이른 아침*	35.9		35.9	
늦은 아침	158.3		159.7	
대낮	73.1	} 375	71.5	} 391.9
오후	143.6		160.7	
저녁	53.5		61.0	
밤	212.6		219.3	
불명	322		291.9	
계	1,000		1,000	

˙* 이른 아침이란 일출 직후의 시간을 말한다.

이 표를 보아도 자살은 주로 낮에 일어나고 있는 것이 분명하다. 따라서 만일 밤보다 낮에 자살이 더 많이 일어난다면, 낮의 길이가 길어질수록 자살자 수가 많아지는 것이 자연스럽다.

그렇다면 낮이 이런 영향을 일으키는 원인은 무엇일까?

이를 설명하기 위해 태양이나 기온의 작용을 언급해서는 안 된다. 실제로 가장 따뜻한 시간인 대낮에 일어난 자살의 수는 오후[11]나 늦은 아침보다 훨씬 적다. 오히려 정오에는 자살자가 현저히 줄어드는 것을 볼 수 있다. 이제 태양이나 기온을 거론하는 설명은 부정되었고, 오직 한 가지 설명만이 가능하다. 자살이 낮에 더 많이 일어나는 이유는 이때가 가장 활동적인 시간이기 때문에, 즉 인간관계가 가장 빈번하고 사회생활이 가장 집중되는 시간이기 때문이라고 설명할 수밖에 없다.

자살의 빈도가 하루 중의 각 시각, 또는 1주일 중 각 요일에 따라서 어떻게 분포되는지에 관한 모든 정보가 이 같은 견해를 확인해 준다. 브리에르 드 부아몽이 파리에서 관찰한 1,993건의 사례와 게리가 프랑스 전역에서 수집한 548건의 사례를 기초로 해서 24시간 동안의 자살의 변동을 살펴보면 대체로 아래와 같다.

파리	시간별 자살자 수	프랑스	시간별 자살자 수
자정~6시	55	자정~6시	30
6시~11시	108	6시~정오	47
11시~정오	81	정오~2시	32
정오~4시	105	2시~6시	61
4시~8시	81	6시~자정	38
8시~자정	61		

　여기서 하루 중 자살이 가장 많이 일어나는 두 시간대가 보인다. 이 두 시간대는 생활이 가장 활동적인 아침과 오후이다. 이러한 두 시간대 사이에 일상 활동이 잠시 중단되는 휴식 시간에는 자살도 잠시 줄어든다. 이 휴식 시간은 파리에서는 오전 11시경이며, 다른 프랑스 지역에서는 정오경이다. 이러한 휴식 시간은 파리보다 다른 도에서 더 길고 더 확실하다. 파리 이외의 지역에서는 그 시간에 식사를 더 길게 하기 때문이다. 따라서 자살이 잠시 멈추는 시간도 파리 이외의 지역에서는 더 길고 더 확실하다. 앞서 본 프로이센의 통계도 이러한 견해를 뒷받침해 준다.[12]

더 나아가서 게리는 6,587건의 사례에 대해서 자살이 일어난 요일을 조사하고 [표 15]에 척도를 구성하여 제시하였다.

[표 15] 주간 자살률

요일	주간 자살자 1천 명에 대한 요일별 비율(퍼센트)	성별 비율	
		남자	여자
월요일	15.20	69	31
화요일	15.71	68	32
수요일	14.90	68	32
목요일	15.68	67	33
금요일	13.74	67	33
토요일	11.19	69	31
일요일	13.57	64	36

이 표를 보면 금요일부터 주말 동안에는 자살이 줄어든다. 사람들에게는 금요일을 금기시하는 선입견이 있기 때문에 공적 활동을 미루는 경향이 있다. 금요일에는 다른 요일보다 철도 여행객이 훨씬 적다. 사람들은 흉조가 있는 금요일에는 만남과 거래 자체를 꺼린다. 첫 번째 휴식기는 토요일 오후에 시작된다. 일부 지방에서는 이때 많은 사람이 일을 쉰다. 그리고 다음 날이 휴일이기 때문에 정신적 안정 효과가 있는지도 모른다. 끝으로 일요일에는 경제활동이 완전히 정지된다. 만일 경제활동 대신 다른 활동이 대체되지 않는다면, 즉 작업장, 사무실, 상점이 쉬는 대신에 오락 장소가 채워지지 않는다면 일요일의 자살률은 훨씬 더 감소할 것이다. 주목할 점

은 일요일은 여성 자살자의 상대적 비중이 가장 높은 날이라는 점이다. 여성들은 주로 일요일에 한 주 동안 묶여 있던 집에서 벗어나 외출하는 경우가 잦으며 다른 사람들과 어울리는 날이기도 하다.[13]

이처럼 24시간 중 낮에 자살이 가장 많이 일어나며, 그 이유는 사회생활이 가장 고조되는 시간대이기 때문이라는 것을 모든 증거가 뒷받침해 준다. 따라서 태양이 지평선 위에 오래 떠 있을수록 자살이 증가하는 이유를 알 수 있다. 낮이 길어질수록 사회생활이 더 많아지기 때문이다. 자살이 멈추는 휴식 시간은 늦게 시작되고 더 빨리 끝난다. 사회생활을 할 시간이 더 늘어남에 따라 동시에 그 영향을 받는 자살도 증가할 수밖에 없다.

그러나 이것이 첫 번째 원인은 되지만, 유일한 원인은 아니다. 만약 공적 활동이 봄보다는 여름에, 가을이나 겨울보다는 봄에 더 활발하다면 이는 공적 활동의 배경이 계절이 지날수록 확대되기 때문이 아니라 공적 활동이 다른 이유로 자극받기 때문이다.

농촌에서 겨울은 정체에 들어가는 휴지 기간이다. 모든 생활이 정지된다. 즉 기후 조건뿐 아니라 일상 활동이 둔화되고 인간관계가 줄어든다. 사람들이 겨울잠에 든 것처럼 말이다. 그러나 봄이 되면 모든 것이 깨어난다. 활동이 재개되고, 관계가 생겨나며, 상호 교류가 증가하고, 농업 노동의 필요에 따라 인구 이동도 시작된다.

이처럼 농촌 생활의 특별한 조건은 자살의 월별 분포에 큰 영향을 미친다. 농촌의 자살은 프랑스 전체 자살의 절반 이상을 차지하기 때문이다. 1873~1878년에 발생한 프랑스 전체 자살 36,365건 가운데 농촌에서 발생한 자살이 18,470건을 차지했다. 그러므로 농촌의 자살이 혹한기가 지날수록 더 많이 일어나는 것은 자연스러운 일이다. 농촌의 자살률은 활동이 가장 활발한 6월이나 7월에 가장 높다. 모든 일이 정리되기 시작하는 8월에는 자살률이 감소한다. 그러나 급격한 감소는 10월에 시작해서 특히 11월에 두드러진다. 아마 가을까지는 몇 가지 작물이 수확이 안 되었기 때문일 것이다.

이와 같은 이유가 농촌보다 그 정도는 덜하지만 전국에도 영향을 미친다. 도시 생활 역시 날씨 좋은 계절에 더 활발해진다. 커뮤니케이션이 더 용이해지며, 더 많은 사람이 여행하고, 사회 상호 간의 관계도 증가한다. 다음의 통계는 1887년 프랑스 급행열차의 계절별 철도 수입이다.[14]

겨울	71.9백만 프랑
봄	86.7백만 프랑
여름	105.1백만 프랑
가을	98.1백만 프랑

모든 도시의 내부 생활도 같은 양상을 보인다. 1887년 한 해 동안 파리 내의 한 장소에서 다른 장소로 이동한 승객 수도 1월(655,791명)에서 6월(848,831명)까지는 규칙적으로 증가하며, 6월부터

12월(659,960명)까지는 계속해서 감소한다.[15]

　마지막으로 이상의 사실을 입증하는 또 하나의 사례가 있다. 앞에서 본 이유로 도시 생활이 봄과 여름에 더 활발하다고 하더라도 도시에서의 계절별 차이는 농촌에서의 차이보다 덜하다. 왜냐하면 상공업, 예술, 과학, 사교 활동 등은 농업에 비해 겨울에도 지장을 덜 받기 때문이다. 도시 거주자의 직업 활동은 일 년 내내 대체로 비슷한 정도로 지속된다. 대도시 중심부에서는 인공조명이 밤의 어둠을 줄여 주기 때문에 낮의 길이도 영향을 덜 미친다. 그러므로 만일 자살의 월별 및 계절별 편차가 생기는 이유가 사회생활의 강도가 불규칙하기 때문이라면, 대도시에서의 편차는 나라 전체의 편차보다 작을 것이다. 이러한 사실은 결론을 확고하게 뒷받침한다.

　[표 16]을 보면 프랑스, 프로이센, 오스트리아, 덴마크의 계절별 최고 자살률과 최저 자살률의 차이는 52%, 45%, 심지어 68%까지 차이가 나는 데 비해 파리, 베를린, 함부르크 등에서는 20~25%, 심지어는 12%(프랑크푸르트)에 불과하다.

　또한 대도시의 최고 자살률은 다른 곳과 달리 대체로 봄에 나타난다. 봄보다 여름에 더 높은 자살률을 보이는 파리와 프랑크푸르트에서도 그 차이는 아주 근소하다. 왜냐하면 주요 공직자들의 이동이 봄에 일어나고, 그에 따라 공적 생활이 약간 둔화되는 경향이 있기 때문이다.[16]

[표 16] 대도시의 계절별 자살률과 전국의 계절별 자살률 비교

		파리 (1888~ 1892)	베를린 (1882~ 1890)	함부르크 (1887~ 1891)	빈 (1871~ 1872)	프랑크 푸르트 (1867~ 1875)	제네바 (1838~1847) (1852~1854)	프랑스 (1835~ 1843)	프로이센 (1869~ 1872)	오스트리아 (1858~ 1859)
연간 자살 1천 건에 대한 비율	겨울	218	231	239	234	239	232	202	199	185
	봄	262	287	289	302	245	288	283	284	281
	여름	277	248	232	211	278	253	306	290	315
	가을	241	232	258	253	238	227	210	227	219
계절별 비율*	겨울	100	100	100	100	100	100	100	100	100
	봄	120	**124**	**120**	**129**	102	**124**	140	142	151
	여름	**127**	107	107	90	**112**	109	**152**	**145**	**168**
	가을	100	100.3	103	108	99	97	104	114	118

* 겨울의 자살률을 100으로 했을 때.

이상에서 우리는 자연적 요인의 직접적인 작용으로는 자살의 월별, 계절별 변화를 설명할 수 없다는 것을 보여 주었다. 이제 우리는 자살의 원인과 원인의 성격을 찾을 방향을 알게 되었다.

이러한 실증적 결과는 우리가 추상적 분석을 통해 얻은 결론을 확인해 준다. 만일 자살이 1월에서 7월까지 증가한다면, 이는 열이 신체에 손상을 입히기 때문이 아니라 사회생활의 강도가 커지기 때문이다. 물론 보다 높은 생활 강도는 태양 궤도와 대기 상태로 인해 겨울보다 여름에 사회생활이 더 용이해지기 때문에 비롯된 것이다. 그러나 자연환경이 자살을 직접 자극하지는 않는다. 무엇보다도 자연환경은 자살의 진전에 영향을 미치지 않는다. 자살은 사회적 조건에 의존한다.

물론 우리는 사회생활이 어떻게 이러한 영향을 미치는지 확실히 알지 못한다. 그러나 사회적 조건이 자살률 변화의 원인이라면, 사회생활이 더 활발해지고 덜 활발해짐에 따라 자살이 증가하고 감소할 것이 틀림없다. 그러한 원인을 보다 정확하게 밝히고자 하는 것이 이 책의 나머지 부분의 목적이다.

제4장 모방[1]

그러나 자살의 사회적 원인을 탐구하기 전에 마지막으로 심리적 요인을 하나 더 살펴보자. 이 요인은 사회 현상 전반에 걸쳐 그리고 특히 자살의 원인에 중요한 요인으로 여겨져 왔기에 그 영향을 밝히지 않으면 안 된다. 그것은 바로 모방이다.

모방이 순수하게 심리적 현상이라는 것은 사회적 유대가 없는 개인들 사이에서도 모방이 일어나는 것을 보면 분명하게 알 수 있다. 사람은 개인적으로 관련이 없어도 다른 사람을 모방할 수 있다. 또는 같은 집단의 일원인 주변 동료를 모방한다. 모방의 기능은 그 자체로 사람들 사이에 유대를 만드는 능력은 없다. 기침, 춤 동작, 살인 충동 등은 우연한 일시적 접촉만으로도 한 사람에게서 다른 사람에게로 옮겨질 수 있다. 지적, 도덕적 공통성이 있어야 할 필요가 없고 서로 도움을 줄 필요도 없으며 같은 언어를 사용해야 할 필요도 없다. 그뿐만 아니라 모방이 일어난 후에 이전보다 밀접한 관계가 될 필요도 없다.

간단히 말해서 사람이 다른 사람을 모방하는 방식은 자연의 소리나 사물의 모양, 동물의 움직임을 흉내 내는 것과 같다. 자연을 모방하는 데 사회적 요소가 없는 것과 마찬가지로, 사람을 모방하는 데도 사회적 요소가 없다. 모방은 집단적 영향력에서 나오는 것이 아니라 인간의 표현 능력에서 나온다. 그러므로 만일 모방이 자살률에 영향을 미친다고 밝혀진다면, 자살률은 전적으로 또는 부분적으로 개인적 원인에 달려 있는 것이 된다.

사실을 검토하기 전에 우선 모방이라는 낱말의 뜻부터 밝혀보자. 사회학자들은 흔히 명확한 정의 없이 용어를 사용한다. 그들은 논하고자 하는 현상의 범위를 정하거나 방법론에 입각해서 설명하지 않는다. 그래서 늘 애초에 생각하던 개념을 그와 비슷한 개념에까지 무의식적으로 확대하는 일이 많다. 그리하여 결국은 그 개념이 너무 애매해져서 논의가 불가능해지고 만다. 분명한 범위를 정하지 않으면 일시적인 논증의 필요에 따라 개념의 범위가 마음대로 바뀌게 되며, 그 개념의 여러 가지 잠재적 측면을 파악하는 데 핵심적인 사전 통찰을 놓치게 된다. 모방 본능이라 불리는 개념도 분명히 그런 경우다.

모방이라는 낱말은 현재 다음 세 범주의 사실을 동시에 의미하는 것으로 사용된다.

1. 집단의 모든 구성원이 하나 또는 몇 가지 비슷한 원인의 영향을 받는 한 사회 집단 내에서는 개인들의 의식 속에서 모든 사람이 동일하게 생각하고 동일하게 느끼도록 만드는 일종의 평준화가 일어난다. 이러한 조화를 만드는 모든 작용을 흔히 모방이라는 이름으로 부른다. 이때 모방이란 일정한 수의 사람들이 동시에 느끼는 의식 상태의 특성을 의미하며, 이로써 사람들이 서로 행동하거나 하나로 결속하여 새로운 상황을 만든다. 이런 의미의 모방은 집단

의 모든 구성원이 서로 모방함으로써 일종의 결합이 나타나는 것을 의미한다.[2] 도시의 왁자지껄한 군중 속에서, 혁명이 일어나는 현장에서[3] 이런 모방이 가장 잘 나타난다고 한다. 그 속에서 하나가 된 개인들이 서로 영향을 미쳐 변화하는 것을 가장 잘 볼 수 있다.

2. 사람들이 자기가 속한 사회에 동화되려 하고, 이를 위해서 주변의 생각이나 행동 방식을 따르도록 만드는 충동도 모방이라고 부른다. 법과 도덕은 단지 잘 규정되고 확립된 관습이므로, 우리는 도덕적으로 행동할 때는 대개 예절과 관습에 따라 행동한다. 우리가 도덕적인 격언의 의미를 모르면서도 따르는 것은 그런 격언에 사회적 권위가 있기 때문이다. 이러한 의미에서 예절의 모방과 관습의 모방은 우리의 모델이 조상들인가 아니면 동시대인인가에 따라 구별된다.

3. 끝으로 우리는 우리가 본 행동이나 알고 있는 행동을, 그 행동을 보거나 들은 적이 있기 때문에 반복하는 일도 있다. 이런 경우 그러한 행동을 반복해야 할 본질적 이유는 없다. 우리는 그저 모방하기 위해 모방한다. 그런 모방이 유용하다고 생각해서도 아니고, 모방하려는 모델과 동화되기 위해서도 아니다. 우리는 그러한 행동을 인식하면 자동으로 따라한다. 다른 사람이 하품하고 웃고 우는 것을 보고 같이 하품하고 웃고 운다. 살인 충동도 한 사람

의 의식에서 다른 사람의 의식으로 옮겨 간다. 이러한 모방은 모방 그 자체를 위한 원숭이식 모방이다.

위에 든 세 가지 사실은 서로 매우 다르다.

우선 첫 번째 경우가 다른 두 가지 경우와 구별되는 점은 순수한 재현(reproduction) 행동이 존재하지 않는다는 것이다. 그것은 서로 다른 상태 또는 서로 다른 기원을 가진 상태의 독특한 종합이다. 그러므로 이 경우에는 '모방'이라는 용어를 적용할 수 없으며, 적용하면 모방의 명확한 의미가 사라진다.

첫 번째 경우의 현상을 분석해 보자. 어떤 모임에서 여러 사람이 같은 사건으로 같은 느낌을 받았고, 각 개인의 느낌이 같은 몸짓으로 표현되었으므로 이는 적어도 부분적인 만장일치라고 서로 지각하고 있다고 하자. 그렇다면 무슨 일이 일어나는가? 사람들은 제각기 자기 주위 사람들의 상태를 불완전하게 상상한다. 군중 속에서 발산되는 서로 다른 여러 가지 표상이 모든 사람의 마음속에서 형성된다. 아직 모방이라고 부를 만한 일은 일어나지 않는다. 단지 지각 가능한 인상이 있을 뿐이며, 내 마음속에 일어난 것과 같은 느낌이 다른 사람의 마음속에서도 일어나고 있다는 인상이 생길 뿐이다.[4]

그다음에는 무슨 일이 일어날까? 의식 속에 나타나는 이런 여러 가지 상상들은 서로 결합되고 감정과도 결합된다. 이렇게 해서 새로운 상태가 생겨난다. 이전 상태보다 덜 개인적이고 개성의 영향을 덜 받으며 앞에서 말한 것과 비슷한 정교화 과정을 반복하여 과도한 특수성을 벗는다. 그러한 결합은 모방이 아니다. 두 사람 또는 더 많은 사람의 의식 상태가 서로의 비슷함으로 인해 끌리게 된 후 서로 합쳐져 융합되어 새로운 상태를 이루는 지적 활동은 모방이 아니다. 한 용어의 정의는 규정하는 사람에 따라 천차만별일 수 있다. 그러나 제멋대로 규정한 정의는 지나치게 자의적이며 혼란의 원인이 될 뿐이다. 거기에는 그 용어의 일반적인 의미가 없기 때문이다. 이 같은 결합은 새로운 상태를 만들기 때문에 모방이라기보다는 차라리 창조라고 불러야 할 것이다. 이것이야말로 인간의 정신이 창조력을 발휘하는 유일한 과정이다.

이러한 창조는 원래의 상태가 심화된 데 불과하다고 주장할 수도 있다. 그러나 양적인 변화라서 새로운 것이 아니라고 할 필요는 없다. 더욱이 질적 변화 없이 사물의 양은 변할 수 없다. 즉 감정이 두세 배 과격해지면 완전히 다른 성격의 것으로 변한다. 실제로 우리는 모여 있는 사람들의 상호 반응에 의해서 평화스러운 시민 모임이 무서운 괴물이 될 수 있다는 것을 알고 있다.

그와 같은 변형은 모방이 아니다. 이 현상을 묘사하기에 매우 부족한 모방이라는 용어는 개인의 느낌이 다른 사람의 느낌을 본받을 것이라는 막연한 상상으로만 쓰일 수 있다. 이 현상에는 실상 본받는 것도 없고 모방도 없다. 여러 상태 간의 침투와 융합이 있을 뿐이며, 침투와 융합은 기존 상태와 다른 새로운 상태를 만든다. 이 새로운 상태는 집단적 상태이다.

만일 한 지도자가 군중에게 언제나 이러한 상태를 유발시킨다면, 그때는 이러한 상태의 원인을 모방이라고 부를 수 있을 것이다. 그러나 이 주장은 증명된 적이 없으며 많은 사례와도 모순된다. 대부분의 경우 지도자가 군중을 만들었다기보다는 군중이 지도자를 만들었다. 그뿐만 아니라 지도자가 지도력을 발휘했다고 하더라도 그것은 일방적인 것이므로 여기서 논하는 상호 모방 현상과는 무관하다. 이런 것은 의문의 여지 없이 모방이 아니다. 우리는 주제를 흐리게 하는 의미의 혼란을 방지하는 데 특히 주의해야 한다.

이와 비슷하게 한 집단에는 언제나 자발적이 아니라 수동적으로 공동 의견을 따르는 사람들이 있다는 것은 확실한 사실이다. 우리는 그런 경우에 어느 정도의 강제를 느끼지 않는 개인의식이란 있을 수 없다고 믿는다. 그러나 이러한 강제력은 공통된 관행이나 신념을 일으키는 힘에서 비롯되었기에 앞서 분류한 모방의 두 번째 범주에 속한다. 그러므로 이제 두 번째 범주의 사실이 과연 모방이라고 불릴 수 있는지를 고찰해 보자.

두 번째 범주는 적어도 '재현'이 있다는 점에서 첫 번째와 구별된다. 우리는 예절을 지키고 관습을 따름에 있어서 다른 사람들이 매일 하고 있는 일을 행하는 것이다. 그러나 이러한 반복은 소위 모방 본능에서 나오는 것이 아니다. 이는 동료들의 감정을 거스르지 않고 그들과의 교류가 끊어지지 않도록 우리를 강제하는 공감에 의한 것이며, 다른 한편으로는 우리가 집단적 사고방식과 행동 방식에 대해 느끼는 경외감에 의한 것이며, 또한 우리가 이런 경외감을 유지하고 반발하지 않도록 우리에게 미치는 집단주의의 직간접적인 압력에 의한 것이다.

이런 행위는 우리가 그 행위를 보았거나 알기 때문에 재현하는 것이 아니다. 또 우리가 재현하고 싶어서 재현하는 것도 아니다. 그러한 재현이 우리가 보기에 의무적이고 어느 정도 유용해 보이기에 재현하는 것이다. 단순히 행위가 일어났기 때문에 재현하는 것이 아니라 사회적 의미가 있기에 재현하는 것이다. 그리고 필수적으로 해야 하므로 심각한 불편을 감수하고 재현하는 것이다.

존경심이나 평가의 두려움 때문에 하는 것은 모방이 아니다. 그와 같은 행동은 개혁에 동의하는 것과 다를 바 없다. 행동 내부에 내재된 특성 때문에 일어나는 것이고, 그 특성 때문에 우리는 그런 행동이 필수적이라고 생각하게 된다. 그러나 관습을 따르지 않고 저항할 때도 우리는 같은 방식으로 행동한다. 즉 우리가 새로운 생각이나 관행을 받아들이는 것은 그 안에 내재된 특성 때문에 그런 생각이나 관행을 받아들여야 한다고 느끼는 것이다.

물론 이 두 경우에 동기는 다르지만 심리적 기제는 정확하게 일치한다. 각 경우에 생각과 행동의 실천 사이에 지적 작용이 개입한다. 이 지적 작용은 그 내용이 무엇이든 간에 결정적인 특성을 확실하게 또는 불확실하게 그리고 빠르게 또는 느리게 인식하게 되는 것을 말한다.

그러므로 우리가 도덕과 예절에 순응하는 것은 우리가 본 동작을 원숭이처럼 기계적으로 재현하는 것과는 전혀 다르다.[5] 이 두 가지 행위의 차이는 이성적, 의도적인 행위와 자동적 반사 행위의 차이다. 앞의 행위는 명확한 판단으로 나타나지 않더라도 동기가 있는 행동이다. 뒤의 행위에는 동기가 없다. 즉 지적 중간 단계 없이 어떤 행동을 보자마자 바로 일어나는 결과인 것이다.

따라서 우리가 이렇게 상이한 두 사실을 같은 이름으로 부른다면 어떤 잘못을 저지르게 될지 분명해진다. 모방을 이야기할 때 우리는 모방이란 전염 현상이라고 암묵적으로 이해하는 것이며, 한 개념(모방)에서 다른 개념(전염)으로 쉽사리 넘어가게 된다. 그러나 전통의 권위와 여론을 존중하면서 도덕적 지각을 형성하는 것이 전염은 아니다. 즉 서로 다른 두 실체를 하나로 일치시킨 것이 아니라 실제로는 전혀 다른 두 개념을 혼동하는 것이다.

병리학에서는 외부에서 생명체 안으로 들어온 세균으로 인해 질병이 생길 때 그 병이 전염성이 있다고 말한다. 반대로 그 병균이 숙주의 적극적인 협조를 통해서만 번식할 수 있다면 이 경우에 '전염'이란 단어는 부정확한 것이다. 마찬가지로 어떤 행동이 정신적인 전염 때문이라고 하려면 그 생각이 비슷한 행동에 자극을 받았다는 것만으로는 충분하지 않다. 일단 마음속에 들어오면 자동적으로 그 자체로 작동해야 한다. 그래야 실제로 전염이 일어났다고 할 수 있다. 표상으로 우리 안에 들어온 외부 행동이 자체적으로 재생되었기 때문이다.

전적으로 복제 대상인 모델 때문에 새로운 행동이 일어나는 경우도 모방이다. 그러나 만일 모델이 우리에게 준 인상이 우리의 동의와 참여로만 효과를 낼 수 있다면 다만 비유적으로만 전염이라고 말할 수 있을 뿐 그 비유 자체도 부정확한 것이다. 왜냐하면 우리가 동의한 이유가 우리가 행동을 결정한 원인이지, 우리가 본 선례가 우리가 행동을 결정한 원인이 아니기 때문이다. 우리는 그 행동의 창안자는 아니지만 그 행동의 주체인 것이다.[6]

결과적으로 모방의 전파나 전염의 확산 등에 흔히 사용하는 표현들은 적절하지 않으므로 폐기해야 한다. 그러한 표현들은 사실을 정의하는 대신 사실을 왜곡하며, 의문을 해명하기보다 오히려 혼란하게 한다.

요약하자면, 군중 속에서 집단 감정이 발전하는 과정, 공통의 전통적인 행위 규범을 따르게 되는 과정, 파뉘르주의 양(Panurge's sheep, 부화뇌동하는 사람을 비유) 한 마리가 물속으로 뛰어들면 나머지도 모두 뛰어들게 되는 과정, 이 세 과정은 같은 이름으로 부를 수 없다. 공통의 감정을 공유하는 것, 여론의 권위에 순응하는 것, 다른 사람의 행동을 자동적으로 되풀이하는 것은 모두 다르다. 첫 번째 경우에는 재현이 일어나지 않는다. 두 번째 경우는 논리적 작용,[7] 판단, 명시적 또는 암시적 사유로써만 나오는 결과이며, 그 자체가 바로 그 현상의 본질이다. 따라서 이런 경우는 재현으로 정의하지 않는다.

재현은 세 번째 경우에 타당하다. 이 경우는 재현의 모든 것을 포함한다. 세 번째 경우에 새로운 행동은 단순히 처음 행동의 메아리와 같다. 재현은 단순한 반복일 뿐 아니라 아무런 다른 원인이 없으며 일정한 상황에서 우리를 모방의 동물로 만드는 특성이 있다. 따라서 모방이라는 용어가 명확한 의미를 가지려면 위의 세 번째 경우만 지칭해야 한다. 결국 우리는 모방을 다음과 같이 정의할 수 있다. 모방은 다른 사람이 이전에 행한 행동이 같은 행동의 표상이 되어 자기 행동의 직접적 전제가 될 때 성립한다. 이때 이 표상과 실행을 주관하는 재현 행위의 본질에는 어떤 명시적, 암시적 정신 작용도 영향을 미치지 않는다.

그러므로 모방이 자살률에 미치는 영향을 밝히려 할 때는 모방이라는 용어를 이런 의미로 사용해야 한다.[8] 이와 같이 의미를 정의하지 않으면 우리는 순전히 언어적 표현에 지나지 않는 것을 설명으로 착각할 위험이 있다. 실제로 우리가 어떤 행위나 사고방식이 모방 행위라고 말할 때, 우리는 그 행동을 모방이란 마술적인 한마디로 모두 설명했다고 생각한다. 그러나 실제로는 자동적 재현의 경우에만 이러한 특질이 발견된다. 이 경우에는 모든 일이 모방적 전염에 의해서만 일어나므로 모방 자체만으로도 충분한 설명이 될 것이다.[9]

그러나 인간이 관습을 지키고 도덕적 행위에 순응하는 이유는 관습과 도덕 행위의 성격 때문이다. 즉 관습과 관습이 일으키는 정서에 담긴 특별한 성질 때문이다. 따라서 이러한 행위에 모방을 운운한다고 해서 설명되는 것은 아무것도 없다. 다만 재현된 행동이 새로운 것이 아님을 알게 될 뿐이며, 그런 행동이 왜 일어나고 우리가 왜 그 행동을 재현하는지에 대해서는 알 수 없다. 또한 모방이라는 용어는 우리가 위에서 추측으로 개략적으로만 묘사한 집단 감정이 일어나는 복잡한 과정의 분석에 아무런 도움을 주지 못한다.[10] 우리는 용어를 잘못 사용함으로써 그 문제를 어느 정도 해결했다고 생각할지도 모르지만, 실은 문제를 은폐했을 뿐이다.

따라서 모방이 올바로 정의될 경우에만 우리는 모방을 자살의 심리적 요인으로 고찰할 수 있다. 사실 이른바 상호적 모방은 매우 사회적인 현상이다. 상호 모방은 공통된 감정을 협력하여 가다듬는 것이기 때문이다. 관습과 전통의 반복도 이와 마찬가지로 사회적 원인에서 나온 결과다. 집단적 믿음이자 관행이라는 바로 그 사실 때문에 의무적 성격과 특별한 권위가 부여되기 때문이다. 그러므로 자살이 이런 방법들 중 하나로 퍼지게 되는 것이라면, 자살은 개인적인 조건이 아닌 사회적인 원인에 의한 것이라고 보아야 한다.

이렇게 문제의 용어 정의를 마쳤으니 이제 사실을 검토해 보자.

자살하려는 생각은 물론 전염에 의해서 전파될 수 있다. 열다섯 명의 환자가 잇달아서 목매어 죽은 병원 복도라든지, 불로뉴의 부대 초소 자살 사건이라든지, 연쇄 자살이 일어난 장소 등을 이미 언급한 바 있다. 군대에서는 이런 일이 자주 일어난다. 1862년 프로뱅의 제4경기병 연대에서, 1864년 전선의 15연대에서, 1868년 몽펠리에와 님의 제41연대 등에서 이런 일이 있었다. 1813년에는 생 피에르 몽조의 작은 마을에서 한 부인이 나무에 목매어 자살하자 그 근처에서 다른 몇 사람이 잇달아 자살한 일이 있었다. 피넬(Pinel)은 에탕프의 한 마을에서 신부 한 사람이 목매어 자살한 며칠 뒤 다른 두 신부가 자살하였으며, 몇 사람의 신도들이 그들을 따라 자살한 사실을 보고하였다.[11] 캐슬레이 경(Lord Castlereagh)이 베수비오 화산에 투신했을 때도 몇몇 동료들이 그의 뒤를 따랐다. 《아테네의 타이먼(Timon of Athens)》의 나무 이야기도 널리 알려진 일화이다. 여러 관찰자를 통해 교도소 안에서도 그런 전염이 자주 일어난다는 사실이 확인되었다.[12]

그러나 모방 자살로 언급되는 일부 사례는 다른 원인이 있는 것으로 보인다. 포위된 사람들의 자살 사례가 특히 그러하다. 요세푸스(Josephus)는 그의 저서 《유대전쟁사(History of the War of the Jews against the Romans)》[13]에서 예루살렘 공격 중에 일부 포위된 사람들이 스스로 목숨을 끊었다고 말했다. 좀 더 구체적으로 이야기하면, 지하로 피신한 40명의 유대인이 죽음을 택하기로 하고 서로를 죽였다고 한다. 몽테뉴(Montaigne)는 브루투스에게 포위된 크산토스 사람들을 다음과 같이 묘사하였다.

"남녀노소 모두 아주 강한 죽음의 열망을 가지고 저돌적으로 덤벼들었으므로 그들을 죽음으로부터 구해 낼 방법이 없었다. 결국 브루투스는 소수의 사람들을 구해 내는 데도 아주 애를 먹었다."[14]

이런 '집단 자살'은 한두 사람의 경우를 다른 사람들이 반복해서 따른 것처럼 보이지는 않는다. 그들의 자살은 단순한 전염적 충동 때문이라기보다 순수한 사회적 합의와 같은 집단적 결의로 이루어진 것이다. 이 경우는 자살하려는 생각이 한 개인에게 일어나서 다른 사람들에게 확산된 것이 아니라 모든 사람이 절망적인 상황에서 집단적으로 죽음을 결심한 것이므로 집단 전체가 만들어 낸 것이다.

어떤 성격의 사회 집단이든 공통된 압력을 받으면 공통된 반응을 취하는 과정을 따르기 마련이다. 그들의 합의가 열정적인 충동에 빠진 상태에서 나왔다고 하더라도 조직적으로 신중하게 이루어진 경우와 본질적으로는 다를 바가 없다. 그러므로 이 경우를 모방이라고 부르는 것은 적절하지 않다.

우리는 이와 비슷한 사례를 더 많이 들 수 있다. 예컨대 에스퀴롤은 다음과 같이 기록했다.

"역사학자들은 페루인과 멕시코인들이 자신들의 종교가 파괴되는 절망적인 상황에서 야만적인 정복자들의 총칼보다 그들 자신의 손에 의해 더 많이 죽었다고 주장한다."

좀 더 넓은 의미에서 모방을 정당화하려면 자살이 같은 시기에 같은 장소에서 일어났다는 것을 보여 주는 것만으로는 충분하지 않다. 왜냐하면 그런 자살은 집단 자살로 귀결된 집단적 경향을 일으키는 사회 환경에서 비롯되었을 것이기 때문이다. 결국 용어를 좀 더 정확하게 사용하기 위해서 정신적 전염과 정신적 유행을 구별하는 방법도 흥미 있는 일이 될 것이다. 정신적 유행과 정신적 전염은 전혀 다른 두 사실에 무차별적으로 적용되고 있기 때문이다. 유행은 사회적 사실이며 사회적 원인으로 일어난다. 반면 전염은 개인적인 현상의 반복일 뿐이다.[15]

일단 이를 인정하면, 그러한 구별이 모방 자살의 목록을 줄여 줄 것이 틀림없다. 그러나 실제로는 그러한 자살이 적지 않다. 자살은 다른 어떤 현상보다도 전염성이 높을지도 모른다. 심지어 살인 충동조차 자살 충동만큼 쉽게 확산되지는 않는다. 살인 충동이 자동으로 확산되는 경우는 흔치 않으며, 모방의 역할도 특별히 두드러지지 않는다.

그리고 일반적인 견해와 달리 자기 보존의 본능은 기본적인 도덕적 감정보다 약한 것 같다. 자기 보존 본능이 도덕적 감정보다 같은 영향에 대해 저항력이 약해 보이기 때문이다. 그렇다고 하더라도 이번 장의 서두에서 제기한 문제는 아직 해결되지 않았다. 자살이 한 개인에게서 다른 개인에게로 전달된다는 사실만으로는 전염성이 사회적 효과를 갖는다는 사실, 즉 우리의 연구 주제인 사회적 자살률에 영향을 미친다는 사실이 자동으로 증명되지는 않는다.

설사 전염이 자살률에 영향을 미친다고 하더라도 전염은 개인적이고 산발적인 결과에 불과할지도 모른다. 따라서 이상과 같은 관찰은 아직 문제를 해결하지는 못했지만 문제를 좀 더 분명하게 해준다. 주장한 대로 모방이 진정 사회적 현상의 근원이고 풍부한 원천이라면, 모방이 특별히 자살에만 큰 영향을 미친다는 사실을 입증해야 한다. 모방이 그렇게 큰 영향을 미치는 다른 현상은 없기 때문이다. 따라서 자살을 연구하여 모방이 지니고 있다는 놀라운 힘의 실체를 명확한 사례를 통해 검증하려 한다.

만일 이러한 영향이 실재한다면, 그 영향은 무엇보다도 자살의 지리적 분포에 나타나야 한다. 한 나라나 한 지방의 자살률이 지닌 특징이 인근 지방으로 소위 전염되어야 한다. 그러므로 우리는 반드시 지도를 주의 깊게 살펴보아야 한다.

어떤 학자들은 둘 이상의 인접 지역에서 동시에 강한 자살 경향이 나타나는 것이 모방의 영향이라고 생각했다. 그러나 한 지역 내에서의 전파는 자살할 만한 어떤 원인의 전파 때문일 수도 있으며 그 지역의 동일한 사회적 환경 때문일 수도 있다. 모방이 특정한 경향이나 개념을 확산시키는 원인임을 확인하기 위해서 우리는 모방이 특정 경향이나 개념이 발생한 지역의 환경을 떠나 자체적으로는 그런 경향과 개념이 나타나기 어려운 다른 환경의 지역으로 침투해 가는지를 살펴보아야 한다.

이미 지적한 바와 같이 모방의 전파는 사실이 모방되는 곳에서만 있을 수 있으며, 다른 요인의 개입 없이 자동적인 모방 행위로만 행위가 반복되는 경우에만 가능하다. 따라서 우리가 조사하는 현상에서 모방이 차지하는 비중을 증명하려면 일반적인 기준보다 더 복잡한 기준이 필요하다.

무엇보다도 본보기가 없는 모방은 있을 수 없다. 그리고 가장 높은 밀도를 나타내는 중심부 없이는 전염이 있을 수 없다. 즉 방사(放射)의 중심이 존재한다는 것을 밝히지 않고서는 자살 성향이 사회의 한 부분에서 다른 부분으로 전파되었다는 주장이 정당화될 수 없다. 어떤 특징으로 그러한 중심을 알아낼 수 있을까?

첫째, 중심부는 주변부보다 더 높은 자살 경향을 보여야 한다. 즉 자살을 많이 일으키는 진정한 원인과 모방이 같이 작용하므로 중심부에서 더 많은 자살 사례가 나타나야 한다.

둘째, 중심부가 전염의 중심부 역할을 하고 그 영역 밖에서 일어나는 사건에 영향을 미친다고 하려면, 중심부는 외곽 지역으로부터 주목을 받아야 한다. 보이는 것 없이 모방은 일어날 수 없다. 아무리 자살률이 높더라도 주목의 대상이 되지 않는다면 존재하지 않는 것과 같으며, 그러한 자살은 재현되지 않을 것이다. 사람들의 눈은 그들의 지역 생활에서 중요한 부분에 고정된다. 다시 말해서 전염 현상은 수도나 대도시 주변에서 가장 현저할 것이다. 대도시에서 전염 현상이 강한 것은 대도시의 도덕적 권위와 같은 다른 요인들 때문에 모방을 전염시키는 힘이 강화되기 때문이다. 대도시의 생활양식은 멀리 확산되는 힘이 있다. 따라서 대도시에서는 다른 어떤 곳보다 모방이 사회적 영향력을 갖고 있는 것이 틀림없다.

셋째, 흔히 주장하듯이 다른 조건이 같다면 모방의 힘은 거리가 멀어질수록 약화된다. 주변 지역은 중심부에서 멀리 떨어질수록 영향을 덜 받고 가까울수록 영향을 더 받는다.

자살 분포도의 분포 모습이 부분적으로라도 모방에 영향을 받는다고 하려면 적어도 이상의 세 가지 조건을 충족해야 한다. 또한 자살의 지리적 분포가 자살을 일으키기 쉬운 생활 조건의 분포와 일치하는 것은 아닌지 확인해야 한다.

이상과 같은 분석의 규율을 세웠으니 규율을 적용해 보자.

프랑스의 한 도(道)를 단위로 자살률을 표시한 일반적인 지도는 이러한 조사를 수행하기에는 불충분하다. 그런 지도는 모방의 영향을 가장 잘 감지할 수 있는 같은 도의 서로 다른 지점 간의 모방 효과를 관찰할 수 없다. 더욱이 자살이 많거나 적은 군(郡)의 존재가 전체 도의 평균을 인위적으로 상승시키거나 하락시켜 다른 군 및 인접한 도와 불연속을 일으키거나, 반대로 실제로는 불연속적인 것을 숨겨 줄 수도 있다. 끝으로 이런 방식으로는 대도시의 영향을 쉽게 알아볼 수 없는 애매한 지도가 될 수도 있다. 그래서 우리는 이 문제를 연구하기 위해 군을 단위로 5년간(1887~1891년)의 자살 분포를 표시한 지도를 특별히 작성하였다. 이 연구로 전혀 예상치 못한 결과를 얻었다([부록 Ⅱ] 참고).

가장 먼저 눈에 띄는 것은 북쪽으로 향한 큰 구역이다. 이 구역의 대부분은 일드프랑스지만, 샹파뉴로도 깊숙이 들어가고 로렌까지 뻗쳐 있다. 만일 이런 분포가 모방 때문이라면 그 초점은 그 지역에서 유일하게 두드러진 중심지인 파리에 있을 것이다. 실제로 이런 분포는 늘 파리의 영향이라고 거론돼 왔다. 게리는 마르세유를 제외하고 프랑스 국경의 어느 지점에서 출발하든 수도를 향해 가까이 갈수록 자살이 늘어난다고 주장하기까지 했다.

그러나 도 단위 지도로는 그런 견해가 지지를 얻을지 몰라도, 군을 단위로 한 지도를 보면 그런 주장이 철저히 부정된다. 센은 그 주변의 모든 군보다 자살률이 낮은 것으로 밝혀졌다. 센에는 자살자가 인구 1백만 명당 471명밖에 없다. 이에 비해 그 주변의 군들, 즉 쿨로미에에는 500명, 베르사유에는 514명, 믈룅에는 518명, 모에는 525명, 코르베유에는 559명, 퐁투아즈에는 561명, 프로뱅에는 562명의 자살자가 있다.

심지어 샹파뉴의 군들조차 센에 인접한 군들보다 더 높은 자살률을 보인다. 랭스는 501명, 에페르네는 537명, 아르시쉬르오브는 548명, 샤토티에리는 623명이다. 르로이 박사도 〈센에마른의 자살 (Le suicide en Seine-et-Marne)〉이란 논문에서 센보다 모에서 상대적으로 자살이 더 많이 일어난 것을 주목하고 놀란 일이 있다.[16] 다음은 그의 통계이다.

	1851~1863년	1865~1866년
모(Meaux)	2,418명 중 1명 자살	2,547명 중 1명 자살
센(Seine)	2,750명 중 1명 자살	2,822명 중 1명 자살

그리고 모 군만 이런 것이 아니다. 르로이 박사는 센에마른에 있는 166개의 코뮌(읍에 해당)이 이 기간에 파리보다 더 높은 자살률을 보였다고 했다. 자살의 2차 중심지라고 하기에는 너무 작은 중심지들이 아닌가! 그러나 센을 제외하고 다른 방사의 중심부를 찾을 수는 없다. 왜냐하면 파리가 코르베유나 퐁투아즈의 위성 도시 격이라고 한다면 더 말이 안 되기 때문이다.

좀 더 북쪽으로 가면 자살 밀도가 높은 또 다른 지역이 있다. 분포는 균등하지 않지만 역시 밀도가 매우 높은 노르망디 지역이다. 만일 이 지역의 집중이 전염 확산 때문이라면, 그 분포는 이 지방의 중심이자 매우 중요한 도시인 루앙을 중심지로 해야 한다. 그런데 이 지역에서 자살률이 가장 높은 두 곳은 인구 1백만 명당 509명의 자살자가 나온 뇌샤텔과 1백만 명당 537명의 자살자가 나온 퐁토드메르이다. 그리고 이 두 곳은 서로 인접해 있지도 않다. 또한 그 지방 정서의 영향 때문도 분명히 아니다.

남동쪽 끝으로 지중해 연안을 따라 부슈뒤론의 끝에서 이탈리아 국경까지 이르는 긴 띠 모양의 지역에서도 자살률이 높게 나타난다. 이 지역에는 대도시인 마르세유가 있고, 또 다른 쪽 끝에는 화려한 생활의 중심지인 니스가 있다. 하지만 자살이 가장 많은 군은 툴롱과 포카퀴에다. 아무도 마르세유가 이 두 지역의 영향을 받았다고 말하지 않는다. 서부 연안에서도 마찬가지로 길게 뻗친 두 샤랑트 지역에 훨씬 큰 도시인 앙굴렘이 있는데도 로슈포르 한 곳에서만 자살률이 두드러진다.

일반적으로 상당히 많은 도에서 주요 도시가 아닌 군이 자살률 선두를 차지했다. 보주에서는 에피날이 아닌 르미르몽이, 오트손에서는 브줄이 아니라 침체 상태인 그레이가, 두에서는 브장송이 아니라 돌과 폴리니가, 지롱드에서는 보르도가 아닌 라레올과 바자가, 멘에루아르에서는 앙제가 아니라 소뮈르가, 사르트에서는 르망 대신에 생칼레가, 노르에서는 릴 대신에 아벤이 자살률에서 선두를 달리고 있다. 이 모든 경우에 대도시를 앞지르는 지역이 그 도에서 중요한 도시인 예는 하나도 없다.

이 같은 비교를 도뿐만 아니라 코뮌 단위로 적용해도 흥미로울 것이다. 그러나 안타깝게도 전국에 걸쳐서 코뮌을 단위로 한 자살 분포도를 만드는 일은 불가능하다. 그러나 르로이 박사는 그의 흥미로운 논문에서 센에마른 도를 대상으로 이 작업을 했다. 그 도의 모든 코뮌을 자살률이 높은 순서대로 분류한 그는 다음과 같은 결과를 얻었다.

"그 도에서 가장 중요한 마을인 라페르테수주아르(주민 4,482명)는 124위, 모(주민 10,762명)는 130위, 프로뱅(주민 7,547명)은 135위, 쿨로미에(주민 4,628명)는 138위다. 이 도시들의 순위를 비교하면 흥미롭게도 이들 모든 도시에 미친 동일한 영향이 드러난다.[17] 파리에서 아주 가까운 라니(주민 3,468명)는 219위에 불과하며, 몽트로포트욘(주민 6,217명)은 245위, 퐁텐블로(주민 11,939명)는 247위, 끝으로 이 도의 주요 도시인 믈룅(주민 11,170명)은 279위에 불과하다. 한편 자살률이 높은 25곳의 코뮌을 보면 그중 2곳을 빼놓고는 모두 인구가 매우 적은 코뮌들이다."[18]

프랑스 이외의 지역에서도 우리는 같은 사실을 발견했다. 유럽에서 자살이 가장 많은 곳은 덴마크와 독일 중부 지역이다. 그런데 이 광대한 지역에서 다른 나라보다 자살률이 훨씬 더 높은 나라가 작센이다. 작센의 자살률은 인구 1백만 명당 311명이다. 브란덴부르크는 1백만 명당 불과 204명인 데 비해 작센알텐부르크 공국은 작센에 이어 두 번째로 높다(자살자 303명).

하지만 이 작은 두 나라, 작센과 작센알텐부르크는 독일의 중심지가 아니다. 드레스덴이나 알텐부르크는 함부르크나 베를린과는 비교가 안 되는 도시들이다. 마찬가지로 이탈리아에서는 볼로냐(88명)와 리보르노(84명)가 자살률이 가장 높다. 밀라노, 제노바, 토리노, 로마 같은 대도시들은 1864~1876년의 자살률이 모르셀리가 계산한 평균치보다 훨씬 낮다.

요컨대 우리가 이런 분포도를 통해서 알게 된 것은 자살이 특정한 중심에서 바깥으로 점차 약하게 방사하는 형태의 동심원을 그리면서 분포한다기보다는 중심이 없고 대체로 동질적인 집단을 형성하면서 분포한다는 것이다. 그러한 집단화는 모방의 영향에 관해서는 아무것도 말해 주지 않는다. 다만 자살이 도시마다 서로 다른 지역적 상황에 따라 결정되기보다는 자살을 결정하는 조건이 언제나 일반적인 성격을 띠고 있다는 점을 보여 준다.

분포에는 모방하는 쪽도 모방되는 쪽도 없으며, 자살의 원인에 비교적 동일성이 있으므로 결과의 동일성이 있을 뿐이다. 그러므로 앞에서 이미 예시한 바와 같이 자살이 사회적 환경의 특정한 상태에 의존한다면 이와 같은 분포는 쉽게 이해될 수 있다. 왜냐하면 사회적 환경의 상태는 꽤 넓은 지역에서 동일성을 유지할 수 있기 때문이다. 따라서 사회적 환경의 상태가 같은 곳이라면 같은 결과가 나오는 것이 당연하며, 전염은 아무 상관이 없다. 이것이 바로 일정한 지역에 비슷한 수준의 자살률이 나타나는 이유다. 다른 한편으로 자살의 원인이 아주 균등하게 분포할 수는 없으므로 우리가 이미 지적한 바와 같이 지역과 군에 따라 상당한 편차를 보이는 것도 불가피하다.

이 설명이 정확하다는 증거는 사회적 환경이 갑자기 달라지는 곳에서는 자살률도 갑작스럽게 달라진다는 사실이다. 환경은 자연적 경계 너머까지 영향을 미치지 않는다. 특수한 상황 때문에 자살 성향이 강한 한 나라가 단순히 본보기가 되는 것만으로 이웃 나라에 영향을 미치지는 못한다. 이웃 나라에도 같거나 비슷한 상황이 비슷한 정도로 존재해야 한다.

독일은 특히 자살이 많은 나라이며 그 피해는 이미 언급한 바 있다. 나중에 밝히겠지만 독일이 유난히 높은 자살률을 보이는 주원인은 개신교 윤리에 있다. 그러나 독일에서 세 지역은 예외이다. 그 첫째는 베스트팔렌을 포함하는 라인 강변의 지방, 둘째는 바이에른, 특히 바이에른 슈바벤, 셋째는 포젠 지역이다. 독일에서는 이 지역들만이 인구 1백만 명당 자살자 수가 1백 명 미만이다.

지도상에서([부록 Ⅲ] 참고) 이 세 지역은 마치 외딴 섬들 같으며, 주변의 어두운 색조와는 대조적으로 밝은 색을 띠고 있다. 색이 짙을수록 높은 자살률을 나타낸다. 그런데 이 세 지역은 모두 가톨릭이 주류인 곳이다. 그래서 이 세 곳 주변에서 격렬하게 요동치는 자살의 흐름은 이들 지역에는 영향을 미치지 못한다. 즉 이 자살의 흐름은 더 흘러가기에 적당치 않은 조건에 부딪쳐 그 경계에 머물고 만 것이다.

마찬가지로 스위스는 남부 전역이 가톨릭 지역이며, 개신교 지역은 북쪽에 있다. 자살 분포도[19]에서 이 두 지역을 비교하면 이들이 전혀 다른 사회에 속하는 것이 아닌가 생각할 정도다. 이 두 지역은 어디서나 맞닿아 있고 상호 교류에 제약도 없지만 자살에 관해서는 각기 개별성을 유지하고 있다. 한쪽은 자살 평균이 매우 낮은 반면에 다른 쪽은 매우 높다. 마찬가지로 스위스 북부에서도 루체른, 울리, 운터발덴, 슈바이츠, 추크 등의 가톨릭 주(칸톤)는 자살률이 훨씬 높은 개신교 지역에 둘러싸여 있는데도 고작 인구 1백만 명당 1백 명 미만의 자살률을 보인다.

이상과 같은 사실을 입증하기 위해서 또 다른 실험을 해 볼 수 있다. 정신적 전염은 두 가지 경로로 전파된다. 하나는 본보기가 되는 사건이 입에서 입으로 확산되는 형태로, 우리가 소문이라고 부르는 것이며, 또 하나는 신문이 전파하는 형태다. 일반적으로 신문이 확산의 책임이 큰 것으로 알려져 있다. 신문이 매우 강력한 전달 매체인 것은 확실하다. 따라서 만일 자살의 발생에 모방이 어떠한 영향을 미친다면, 자살은 신문이 여론에서 차지하는 비중에 따라 차이가 있어야 한다.

아쉽게도 신문의 이런 비중은 측정하기가 매우 어렵다. 신문의 영향력은 신문의 수가 아닌 독자 수로 측정되어야 한다. 스위스처럼 비교적 지방 분권적인 나라에서는 지방마다 신문을 발행하고 있으므로 신문의 수는 많으나 각 신문의 독자 수가 적기에 전파력은 약하다. 그와 반대로 〈런던 타임스(the London Times)〉나 〈뉴욕 헤

럴드(the New york Herald)〉,〈르 프티 주르날(Le Petit Journal)〉 등은 대중에게 엄청난 영향을 미친다. 심지어 어느 정도의 중앙 집중 없이는 신문이 충분한 영향을 미칠 수 없다고 보일 정도다. 각 지역마다 그들 자신의 생활양식을 가지고 있으므로 그들의 작은 영역 너머에서 일어나는 일에는 별 관심을 두지 않기 때문이다. 결과적으로 먼 곳에서 일어나는 사실은 덜 보고 덜 읽게 된다. 따라서 모방을 촉진할 본보기가 그만큼 더 적다.

그러나 지방 환경의 평준화로 여러 지역의 사건이 호기심과 동정의 대상이 되는 사회, 중앙 신문이 국내와 이웃 나라의 모든 주요 사건들을 매일 보도하고 전국적으로 배포하는 사회에서는 그 반대 현상이 일어난다. 사례들이 쌓여 가면서 서로를 강화한다. 물론 우리는 유럽 여러 신문의 독자들을 비교할 수는 없으며, 뉴스의 지방적 성격을 평가할 수도 없다. 그러나 프랑스나 잉글랜드가 이 두 가지 면에서 덴마크, 작센, 독일의 여러 지역보다 열등하지는 않을 것이다.

그런데도 프랑스와 잉글랜드는 자살률이 훨씬 더 낮다. 또한 프랑스에서도 루아르 북쪽보다 남쪽에서 신문을 덜 읽는다고 생각할 수는 없다. 그런데도 이 두 지역의 자살률이 차이가 나는 것은 이미 알려진 사실이다. 사실 확인을 할 수 없는 주장에 필요 이상의 중요성을 부여할 생각은 없지만, 우리는 모방 이론이 어느 정도 주의를 기울일 만큼의 가치는 있다고 믿는다.

요약해 보자면, 개인과 개인 사이에 자살의 전염이 일어나는 것은 분명하지만, 모방이 사회적 자살률에 영향을 미칠 정도로 자살을 확산시키는 것 같지는 않다. 모방은 개별적인 사례들을 다소 증감시킬 수는 있겠지만 여러 사회 및 한 사회 안의 작은 사회 집단들의 자살 경향 차이를 결정하지는 못한다. 모방이 사방으로 퍼지는 경향은 언제나 매우 제한되어 있으며 또한 간헐적이다. 어느 정도의 영향력을 갖는 기간은 언제나 잠깐뿐이다.

그러나 모방의 영향을 통계에서 찾아볼 수 없는 더 보편적인 이유가 있다. 모방은 그 자체만으로는 자살에 영향을 미칠 수 없기 때문이다. 어느 정도 완전히 고정관념이 된 드문 예를 제외하고, 특별한 성향의 사람이 아니라면 성인이 어떤 행동을 생각하는 것만으로 그 행동을 실행하는 일이 일어나기는 어렵다. 모렐(Morel)은 다음과 같이 기술했다.

"모방의 영향이 강력하다고 하지만, 나는 정상적인 사람들이 모방이나 어떤 희귀한 범죄에 관해 읽거나 들어서 생긴 인상 때문에 같은 행동을 하는 일은 없다는 것을 발견하였다."[20]

마찬가지로 모로 드 투르 박사는 개인적인 관찰 결과, 전염적인 자살은 오직 강력한 자살 성향을 가진 사람에게만 일어난다는 것이 입증되었다고 생각했다.[21]

박사는 이런 자살 성향이 본질적으로 기질적인 원인 때문이라고 굳게 믿고 있었지만, 어떤 사례의 경우는 불가사의한 원인이 합쳐져서 나타났다고 인정하지 않고서는 설명할 수 없음을 발견하였다. 위에서 소개하였듯이 15명의 환자가 동시에 신경쇠약에 걸린 것은 얼마나 불가사의한 일인가! 군대와 교도소에서 흔히 일어나는 자살 전염 사건도 있을 성싶지 않은 일이다. 그러나 자살 경향이 사회 환경 때문에 생길 수 있다는 것을 인정하면 그런 사실들은 쉽게 설명된다.

그렇다면 전국에서 모여 같은 막사나 교도소에서 지내게 된 사람들이 전부 같은 정신 질환을 갖고 있다는 것은 우연의 일치라고 설명하기보다는 그들이 생활하는 공통 환경의 영향 때문이라고 설명하는 편이 나을 것이다. 실제로 교도소나 군대에는 군인과 죄수들이 극심한 노이로제에 시달리다가 자살하게 만드는 집단적인 상태가 있다. 하나의 시범 케이스가 충동을 폭발시킬 기회를 제공하지만 충동을 만들어 낼 수는 없으며, 충동이 없다면 아무런 영향도 미치지 못한다.

그러므로 아주 드문 예외를 제외하고는 모방은 자살의 원초적 요인이 아니라고 말할 수 있다. 모방은 단지 어떤 상태가 드러나도록 했을 뿐이다. 그 상태에서는 모방이 없었더라도 자살의 진정한 원인이 발동되어 자살이라는 결과를 낳았을 것이다. 왜냐하면 자살 경향은 아주 작은 자극으로도 실행될 만큼 매우 강력한 것이어야 하기 때문이다. 따라서 자살에 모방 흔적이 보이지 않는다고 해도 놀랍지 않다. 모방 자체는 영향력이 없고, 영향을 미친다고 해도 미미하기 때문이다. 이 같은 결론을 다음의 실제적 논증으로 마무리 짓고자 한다.

어떤 전문가들은 실제로 있지도 않은 모방의 힘 때문에 신문이 자살과 범죄 보도를 못 하게 해야 한다고 주장한다.[22] 그런 금지로 자살과 범죄의 연간 총 발생 건수를 다소 감소시킬 수 있을지도 모른다. 그러나 보도 금지가 자살과 범죄의 사회적 비율을 바꿀 수는 없을 것이다. 집단의 정신 상태는 이러한 금지의 영향을 받지 않으므로 집단적 경향의 힘은 변하지 않는다. 보도 금지의 이점은 거의 없을 것이고, 어떠한 제한도 반대하는 언론의 자유와 대립하므로 입법자들은 이런 권고를 받아들이려 하지 않을 것이다.

사실상 자살이나 살인의 증가에 영향을 미치는 것은 그 사건에 대해서 말하는 것이 아니라, 그 사건을 어떻게 말하느냐 하는 것이다. 그런 행동을 혐오하는 경우에는 감정이 말에 나타나므로 개인적 경향을 부추기기보다는 오히려 억제하게 된다. 그러나 반대로 사회가 도덕적으로 혼란하다면 사회의 불안정한 상태 때문에 노골적으로 나타나는 비도덕적 행동의 욕망을 자극하게 되고, 그런 행동의 비도덕적인 면을 희미하게 만들 것이다. 그러면 자살이나 살인 사건 사례는 선례가 되기 때문이 아니라 사회적 묵인과 무관심으로 그런 행동에 대한 거부감이 줄어들었기 때문에 더 위험해진다.

그러나 이 장에서 주로 밝히고자 하는 것은 모방이 모든 집단생활의 주된 원천이라는 이론의 취약성이다. 자살보다 더 쉽게 전염되는 사례는 없다. 하지만 우리는 지금까지 이러한 전염성은 사회적 영향력이 없음을 살펴보았다. 모방이 자살에 미치는 사회적 영향력이 없다면, 다른 현상에는 더 영향력이 없을 것이다. 따라서 모방이 사회적 영향력이 있다는 생각은 상상이다. 모방은 좁은 범위에서 한 가지 생각이나 행동의 반복을 일으킬 수는 있지만 그런 반복은 사회의 중심까지 영향을 미칠 만큼 깊고 넓은 것이 아니다. 집단적 상태는 거의 만장일치이고 대체로 오랜 지배력이 있기 때문에 개별적인 개혁으로 쉽게 허물어지지 않는다.

어디까지나 한 사람에[23] 불과한 개인이 어떻게 사회를 자기의 상상대로 만들어 나갈 수 있겠는가? 원시인들이 자연계를 이해하듯이 사회적 현실을 단순하게 이해하지 않는다면 그렇게 생각할 수 없다. 모든 과학적 귀납법의 결론에 따라 사회적 현상이 그 원인과 비례해서 발생한다는 주장에 동의한다면 그렇게 생각할 수는 없다. 우리는 어떤 개념이 성경처럼 단순명쾌하더라도 사유의 기본 원칙에 모순된다면 그 개념에 더 이상 시간을 소비하지 않을 것이다. 동물학적 종들이 유전적으로 전승된 개별적 변이에 불과하다는 것을 더 이상 믿지 않는 것처럼 말이다.[24]

마찬가지로 사회적 사실이 단순히 일반화된 개인적 사실이라는 주장도 인정할 수 없다. 그러나 무엇보다도 받아들일 수 없는 것은 이런 일반화가 그저 맹목적인 전염에 의한 것이라는 주장이다. 어떠한 실험 증거도 없는 가설을 놓고 토론을 계속해야 한다는 것이 놀라울 뿐이다. 왜냐하면 모방이 사회의 결정적 질서의 원인이 된다고 입증된 적도 없으며, 모방 자체가 어떤 영향을 미친다는 것도 전혀 입증된 적이 없기 때문이다. 이 명제는 막연한 형이상학적 고찰에 근거한 하나의 격언일 뿐이다. 사회학자들이 이런 식으로 독단적 주장을 일삼으면서 증명을 하라는 적절한 요구를 공공연하게 회피하지 않아야만 사회학이 하나의 과학으로 인정받을 수 있을 것이다.

제 2 부

사회적 원인과 사회적 유형

Emile Durkheim

Suicide: A Study in Sociology

제1장 사회적 원인과 사회적 유형의 구분

앞서의 결론이 전적으로 부정적인 것은 아니다. 우리는 모든 사회 집단마다 개인의 신체적, 심리적 체질이나 자연환경으로 설명할 수 없는 특정한 자살 경향이 있음을 밝혔다. 따라서 자살 경향은 사회적 원인 때문이라고 할 수밖에 없으며, 그 자체가 집단적 현상이다. 이제까지 검토한 사례들, 특히 자살의 지리적, 계절적 차이를 살펴보면 분명히 이런 결론이 나온다. 이제 우리는 이 경향을 더 자세히 연구할 것이다.

~

먼저 자살 경향이 단일하고 분리할 수 없는 것인지, 아니면 여러 다른 경향으로 이루어져 있어서 분석으로 구분할 수 있고 각기 따로 연구해야 하는지를 알아보아야 한다. 그래서 우리의 연구는 다음과 같이 진행할 것이다. 자살 경향은 단일한 것이든 아니든 개별 사례 속에서만 나타나고 관찰할 수 있으므로 이런 개별 사례부터 조사해야 한다. 그러므로 가능한 한 많은 사례를 관찰하고 기록해야 한다. 물론 정신착란에 의한 자살은 이런 사례에서 제외한다.

만약 모든 자살 사례가 본질적으로 똑같은 특성이 있는 것으로 밝혀지면, 모두 하나의 범주로 분류될 것이다. 그렇지 않고 너무 차이가 커서 여러 유형으로 나누어야 한다면, 그들의 유사성과 차이에 따라 여러 유형으로 구분해야 할 것이다. 그러면 유형의 수만큼 자살 경향도 많다는 것을 인정할 수 있으며, 각 경향의 원인과 중요성을 밝혀야 할 것이다. 정신병 환자의 자살을 연구했을 때 이런 방법을 사용한 바 있다.

불행히도 필요한 자료가 거의 없기 때문에 정상인의 자살을 형태론적 유형이나 특성에 따라 분류할 수가 없다. 이러한 시도를 하려면 많은 개별 사례에 대한 자세한 기록이 필요하다. 자살자가 자살을 결심한 순간의 심리 상태, 그가 자살하기 위해서 어떻게 준비했으며 망설이거나 우울해하지는 않았는지, 침착하거나 우쭐해 있었는지, 아니면 괴로워하거나 불안에 휩싸여 있었는지 등을 알아내야 한다.

지금 우리가 가진 자료는 정신이상으로 자살한 사례 몇 건뿐이다. 정신과 의사들의 관찰과 기록을 통해 정신병이 결정적 원인인 자살의 주요 유형은 판정할 수 있다. 그러나 정상인의 자살에 관해서는 그런 정보가 거의 없다. 브리에르 드 부아몽이 그의 책에서 유서나 그 밖의 기록을 남긴 1,328건의 자살 사례를 요약해서 기록하려고 한 적이 있을 뿐이다.

그러나 그 사례들은 너무 간략하다. 그리고 환자들이 자기 상태를 밝힌 것을 믿을 수 있다고 하더라도 불충분하다. 대개 환자는 자신과 자신의 감정 상태를 착각하기 쉽다. 극도로 흥분한 상태이면서도 자신이 침착하게 행동한다고 믿을 수 있기 때문이다. 끝으로 객관성이 부족하다는 점 외에도 분명한 결론을 내리기에는 관찰 내용이 너무 적다. 매우 애매하게 구분하여 거기서 얻은 아이디어를 활용할 수는 있겠지만, 정확한 분류를 하기에는 너무 불확실하다. 더욱이 대개의 경우 자살의 실행 방법이라는 관점에서는 적절한 관찰이 거의 불가능하다고 할 것이다.

그러나 우리의 목적은 다른 방법으로 달성할 수 있다. 연구 순서를 바꾸어 보자. 자살 원인이 다를 경우에만 자살 유형이 달라질 수 있다. 독자적 본질이 있으려면 특수한 존재 조건이 있어야 한다. 같은 선행 조건이 때로는 이런 결과를 낳고 때로는 저런 결과를 낳을 수는 없다. 만약 그렇다면 상이한 결과들의 차이는 아무런 원인이 없는 차이일 뿐이며, 또 인과론의 원리에 위배된다. 따라서 원인들 사이에 구체적 차이가 확실히 있는 경우에는 결과에서도 비슷한 차이가 생긴다. 결과적으로 우리는 자살의 사회적 유형을 자살자들이 남긴 기록에 따라 구분할 것이 아니라 자살하게 된 원인에 따라 분류할 수 있다.

그런 유형들이 왜 서로 다른가 하는 질문을 하기보다 먼저 그런 유형에 대응하는 사회적 조건을 알아보아야 한다. 그런 후 사회적 조건을 유사성과 차이에 따라 몇 개의 집단으로 분류하면 각 집단에 대응하는 특정한 자살 유형을 찾을 수 있을 것이다. 즉 형태에 따라 분류하는 대신, 처음부터 원인에 따라 분류하는 것이다. 이것이 잘못된 방법은 아니다. 왜냐하면 현상의 성격은 아무리 본질적인 특성이라 해도 그 특성만 아는 것보다는 그 원인을 알 때 더 깊이 이해할 수 있기 때문이다.

이 방법의 문제점은 여러 유형이 있다는 것을 확인하기도 전에 이미 그러한 유형이 있다고 가정하는 데에 있다. 그리고 유형의 존재와 수를 밝혀낼 수는 있지만 그 특성을 밝힐 수는 없다. 그러나 이런 결함은 어느 정도까지는 방지할 수 있다. 원인의 본질을 알면 결과의 본질도 연역할 수 있다. 왜냐하면 결과를 특징짓고 구분하는 것은 그 원인이기 때문이다. 물론 이런 연역이 사실 검증을 거치지 못한다면 순전히 상상이 될 것이다. 그러나 여기에다 자살 형태학의 자료를 참고하면 더욱 명확하게 분류할 수 있다.

그런 자료들은 분류 기준을 잡기에는 부족하고 불확실하다. 그러나 일단 분류의 큰 틀을 잡으면, 그때는 자료를 유용하게 쓸 수 있을 것이다. 자료를 보고 연역할 방향을 잡고, 자료에 있는 사례를 연역해서 설정한 유형이 허구가 아니라는 것을 증명할 수 있다. 그리하여 원인에서 결과로 나아가게 될 것이고, 원인론적 분류는 형태학적 분류를 통해 상호 검증할 수 있으므로 완벽하게 마무리될 것이다.

모든 면에서 이와 같은 역방향 방법은 우리가 설정한 특수한 문제에 적합한 유일한 방법이다. 우리가 연구하는 것이 사회적 자살률이란 점을 잊어서는 안 된다. 따라서 우리가 관심을 가져야 할 유일한 유형은 자살률의 형성에 영향을 미치고 자살률 변동에 영향을 미치는 것뿐이다. 지금으로서는 모든 개별 자살 사례에 이런 특질이 있는지 확실치 않다.

일반론적인 이야기지만, 어떤 자살은 한 민족의 자살과 관련한 특성을 보여 준다고 할 만큼 그 사회의 정신적 기질과 관련되지 않거나 아예 관련이 없는 경우도 있다. 예를 들어 우리는 알코올 중독이 각 사회의 고유한 자살 성향을 결정하는 요인이 아니라는 것을 살펴보았다. 그러나 알코올 중독으로 인한 자살은 분명히 있으며 그 수도 상당히 많다. 하나의 개별적 사례를 놓고 아무리 설명을 잘해 놓았다고 해도, 그런 설명만으로 사회학적 특성이 있는지 어떤지는 알 수 없다.

만약에 집단적 현상으로서 자살에 해당하는 여러 형태를 알고자 한다면 처음부터 통계 자료를 통해서 그런 자살을 집단적 형태로 살펴야 한다. 즉 사회적 비율을 직접 분석 대상으로 해야 하고, 진행 방향은 전체에서 부분으로 나아가야 한다. 서로 다른 원인들을 고찰함으로써만 분석할 수 있을 것이다. 전체를 놓고 봤을 때는 그 구성 요소들이 동질성을 띠고 질적 차이가 없기 때문이다. 그런 후에 먼저 그 원인들을 발견하고, 다음으로 그 원인이 개별 사례에 미친 영향을 고찰해야 할 것이다.

그렇다면 이런 원인들을 어떻게 찾을 것인가?

자살의 법적 성립 요건에는 가정불화, 육체적 혹은 다른 고통, 자책, 술에 취한 상태 등의 동기가 포함된다. 이러한 동기는 자살을 일으키는 결정적인 원인으로 여겨진다. 거의 모든 국가에서 발표된 통계보고서에는 '자살의 추정 동기'라는 제목으로 이런 조사 결과를 담은 도표가 실려 있다. 우리는 연구를 위해 이 도표를 활용해야 하며, 이 도표들을 비교하는 것으로 연구를 시작해야 한다. 그러한 기록은 우리에게 여러 가지 상이한 자살의 직접적 전제를 밝혀 줄 것이다.

이렇게 우리가 연구하는 현상을 이해하는 데 있어, 먼저 그 현상의 가장 밀접한 원인들을 찾고, 그런 다음 일련의 현상을 거슬러 올라가 찾아보는 것이 좋은 방법 아닐까?

그러나 오래전에 바그너가 지적한 것처럼, 소위 자살 동기의 통계라는 것은 실제로는 조사를 담당한 관리가 그러한 동기일 것이라고 추정한 소견의 통계인 것이다. 유감스럽게도 공무상 사실 확인 절차라는 것이, 성실한 관찰자라면 충분히 파악할 수 있는 명백하고 구체적인 사실이 있는 경우에도 오류를 범하고, 재고의 여지도 남기지 않는 경우가 많다. 단순히 일어난 사실을 기록하는 것이 아니라 해설과 설명까지 뒤섞인 자료를 어떻게 의심하지 않을 수 있겠는가.

어떤 현상의 원인을 결정한다는 것은 언제나 어려운 문제다. 학자들은 하나의 의문을 푸는 데도 모든 종류의 관찰과 실험을 거친다. 더구나 인간의 의지는 모든 현상 가운데 가장 복잡하다. 급하게 모은 약간의 정보를 가지고 각각의 특별한 사례의 원인을 판정하려는 즉흥적인 시도는 별 가치가 없다. 관리들은 자살자가 과거에 좌절할 만한 일을 당했다는 것이 드러나면 더 이상 조사할 필요가 없는 것으로 간주한다. 자살자가 최근에 돈을 잃었거나 가정불화를 겪었거나 술에 빠졌는지에 따라 자살 원인으로 사업상 문제나 가정불화, 과음이 거론된다. 이런 불확실한 자료는 자살을 설명할 근거로 삼을 수 없다.

좀 더 믿을 수 있는 자료라고 하더라도 별 도움이 되지 않는다. 이유는 그런 자살 동기들이 옳건 그르건, 진정한 원인이 아니기 때문이다. 각각의 추정 원인마다 통계상 비례 건수는 거의 같은 반면에 절대 수치는 아주 큰 차이를 보이는 것이 그 증거이다.

프랑스에서는 1856년에서 1878년 사이에 자살이 40% 증가했다. 작센에서는 1854년부터 1880년까지 자살자가 547명에서 1,171명으로 100% 이상 늘었다. 두 나라 모두에서는 자살 동기별 비율이 각기 다른 기간에도 동일한 비중을 유지하고 있다. 이는 다음의 [표 17]에서 볼 수 있다.

[표 17] 자살 동기의 성별 백분율

프랑스*	남자		여자	
	1856~1860년	1874~1878년	1856~1860년	1874~1878년
빈곤·금전상의 손실	13.30	11.79	5.38	5.77
가정불화	11.68	12.53	12.78	16.00
애정·질투·방탕·비행	15.48	16.98	13.16	12.00
심적 고민	23.70	23.43	17.16	20.22
정신 질환	25.67	27.09	45.75	41.81
가책·형벌의 두려움	0.84		0.19	
기타 및 불명	9.33	8.18	5.51	4.00
합계	100.00	100.00	100.00	100.00

작센**	남자		여자	
	1854~1878년	1880년	1854~1878년	1880년
신체적 고통	5.64	5.86	7.43	7.98
가정불화	2.39	3.30	3.18	1.72
금전적 손실	9.52	11.28	2.80	4.42
방탕·도박	11.15	10.74	1.59	0.44
가책·형벌의 두려움	10.41	8.51	10.44	6.21
애정 불안	1.79	1.50	3.74	6.20
정신 질환·종교적 맹신	27.94	30.27	50.64	54.43
분노	2.00	3.29	3.04	3.09
삶에 대한 혐오	9.58	6.67	5.37	5.76
불명	19.58	18.58	11.77	9.75
합계	100.00	100.00	100.00	100.00

* 르고이의 책 p.342에서 인용.
** 외팅겐의 《도덕통계(Moralstatistik)》 p.110에서 인용.

여기에 보고된 수치들은 대충 헤아린 근사치에 불과하므로, 약간의 차이에 큰 의미를 둘 필요가 없다는 것을 고려한다면 자살 동기별 비율은 분명히 실질적인 안정세를 보이고 있다. 그러나 자살이 배로 불어났는데도 추정 동기별 비율이 같은 상태라면, 모든 동기가 자살에 2배의 영향을 미쳤다는 얘기가 된다. 모든 동기가 일시에 2배나 더 치명적이 되었다는 것은 우연의 일치라고 볼 수 없다. 따라서 모든 동기는 보다 보편적인 상황을 따르며, 크든 작든 모두 그것을 반영한다는 결론이 나온다. 자살 발생 건수를 조절하고 실제로 자살의 원인이 되는 것은 이러한 보편적 상황이다. 그러므로 우리는 이러한 보편적 상황을 조사해야 하며, 개인의 의식 속에 이러한 보편적 상황이 반영된 것을 살펴보느라 시간을 허비할 필요는 없다.

르고이[1]의 또 다른 통계는 서로 다른 동기에 따른 인과관계 작용의 가치를 보다 잘 보여 준다. 농업과 자유업만큼 서로 큰 차이가 있는 두 직업은 없을 것이다. 예술가, 학자, 변호사, 관료, 법관의 생활은 농부의 생활과 조금도 닮은 데가 없다. 따라서 두 직업군에서는 자살의 사회적 원인이 똑같을 수 없다는 것이 분명해 보인다.

그런데 두 직업의 사람들이 똑같은 이유로 자살하는 것으로 나타났을 뿐만 아니라 동기별 상대적 비중도 거의 같은 것으로 나타났다. 다음의 표는 1874년에서 1878년까지 프랑스에서 두 직업군의 사람들이 자살하게 된 동기별 비율을 나타낸 것이다.

	농업	자유업
실직·재정적 손실·빈곤	8.15	8.87
가정불화	14.45	13.14
연인과의 이별, 질투	1.48	2.01
중독 및 음주	13.23	6.41
범죄자의 자살	4.09	4.73
신체적 고통	15.91	19.89
정신 질환	35.80	34.04
삶에 대한 혐오, 좌절	2.93	4.94
불명	3.96	5.97
합계	100.00	100.00

알코올 중독 및 음주를 제외하면, 두 직업군의 자살 동기별 수치는 거의 차이가 없다. 따라서 동기만을 고려한다면 두 직업군에 있어 자살하게 만드는 원인이 그 강도는 달라도 같은 종류의 원인이라고 생각할 수 있다. 그러나 실제로 농장 일꾼을 자살하게 만든 원인과 도시 사람을 자살하게 만든 원인은 크게 다르다.

그러므로 남들이 추정한 자살 이유와 자살자가 남긴 자살 이유는 대체로 외형적인 원인에 불과하다. 이러한 원인들은 보편적 상황의 단순한 개인적인 반향일 뿐이며, 보편적 상황마저 제대로 나타내지 못하고 있다. 왜냐하면 보편적 상황이 다른데도 개인적 원인은 같은 것으로 기록되기 때문이다. 이러한 자살 원인은 자살 충동을 일으키는 외부 경향이 가장 쉽게 침투할 수 있는 개인적인 약점을 나타낸 것이라고 할 수 있다. 그러나 이러한 자살 이유가 외부적 경향의 일부는 아니므로 외부 경향을 이해하는 데 도움이 될 수는 없다.

따라서 우리는 영국이나 오스트리아 같은 나라에서 자살의 추정 동기를 수집한 자료를 폐기한 것을 유감스럽게 생각하지 않는다. 통계 작성은 전혀 다른 방향으로 시도해야 한다. 풀 수 없는 도덕적 궤변을 해결하려 하기보다는 자살에 따르는 부대 상황을 보다 주의 깊게 살펴야 한다. 적어도 우리는 불확실하고 무익한 자료를 연구에 사용하지 말아야 한다. 자살 연구자들이 그러한 자료에서 실제로 어떤 흥미로운 법칙을 찾은 적은 없다. 따라서 우리는 그러한 자료들이 특별한 의미가 있고 특별한 확실성이 있을 경우에만 아주 드물게 언급할 것이다.

우리는 자살의 직접적인 발생 원인을 판정할 것이며, 그런 원인이 특정한 개인에게 나타나는 형태에는 관심을 두지 않을 것이다. 개인적인 동기와 생각은 무시하고, 자살 발생의 차이라는 측면에서 종교적 신앙, 가족, 정치 집단, 직업군 등 다양한 사회적 환경 상태를 직접 조사할 것이다. 그렇게 한 후에야 개인적인 문제로 돌아가서 보편적 원인들이 어떻게 개인화되고 어떻게 자살을 일으키는지 연구할 것이다.

제2장 이기적 자살

먼저 여러 종교가 자살에 미친 영향이 어떻게 다른지 살펴보자.

~

유럽의 자살 분포도를 보면 스페인, 포르투갈, 이탈리아처럼 가톨릭을 믿는 나라에서는 자살이 별로 늘지 않은 반면에 프로이센, 작센, 덴마크 같은 개신교 국가에서는 자살이 가장 많이 늘어난 것을 알 수 있다. 모르셀리가 계산한 다음의 평균치는 이 첫 번째 결론을 뒷받침해 준다.

인구 1백만 명당 평균 자살자 수	
개신교 국가	190명
혼합 종교국(개신교와 가톨릭)	96명
가톨릭 국가	58명
그리스 정교 국가	40명

그리스 정교를 믿는 나라의 낮은 자살률은 순전히 종교 때문이라고는 할 수 없다. 그 나라들의 문명은 유럽의 다른 나라와는 매우 다르기 때문에, 낮은 자살률은 문화의 차이 때문일 수도 있다. 그러나 가톨릭이나 개신교를 믿는 대부분의 사회는 경우가 다르

다. 물론 이들의 도덕적, 지적 수준이 모두 같을 수는 없다. 하지만 충분한 동질성이 있기 때문에 이 사회들의 자살률 차이는 종교의 차이 때문이라고 볼 수 있다.

그렇지만 이 첫 번째 비교는 너무 개괄적이다. 유사성이 있다는 것은 부인할 수 없지만, 서로 다른 국가의 사회적 환경은 분명히 다르다. 스페인과 포르투갈 문명은 독일 문명에 비해 훨씬 뒤떨어지며, 이러한 더딘 진보가 자살의 증가가 느린 이유라고 생각할 수도 있다. 이런 잘못을 저지를 가능성을 피하고 가톨릭과 개신교가 자살 경향에 미친 영향을 보다 분명하게 확인하려면 한 사회 내에서 두 종교를 비교해 보아야 할 것이다.

독일의 큰 지방들 가운데 바이에른은 자살자가 가장 적다. 이 지방에서는 1874년 이후 매년 인구 1백만 명당 90명의 자살자를 냈을 뿐이다. 반면에 프로이센은 133명(1871~1875년)이고, 바덴은 156명, 뷔르템베르크는 162명, 작센은 300명에 달했다. 또한 바이에른은 주민 1천 명당 713.2명이 가톨릭 신자다. 한편 바이에른 내의 각 주를 서로 비교하면 자살자 수가 개신교도 수와 정비례하고, 가톨릭교도 수와는 반비례하는 것을 발견할 수 있다(아래 표 참고).

바이에른(1867~1875)*					
가톨릭이 소수 (50% 미만)	인구 1백만 명당 자살자 수	가톨릭이 다수 (50~90% 미만)	인구 1백만 명당 자살자 수	가톨릭이 다수 (90% 이상)	인구 1백만 명당 자살자 수
라인강 연안 팔츠	167	하부 프랑켄	157	상부 팔츠	64

중부 프랑켄	207	슈바벤	118	상부 바이에른	114
상부 프랑켄	204			하부 바이에른	19
평균	192	평균	135	평균	75

* 15세 이하의 인구는 제외했다.

상호 간 평균치의 비율이 이 법칙을 확인해 줄 뿐만 아니라, 첫 번째 칸의 모든 수치가 두 번째 칸보다 높고, 두 번째 칸의 수치는 세 번째 칸보다 예외 없이 높다.

이 같은 상황은 프로이센에서도 마찬가지다.

비교 대상인 14개 주에서 오직 두 곳만이 약간 불규칙적이다. 슐레지엔은 자살자의 수가 비교적 많으므로 두 번째 칸의 범주에 속해야 하는데 세 번째 칸에 속해 있으며, 반대로 포메른은 첫 번째 칸보다 두 번째 칸에 있어야 더 적절하다.

프로이센(1883~1890)							
개신교 (90% 이상)	인구 1백만 명당 자살자 수	개신교 (68~89%)	인구 1백만 명당 자살자 수	개신교 (40~50%)	인구 1백만 명당 자살자 수	개신교 (28~32%)	인구 1백만 명당 자살자 수
작센	309.4	하노버	212.3	서프로이센	123.3	포젠	96.4
슐레스비히	312.9	헤세	200.3	슐레지엔	260.2	라인 지역	100.3
포메른	171.5	브란덴부르크, 베를린	296.3	베스트팔렌	107.5	호엔촐레른	90.1
		동프로이센	171.3				
평균	264.6	평균	220.0	평균	163.6	평균	95.6

이러한 관점에서 스위스는 재미있는 연구 대상이다. 스위스에는 프랑스계와 독일계 주민들이 함께 살고 있으므로 종교의 영향을 민족별로 관찰할 수 있다. 그런데 종교의 영향은 두 민족에서 똑같은 것으로 나온다. 가톨릭 주에서는 민족과 관계없이 개신교 주에 비해 자살자 수가 4~5배나 적은 것으로 나타난다.

(인구 1백만 명당)

	프랑스계 주들	독일계 주들	전체 주들
가톨릭	83명 자살	87명 자살	86.7명 자살
개신교	453명 자살	293명 자살	326.3명 자살
혼합			212.0명 자살

그러므로 종교의 영향력은 다른 무엇보다도 크다고 하겠다.

이 외에도 상당히 많은 사례에서 종교별 1백만 명당 자살자 수를 볼 수 있다. 다음의 수치는 여러 관찰자들이 관찰한 것이다.

[표 18] 각국의 종교별 인구 1백만 명당 자살자 수

	개신교	가톨릭	유대교	연구자
오스트리아(1852~1859)	79.5	51.3	20.7	바그너
프로이센(1849~1855)	159.9	49.6	46.4	바그너
프로이센(1869~1872)	187	69	96	모르셀리
프로이센(1890)	240	100	180	프린칭
바덴(1852~1862)	139	117	87	르로이
바덴(1870~1874)	171	136.7	124	모르셀리

바덴(1878~1888)	242	170	210	프린칭
바이에른(1844~1856)	135.4	49.1	105.9	모르셀리
바이에른(1844~1891)	224	94	193	프린칭
뷔르템베르크(1846~1860)	113.5	77.9	65.6	바그너
뷔르템베르크(1873~1876)	190	120	60	뒤르켐
뷔르템베르크(1881~1890)	170	119	142	뒤르켐

개신교는 어느 곳에서나 예외 없이[1] 다른 종교보다 훨씬 높은 자살률을 보인다. 그 차이는 작게는 20~30%부터 최대 300%까지 다양하다. 마이어[2]처럼 개신교도들이 평균치의 자살자만 내는 노르웨이와 스웨덴 같은 예외적인 경우를 들어 만장일치의 사실에 반론을 펴는 것은 무의미한 일이다.

먼저 이번 장의 첫머리에서 지적한 바와 같이, 상당히 많은 나라를 대상으로 하지 않는 한 국가 간 비교는 별 의미가 없다. 많은 나라를 대상으로 하더라도 그런 비교가 결정적인 것은 아니다. 스칸디나비아반도와 중부 유럽에 살고 있는 주민 간에는 큰 차이가 있으므로 개신교가 두 곳의 주민에게 미치는 영향이 똑같지 않다는 주장도 타당성이 있다. 더욱이 두 나라의 자살률이 그 자체로는 별로 높지 않지만, 유럽의 다른 민족에 비해 문화 수준이 가장 낮다고 볼 때는 상대적으로 높다고 할 수 있다.

적어도 그들의 지적 수준이 이탈리아 국민보다 높다고 생각할 근거는 없다. 하지만 자살률은 이탈리아보다 2~3배 높으며, 이탈리아가 1백만 명당 40명의 자살자를 내는 데 비해 90~100명의 자살자를 내고 있다. 개신교가 이 상대적으로 높은 자살률의 원인이 아니라고 할 수 있을까? 따라서 이 사실은 많은 관찰을 근거로 해서 확립한 법칙에 상반되지 않을뿐더러 오히려 그 법칙을 확인해 준다.[3]

유대인의 자살 경향은 언제나 개신교도보다 낮다. 그리고 차이는 좀 작지만 가톨릭교도보다도 낮다. 그러나 때로는 유대인의 자살률이 가톨릭교도보다 높을 때가 있으며, 특히 최근에 이런 현상이 나타나고 있다. 19세기 중엽까지 유대인이 자살하는 경우는 바이에른을 제외한 모든 나라에서 가톨릭교도보다 적었다.[4] 1870년대에 들어서면서 유대인 자살이 늘기 시작했으나, 아직도 유대인의 자살률이 가톨릭교도의 자살률을 크게 웃도는 경우는 극히 드물다. 이 외에도 기억해야 할 사실은 유대인들이 다른 종교 집단보다 도시에 집중적으로 모여 있으며, 지적인 직업에 종사한다는 점이다.

이러한 점에서 유대인은 타 종교인에 비해 종교 때문이 아니라 다른 이유로 자살하는 경향이 높다고 할 수 있다. 그러므로 최근에 자살률이 늘고 있음에도 불구하고 유대인의 자살률이 낮다면, 다른 조건이 같을 경우 유대인이 가장 낮은 자살률을 보인다고 가정할 수 있다.

이것이 사실이라면, 어떻게 설명할 수 있을까?

유대인은 어디서나 소수 집단을 이루고 있고, 앞서 관찰한 가톨릭 교도들 역시 대부분의 사회에서 소수 집단을 이루고 있으므로 이두 교인 집단의 비교적 낮은 자살률을 설명할 수 있는 원인을 그런 점에서 찾으려고 하기 쉽다.[5] 주변 사람들의 적대감에 둘러싸인 소수 종교 집단일수록 스스로를 지키기 위해 엄격한 자기 통제와 가혹한 규율을 적용하게 된다. 소수 종교 집단에게 주어진 불확실한 관용을 정당화하기 위해 항상 남보다 더 올바른 품행을 보여야 했다.

이러한 점들 외에도, 이 같은 특별한 요인에 어떤 영향력이 있음을 보여 주는 사실이 있다. 프로이센의 가톨릭 신자는 전체 주민의 3분의 1에 불과하므로 그들이 소수 집단인 것은 널리 알려진 사실이다. 이 가운데 자살한 사람은 개신교인의 3분의 1밖에 되지 않는다. 가톨릭 신자가 3분의 2를 차지하는 바이에른에서는 그 차이가 줄어든다. 이곳의 가톨릭과 개신교의 자살 비율은 시기에 따라 100 대 275 혹은 100 대 238이다. 그런가 하면 거의 전부 가톨릭 신자인 오스트리아 제국에서는 가톨릭과 개신교의 자살률이 불과 100 대 155이다. 따라서 개신교가 소수 집단인 지방에서는 자살률이 감소하는 것처럼 보인다.

그러나 자살은 공공연한 비난의 대상이 되기에는 너무 약한 목표다. 자살에는 별로 비난이 가해지지 않으므로 거의 여론의 공격 대상이 되지 않는다. 자신들의 처지 때문에 여론에 특별히 주의를 기울여야 하는 소수 집단에게도 그러하다. 자살은 타인에게 피해를 주는 행위가 아니어서 다른 집단보다 자살 경향이 많은 집단에 대해 딱히 비난이 가해지지 않는다. 범죄나 비행을 자주 저지르는 집단이 상대적으로 고립되는 것과 같은 일이 자살에 대해서는 일어나지 않는다.

그 외에도 소수 종교에 대한 억압이 심하면 종종 역효과를 낳기도 한다. 종교적 편협함은 소수 종교인들이 여론을 존중하는 대신 오히려 외면하게 만든다. 만일 어떤 사람이 자신이 피할 길 없는 적개심의 대상이란 것을 느낀다면, 그는 적대시하는 사람들과의 타협을 포기하고 오히려 가장 고약하게 보이는 종교의식에 더욱 열을 올릴 것이다. 이러한 현상은 유대인들에게서 자주 볼 수 있으며, 따라서 그들의 낮은 자살률은 어쩌면 다른 원인이 있을지도 모른다.

어쨌든 이런 설명은 개신교와 가톨릭의 상황에는 맞지 않는다. 오스트리아와 바이에른은 가톨릭이 다수이기 때문에 가톨릭의 방어적인 영향이 적을 텐데도 자살이 적게 일어난다. 따라서 가톨릭교도들의 낮은 자살률은 단순히 그들이 소수 집단이기 때문이라고 할 수는 없다. 보다 일반적으로 말해서 주민 전체에서 이 두 종교를 믿는 신도들의 비율이 어떠하든, 자살이란 관점에서 비교하면 개신교도들이 자살하는 경우가 가톨릭교도들보다 훨씬 많다.

거의 모든 주민이 가톨릭인 팔츠 북부(92%)나 바이에른 북부(96%) 같은 곳에서도 가톨릭교도인 자살자가 100명이라면 개신교도는 각각 300명, 423명이다. 개신교도가 1백 명당 한 명꼴도 안 되는 바이에른 남부에서는 그 비율이 528%까지 치솟는다. 따라서 소수 집단이기 때문에 신중하게 행동한다는 점이 두 종교가 보이는 자살률의 차이에 일부 원인이 될 수는 있겠지만, 가장 큰 비중은 다른 원인에 있는 것이 분명하다.

우리는 그러한 원인을 두 종교의 본질에서 찾아볼 것이다. 먼저 두 종교는 똑같이 자살을 금하고 있다. 또한 자살을 매우 엄격하게 도덕적으로 제재할 뿐만 아니라 사후세계에서 자살을 포함해 생전에 저지른 악행을 처벌받는다고 가르친다. 끝으로 두 종교 모두에서 이러한 금기는 신의 가르침에 따른 것이다. 두 종교가 자살을 금지하는 이유는 올바른 이성의 논리적인 결론 때문이 아니라 신의 권위에 근거한 것이다.

따라서 개신교도들이 자살 증가에 신경을 덜 쓴다면, 이는 그들의 종교적 태도가 가톨릭의 태도와 달라서 그런 것이 아니다. 그러므로 두 종교가 자살이라는 특별한 사실에 대해 같은 인식을 보인다면, 자살에 미치는 두 종교의 상이한 영향은 두 종교를 차별화하는 보다 일반적인 특성에서 나온 것이 틀림없다.

가톨릭과 개신교의 유일한 근본적 차이는 개신교가 가톨릭보다 훨씬 더 자유로운 탐구를 허용한다는 것이다. 물론 가톨릭은 그리스-로마의 다신교나 히브리의 일신교보다 사상과 성찰에 큰 비중을 부여한다는 점에서 관념론적인 종교다. 가톨릭은 형식적인 의식뿐 아니라 양심의 통제를 추구한다. 따라서 가톨릭은 양심에 호소하며 맹목적인 굴종을 요구하는 경우에도 이성적인 언어를 구사하면서 요구한다. 그럼에도 불구하고 가톨릭교도는 기성 교리를 성찰 없이 받아들인다. 가톨릭교도는 자신의 믿음에 대한 역사적인 고찰까지도 하지 않을 것이다. 신앙의 근본인 원전에 금지되어 있기 때문이다. 교회의 전체 계급 체계는 놀랍도록 정교하게 구성되어 전통을 불변의 가치로 만든다. 가톨릭 사상에 있어서 모든 변화는 금기다.

그러나 개신교도는 훨씬 더 신앙의 주체가 된다. 성경이 그의 손에 쥐어질 뿐 어떤 해석도 강요되지 않는다. 개신교의 구조 자체가 종교적 개인주의를 강조한다. 영국을 제외하고 개신교 성직자는 계급이 없다. 성직자는 일반 신자들과 같이 자신의 양심 이외의 다른 신앙적 근원을 갖지 않는다. 그는 일반 신도들보다 더 가르침을 받은 안내자이지만 교리를 정할 권한은 없다. 종교 개혁의 창시자들이 주장한 탐구의 자유가 관념적인 주장에 그친 것이 아님을 보여 주는 가장 확실한 증거는 개신교에서는 가톨릭교의 통일성과는 대조적으로 수많은 분파가 생겨나고 있다는 점이다.

그리하여 우리는 첫 번째 결론에 도달할 수 있다. 즉 개신교의 자살 경향은 이 종교의 원동력이 된 자유로운 탐구 정신과 분명히 관련이 있다는 것이다. 이러한 관계를 정확히 이해해 보자. 자유로운 탐구 그 자체는 다른 원인의 영향에 불과하다. 자유로운 탐구가 나타났을 때, 즉 오랜 세월 동안 전통에서 나온 기성 신앙을 받아들였던 사람들이 스스로 신앙을 규정할 권리를 주장하게 되었을 때, 이것은 자유로운 탐구가 진정으로 바람직하기 때문은 아니었다. 왜냐하면 자유로운 탐구에는 행복만큼이나 슬픔도 있기 때문이다.

그러나 사람들은 그러한 자유를 원했다. 자유를 그토록 원했던 이유는 단 한 가지뿐이다. 전통적인 신앙이 붕괴했기 때문이었다. 만약 전통적 신앙이 똑같은 힘으로 계속해서 권위를 유지할 수 있었다면 사람들이 신앙을 비판하는 일은 영영 일어나지 않았을 것이다. 만약 전통적 신앙이 전과 같은 힘을 발휘했더라면 사람들이 감히 그 권위를 비판하지 못했을 것이며, 감히 그 권위의 근거를 밝히라고 요구하지도 못했을 것이다.

반성은 반성하는 것을 피할 수 없을 때만 나타난다. 즉 하나의 이념과 본능적 감성이 어느 시점까지 행위를 잘 인도해 오다가 그 효능을 잃게 되었을 때 반성이 나타난다. 그러므로 반성은 균열을 만들지 않는다. 오히려 반성은 균열을 메우기 위해 나타난다. 반성은 생각과 행동이 자동적인 관습이 되면서 사라지고, 관습이 혼란해지면 다시 나타난다.

반성은 여론이 영향력을 상실할 때, 즉 여론이 전과 같은 호소력을 갖지 못하게 될 때만 여론을 장악한다. 이러한 반성의 요구가 때때로 일어나거나 일시적인 위기로 발생하는 것이 아니라 지속적인 것이 된다면, 개인의 양심이 자율성을 다시금 확인하려고 한다면, 그 이유는 반성과 양심이 끊임없이 충돌하는 충동의 영향을 받기 때문이며 이미 폐기된 낡은 주장을 대체할 새로운 주장이 아직 형성되지 않았기 때문이다.

만일 새로운 신념의 체계가 옛것처럼 모든 사람에게 반론의 여지가 없는 것으로 정립된다면 그 누구도 더 이상 그에 대해 토론하려 하지 않을 것이고 토론이 허용되지도 않을 것이다. 왜냐하면 사회 전체가 공유하는 이념은 이런 합의로부터 권위를 얻게 되고, 이 권위는 이념을 신성한 것으로 만들어 모든 이견을 물리치기 때문이다. 이념이 좀 더 관용적인 것이 되려면 그 이념은 먼저 대중적이지 않고 동의를 얻지 못한 것이어야 하며 이미 논쟁 때문에 약화된 상태라야 한다.

그러므로 일단 자유로운 탐구가 시작되고 많은 분파가 생겨난 것이 사실이라면 다음과 같은 한마디를 덧붙여야 한다. 즉 자유로운 탐구는 종파 분립을 전제로 하며 종파 분립에서 비롯된다. 자유로운 탐구는 잠재되어 있거나 반쯤 형성된 분파들이 보다 자유롭게 발전하도록 하기 위해서만 하나의 원칙으로 선포되고 정립된다.

따라서 개신교가 가톨릭보다 개인에게 더 많은 사상의 자유를 준다면, 그것은 개신교가 공통된 신앙과 의식을 적게 가지고 있기 때문이다. 그런데 종교 집단은 집단적 신조 없이는 존재할 수 없으며 그 신조가 광범위할수록 집단은 더욱 통일되고 강해진다. 왜냐하면 종교적 신조는 봉사의 교환이라든가 서로의 차이를 허용하는 일시적인 유대를 가지고 사람들을 통합하는 것이 아니기 때문이다. 그래서는 종교 집단을 만들 수 없다.

종교적 신조는 사람들이 동일한 교리 체계에 밀착되게 하여 집단화하며, 사람들은 이 교리 체계의 폭과 확고함에 따라 집단화된다. 종교적 성격의 행동방식과 사고방식의 수가 많을수록, 즉 자유로운 탐구에서 멀어질수록 신(God)의 개념이 존재의 모든 측면에서 보다 분명하게 나타나며 개인의 의지를 하나의 동일한 목표로 합일한다. 이와 반대로 종교가 개인의 판단을 허용하면 할수록 인간의 삶에 대한 지배력을 잃고 결속력과 지속력이 약화된다. 따라서 우리는 다음과 같은 결론에 도달한다. 개신교가 높은 자살률을 보이는 것은 개신교의 통합력이 가톨릭교보다 약하기 때문이다.

이 결론으로 유대교의 상황도 설명할 수 있다. 오랜 세월 동안 기독교로부터 비난을 받아 온 유대인들은 특별한 결속력을 가지게 되었다. 그들은 대중의 적대감에 대항할 필요성을 느끼게 되었고, 다른 주민과의 자유로운 접촉이 불가능해지자 그들 자신의 결속을 강화하게 되었다. 그리하여 각각의 유대인 공동체는 강한 자의식과 결속력을 가진, 작지만 치밀하고 응집력 있는 사회가 되었다.

모든 유대인이 비슷하게 생각하고 생활하였다. 개인의 일탈은 생존을 위한 공동체 생활과 서로에 대한 밀착 감시로 인해 거의 불가능했다. 따라서 유대교는 다른 어느 종교보다 강하게 결속되었다. 유대교는 종교적 편견의 대상이 되었기 때문에 스스로에게 의존할 수밖에 없었다. 지금까지 개신교를 관찰한 결과와 비교해 볼 때, 자살하기 쉬운 여러 상황에도 불구하고 유대인의 자살 경향이 낮은 이유는 바로 이 같은 원인에 있는 것이 아닌가 생각된다.

물론 유대인들의 자살률이 낮은 이유를 주변 사람들의 적대감 때문으로 돌릴 수도 있다. 그러나 이것이 낮은 자살률에 영향을 미쳤다면, 이는 적대감이 유대인에게 높은 도덕성을 부여했기 때문이 아니라 더욱 단결하여 살도록 만들었기 때문일 것이다. 유대인들은 종교의 강한 일체감 덕택에 자살에 대한 면역성을 가지게 된다. 사실 그들이 겪은 배척은 이러한 결과를 낳은 원인 중 하나일 뿐이다. 즉 유대교 신앙 자체가 그런 결과를 낳은 가장 큰 원인임이 분명하다. 사실 유대교는 기본적으로 다른 초기 종교와 마찬가지로 삶과 생활의 세부 사항까지 지배하는 의식들로 이루어져 있으며 개인적 판단의 여지가 거의 없다.

이러한 설명을 뒷받침하는 몇 가지 사실이 있다.

첫째 모든 개신교 국가 가운데 영국은 자살자가 가장 적은 나라다. 실제로 영국에서 자살한 사람은 주민 1백만 명당 80명뿐이지만, 독일의 개신교 사회에서는 140명에서 400명까지 이르고 있다. 그렇다고 영국이 다른 나라보다 지적 활동이나 상업이 덜 활발한 것은 아니다.[6] 그렇지만 영국의 성공회는 다른 개신교 교회보다 훨씬 강력하게 통합돼 있다.

영국은 일반적으로 개인의 자유를 가장 우선시하는 나라로 간주된다. 그러나 실제로는 개인의 자유로운 탐구를 막는 공통의 의무적 신앙과 의식이 독일보다 훨씬 많다는 것을 보여 주는 사례가 여럿 있다. 첫째로 영국 법은 여전히 많은 종교적 의무 사항을 법으로 규정하고 있다. 즉 일요일을 지키게 하는 법이나 성서의 등장인물을 무대에 등장시키는 것을 금지한 법, 최근까지도 모든 정치적 대의기관의 구성원에게 신앙 고백을 요구했던 법 등이 그 예다. 영국에서는 전통에 대한 존경심이 보편적이고 강력하다는 것도 널리 알려진 사실이다. 이는 다른 분야와 마찬가지로 종교에도 해당할 것이다. 그러나 고도로 발달한 전통주의는 개인의 활동을 제한하기 마련이다.

끝으로 성공회의 성직자들은 개신교 성직자들 가운데 유일하게 계급 제도로 조직되어 있다. 이러한 외형적 조직은 개신교가 표방하는 종교적 개인주의와 상반되는 내적 통일성을 확실히 보여 준다.

이 외에도 영국에는 그 어느 개신교 국가보다도 많은 성직자가 있다. 1876년 영국에서는 성직자 한 명이 평균 908명의 신도를 맡은 데 비해, 헝가리에서는 932명, 네덜란드에서는 1,100명, 덴마크에서는 1,300명, 스위스에서는 1,440명, 독일에서는 1,600명이었다.[7]

성직자 수는 사소한 세부 사항이나 피상적 특징이 아니라 종교의 본질과 연관되어 있다. 어디서나 가톨릭 성직자가 개신교 성직자보다 많다는 것이 이를 증명한다. 이탈리아에서는 1명의 신부에 대해 267명의 가톨릭교노가 있고, 스페인에서는 419명, 포르투갈에서는 536명, 스위스에서는 540명, 프랑스에서는 823명, 벨기에에서는 1,050명이 있다.

이는 성직자가 신앙 및 전통을 담당하는 실제적 기관이며, 어디서나 기관은 그 기능에 비례하여 발전하기 때문이다. 신앙생활이 깊으면 깊을수록 이를 지도할 사람이 더 많이 필요하다. 개인의 양심으로 해석해서는 안 되는 교리와 계율이 많을수록 그 뜻을 설명해 줄 권위자가 더 많이 필요하다. 더욱이 설명해 줄 권위자가 많을수록 신도들을 밀접하게 둘러싸고 개인행동을 억제하게 된다. 따라서 영국의 경우는 우리의 이론을 확실히 입증해 준다. 영국에서 개신교가 유럽 대륙에서와 같은 결과를 낳지 않은 것은 영국의 종교 사회가 가톨릭교회와 비슷할 정도로 강하게 조직되어 있기 때문이다.

그런데 여기에 우리의 논증을 더욱 뒷받침해 주는 보다 보편적인 증거가 있다. 자유로운 탐구에의 열의는 배움에 대한 열망이 함께할 때만 나타날 수 있다. 지식은 자유로운 사상의 목적을 달성할 유일한 수단이다. 비합리적인 신념과 관습이 권위를 잃을 때 다른 신념과 의식을 찾기 위해서는 계몽 의식에 호소할 수밖에 없는데, 지식은 계몽 의식의 최고 형태이다. 근본적으로 이 두 가지는 같은 근원에서 싹튼 것이다.

사람들은 일반적으로 전통의 멍에에서 벗어날 때만 자기 계발의 욕구를 가지게 된다. 왜냐하면 전통이 지성을 지배하고 있는 한 전통은 자족적이며 경쟁자를 허용하지 않기 때문이다. 다른 한편 관습이 그 기원을 상실하고 모호해져 새로운 필요에 상응하지 못할 때 사람들은 빛을 찾게 된다. 이것이 바로 종교가 호소력을 잃자마자 지식의 최고 종합적 형태인 철학이 가장 먼저 등장한 이유다. 철학은 종교가 호소력을 잃은 후에야 등장할 수 있었던 것이다. 그리고 철학을 낳은 지식에의 필요성이 커지면서 점차 여러 분과의 학문들이 생겼다.

우리가 틀리지 않았다면, 즉 집단적이고 관습적인 편견이 점점 약해지면서 자살 경향이 나타났고 개신교가 자살에 취약한 경향이 그 때문이라면, 다음의 두 가지 사실을 밝혀야 한다.

1. 가톨릭보다 개신교가 배움의 욕망이 강해야 한다.
2. 배움의 욕망이 공통된 신념을 약화한다면, 이것은 일반적으로 자살률과 같이 변동해야 한다.

이 두 가지 가설은 사실일까?

가톨릭 국가인 프랑스와 개신교 국가인 독일의 상류층만을 비교하면 프랑스가 독일에 뒤떨어지지 않는다. 프랑스 대도시에서는 독일에 비해 조금도 뒤지지 않을 정도로 지식이 존중되고 보급되어 있다. 이러한 면에서 프랑스는 몇몇 개신교 국가보다 앞서 있다. 그러나 배움의 욕망이 상류층에 있어서는 같은 수준이더라도, 하류층에서는 그렇지 못하다. 다시 말해 최고 수준에서는 배움의 의욕이 거의 비슷하지만 평균적으로는 프랑스가 낮다.

이러한 점은 가톨릭 국가와 개신교 국가를 전체적으로 비교해도 비슷하다. 가톨릭 국가와 개신교 국가의 최고 문화 수준은 비슷하지만, 대중의 교육 수준에 있어서는 상황이 전혀 다르다. 작센, 노르웨이, 스웨덴, 바덴, 덴마크, 프로이센의 개신교 국민들은 1877년에서 1878년까지 취학 연령(6~12세) 아동 1천 명 가운데 평균 957명을 학교에 보냈다. 반면에 프랑스, 오스트리아, 헝가리, 스페인, 이탈리아의 가톨릭 국민들은 겨우 667명을 보냈으니 31%나 되는 아동이 취학을 못 한 것이다. 이 비율은 1874~1875년과 1860~1861년에도 마찬가지였다.[8]

개신교 국가에서 가장 취학률이 낮은 프로이센은 가톨릭 국가에서 가장 취학률이 높은 프랑스보다도 취학률이 훨씬 높다. 즉 전자는 1천 명 가운데 897명의 아동을 취학시켰는데, 후자는 겨우 766명에 불과했다.[9] 독일에서는 바이에른이 가톨릭교도가 가장 많은 지방이며 문맹자 또한 가장 많다. 그리고 바이에른에서는 북부 팔츠주에 가톨릭교도가 가장 많이 살고 있으며, 이곳에서 입대한 병사 중에 문맹자가 제일 많았다(1871년에 15%). 프로이센에서는 포젠 공국과 프로이센주의 경우가 그렇다.[10] 끝으로 전체 왕국을 통틀어서는 1871년에 개신교도 1천 명 가운데 66명이 문맹이고, 가톨릭교도 1천 명 가운데 152명이 문맹이었다. 그리고 두 종교를 믿는 여성들의 경우도 마찬가지였다.[11]

초등 교육만으로 일반적인 교육 수준을 측정할 수는 없을지도 모른다. 국민의 교육 수준은 흔히 말하는 것처럼 문맹자 수가 많고 적음에 있는 것이 아니다. 그래도 일단 이 주장을 인정해 보자. 물론 여러 교육 단계는 겉으로 드러난 것보다 더 밀접한 상호 연관이 있으며, 다른 단계와 동시에 발전하지 않고 어느 한 단계만 발전할 수는 없다.[12]

어쨌든 초등 교육의 수준이 그 사회의 과학 문화 수준을 불완전하게 반영한다고는 해도, 국민 전체의 지식 욕구 정도를 알아보는 데 참고가 되는 것은 분명하다. 사람은 아무리 낮은 계층이라도 더 배우고자 하는 욕구를 느낄 것이 분명하다. 따라서 모든 사람이 배울 수 있게 하고 나아가 법으로 문맹을 퇴치하려는 시도는 국가 발전을 위해서 국민들이 널리 배우고 계몽된 지성을 갖추어야 한다는 국가적 인식을 보여 준다.

실제로 개신교 국가에서는 개개인이 성경을 이해할 수 있어야 하기에 초등 교육을 매우 강조했다. 우리가 지금 조사하는 것은 이 같은 욕구의 평균적 열의, 즉 국민 각자가 지식에 부여하는 가치이지 그 나라 학자들의 수준과 성과가 아니다. 이런 특수한 관점에서 볼 때 고등 교육과 과학적 성과의 정도는 정확한 기준이 될 수 없다. 그런 것은 사회의 제한적 분야에서 일어나는 것만을 나타낼 뿐이다. 그보다는 대중적이고 일반적인 교육이 보다 정확한 지표가 된다.

이처럼 우리의 첫 번째 명제가 입증되었으니 이제 두 번째 명제를 살펴보자. 공통된 신념의 약화에 따른 지식욕의 증가는 과연 자살의 증가를 가져오는가? 우리의 첫 번째 추정은 개신교도들이 가톨릭교도보다 교육을 더 받았고 자살자도 더 많다는 것이다. 그러나 법칙은 한 신앙과 다른 신앙의 비교뿐 아니라 각 종교 내부의 관찰을 통해서도 검증해야 한다.

이탈리아는 전적으로 가톨릭 국가다. 이곳에서 대중 교육과 자살은 동일한 분포를 보이고 있다.

[표 19] 이탈리아 주별 자살과 교육의 비교

	주	부부가 모두 문해력이 있는 결혼의 비율(1872~1878)	인구 1백만 명당 자살자 수 (1864~1876)
제1집단	피에몬테	53.09	35.6
	롬바르디아	44.29	40.4
	리구리아	41.15	47.3
	로마	32.61	41.7
	토스카나	24.33	40.6
	평균	39.09	41.1
제2집단	베네치아	19.56	32.0
	에밀리아	19.31	62.9
	움브리아	15.46	30.7
	마르케	14.46	34.6
	캄파니아	12.45	21.6
	사르데냐	10.14	13.3
	평균	15.23	32.5
제3집단	시칠리아	8.98	18.5
	아브루치	6.35	15.7
	풀리아	6.81	16.3
	칼라브리아	4.67	8.1
	바실리카타	4.35	15.0
	평균	6.23	14.7

평균치들이 정확히 상응할 뿐 아니라 세부 사항까지도 일치한다. 단 하나의 예외인 에밀리아주는 지역적 원인 때문에 자살률과 문맹률이 아무런 관계가 없다. 프랑스에서도 비슷한 관찰 결과가 나온다. 프랑스에서 부부의 문맹률이 가장 높은(20% 이상) 군은 코레

즈, 코르시카, 코트뒤노르, 도르도뉴, 피니스테르, 랑드, 모르비앙, 오트비엔 등인데, 이곳 주민들 모두 낮은 자살률을 보인다. 더 보편적으로, 문맹 부부가 10% 이상인 군 가운데에는 프랑스 자살의 본고장이라 할 수 있는 동북부 지역의 군은 단 한 곳도 없다.[13]

개신교 국가를 비교하면 이와 똑같은 현상을 발견할 수 있다. 자살은 프로이센보다 작센에서 더 많이 발생한다. 문맹자는 작센보다 프로이센에서 더 많다(1865년 1.3 대 5.52). 작센은 취학인구가 법정 기준 이상이라는 점에서도 특이하다. 1877~1878년에는 취학 연령 아동 1천 명에 대해 1,031명이 취학하였다. 즉 많은 아이들이 법정 기간 이상으로 학업을 계속한 것이다. 이러한 현상은 다른 나라에서는 전혀 찾아볼 수 없다.[14]

끝으로 영국은 자살자가 가장 적은 개신교 국가로 알려져 있다. 그런데 영국은 교육에 있어서는 가톨릭 국가와 가장 비슷하다. 1865년에 선원들의 23%가 읽을 줄 모르고 27%가 쓸 줄 몰랐다. 이런 내용을 다른 사례와 비교하면 더 많은 확증을 얻을 수 있을 것이다.

자유전문직과 넓은 의미의 부유층은 지적 취향이 가장 활발하며 가장 적극적인 지적 생활을 한다. 직업별, 계층별로 정확한 자살 통계는 구할 수 없지만 자살이 그 사회의 최상류층에서 가장 빈번하게 일어난다는 사실은 부인할 수 없다. 1826년부터 1880년까지 프랑스에서는 모든 직업군 중에서 자유전문직군이 가장 높은 자살률을 보였는데, 전문직 종사자 1백만 명당 자살자 수가 558명이었다. 그러나 그 뒤를 이은 하인 직업군의 경우는 290명에 불과했다.

이탈리아에서는 모르셀리가 전업 문필가의 자살률을 계산했는데, 그에 따르면 문필가들의 자살률이 다른 직업에 종사하는 사람들보다 훨씬 높았다. 그가 계산한 바에 따르면 1868~1876년에 문필가 1백만 명당 자살자 수는 482.6명에 달했다. 그다음을 잇는 군인들은 404.1명 정도였다. 이탈리아의 평균 자살률은 32명에 불과하다.[15]

프로이센(1883~1890)에서는 가장 엄격하게 선발되는 지적 엘리트인 공무원 집단이 1백만 명당 832명으로 가장 높은 자살률을 보였다. 그다음이 의료 분야 종사자와 교사들로, 공무원보다는 훨씬 낮지만 상당히 높은 비율(각각 439명과 301명)을 보였다.

바이에른도 이 같은 양상을 보인다. 군인을 제외한다면(군인들의 경우는 자살이란 관점에서 볼 때 예외로 보아야 하는데 그 이유는 나중에 설명하겠다) 공무원이 1백만 명당 454명이란 비율로 2위를 차지하고 있는데, 465명의 비율로 1위인 상업 종사자와 근소한 차이가 날 뿐이다.[16] 그리고 그다음으로 예술가, 문인, 언론인이 416명으로 근소한 차이를 보인다.

벨기에와 뷔르템베르크의 교육받은 계층은 매우 낮은 자살률을 보이는 듯하다. 그러나 이들 두 나라의 전문직 명칭은 너무 부정확해서 이들 두 나라의 예외적인 경우는 크게 중요하지 않다.

더욱이 우리는 세계의 어느 나라에서든 여성 자살자가 남성 자살자보다 적다는 사실을 알고 있다. 여성들은 대체로 남성들보다 교육 수준이 낮고, 성격상 전통주의자들로 고정관념에 따라 행동하고 지적인 필요를 크게 느끼지 않는다.

이탈리아에서는 1878~1879년에 1만 명의 기혼 남성 중 결혼계약서에 서명할 줄 모르는 사람이 4,808명이었고, 1만 명의 기혼 여성 가운데 서명할 줄 모르는 사람은 7,029명이었다.[17] 1879년 프랑스의 부부 1천 쌍 가운데 서명할 줄 모르는 남자는 199명, 여자는 310명이었다. 프로이센에서는 개신교도나 가톨릭교도 모두 남녀 사이에 같은 차이를 보인다.[18] 영국에서는 다른 유럽 국가에 비해 그 차이가 적은 편이다. 1879년 1천 쌍의 부부 가운데 문맹 남성은 138명인 데 비해 여성은 185명이며, 1851년 이후 그 비율이 거의 같아졌다.[19] 영국에서는 여성의 자살 수가 남성의 자살 수와 맞먹는다. 1858~1860년 사이에는 1천 명의 여성이 자살한 데 비해 남성은 2,546명이 자살하였고, 1863~1867년 사이에는 1천 명 대 2,745명, 1872~1876년 사이에는 1천 명 대 2,861명이었다. 그러나 다른 나라에서는 어디서든 여성 자살률이 남성 자살률의 4분의 1, 5분의 1 또는 6분의 1에 지나지 않는다.[20]

끝으로 미국은 상황이 정반대다. 미국의 상황은 시사하는 바가 크다. 흑인 여성은 교육의 정도가 남편과 같거나 더 높은 것 같다. 몇몇 관찰자는 흑인 여성의 자살률이 높을 뿐 아니라 때로는 백인 여성의 자살률보다 높다고 보고하였다.[21] 어떤 지방에서는 350%나 차이가 난다고 한다.

그런데 우리의 법칙으로 입증할 수 없는 한 가지 경우가 있다. 유대교는 모든 종교 가운데 가장 낮은 자살률을 보이지만 교육열은 남들이 따라갈 수 없을 정도로 높다. 유대인들은 초등 교육에 있어서도 개신교도 못지않은 수준을 유지하고 있다. 실제로 프로이센의 경우(1871) 유대인 남녀 각 1천 명 가운데 문맹자는 남성 66명, 여성 125명이었다. 개신교도는 남성 66명과 여성 114명으로 거의 비슷하다. 그러나 유대인들은 다른 종교의 신자들보다 중등 교육과 고등 교육을 이수하는 비율이 특히 높았다. 아래는 프로이센의 통계(1815~1876)이다.[22]

	가톨릭	개신교	유대교
주민 1백 명당 종교 비율	33.8	64.9	1.3
중학생 1백 명당 종교 비율	17.3	73.1	9.6

인구 차이를 고려한다면 유대인들은 가톨릭보다 14배, 개신교보다 7배의 자녀를 김나지움(인문계 중등학교), 레알슐레(실업계 중등학교) 등에 보내고 있다. 고등 교육도 마찬가지다. 여러 중등학교에 다니는 가톨릭 청소년 1천 명 가운데 대학에 진학하는 경우는 1.3명에 불과하다. 개신교 청소년도 1천 명 가운데 2.5명인 데 비해 유대인 청소년은 16명이다.[23]

그러나 유대인이 높은 교육열을 보이면서도 자살률이 낮은 것은 지식을 필요로 하는 특별한 이유 때문이다. 종교적 소수 집단이 주변의 증오에 맞서 자신을 보호하거나 경쟁에서 승리하려면 주류 집단을 지식으로 압도하려 하는 것이 일반적이다.[24]

따라서 개신교도들도 소수 집단이 되었을 때 더 많은 지식욕을 보인다. 그러므로 유대인들이 배우고자 하는 것은 반성적 사고를 통해 집단적 편견을 버리려는 것이 아니라, 단지 어려운 여건을 잘 극복하기 위한 것이다. 유대인들에게 배움은 여론이나 때로는 법적으로 불리한 처지를 벗어날 수 있는 수단인 것이다. 그리고 지식은 그 자체로는 전통에 적극적인 영향력을 미칠 수 없으므로 유대인은 자신들의 관습적인 일상생활에 지적인 삶을 얹어 놓았을 뿐 지식으로 관습을 바꾸려 하지 않는다.

이는 유대인이 가진 성향의 복잡성에서 나온다. 유대인은 어떤 면에서는 원시적이지만 다른 면에서는 지적이며 문화적이라 할 수 있다. 그래서 그들은 오래된 소집단의 특징인 엄격한 규율의 장점과 현대 문명사회가 누리는 문화생활의 혜택을 결합했다. 그들은 현대인이 느끼는 절망을 공유하지 않으면서 현대인의 지성을 갖추고 있다.

따라서 유대인의 경우에 지적 발전이 자살자 수와 상관관계가 없다면, 이는 유대인의 지적 발달의 원인과 의미가 특별하기 때문이다. 그러므로 유대인은 예외적인 경우임이 분명하다. 유대인은 오히려 우리의 법칙을 증명하고 있다. 만일 자살 경향이 교육을 받은 계층에서 많이 나타난다면, 그 이유는 우리가 지적한 것처럼 전통적 믿음이 약해졌기 때문이며 전통적 믿음이 약해지면서 도덕적 개인주의가 강해졌기 때문이다. 이러한 경향은 유대인의 경우처럼 교육을 다른 이유, 다른 필요 때문에 추구한다면 나타나지 않는다는 것이다.

~

이 장에서 우리는 중요한 두 가지 결론을 얻었다.

첫째로, 우리는 자살과 지식이 더불어 증가하는 법칙의 이유를 알았다. 지식이 자살의 증가를 결정하지는 않는다. 지식은 무죄이며 지식을 비난하는 것은 공정하지 못한데, 이 점은 유대인의 경우가 결정적으로 증명해 준다. 그러나 이 두 가지 사실은 여러 형태로 변형될 수 있는 하나의 보편적 상태에서 기인한다. 인간은 종교 집단의 응집력 상실 때문에 지식을 추구하게 되고 또 자살하기도 한다. 많이 배웠기 때문에 자살하는 것은 아니다.

종교를 해체하는 것도 인간이 익힌 지식 때문이 아니다. 오히려 종교가 해체되었기 때문에 지식에의 욕망이 일어난다. 기성관념을 깨기 위한 도구로 지식을 추구하는 것이 아니라 기성관념이 파괴되기 시작했기에 지식을 추구하게 된다. 물론 일단 지식이 자리 잡으면 지식 자체로 지식을 위한 목표를 추구하게 될 것이고 전통 정서의 비판자로 자리매김할 수도 있다. 그러나 전통 정서가 활력을 유지하는 한 지식의 비판은 효과가 없을 것이다. 아니면 아예 비판 자체가 없을 수도 있다. 신앙은 논리적인 증명으로 흔들리지 않는다. 신앙이 다른 원인에 의해서 이미 깊이 흔들리는 상태일 때만 논증의 충격에 버틸 수 없게 되는 것이다.

지식은 악의 근원이 아니라 우리가 가진 유일한 치료 방법이다. 고정관념이 일상사에 묻혀 사라지면 인위적으로 재확립할 수 없다. 그 후에는 오로지 성찰만이 우리를 인도할 수 있다. 사회적 본능이 일단 퇴화하면 우리에게 남겨진 유일한 지침은 지식뿐이며 지식을 수단으로 도덕을 다시 세워야 한다. 달리 방법이 없으므로 위험하다고 해도 망설일 수 없다.

낡은 신념이 무너진 것을 근심하고 슬퍼하는 사람들에게, 이 위급한 시기의 어려움을 느끼는 사람들에게, 학문이 악의 근원이 아니라 치료법인 것을 깨닫게 하자. 학문을 적으로 취급해서는 안 된다. 학문이 해체를 일으킨 것이 아니라 해체로 인해 학문이 나타난 것이며 학문은 우리가 해체에 맞서 싸울 유일한 무기다. 학문을 비난하는 것은 해결책이 아니다.

사라진 전통의 권위는 학문을 침묵시킴으로써 회복되지 않는다. 학문을 침묵시키면 전통의 복원이 더 어려워질 뿐이다. 물론 교육은 단지 하나의 수단이므로 교육 자체를 목적으로 보지 않도록 주의해야 한다. 정신을 인위적으로 구속함으로써 자유에의 욕구를 없앨 수 없는 것처럼, 단지 자유만 가지고 정신적 균형을 회복할 수도 없다. 정신은 자유를 적절하게 이용해야 한다.

둘째로, 일반적으로 종교가 자살을 예방하는 효과가 있는 이유를 알게 되었다. 그 이유는 흔히들 말하는 것처럼 종교가 세속적인 도덕보다 자살을 더 강하게 비난해서도 아니고, 신이 종교적 계율에 자살 의지를 억누를 수 있는 특별한 권위를 부여해서도 아니며, 내세를 생각하거나 자살한 사람이 내세에서 가혹한 벌을 받을 것이라는 생각 때문에 종교적 금지가 더 강력해지기 때문도 아니다.

개신교도들은 가톨릭교도 못지않게 신을 믿고 영혼 불멸을 믿는다. 그뿐만 아니라 자살 경향이 가장 적은 종교인 유대교는 자살을 공식적으로 금지하지 않으며 영혼 불멸의 관념이 가장 약한 종교이다. 사실 성경에는 자살을 금지하는 율법이 실려 있지 않으며[25] 내세에 대한 관념도 매우 애매하다. 이 두 가지는 성서에 없던 것인데 랍비(유대교 성직자)들이 점차 보완한 것이 분명하다. 그러나 랍비들의 보완은 근거가 없다.

그러므로 종교의 이로운 영향력은 종교적 개념의 특성에서 나온 것이 아니다. 만일 종교가 인간을 자살 욕구로부터 보호한다면, 그것은 종교가 고유의 논증으로 인간에게 자신을 존중하도록 설교하기 때문이 아니라 종교도 하나의 사회이기 때문이다. 종교 사회를 구성하는 것은 신실하고 전통적이며 의무적인 여러 신념과 의식이다. 이러한 집단적 정신 상태가 강할수록 종교 공동체의 통합이 더욱 강해지며 종교의 예방적 가치도 더 커진다. 교리와 의식의 세부 사항은 부차적이다. 본질적인 것은 교리와 의식으로 강렬한 집단적 삶을 지탱할 수 있다는 것이다. 개신교 교회는 다른 교회보다 결속력이 약하기 때문에 결국 자살을 억제하는 영향력이 적은 것이다.

제3장 이기적 자살(속)

종교가 자살을 방지한다면 그것은 오로지 종교가 사회이기 때문이다. 따라서 다른 사회들도 아마 같은 효과가 있을 것이다. 이러한 관점에서 우리는 정치적 사회를 고찰하고자 한다.

~

만약 절대 수치만 본다면 미혼자가 기혼자보다 덜 자살하는 것 같다. 프랑스에서는 1873~1878년 동안 16,264명의 기혼자가 자살한 데 비해, 미혼자인 자살자 수는 11,709명에 불과하다. 전자와 후자의 비율은 139 대 100이다.[1] 이런 비율은 다른 시기, 다른 나라에서도 나타나므로 어떤 학자들은 결혼과 가정생활이 자살 기회를 증가시킨다고 주장했다. 물론 자살을 생활고 때문에 저지르는 절망적 행동이라고 생각한다면, 이 같은 의견이 그럴듯해 보인다. 실제로 미혼자는 기혼자보다 생활하기가 수월하다.

결혼은 온갖 부담과 책임을 수반하지 않는가? 기혼자는 가족의 현재와 미래를 보장하기 위해서 미혼자보다 더 많은 궁핍과 고난을 겪어야 하지 않는가?[2] 그러나 이러한 선험적 추론은 명백해 보이지만 사실 완전히 틀린 것이며, 이 추론을 뒷받침하는 것처럼 보이는 사실은 잘못 분석된 것이다. 베르티용(Bertillon)이 처음으로 정밀한 계산을 통해 이 같은 사실을 밝혔으며, 우리는 이를 채택하였다.[3]

위에서 제시한 수치를 제대로 이해하기 위해서 우리는 미혼자의 상당수가 16세 미만이며, 기혼자는 16세 이상임을 떠올려야 한다. 16세까지는 자살 경향이 매우 낮다. 다른 요인을 고려하지 않더라도 나이 때문에 매우 낮다. 프랑스의 경우 16세 이하 연령층에서는 1백만 명당 1명 혹은 2명의 자살밖에 일어나지 않는다. 그런데 그 다음 연령층에서는 그 20배나 되는 자살이 일어난다. 16세 이하의 많은 어린이가 미혼자에 포함되었기 때문에 미혼자 자살 경향 평균치가 심하게 줄어든 것이다. 이 감소는 독신 생활 때문이 아니라 연령 때문이다.

미혼자가 낮은 자살 경향을 보이는 것은 미혼이라서가 아니라 대다수가 미성년자이기 때문이다. 그러므로 결혼과 독신이 자살에 미치는 영향을 알고자 기혼자와 미혼자 인구를 비교할 때는 이러한 혼란 요소를 제거하고 기혼자와 16세 이상의 미혼자만 비교해야 한다. 미혼자에서 16세 이하를 빼고 계산해 보면, 1863~1868년 사이에 16세 이상의 미혼자는 1백만 명당 173명의 자살률을 보이고, 기혼자는 154.5명의 자살률을 보였다. 이 두 수치의 비율은 112 대 100이다.

따라서 미혼자가 좀 더 높은 자살 경향을 보이고 있으나 실제로 그 경향은 위의 수치가 나타내는 것보다 더 크다. 우리는 16세 이상의 전체 미혼자와 전체 기혼자를 같은 평균 연령으로 가정했으나 사실은 그렇지 않다. 프랑스 미혼 남성의 대다수(정확히 58%)는 15세에서 20세 사이의 연령층에 속한다. 그리고 미혼 여성의 대다수(정확히 57%)는 25세 미만이다. 전체 미혼 남성의 평균 연령은 26.8세, 미혼 여성의 평균 연령은 28.4세다. 이와 반대로 기혼자의 평균 연령은 40~45세다. 남녀를 합친 연령별 자살률은 다음과 같다.

연령별 인구 1백만 명당 자살자 수	
16~21세	45.9
21~30세	97.9
31~40세	114.5
41~50세	164.4

이는 1848~1857년의 통계다. 만일 연령이 유일하게 영향을 미치는 요소라면, 미혼자의 자살률은 97.9명 이상이 될 수 없으며 기혼자의 자살률은 114.5명에서 164.4명 사이, 혹은 인구 1백만 명당 140명 정도의 자살률을 보여야 한다. 즉 기혼자의 자살과 미혼자의 자살 비율이 100 대 69 정도라야 한다. 미혼자의 자살률은 기혼자의 3분의 2에 불과해야 하나, 실제로는 오히려 미혼자의 자살률이 더 높다. 결혼 생활의 영향으로 이 관계가 역전된 것이다. 가정 생활의 영향이 없다면 기혼자는 연령 때문에 미혼자보다 1.5배 더 자살해야 하지만, 실제로는 그보다 훨씬 적다. 따라서 결혼이 오히

려 자살 위험을 반쯤 줄인 것이다. 좀 더 정확히 말해서 미혼자는 기혼자보다 112 대 69의 비율, 즉 1.6배 더 자살하는 셈이다. 따라서 기혼자의 자살 경향을 단위로 나타내면 같은 평균 연령 미혼자의 자살 경향은 1.6이 될 것이다.

이러한 관계는 이탈리아(1873~1877)에서도 거의 같다. 연령을 기준으로 하면 기혼자는 1백만 명당 102명, 16세 이상 미혼자는 77명이 자살해야 한다. 즉 기혼자와 미혼자의 자살 비율은 100 대 75라야 한다.[4] 그러나 실제로는 기혼자가 미혼자보다 덜 자살했다. 기혼자는 71명, 미혼자는 86명이 자살했고 그 비율은 100 대 121이다. 미혼자의 자산 경향은 기혼자에 대해 121 대 75, 혹은 프랑스와 마찬가지로 1.6배의 비율을 갖는다. 다른 나라에서도 이와 비슷한 수치를 보인다. 기혼자의 자살률은 평균 연령으로 볼 때 미혼자의 자살률보다 더 높아야 하는데도 어느 나라에서나 더 낮다.[5] 뷔르템베르크(1846~1860)에서는 그 비율이 100 대 143이었고 프로이센(1873~1875)에서는 100 대 111이었다.

그러나 만일 이것이 이용 가능한 자료를 가지고 모든 사례에 적용할 수 있는 유일한 계산법이라면, 그래서 이 계산법으로 일반적인 상황을 밝히려고 한다면, 그 결과는 대략적인 것에 불과할 것이다. 물론 독신이 자살 경향을 증대시킨다는 것을 보여 주기에는 충분한 방법이다. 그러나 어느 정도 증대되는지 정확하게 보여 주지는 못한다. 실제로 연령의 영향과 결혼 여부의 영향을 구분하기 위해 우리는 30세의 자살률과 45세의 자살률의 관계를 먼저 알아보기로 했다. 안타깝지만 결혼 여부의 영향은 이 관계에 이미 영향을 미쳤다. 두 연령층의 표본 집단의 자살률은 미혼자와 기혼자를 합쳐 계산되었기 때문이다.

물론 두 연령에 있어 미혼 여성과 기혼 여성처럼 미혼 남성과 기혼 남성의 비율이 서로 같다면 결혼이 미치는 영향이 서로 상쇄되어 연령의 영향만 남게 된다. 그러나 사실은 그렇지 않다. 30세에는 미혼 남성이 기혼 남성보다 약간 더 많은데(1891년 인구조사 결과 미혼 남성은 746,111명, 기혼 남성은 714,278명), 45세에는 반대로 미혼 남성이 훨씬 적다(미혼 남성 333,033명, 기혼 남성 1,864,401명). 이는 여성의 경우도 마찬가지다.

이런 불균등한 분포 때문에 그들의 자살 경향은 두 경우 같은 결과를 낳지 않는다. 결혼이 미치는 영향은 30세의 자살률을 45세의 자살률보다 증가시킨다. 따라서 45세의 자살률은 상대적으로 적어지고, 연령만 고려할 경우 45세의 우세가 줄어들게 된다. 바꾸어 말하면, 25~30세 인구와 40~45세 인구 간에 순전히 연령의 영향 때문에 일어나는 자살률의 차이는 위의 방법으로 계산한 것보다 더 크다. 그 차이의 정도는 기혼자가 자살하는 경우가 상대적으로 아주 적다는 것을 보여 준다. 따라서 위의 계산법에는 기혼자의 자살 면역성이 실제보다 덜 나타난 것이다.

위의 계산법은 더 큰 착오를 일으킨다. 우리는 배우자를 사별한 상태가 자살에 미치는 영향을 밝히기 위해 사별한 사람들의 자살률을 결혼 여부와 관계없이 같은 연령대인 평균 연령 65세의 사람들 전체 자살률과 비교했다. 가령 1863~1868년에 부인을 잃은 남성들은 1백만 명당 628명의 자살률을 보였고, 결혼 여부와 관계없이 평균 연령 65세의 남자들은 1백만 명당 461명의 자살률을 보였다. 이 수치를 통해서 우리는 동일한 연령에서는 사별한 사람들이 기혼자나 미혼자보다 훨씬 높은 자살률을 보이는 것으로 판단하게 된다.

따라서 사별한 상태가 자살의 관점에서 가장 위험하다는 가정이 성립한다.[6] 실제로 평균 연령 65세의 인구가 더 많은 자살률을 보이지 않는 것은 그 연령층이 거의 대부분 결혼한 사람들(미혼자 134,238명, 기혼자 997,198명)로 구성되어 있기 때문이다. 이러한 비교가 사별한 사람이 같은 연령의 기혼자보다 더 많이 자살한다는 사실은 충분히 증명하지만, 미혼자들과 비교해서 사별한 사람의 자살 경향이 어떤지는 알려주지 않는다.

간단히 말해서 평균치만 비교한다면 사실 관계는 대체적으로 드러날 뿐이다. 따라서 일반적으로 기혼자가 미혼자보다 덜 자살한다는 것이 사실이더라도, 그 비율은 어떤 연령층에서는 반대로 나타날 수도 있다. 우리는 실제로 그런 경우를 발견하게 될 것이다. 이러한 예외는 자살 현상을 설명하는 데 매우 유익할 수 있지만 위의 방법으로는 밝혀지지 않는다. 또한 완전히 역전 현상이 나타나지는 않더라도 나름의 중요성이 있어 밝혀야 할 연령별 변화도 있을 수 있다.

이러한 난점을 해결할 유일한 방법은 자살률을 연령별, 그룹별로 나누어 비교하는 것이다. 예를 들어 25~30세의 미혼자를 같은 연령대의 기혼자 및 사별한 사람들과 비교하고 다른 연령대와도 비교한다. 그렇게 함으로써 결혼 상태의 영향을 다른 모든 영향으로부터 구별할 수 있고, 가능한 모든 편차를 알아볼 수 있을 것이다. 그뿐만 아니라 이러한 방법은 베르티용이 사망률과 결혼율에 처음 적용했던 방법이다. 그런데 안타깝게도 그런 비교에 필요한 자료는 공식적인 통계 간행물에 들어 있지 않다.[7] 자살 연령은 결혼 여부와 관계없이 표시된다.

우리가 알고 있는 한 올덴부르크 대공국(뤼베크와 비르켄펠트를 포함)만이 그런 자료를 제공하고 있다.[8] 1871~1875년 올덴부르크의 통계 간행물은 연령별 자살 분포를 결혼 상태에 따라 개별적으로 제시하였다. 그러나 이 작은 나라에서는 15년 동안 1,369명의 자살자가 있었을 뿐이다. 그처럼 적은 사례로는 확정적인 결론을 내릴 수 없으므로 우리는 법무부의 미공개 자료를 이용해 프랑스의 경우를 직접 계산하였다.

우리는 1889년, 1890년, 1891년의 자료를 분석하여 약 2만 5천 건의 자살을 이 방식으로 분류해 보았다. 이 자료는 그 자체로 귀납의 기초가 될 만큼 중요할 뿐 아니라 더 이상 장기간 관찰할 필요가 없음을 확신할 수 있게 했다. 해마다 연령별 자살률은 각 그룹에서 대체로 일정하다. 따라서 장기간 평균을 계산할 필요가 없다.

[표 20]과 [표 21]은 상이한 수치를 보여 준다. 자료의 의미를 보다 분명히 하고자 우리는 연령별로 배우자를 사별한 사람과 결혼한 사람의 자살률 외에 자살방지계수를 표시하였다. 자살방지계수는 기혼자와 사별한 사람 간의 자살률 비교 및 이 두 그룹과 미혼자의 자살률을 비교한 수치를 함께 표시하였다. 자살방지계수는 한 그룹의 자살률이 다른 그룹에 비해 동일 연령에서 몇 배나 더 낮은가를 의미한다. 그러므로 25세인 기혼 남성의 자살방지계수가 같은 연령의 미혼자에 비해 3이라고 하는 것은, 25세 기혼 남성의 자살 경향을 1이라고 했을 때 같은 연령인 미혼자의 자살 경향은 3이라는 뜻이다. 그러므로 자살방지계수가 1보다 작을 때는 그것은 자살촉진계수가 되는 셈이다.

[표 20] 인구 1만 명당 성별 · 연령별 · 결혼상태별 자살률(올덴부르크 대공국, 1871~1885)[*]

	연령	미혼자	기혼자	홀로된 사람	자살방지계수		
					기혼자		홀로된 사람
					미혼자와의 비	홀로된 사람과의 비	미혼자와의 비
남자	0~20	7.2	769.2		0.09		
	20~30	70.6	49.0	285.7	1.40	5.8	0.24
	30~40	130.4	73.6	76.9	1.77	1.04	1.69
	40~50	188.8	95.0	285.7	1.97	3.01	0.66
	50~60	263.6	137.8	271.4	1.90	1.90	0.97
	60~70	242.8	148.3	304.7	1.63	2.05	0.79
	70 이상	266.6	114.2	259.0	2.30	2.26	1.02

	연령	미혼자	기혼자	홀로된 사람	미혼자와의 비	홀로된 사람과의 비	미혼자와의 비
여 자	0~20	3.9	95.2		0.04		
	20~30	39.0	17.4		2.24		
	30~40	32.3	16.8	30.0	1.92	1.78	1.07
	40~50	52.9	18.6	68.1	2.85	3.66	0.77
	50~60	66.6	31.1	50.0	2.14	1.60	1.33
	60~70	62.5	37.2	55.8	1.68	1.50	1.12
	70 이상		120	91.4		1.31	

* 이상의 수치는 15년 동안의 전체 자살자 수에서 구한 것이다.

[표 21] 인구 1백만 명당 성별 · 연령별 · 결혼상태별 연평균 자살률(프랑스, 1889~1891)

	연령	미혼자	기혼자	홀로된 사람	자살방지계수		홀로된 사람
					기혼자		홀로된 사람
					미혼자와의 비	홀로된 사람과의 비	미혼자와의 비
남 자	15~20	113	500		0.22		
	20~25	237	97	142	2.40	1.45	1.66
	25~30	394	122	412	3.20	3.37	0.95
	30~40	627	226	560	2.77	2.47	1.12
	40~50	975	340	721	2.86	2.12	1.35
	50~60	1,434	520	979	2.75	1.88	1.46
	60~70	1,768	635	1,166	2.78	1.83	1.51
	70~80	1,983	704	1,288	2.81	1.82	1.54
	80 이상	1,571	770	1,154	2.04	1.49	1.36
여 자	15~20	79.4	33	333	2.39	10	0.23
	20~25	106	53	66	2.00	1.05	1.60
	25~30	151	68	178	2.22	2.61	0.84
	30~40	126	82	205	1.53	2.50	0.61
	40~50	171	106	168	1.61	1.58	1.01
	50~60	204	151	199	1.35	1.31	1.02
	60~70	189	158	257	1.19	1.62	0.77
	70~80	206	209	248	0.98	1.18	0.83
	80 이상	176	110	249	1.60	2.18	0.79

이 표들에서 다음과 같은 법칙을 끌어낼 수 있다.

1. 너무 이른 결혼은 자살을 촉진하는 경향이 있으며 특히 남성에게 더 그러하다. 사실 이 결과는 아주 적은 사례로 계산한 것이므로 검증을 거쳐야 한다. 프랑스에서는 15~20세의 기혼자 자살이 연평균 겨우 1건, 정확하게 말해서 1.33건이다. 하지만 이 사실이 올덴부르크 대공국에서도 관찰되고 여성의 경우도 그러한 것을 보면 우연은 아닐 것이다. 앞에서 인용한 스웨덴의 통계도[9] 적어도 남성의 경우엔 같은 자살 촉진 경향을 보인다. 앞서 언급한 이유로 높은 연령층에 대한 통계는 부정확하더라도 사별한 사람이 거의 없는 첫 연령 그룹의 통계는 의심할 이유가 없다.

게다가 매우 어린 남편과 아내의 사망률은 같은 연령대 미혼 남녀의 사망률보다 훨씬 높다. 15~20세의 미혼 남성은 매년 1천 명당 8.9명의 사망률을 보인 데 비해 같은 연령층의 기혼 남성은 51명, 즉 473%나 더 높은 사망률을 보인다. 여성의 경우는 차이가 적다. 기혼 여성은 9.9명인 데 비해 미혼 여성은 8.3명의 자살률을 보여 양자의 비율은 119 대 100이다.[10] 젊은 기혼자들의 높은 사망률은 사회적 이유 때문이다. 그 주요 원인이 만일 신체적 미성숙 때문이라면 출산의 위험이 있는 여성의 사망률이 더 높아야 한다. 그러므로 모든 면에서 미성년자의 결혼은 유해한 정신 상태를 일으키는 경향이 있음이 증명된다. 특히 남자의 경우에 그러하다.

2.   20세 이후의 연령층에서 기혼자는 남녀 모두 미혼자보다 자살방지계수가 높다. 이 경향은 베르티용이 계산한 것보다 더 높다. 그가 계산한 1.6이라는 수치는 평균치라기보다는 최소치다.[11]

이 계수는 연령에 따라 달라진다. 프랑스에서는 25~30세의 연령층에서 가장 높으며, 올덴부르크에서는 30~40세의 연령층에서 최고에 달한다. 그다음에는 차츰 감소하다가 마지막 연령 그룹에서 약간 높아진다.

3.   미혼자와 비교해서 기혼자의 자살방지계수는 성별에 따라 다르다. 프랑스의 경우에는 남자의 자살방지계수가 여자보다 높으며 그 차이도 상당하다. 기혼 남성의 평균 계수는 2.73, 기혼 여성의 평균 계수는 1.56으로 43% 더 낮다. 그러나 올덴부르크의 경우는 그 반대다. 기혼 여성의 평균 계수는 2.16, 기혼 남성의 평균 계수는 1.83이다. 두 계수의 차이는 16%로 프랑스보다 적다.

우리는 다음과 같은 결론을 내릴 수 있다. 기혼자 중 자살방지계수가 더 높은 성별은 사회별로 다르며, 성별 계수 차이 비율은 자살방지계수가 유리한 성의 유리한 정도에 따라 다르다. 우리는 앞으로 이 법칙을 확인하는 사실을 더 발견하게 될 것이다.

4.   과부와 홀아비는 각 성별 기혼자의 자살방지계수를 감소시키지만, 완전히 상쇄시키는 일은 거의 없다. 사별한 사람들은 기혼

자들보다 더 많이 자살하지만, 일반적으로 미혼자들보다는 적게 자살한다. 이들의 계수는 때로 1.60과 1.66까지 오르는 일도 있다. 기혼자의 계수처럼 사별한 사람들의 계수도 연령에 따라 다르다. 그러나 그 변화는 불규칙하므로 어떤 법칙성은 없다.

미혼자와 비교한 홀로된 사람의 자살방지계수도 성별에 따라 다르다. 프랑스에서는 남자가 유리한 위치에 있다. 홀아비의 평균 계수는 1.32인 데 비해 과부의 평균 계수는 0.84에 불과하여 37% 더 낮다. 그러나 올덴부르크에서는 기혼자의 경우와 마찬가지로 여자가 더 유리하다. 즉 과부의 평균 계수는 1.07인 데 비해 홀아비의 평균 계수는 0.89로 17% 더 낮다. 기혼자의 경우와 마찬가지로 여자가 유리할 때의 성별 차이는 남자가 유리할 때의 성별 차이보다 더 적다. 즉 사별한 사람들의 자살방지계수가 더 높은 성별은 사회에 따라 다르다. 그리고 성별 계수 차이 비율은 자살방지계수가 유리한 성의 유리한 정도에 따라 달라진다.

이상의 사실을 밝혔으니 이제는 이를 설명해 보자.

～

기혼자들의 자살 면역성은 다음 두 가지 원인 가운데 하나에서 기인할 것이다.

첫째로 그것은 가정환경의 영향일 수 있다. 즉 가족의 영향이 자살 경향을 중화해 주거나 그 표출을 방지한 것이다.

둘째로 소위 '결혼 선택' 때문일 수 있다. 결혼은 사실상 전체 인구를 대상으로 한 일종의 선택이다. 결혼하기를 원하는 모든 사람이 결혼하는 것은 아니다. 건강, 재산, 도덕성 같은 일정한 자격 없이는 가정을 이룰 기회가 적다. 자격을 갖추지 못한 사람들은 예외적으로 유리한 상황이 생기지 않는 한 원치 않지만 미혼자 계층에 속하게 된다. 또한 병자, 심신 미약자, 가난한 자 등 여러 문제를 가진 사람들도 이 계층에 속하게 된다.

따라서 이 계층의 사람들은 다른 계층보다 훨씬 열등하므로 더 높은 사망률과 범죄율 그리고 결국 더 높은 자살 경향을 보인다. 이 가설에 따르면 자살, 범죄, 질병을 방지하는 것은 가족이 아니다. 기혼자들의 낮은 자살률은 가정생활이 가능한 사람들은 이미 육체적, 정신적 건강을 어느 정도 보장받은 사람들이기 때문이다.

베르티용은 두 가지 설명 사이에서 망설이다가 두 가지 모두 받아들이기로 작정한 듯하다. 그 후 르투르노(M. Letourneau)는 그의 저서 《결혼과 가족의 진화(L'Évolution du Marriage et de la Famille)》[12]에서 두 번째 설명을 택했다. 그는 결혼한 사람이 가지는 우월성이 결혼 생활의 우월성의 결과이자 증거라는 점을 부정했다. 그가 만일 좀 더 차분하게 사실을 관찰했더라면 그런 성급한 결론을 내리지 않았을 것이다.

물론 기혼자들이 미혼자보다 신체적 및 정신적 조건이 어느 정도 우월한 것은 가능한 일이다. 그러나 결혼 선택이 엘리트를 제외한 모든 사람이 결혼하지 못하게 막는 것은 아니다. 특히 재산과 지위가 없는 사람이 다른 사람보다 결혼을 못 한다는 것은 의심스럽다. 알려진 바와 같이 가난한 사람들은 일반적으로 수입이 넉넉한 사람들보다 자녀를 많이 가진다.[13] 따라서 그런 가족이 무분별하게 느는 것을 막을 방법이 없다면, 그들이 새로운 가족을 이루는 것은 대체 어떻게 막을 수 있겠는가?

그뿐만 아니라 뒤에서 여러 번 보겠지만, 빈곤은 사회적 자살률에 영향을 미치는 요인이 아니다. 병약자들의 경우에도 병약함은 여러 가지 이유로 배제될 뿐 아니라, 병약자들 가운데 자살자가 많은지도 확실치 않다. 인간을 자살로 유도하기 가장 쉬운 신체적, 심리적 기질은 신경쇠약증이다. 그런데 오늘날 신경쇠약증은 허약함의 상징이라기보다는 우월함의 상징이다. 지적인 것을 애호하는 우리의 세련된 사회에서는 신경증이 있는 사람들이 거의 귀족처럼 여겨진다. 명백하게 정신이상자인 사람들만이 결혼을 거절당한다. 이처럼 극히 제한된 배척만으로는 기혼자의 자살 면역성을 설명할 수 없다.[14]

이런 선입견을 배제하고도, 기혼자와 미혼자의 자살 면역성이 다른 원인에서 기인한다는 것을 입증하는 사실이 많이 있다.

만일 자살 면역성이 결혼을 통한 선택의 결과라면 선택의 시발

점, 즉 젊은 남녀가 결혼한 때부터 면역성이 증가해야 한다. 이 시점에 최초의 차이가 나타나야 하며 그 차이는 선택이 진행됨에 따라, 즉 결혼할 능력이 있는 사람들이 결혼하고, 능력이 없어 평생 미혼으로 남을 계층의 사람들과 접촉하지 않게 되면서 계속 증가해야 한다. 다시 말해 기혼자와 미혼자의 자살률 차이가 가장 큰 시기는 결혼할 능력을 갖춘 사람은 다 결혼하고 신체적, 정신적 열등함 때문에 평생 미혼일 수밖에 없는 사람들만 미혼으로 남아 있는 시기여야 한다. 이러한 최대 차이는 30~40세의 연령층에서 발견되어야 한다. 그 이후에는 결혼이 거의 이루어지지 않는다.

그런데 자살방지계수의 변화는 실제로는 전혀 다른 법칙을 따른다. 첫째로, 자살방지계수가 종종 자살촉진계수로 뒤바뀐다. 매우 젊은 기혼자는 미혼자보다 자살 경향이 더 크다. 만약 자살 면역성이 내재적이고 유전적이라면 그럴 수가 없다. 둘째로, 최대 차이는 거의 즉시 발생한다. 자살방지계수는 기혼자의 면역성이 처음 나타나는 연령대(20~25세)에서 최고치에 이르며, 이후에는 이보다 높아지지 않는다. 그런데 이 연령대에서는 미혼 남성이 143만 명인 데 비해 기혼 남성은 14만 8천 명이며, 미혼 여성이 104만 9천 명인 데 비해 기혼 여성은 62만 6천 명(어림수)에 불과하다.[15]

따라서 이 연령층의 미혼자 중에는 나중에 기혼자 귀족층이 될 세습적 자질을 가진 엘리트층의 대다수가 포함된다. 그렇다면 미혼자 중에 미래의 기혼자들이 포함되어 있으므로 기혼과 미혼 두 집단의 자살률 차이는 적어야 한다. 그러나 이미 이 연령대에서 두 집단의 자살률 차이는 상당하다. 마찬가지로 25~30세 연령대에는 30~40세 연령대에 결혼할 2백만 명의 기혼자 중 1백만 명 이상이 아직 미혼자로 남아 있다. 이처럼 결혼은 아직 안 했지만 결혼할 수 있는 우수한 미혼자들이 많은데도 이 연령대의 미혼자 집단은 면역성을 갖지 못하며 가장 낮은 자살방지계수를 보인다. 이 시기에 기혼자와 미혼자의 자살방지계수 차이가 가장 크다.

반대로 기혼자와 미혼자의 분리가 완료되고 기혼자 계층이 거의 완전히 채워지는 30~40세의 연령층에서는 자살방지계수가 최고치에 이르고 결혼 선택이 종료되었음이 입증되는 대신, 자살방지계수가 갑자기 크게 떨어진다. 남자의 계수는 3.20에서 2.77로, 여자의 경우는 2.22에서 1.53으로 32% 감소해 더 큰 차이가 난다.

한편 결혼 선택의 영향이 어떠하든 그 영향은 미혼 여성에게도 동일하게 일어나야 한다. 왜냐하면 아내도 남편과 같은 방식으로 기혼자가 되기 때문이다. 만일 기혼자의 도덕적 우위가 단순히 선택의 결과라면 이는 남녀가 동일해야 한다. 따라서 자살 면역성도 남녀에게 동일해야 한다.

그러나 실제로 프랑스에서는 기혼 남성이 기혼 여성보다 더 영향을 받는다. 기혼 남성의 자살방지계수는 3.20까지 오르고, 단 한 번 2.04보다 낮게 내려가며, 대체로 2.80을 중심으로 오르내리고 있다. 기혼 여성의 경우 최고 계수는 2.22(혹은 2.39)[16]를 넘지 않으며, 최소 계수의 값은 1보다 낮다(0.98). 더욱이 프랑스 여성은 기혼 상태에서 남성과 자살 경향이 가장 비슷해진다. 아래 표는 1887~1891년의 남녀 자살 비율이다.

연령	미혼자의 연령별 자살 백분율		기혼자의 연령별 자살 백분율	
	남자	여자	남자	여자
20~25	70	30	65	35
25~30	73	27	65	35
30~40	84	16	74	26
40~50	86	14	77	23
50~60	88	12	78	22
60~70	91	9	81	19
70~80	91	9	78	22
80 이상	90	10	88	12

이처럼 각 연령층[17]에서 기혼 여성의 자살 비율은 미혼 여성보다 훨씬 높다. 이는 물론 기혼 여성이 미혼 여성보다 보호를 덜 받기 때문이 아니다. [표 20]과 [표 21]은 그 반대의 사실을 보여 준다. 그런데 여성은 결혼해도 자살방지계수가 낮아지지는 않지만 남성 보다는 덜 높아진다. 기혼자들의 면역성에 남녀 차이가 있다면, 가족생활이 남녀의 정신 상태에 다른 영향을 미치기 때문일 것이다.

그러므로 남녀의 면역성 차이가 이런 원인 때문임을 확실하게 증명하기 위해서는 차이가 나타나고 커지는 것을 가정환경의 영향 아래에서 관찰해야 한다. [표 21]에 따르면 자살방지계수는 처음에 남녀 간에 별다른 차이가 없다. 여성의 경우 15~20세 그룹에서는 2.39, 20~25세 그룹에서는 2.00이다. 그리고 남성의 경우 20~25세 그룹에서는 2.40이다.[18] 그 후 점차적으로 남녀의 차이가 커지는데, 처음에는 기혼 여성의 계수가 최고 수치 연령층까지 기혼 남성의 계수보다 느리게 증가하기 때문이며, 나중에는 여자의 계수가 더 빨리, 더 많이 감소하기 때문이다.[19, 20] 따라서 자살방지 계수는 가정생활이 길어짐에 따라 증가한다.

그보다 더 좋은 증거는 기혼자 남녀의 자살방지계수 차이가 나라에 따라 다르다는 사실이다. 올덴부르크 대공국에서는 여성이 남성보다 낫으며, 우리는 나중에 이런 사례를 하나 더 보게 될 것이다. 그러나 일반적으로 결혼 선택은 어느 나라에서나 같은 방식으로 일어난다. 따라서 결혼 선택은 결혼이 지닌 자살 면역 효과의 근본 요인일 수 없다. 그렇지 않고서야 어떻게 나라마다 반대 결과가 일어날 수 있겠는가? 사회마다 가족 관계는 성별에 미치는 영향이 다르게 구성되어 있을 것이다. 따라서 우리는 가족 집단의 구성에서 우리가 연구하는 현상의 근본적 원인을 발견해야만 한다.

그러나 이 결과가 흥미롭기는 하지만, 좀 더 명확하게 규명할 필요가 있다. 가정환경은 상이한 요소들로 구성된다.

1. 아내와 남편
2. 자녀

그러면 가족이 자살 경향에 미치는 유익한 영향은 1번 때문인가 아니면 2번 때문인가? 다시 말해서, 가족은 두 연합체로 구성되어 있다. 두 연합체는 부부 그룹과 진정한 가족 그룹이다. 이들 두 집단은 기원이 다르고 성격도 다르므로 그 영향도 다르다.

부부 관계는 계약이며 선택으로 만들어진 인척 관계이고, 가족 관계는 자연 현상이며 혈연에 따른 인척 관계다. 전자는 같은 세대의 두 사람을 결합시키고, 후자는 한 세대와 다음 세대를 결합시킨다. 후자는 인간만큼 오래된 것이며, 전자는 비교적 최근에 조직된 것이다. 양자가 이토록 상이하므로 우리의 연구 대상인 자살 현상에 동일한 영향을 미친다고 미리 확신할 수는 없다. 만일 둘 다 영향을 미친다고 해도 같은 방식, 같은 정도는 아닐 것이다. 따라서 우리는 양자가 모두 영향을 미치는지, 영향을 미친다면 각기 어떤 영향을 미치는지를 탐구해야 한다.

결혼이 자살에 미치는 영향이 적다는 증거는 금세기 초 이래 결혼율은 거의 변하지 않았는데 자살률은 3배나 늘었다는 사실이다. 결혼은 1821~1830년에는 매년 인구 1천 명 가운데 7.8건의 비율로 맺어졌으며, 1831~1850년에는 8건, 1851~1860년에는 7.9건, 1861~1870년에는 7.8건, 1871~1880년에는 8건이 맺어졌다.

같은 기간에 인구 1백만 명당 자살률은 54명에서 180명으로 증가했다. 1880~1888년에는 결혼율이 약간 떨어진 데 반해(8건에서 7.4건으로), 자살은 1880~1887년에 무려 16% 이상 증가했다.[21] 그뿐만 아니라 1865~1888년에 프랑스의 결혼율(7.7)은 덴마크(7.8)와 이탈리아(7.6)의 결혼율과 거의 같았는데도 이들 세 나라의 자살률은 크게 달랐다.[22] 그러나 결혼이 자살에 미친 영향을 정확히 측정할 방법이 있다. 바로 자녀가 없는 가족을 관찰하는 것이다.

1887~1891년에 자녀가 없는 기혼 남성은 매년 1백만 명당 644명이 자살했다.[23] 가족의 영향을 제외한 결혼 그 자체가 자살에 미친 영향만 알기 위해서는 위의 자살률을 같은 평균 연령의 미혼자 자살률과 비교하면 된다. [표 21]에 이 비교가 있다. 기혼자의 평균 연령은 지금과 마찬가지로 그때에도 46세 8개월 10일이었다. 이 연령의 미혼자는 1백만 명당 975명이 자살했다. 그런데 644명은 975명에 대해 100 대 150의 비율이다. 즉 무자녀 기혼 남성은 자살방지계수가 1.5일뿐이다. 그들은 같은 연령의 미혼자에 비해 3분의 1만큼의 자살을 방지했을 뿐이다. 그러나 자녀가 있는 기혼 남성은 전혀 다르다. 자녀를 가진 기혼 남성은 매년 1백만 명당 366명이 자살한다. 이 숫자는 975명에 대해 100 대 290의 비율이다. 즉 자녀가 있는 기혼 남성의 자살방지계수는 무자녀 기혼 남성의 2배(1.5에 대해 2.9)나 된다.

그러므로 부부 사회는 기혼자의 자살 면역성에 아주 적은 영향을 미칠 뿐이다. 더구나 위의 계산은 그 역할을 실제보다 어느 정도 크게 평가한 것이다. 우리는 무자녀 기혼자의 평균 연령을 전체 기혼 남성의 평균 연령과 같다고 가정했지만, 실제로는 더 젊다. 그들 가운데는 불임증 때문이 아니라 결혼한 지 얼마 안 돼서 아직 아이를 두기에는 이른 남편들이 모두 포함된다. 평균적으로 기혼 남성은 34세까지는 첫 아이를 갖지 않는 반면[24] 결혼은 28세 혹은 29세에 한다.

이처럼 28~34세의 기혼 남성은 거의 대부분 무자녀이다. 따라서 무자녀 기혼 남성의 평균 연령은 분명히 더 낮으므로 46세라는 평균 연령은 과장된 것이다. 그러므로 무자녀 기혼 남성은 46세가 아닌 그보다 더 젊은 미혼자들과 비교해야 하며, 그들은 분명히 자살을 덜 하는 사람들이다. 따라서 1.5라는 자살방지계수는 약간 과장된 것이다. 만일 우리가 무자녀 기혼 남성의 평균 연령을 정확하게 안다면 그들의 자살률은 분명히 위의 숫자보다는 미혼자의 자살률에 더 가까울 것이다.

또한 자녀가 있는 홀아비가 무자녀 기혼 남성보다 덜 자살한다는 사실도 결혼의 영향이 제한적임을 잘 보여 준다. 자녀가 있는 홀아비의 자살률은 1백만 명당 937명이다. 그런데 그들의 평균 연령은 61세 8개월 10일이다. 같은 연령 미혼자의 자살률([표 21] 참고)은 1,434명 내지 1,768명, 즉 약 1,504명이다. 이 숫자는 937명에 대해 160 대 100이다.

따라서 자녀를 둔 홀아비의 자살방지계수는 적어도 1.6으로, 무자녀 기혼 남성보다 높다. 게다가 여기서 우리는 그들의 계수를 과소평가하였다. 왜냐하면 자녀가 있는 홀아비들은 전체 홀아비에 비해 분명 나이가 더 많다. 전체 홀아비에는 사별로 결혼이 일찍 끝난 사람들, 즉 아주 젊은 사람도 포함되어 있다. 그러므로 자녀가 있는 홀아비들은 실제로는 62세 이상의 미혼 남성과 비교해야 한다. 즉 연령으로 보아 더 많은 자살 경향을 가진 사람들과 비교해야 한다. 이 비교는 자녀가 있는 홀아비들의 면역성이 확실히 더 높다는 것을 보여 주고 있다.[25]

물론 1.6이라는 자살방지계수는 유자녀 기혼 남성의 자살방지계수인 2.9보다는 분명히 낮다. 그 차이는 45%가 조금 못 된다. 따라서 홀아비의 자살 면역성이 그처럼 감소하는 점으로 보아 결혼 사회 자체의 영향이 우리가 인정한 것보다 더 많다고 생각할 수도 있다. 그러나 그런 감소에 대해 결혼의 해체가 미친 영향은 아주 적다. 그 증거로 무자녀 홀아비에게는 훨씬 적은 영향밖에 미치지 않는다.

자녀가 없는 홀아비들은 1백만 명당 1,258명이 자살하며, 62세 미혼 남성의 자살률은 1,504명으로 그 비율은 100 대 120이다. 즉 무자녀 홀아비의 자살방지계수는 1.2로 무자녀 기혼 남성의 계수 1.5보다 20% 정도 낮을 뿐이다. 따라서 아내의 사망이 혼인의 해체 이상의 다른 영향을 미치지 않을 때는 홀아비의 자살 경향에 큰 영향을 미치지 않는다. 그러므로 결혼이 끝나도 자살 경향이 크게 증가하지 않는 점으로 보아 결혼 기간에도 자살 경향 억제에 큰 도움이 되지 못한다고 볼 수 있다.

유자녀 홀아비가 무자녀 홀아비보다 자살 경향에 불리한 이유
는 자녀들이 있기 때문이다.[26] 물론 어떤 면에서는 자녀가 있기 때
문에 홀아비가 삶에 더 집착한다. 그러나 동시에 자녀 때문에 홀아
비가 겪어야 하는 위기가 더 커진다. 왜냐하면 단순히 부부 관계만
없어지는 것이 아니라 남아 있는 가족 사회의 기능이 손상을 입기
때문이다.

핵심 요소인 엄마와 아빠가 빠짐으로써 전체 기관이 고장을 일
으킨다. 깨진 균형을 다시 찾기 위해서 남편이 이중 부담을 지게 되
고 익숙하지 못한 기능을 담당해야 한다. 그리하여 그는 결혼 생활
동안 누렸던 이점을 상실한다. 결혼이 끝났을 뿐 아니라 그가 이끌
던 가족이 해체되었기 때문이다. 아내의 죽음이 아니라 어머니의
죽음이 재난을 부른 것이다.

그러나 결혼이 자살 경향에 그리 큰 영향을 미치지 못한다는 것
은 자녀가 없는 여성의 경우에 특히 명확하게 나타난다. 무자녀 기
혼 여성(42~43세)은 1백만 명당 221명의 비율로 자살하는데, 같은 연
령의 미혼 여성은 150명에 불과하다. 이 두 자살의 비율은 100 대
67로, 자살방지계수는 1보다 작은 0.67이므로 사실상 자살촉진계
수와 같다. 따라서 프랑스의 경우 무자녀 기혼 여성은 같은 연령의
미혼 여성보다 1.5배나 더 많이 자살한다. 우리는 이미 일반적으로
아내가 남편보다 가족생활을 통해 얻는 자살 경향 방지의 이득이
더 적음을 보았다. 그 이유를 이제 알게 된 것이다. 즉 결혼 관계 자

체가 여자에게 불리하며 자살 경향을 악화시키기 때문이다.

　만약 기혼 여성들의 자살방지계수가 유리해 보인다면, 그것은 대부분의 경우에 자녀의 존재가 결혼의 불리한 영향을 감소시키고 교정하기 때문이다. 그러나 그 효과는 어느 정도의 감소에 지나지 않는다. 유자녀 기혼 여성은 1백만 명당 79명의 자살률을 보인다. 이를 42세 미혼 여성의 자살률인 150명과 비교하면 유자녀 기혼 여성이라도 자살방지계수가 1.80이다. 따라서 유자녀 기혼 남성보다 35% 적게 이득을 보는 셈이다.[27] 따라서 우리는 자살에 관한 베르티용의 명제에 찬성할 수 없다. 베르티용은 "여성은 결혼하면 남성보다 더 큰 이득을 취하며, 결혼이 끝나면 남성보다 더 큰 피해를 입는다."라고 하였다.[28]

일반적으로 기혼자의 면역성은 여성의 경우에는 전적으로, 남성의 경우에는 대부분 부부 사회가 아닌 가족 사회의 영향을 받는다. 하지만 적어도 남성의 경우에는 자녀가 없더라도 1 대 1.5의 비율로 결혼 때문에 자살 경향이 감소한다는 사실을 알았다. 150명에서 50명의 감소, 즉 33%의 감소는 가족이 완전할 때에 비하면 훨씬 적은 감소지만, 그렇다고 무시할 정도는 아니므로 그 원인을 찾아야 한다. 이 감소는 남자가 결혼을 통해서 얻는 혜택 때문인가 아니면 결혼 선택의 결과인가? 후자가 자살에 큰 영향을 미치지 않는다는 것은 이미 알아보았지만, 그 영향이 전혀 없는 것인지는 아직 확증되지 않았다.

얼핏 보면 이 가설을 입증하는 듯한 한 가지 사실이 있다. 자녀가 없는 남성들의 자살방지계수는 결혼이 끝나도 크게 감소하지 않는다는 사실, 즉 1.5에서 1.2로 감소하는 데 불과하다는 사실을 이미 알고 있다. 그런데 무자녀 홀아비의 면역성이 홀아비 상태 때문이 아님은 분명하다. 홀로된 상태 자체는 자살 경향을 오히려 촉진하는 편이다. 그러므로 그들의 면역성이 아내의 죽음으로 결혼이 끝난 후에도 계속되는 점으로 보아 결혼 때문은 아니지만 앞에서 말한 원인 때문인지도 모른다. 즉 그들의 면역성은 결혼 선택이 만든 것은 아니지만 면역성을 증가시킨 남편 고유의 어떤 특질 때문이 아닐까?

그 특질은 결혼 전에 이미 존재했고 결혼과 관계가 없으므로 결혼이 끝난 후까지 지속될 것이다. 만약 남편들이 엘리트라면 홀아비도 그럴 것이다. 물론 이런 선천적 우월성은 홀아비에게는 영향을 덜 미친다. 홀아비들은 자살로부터 보호를 덜 받기 때문이다. 그러나 아내를 잃은 충격 때문에 예방 효과를 부분적으로 상실해서 충분한 효과를 내지 못했을 수도 있다.

그런데 이러한 설명을 인정하려면 남성뿐 아니라 여성에게도 적용돼야 한다. 선천적 자질이 어느 정도 존재한다면 결혼한 여성들에게서도 찾아볼 수 있어야 하며, 또한 다른 조건이 일정하다면 기혼 여성들이 미혼 여성보다 덜 자살해야 한다. 그러나 자녀가 없는 기혼 여성들은 같은 연령의 미혼 여성보다 더 많이 자살한다. 따라서 기혼 여성들이 날 때부터 자살방지계수를 타고났다는 가설은 완전히 부정된다.

하지만 남성과 마찬가지로 여성에게도 선천적 자살방지계수가 존재하지만, 결혼이 기혼 여성의 정신 상태에 미친 부정적 영향 때문에 그 효과가 무효가 되었다고 가정해 보자. 그러나 만일 선천적 자살방지계수의 영향이 여자가 결혼하면서 겪는 정신적 쇠퇴 때문에 세한되고 은폐되었다면, 결혼이 끝나서 다시 혼자가 되면 그 영향력이 다시 나타나야 한다. 이들은 결혼의 멍에에서 벗어나면서 결혼을 못 한 여자들에게는 없는 모든 장점과 타고난 우월성을 회복해야 할 것이다.

다시 말해서 미혼 여성과 비교해서 과부의 자살방지계수는 적어도 무자녀 홀아비의 계수와 비슷해야 한다. 그러나 실은 그렇지가 않다. 무자녀 과부 1백만 명당 자살률은 322명이며, 같은 연령(과부의 평균 연령은 60세) 미혼 여성의 자살률은 189명 내지 204명, 즉 약 196명이다. 이 두 자살의 비율은 100 대 60이다. 따라서 무자녀 과부의 자살방지계수는 1보다 작으므로 자살촉진계수인 셈이다. 이들의 계수는 0.60으로 무자녀 기혼 여성의 계수(0.67)보다도 약간 더 낮다. 그러므로 무자녀 기혼 여성의 자살 면역성을 제한하는 것은 결혼 그 자체가 아니다.

아마도 결혼으로 억눌렸던 선천적 자질이 결혼이 끝나도 완전하게 회복되지 못하는 이유는 홀로된다는 것이 여자에게 더 어려운 상태이기 때문은 아닐 것이다. 과부가 홀아비보다 더 힘들 것이라는 생각은 널리 퍼져 있는 관념이다. 과부가 자신뿐 아니라 가족 전체의 생계를 위해 모든 것을 혼자서 해 나가야 한다는 사실 때문에 그녀들이 당면하는 정신적, 경제적 난관이 더 크다고 여겨졌다. 이 견해는 근거가 있는 사실로 여겨져 왔다.

모르셀리에 따르면, 과부는 기혼 여성보다 더 남성의 자살 경향에 가까우며, 기혼 여성은 미혼 여성보다 더 남성의 자살률에 가깝기 때문에 과부가 가장 불리함이 통계적으로 증명된다고 한다.[29] 이 주장을 뒷받침하기 위해 모르셀리는 아래와 같은 프랑스의 통계를 들었는데, 이는 유럽의 다른 모든 나라에서 약간의 차이는 있지만 대체로 비슷하다.

연도	기혼자 자살 100건당 남녀 비율		홀로된 사람들의 자살 100건당 남녀 비율	
	남자	여자	남자	여자
1871	79	21	71	29
1872	78	22	68	32
1873	79	21	69	31
1874	74	26	57	43
1875	81	19	77	23
1876	82	18	78	22

여성 자살자의 비중은 기혼 집단보다 과부 집단에서 더 큰 것 같다. 그렇다면 여자에게는 과부 신세가 결혼보다 더 어려운 것이라는 증거가 아닐까? 만약 그렇다면 그녀들의 면역성이 과부가 됨으로써 기혼 여성이었을 때보다 더 떨어진다 해도 놀랄 일이 못 된다.

유감스럽게도 이 추론은 사실을 착각한 것이다. 모르셀리는 어디서나 과부가 홀아비보다 2배나 더 많다는 사실을 잊고 있다. 프랑스에서는 홀아비 1백만 명당 과부는 대략 2백만 명이나 된다. 프로이센의 경우 1890년의 인구조사에 의하면 홀아비는 45만 명, 과부는 131만 9천 명이었다. 이탈리아의 경우 그 수가 각기 57만 1천 명과 132만 2천 명이었다.

이런 조건이라면 기혼 남성과 동수인 기혼 여성보다 과부의 비중이 더 높아야 당연하다. 올바른 비교로 정보를 얻기 위해서는 두 집단의 인구가 같아야 한다. 같은 인구로 비교한 결과는 모르셀리의 결과와 반대이다. 사별한 사람들의 평균 연령인 60세에서 기혼 여성의 자살률은 1백만 명당 154명, 기혼 남성의 자살률은 577명이다. 따라서 여자의 비중은 21%다. 그 비중은 과부의 경우에는 눈에 띄게 줄어든다. 즉 과부의 자살은 1백만 명당 210명, 홀아비의 자살은 1,017명이다. 그러므로 사별한 사람들의 자살 100건 가운데 여성이 차지하는 비중이 17건이다. 반대로 남성의 비중은 79%에서 83%로 증가한다.

이처럼 기혼 상태에서 사별하게 되면 남자가 여자보다 더 불리해진다. 즉 기혼 남성일 때 누렸던 이점을 유지하지 못하기 때문이다. 따라서 상황 변화가 남자에게 덜 힘들고 덜 어려운 것이 아니라 실은 그 반대다. 그뿐만 아니라 홀아비의 사망률이 과부의 사망률보다 훨씬 높다. 또한 그들의 재혼율도 마찬가지다. 홀아비의 재혼율은 모든 연령에서 미혼 남성보다 3~4배 높다. 반면 과부의 재혼율은 미혼 여성의 결혼율보다 약간 높을 뿐이다. 남성은 재혼을 원하는 데 비해 여성은 재혼을 주저한다.[30] 만일 흔히 말하는 것처럼 사별 상태가 남자에게 더 수월하고, 반대로 여자가 훨씬 힘들다면 이런 재혼율이 나올 리 없다.[31]

그러나 과부가 된다고 해서 결혼에 적합한 사람으로서 선천적으로 타고난 장점이 사라질 이유는 없다. 또 그런 장점이 구체적으로 드러나지 않는다면 선천적으로 타고난 장점이 있다고 생각할 이유도 없다. 따라서 여성에게는 결혼 선택 가설을 전혀 적용할 수 없다. 결혼하는 여자는 어느 정도 자살을 예방하는 체질적 장점이 있다는 가정을 입증하는 근거는 아무것도 없다. 따라서 이 가정은 남성의 경우에도 근거를 찾을 수 없다.

무자녀 기혼 남성의 자살방지계수(1.5)는 그들이 가장 건강한 사람들이기 때문이 아니다. 오직 결혼의 영향이다. 여자에게는 불리한 결혼이 남자에게는 자녀가 없는 경우에도 유리하다. 결혼하는 남자는 선천적으로 우수한 사람이 아니다. 그들은 선천적으로 자살을 방지하는 경향을 지니고 결혼하는 것이 아니라, 결혼 생활을 하면서 그런 경향을 갖게 되는 것이다. 설사 그들이 선천적 장점을 지녔다고 해도 그것은 매우 애매하고 불확실하다. 왜냐하면 다른 조건이 출현하지 않으면 아무 영향도 미치지 못하기 때문이다. 따라서 자살은 개인의 타고난 특질 때문이 아니라 개인을 지배하는 외부 원인에 달려 있다!

그러나 아직 해결해야 할 문제가 하나 더 있다. 1.5라는 계수가 가족과는 별개로 결혼 때문이라면, 어떻게 결혼이 끝난 후에도 무자녀 홀아비의 경우에는 조금 줄기는 했어도(1.2) 계속 남아 있을 수 있느냐 하는 문제다. 만일 자살 방지가 결혼 선택 때문이라는 이론이 부정된다면, 어떤 이론으로 대신 설명할 수 있을까?

결혼 기간 동안 생긴 습관, 취향, 경향이 결혼이 끝나더라도 유지된다고 가정할 수 있다. 이만큼 확실한 가설도 없다. 그리하여 만일 결혼한 남자가 비록 자녀가 없더라도 자살로부터 어느 정도 안전하다면, 그는 홀아비가 된 후에도 이 경향을 유지할 것이다. 다만 사별 상태는 정신적인 충격이 따르고, 뒤에 고찰하겠지만 모든 균형의 상실은 자살을 일으키는 경향이 있으므로 면역성이 유지되기는 하지만 약화된다.

이와는 반대이지만 같은 이유로 무자녀 기혼 여성은 미혼 여성보다 더 많이 자살하므로 그녀들이 과부가 되면 강한 자살 경향을 가질 뿐 아니라 사별의 좌절과 균형 상실로 그 경향이 강화된다. 그러나 결혼이 기혼 여성에게 미친 나쁜 영향이 사별로 인해 사라

지므로 자살방지계수를 많이 악화시키지 않는다. 자살방지계수는
불과 0.67에서 0.60으로 몇 퍼센트밖에 낮아지지 않는다.[32]

이 설명은 그것이 다음과 같은 일반적인 명제의 특수한 사례라
는 사실로 확인된다. 한 사회에서 홀로된 사람의 자살 경향은 남녀
각기 기혼자 자살 경향의 함수다. 만약 기혼 남성이 자살로부터 크
게 보호받는다면, 홀아비도 약간 정도는 낮아지더라도 역시 크게
보호받는다. 만약 기혼 남성이 적은 보호밖에 받지 못한다면, 홀아
비는 전혀 보호받지 못하거나 아주 적은 보호밖에 받지 못한다.

이 같은 명제의 정확성을 확인하기 위해서는 [표 20]과 [표 21]
및 다른 표에서 나온 결론을 참고하면 된다. 그 표들에서 우리는
결혼 상태와 사별 상태에서 모두 한 성이 다른 성보다 더 유리하
다는 것을 보았다. 그러니까 첫 번째 상태에서 특권을 누리는 성이
두 번째 상태에서도 특권을 누린다는 것이다. 프랑스에서는 남편
이 아내보다 자살방지계수가 더 높으며, 마찬가지로 홀아비가 과
부보다 더 높다. 그리고 올덴부르크에서는 그 반대였다. 즉 아내가
남편보다 자살 면역성이 더 높았으며, 과부도 홀아비보다 더 높은
면역성을 보였다.

그러나 위의 두 사례만으로는 증거가 부족하며, 또 한편으로 다
른 나라에서는 명제를 검증할 만한 자료를 갖추고 있지 않았으므
로 확대 비교를 위해 다음 절차를 밟았다. 즉 센 도의 연령별, 결혼
여부별 자살률을 따로 계산하고, 한편으로 센 도를 제외한 다른

모든 도를 함께 묶어 별도로 계산했다. 이렇게 분리한 두 사회 집단은 서로 비교해서 시사점을 얻을 수 있을 만큼 충분히 서로 다른 그룹이다.

실제로 가정생활은 두 그룹의 자살에 매우 다른 영향을 미치고 있다([표 22] 참고).

[표 22] 센 도와 그 밖의 도에 있어서의 연령별 · 결혼상태별 자살률 비교

(1889~1891, 인구 1백만 명 기준)

연령	남자(지방)			미혼자에 대한 자살방지계수		여자(지방)			미혼자에 대한 자살방지계수	
	미혼자	기혼자	홀로된 사람	기혼자	홀로된 사람	미혼자	기혼자	홀로된 사람	기혼자	홀로된 사람
15~20	100	400		0.25		67	36	375	1.86	0.17
20~25	214	95	153	2.25	1.39	95	52	76	1.82	1.25
25~30	365	103	373	3.54	0.97	122	64	165	1.90	0.78
30~40	590	202	511	2.92	1.15	101	74	174	1.36	0.58
40~50	976	295	633	3.30	1.54	147	95	149	1.54	0.98
50~60	1,445	470	852	3.07	1.69	178	136	174	1.30	1.02
60~70	1,790	582	1,047	3.07	1.70	163	142	221	1.14	0.73
70~80	2,000	664	1,252	3.01	1.59	200	191	233	1.04	0.85
80 이상	1,458	762	1,129	1.91	1.29	160	108	221	1.48	0.72
평균				2.88	1.45				1.49	0.78

연령	남자(센 도)			미혼자에 대한 자살방지계수		여자(센 도)			미혼자에 대한 자살방지계수	
	미혼자	기혼자	홀로된 사람	기혼자	홀로된 사람	미혼자	기혼자	홀로된 사람	기혼자	홀로된 사람
15~20	280	2,000		0.14		224				
20~25	487	128		3.80		196	64		3.06	
25~30	599	298	714	2.01	0.83	328	103	296	3.18	1.10

30~40	869	436	912	1.99	0.95	281	156	373	1.80	0.75
40~50	985	808	1,459	1.21	0.67	357	217	289	1.64	1.23
50~60	1,367	1,152	2,321	1.18	0.58	456	353	410	1.29	1.11
60~70	1,500	1,559	2,902	0.96	0.51	515	471	637	1.09	0.80
70~80	1,783	1,741	2,082	1.02	0.85	326	677	464	0.48	0.70
80 이상	1,923	1,111	2,089	1.73	0.92	508	277	591	1.83	0.85
평균				1.56	0.75				1.79	0.93

센 도를 제외한 다른 도에서는 남편이 아내보다 훨씬 더 높은 면역성을 지니고 있다. 단 4개의 연령 그룹에서만 남편의 계수가 3 이하로 내려간다.[33] 한편 아내의 계수는 2에 이르는 경우가 없고, 남편의 평균 계수는 2.88인 데 비하여 아내의 평균 계수는 1.49이다. 그러나 센 도에서는 반대로 남편의 평균 계수는 1.56이며 아내의 평균 계수는 1.79이다.[34] 홀아비와 과부의 경우도 마찬가지다. 센을 제외한 도에서는 홀아비의 평균 계수가 높고(1.45), 과부의 평균 계수는 훨씬 낮다(0.78). 그러나 센 도에서는 그와 반대로 과부의 평균 계수가 1에 가까운 0.93으로 더 높고, 홀아비의 평균 계수는 0.75로 떨어지고 있다. 어떤 성이 더 유리하든 간에 사별했을 때의 자살 경향은 결혼 기간 중의 경향을 따른다.

그뿐만 아니라 두 사회 그룹에서 남편의 계수가 보여 주는 비율과 홀아비의 계수가 보여 주는 비율을 구하면 다음과 같은 놀라운 결과가 나온다.

$$\frac{\text{지방에서의 남편의 계수}}{\text{센 도에서의 남편의 계수}} = \frac{2.88}{1.56} = 1.84$$

$$\frac{\text{지방에서의 홀아비의 계수}}{\text{센 도에서의 홀아비의 계수}} = \frac{1.45}{0.75} = 1.93$$

그리고 여성의 경우는 다음과 같다.

$$\frac{\text{센 도에서의 아내의 계수}}{\text{지방에서의 아내의 계수}} = \frac{1.79}{1.49} = 1.20$$

$$\frac{\text{센 도에서의 과부의 계수}}{\text{지방에서의 과부의 계수}} = \frac{0.93}{0.78} = 1.19$$

각 성별에 있어 두 수적 비율이 거의 같다. 특히 여자의 경우는 거의 완벽하다. 그러므로 홀아비의 계수는 기혼자의 계수 증감과 일치할 뿐 아니라, 증감의 정도에서도 거의 일치한다. 이 관계는 우리의 법칙을 보다 분명하게 확인해 주는 형태로 다시 표현할 수 있다. 실제로 사별 상태는 어디에서든 성별과 관계없이 기혼 상태의 면역성을 일정한 비율로 감소시킨다.

$$\frac{\text{지방에서의 남편의 계수}}{\text{지방에서의 홀아비의 계수}} = \frac{2.88}{1.45} = 1.98$$

$$\frac{\text{센 도에서의 남편의 계수}}{\text{센 도에서의 홀아비의 계수}} = \frac{1.56}{0.75} = 2.0$$

$$\frac{\text{지방에서의 아내의 계수}}{\text{지방에서의 과부의 계수}} = \frac{1.49}{0.78} = 1.91$$

$$\frac{\text{센 도에서의 아내의 계수}}{\text{센 도에서의 과부의 계수}} = \frac{1.79}{0.93} = 1.92$$

사별한 사람의 계수는 기혼자의 약 절반 정도다. 그러므로 사별한 사람들의 자살 성향은 기혼자 자살 성향의 함수라고 해도 과장이 아니다. 다시 말해, 전자는 후자의 결과다. 그러나 결혼은 자녀가 없어도 남편의 면역성을 증가시키므로 홀아비도 이 유리한 성향의 일부를 유지한다고 해서 놀라울 것은 없다.

한편 이 설명은 우리가 답을 찾던 문제를 해결해 줄 뿐 아니라 사별 상태의 성격을 어느 정도 밝혀 준다. 사실상 사별 상태 자체는 절망적으로 불리한 상태가 아니라는 것이고, 때로는 오히려 미혼 상태보다 낫다. 홀아비나 과부의 정신 상태는 전혀 특수한 것이 아니며 그 나라의 동성 기혼자들의 정신 상태를 따른다. 사별한 사람들의 정신 상태는 기혼자들의 정신 상태의 연장에 불과하다. 한 사회의 결혼 생활이 남자와 여자에게 어떤 영향을 미치는지를 알면 사별한 사람들에게 미치는 영향도 알 수 있다.

결혼 생활과 가정생활이 행복할수록 사별의 슬픔은 크다. 다행스러운 것은 그러한 경우의 사람들은 위기를 더 잘 이겨내기 때문에 보완이 된다. 반대로 결혼과 가정생활이 바람직하지 못했을 때는 사별의 위기가 덜 심각하다. 그러나 위기를 극복하려는 태세가 잘 되어 있지 않다. 그러므로 남자가 여자보다 가정생활에서 더 많은 혜택을 받는 사회에서는 남자가 홀아비가 되었을 때의 고통이 더 크지만 여자보다 잘 참아낼 수 있다. 홀아비는 그간 누렸던 건전한 영향 덕분에 자살을 피할 수 있다.

~

다음 표는 방금 정리한 사실을 요약해 준다.[35]

		자살률	미혼자에 대한 자살방지계수
남자	45세의 미혼 남자	975	
	자녀가 있는 남편	336	2.9
	자녀가 없는 남편	644	1.5
	60세의 미혼 남자	1,504	
	자녀가 있는 홀아비	937	1.6
	자녀가 없는 홀아비	1,258	1.2
여자	42세의 미혼 여자	150	
	자녀가 있는 아내	79	1.89
	자녀가 없는 아내	221	0.67
	60세의 미혼 여자	196	
	자녀가 있는 과부	186	1.06
	자녀가 없는 과부	322	0.60

이 표와 앞에서의 언급을 보면 결혼 자체가 자살 방지 효과가 있어 보인다. 그러나 그 효과는 매우 제한되어 있고, 한 성에만 혜택을 준다. 그와 같은 효과가 존재함을 증명한 것은 유용하지만 그유용성은 다음 장에서 더 확실히 드러날 것이다.[36] 기혼자의 면역

성에 있어 핵심 요소는 가족, 즉 양친과 자녀들로 이루어진 전체 그룹으로서의 가족이라는 사실에는 변함이 없다. 물론 남편과 아내도 가족의 구성원이므로 면역성을 일으키는 데 참여했겠지만, 그들은 남편과 아내로서가 아니라 아버지와 어머니로서, 즉 가족 집단의 일원으로 참여한 것이다.

만약에 한 사람의 죽음이 다른 사람의 자살 가능성을 증가시킨다면, 그것은 그들을 개인적으로 결합시켰던 유대가 파괴되었기 때문이 아니라 가족에 재난이 일어났기 때문에, 즉 생존자들이 겪어야 하는 충격 때문이다. 결혼의 특수한 영향은 뒤에 다시 고찰하기로 하고, 여기서 우리는 가족 사회가 종교 사회와 마찬가지로 자살을 방지하는 강력한 요인임을 지적하고자 한다.

이러한 면역성은 심지어 가족의 밀도, 즉 가족 수의 증가에 따라서 증가하기도 한다. 우리는 이러한 명제를 《철학논집(Revue philosophique)》 1888년 11월호에 발표한 논문에서 이미 언급하였고 증명했다. 그러나 그때는 통계 자료가 불충분하여 바람직한 정도를 엄밀하게 증명할 수 없었다. 프랑스 전체와 각 도의 평균 가족 수를 알지 못했기에 가족의 밀도를 자녀 수에만 의존한다고 가정해야 했다. 또한 국세조사에는 자녀 수가 나와 있지 않아서 연간 1천 건의 사망에 대한 출생의 초과, 즉 인구학에서 자연 증가라고 부르는 수치를 이용해서 간접적으로 추정해야 했다. 물론 자연 증가가 높으면 전체적으로 가족의 밀도가 클 수밖에 없기 때문에 이 방법이 전혀 불합리한 것은 아니다. 그러나 반드시 그런 것은 아니며, 그렇지 않을 때도 더러 있다.

자녀들이 이민, 이주, 또는 다른 이유로 부모 곁을 일찍 떠나는 경향이 큰 사회에서는 가족 밀도가 가족 수와 관계없다. 결혼 후에 자녀를 아무리 많이 낳는다고 해도 집안이 텅 빌 수 있다. 자녀가 교육을 위해 집을 떠나는 환경에서나, 자녀가 미처 성장하기도 전에 생활고 때문에 흩어져야 하는 가난한 가정에서 모두 일어날 수 있는 일이다. 그와는 반대로 보통의 출생률밖에 안 되는 가정이라도 미혼의 성인 자녀나 결혼한 자녀들이 부모와 함께 살면 그 수가 많을 것이다. 이런 이유로 가족의 실제 구성원을 모르고서는 가족 집단의 밀도를 정확하게 측정하기가 불가능하다.

그런데 1888년 말까지 미공개였던 1886년 국세조사 결과로 이를 알 수 있게 되었다. 그 자료를 이용해 프랑스 각 도의 자살과 평균 가족 수의 관계를 분석해 보면 다음과 같다.

	인구 1백만 명당 자살자 수 (1878~1887)	1백 가구당 평균 가족 수 (1886)
제1집단(11개 도)	430~380	347
제2집단(6개 도)	300~240	360
제3집단(15개 도)	230~180	376
제4집단(18개 도)	170~130	393
제5집단(26개 도)	120~80	418
제6집단(10개 도)	70~30	434

자살자가 줄어들수록 가족의 밀도는 규칙적으로 증가한다.

평균을 비교하는 대신 각 그룹의 내용을 분석해도 이 같은 결론이 확인된다. 실제로 프랑스 전국에서 평균 가족 수는 10개 가구당 39명이다. 그런데 만일 얼마나 많은 도가 위의 6개 그룹 평균을 상회하거나 미달하는지 조사하면 다음과 같다.

	가족 수가 평균 이하인 도	가족 수가 평균 이상인 도
제1집단	100	0
제2집단	84	16
제3집단	60	30
제4집단	33	63
제5집단	19	81
제6집단	0	100

* 백분율에 있어서의 오차는 원본에 있는 그대로 표기하였다. -역주

자살이 가장 많은 제1집단에는 가족 수가 평균 이하인 도만 포함된다. 그 관계는 완전히 역전될 때까지 점진적으로 그리고 아주 규칙적으로 바뀐다. 자살이 아주 적은 마지막 제6집단에서는 모든 도의 가족 수가 평균 이상이다.

[부록 IV]의 두 가지 분포도도 대체로 같은 형태를 보인다. 가족의 밀도가 가장 낮은 지역은 자살이 가장 많은 지역과 같다. 그 지역은 북부와 동부를 점하고, 한편으로는 브르타뉴까지 이르고 다른 한편으로는 루아르까지 닿는다. 반대로 서쪽과 남쪽에서는 자

살이 적으며 일반적으로 식구 수가 많다. 이러한 관계는 세세한 부분에까지 나타난다. 북부 지방에서는 노르, 파드칼레 두 도가 특히 낮은 자살 경향을 보인다. 노르는 고도의 공업 지대인데, 고도의 공업화는 자살을 증가시키는 점으로 볼 때 의외의 사실이다.

같은 특징이 다른 분포도에서도 나타난다. 이 두 도는 인접한 도의 가족 수가 매우 적은데도 불구하고 가족 밀도가 아주 높다. 남부에서는 두 분포도에서 모두 부슈뒤론, 바르, 알프마리팀에서 밀도가 높게 나타나며, 서부에서는 브르타뉴의 밀도가 낮다. 두 분포도가 불일치하는 경우는 예외적이며 뚜렷하게 나타난 것이 없다. 그러므로 수많은 요인이 자살이라는 복잡한 현상에 영향을 미칠 수 있는 점을 고려하면, 그 정도의 전반적인 일치는 중요한 것이다.

자살과 가족 수의 반비례 관계는 시간적인 변화에서도 찾아볼 수 있다. 자살은 1826년 이후 계속 증가했고 출생률은 계속 감소하였다. 1821~1830년에 출생률은 인구 1만 명당 308명의 비율이 있는데 1881~1888년에는 240명으로 떨어졌고, 두 기간 동안 일관적으로 감소했다. 그와 동시에 가족의 해체와 분산 경향도 계속되었다. 1856~1886년에 가구 수는 8,796,276가구에서 10,662,423가구로 대략 2백 만이 늘었다. 그러나 같은 기간에 인구는 2백만 명밖에 늘지 않았으므로 가족당 식구가 적어진 것이다.[37]

그러므로 자살은 삶의 어려움 때문에 일어난다는 통속적인 관념은 사실이 아니며, 그와는 반대로 자살은 삶의 부담이 늘어날수록 감소한다. 이는 맬서스(Thomas R. Malthus)의 이론이 예상하지 못했던 결과다. 맬서스가 가족 수의 통제를 촉구한 것은 그런 제한이 어떤 면에서는 공공의 복지를 위해 필요하다고 느꼈기 때문이다. 그러나 실제로는 인간의 생존 의욕을 감소시키는 반대 조건의 원인이 된다. 식구가 많은 가족은 부유한 사람에게나 필요한 일종의 사치라기보다는 오히려 일상생활의 필수 불가결한 원천이다. 아무리 가난한 사람이라도 순전히 개인적 이해관계에서 자식을 부와 바꾼다는 것은 최악의 투자다.

이러한 분석 결과는 우리가 앞서 내린 결론과 일치한다. 그런데 왜 가족의 밀도가 자살에 영향을 미치는 것일까? 그 대답을 생리적 요인에서 찾으면 안 된다. 왜냐하면 불임은 주로 생리적인 원인 때문이지만, 생식률의 저하는 대개 자발적이며 특정한 정신 상태 때문이다. 더구나 우리가 측정하는 가족의 밀도는 출생률만으로 결정되지 않는다. 자녀가 적은 경우에도 다른 요소가 그 자리를 메울 수 있고 그 반대의 경우도 있기 때문에 자녀들이 실제로 계속해서 집단생활을 같이하지 않는 한 자녀 수 자체는 그렇게 중요하지 않다.

또한 가족 수가 많으면 자살률이 낮아지는 이유가 자식에게 느끼는 부모의 특별한 감정 때문이라고 해서도 안 된다. 그리고 사실상 그런 감정이 일어나려면 가족 사회가 전제되어야 한다. 가족이 해체되어서는 그러한 감정이 강렬해질 수가 없다. 그러므로 가족 수가 자살 경향에 영향을 미치는 것은 가족의 기능이 그 밀도에 따라 달라지기 때문이다.

즉 한 집단의 밀도는 그 활력이 떨어지지 않는 한 줄어들지 않는다. 집합 감정이 강하다는 것은 각 개인의 의식에 영향을 미치는 힘이 모든 사람에게 교차되어 반사되기 때문이다. 따라서 집합 감정의 밀도는 상호 반사하는 의식의 수에 의존한다. 같은 이유로 군중의 규모가 크면 클수록 폭력은 더욱 과격해질 수 있다. 따라서 식구가 적은 가족은 공통의 감정과 추억의 밀도가 상대적으로 약하다. 왜냐하면 소규모 가족에서는 서로를 표현하고 강화할 공동의식이 충분하지 못하기 때문이다. 소규모 가족에는 식구들을 하나로 묶는 강한 전통이 생겨날 수 없고 다음 세대로 전해질 수도 없다.

또한 소규모 가족은 불가피하게 단명하며, 지속성이 없으면 어떤 사회도 안정될 수 없다. 그와 같은 집단은 통합이 약할 뿐 아니라 번성할 수 없다. 왜냐하면 집단의 규모는 의견과 인상의 활발한 교류에 의존하며, 교류가 빠를수록 더 많은 참여가 이루어지기 때문이다. 밀도가 충분한 사회는 사회 단위들이 언제나 접촉할 수 있으므로 의견 교류가 끊이지 않는다. 그러나 밀도가 낮은 사회는 사회 단위들 간의 관계가 간헐적이며 공동생활이 중단될 수 있다. 또한 가족의 규모가 작을 때는 친척들이 모이는 일도 적으며 따라서 가족 사회는 시들고 가정을 버리고 떠나는 일도 흔하게 일어난다.

그런데 한 집단이 다른 집단보다 공동생활이 적다는 것은 통합이 약하다는 것을 의미한다. 사회 집단의 통합 상태만이 그 집단에서 순환하는 집합 생활의 밀도를 반영할 수 있기 때문이다. 구성원 간의 교류가 보다 활발하고 지속적일수록 집단의 통합은 강하다. 그러므로 앞에서 내린 우리의 결론을 다시 표현하여 완결한다면, 가족은 자살을 예방하는 강력한 보호 장치이며 가족이 강하게 통합되어 있을수록 그 예방력도 커진다.[38]

만일 통계학이 좀 더 일찍 발달했다면 위의 법칙이 정치 사회에도 적용된다는 것을 같은 방법으로 쉽게 증명할 수 있었을 것이다. 역사를 보면 일반적으로 진화와 통합의 과정에 있는 젊은 사회에서는 자살이 드물게 일어나고, 사회가 해체됨에 따라 자살이 증가한다.[39] 그리스와 로마는 도시 국가 조직이 붕괴되면서 자살이 증가하기 시작하여 뒤이은 쇠퇴기에 더욱 증가했다. 오스만 제국에서도 같은 현상이 발견된다. 프랑스에서는 사회를 뒤흔들고 낡은 사회 체제를 해체시킨 대혁명의 전야에 갑자기 자살이 늘었다고 당대의 저술가들이 기록한 바 있다.[40] 그러나 이런 역사적 자료 외에도 기간은 7년뿐이지만 자살 통계가 위에서 제시한 것보다 더 정확하게 우리의 명제를 증명해 준다.

흔히 대규모 정치적 봉기가 자살을 증가시킨다고들 한다. 그러나 모르셀리는 사실이 다르다는 것을 확실하게 밝혔다. 19세기에 프랑스에서 일어났던 모든 혁명은 그 혁명이 일어날 당시에는 자살을 감소시켰다. 1829년에는 자살률이 1,904명이었는데 1830년에는 1,756명으로 갑작스럽게 거의 10%가 낮아졌다. 1848년에도 그 전해에는 3,647명이었던 데 비해 3,301명으로 감소했다. 이어서 프랑스를 뒤흔든 위기가 유럽 전체로 퍼졌던 1848~1849년에는 모든 나라에서 자살이 감소했으며, 그와 같은 감소는 위기가 심각하고 오래 지속될수록 더 두드러졌다. 이러한 사실을 우리는 아래 표에서 살펴볼 수 있다.

연도	덴마크	프로이센	바이에른	작센	오스트리아
1847	345	1,852	217		611(1846)
1848	305	1,649	215	398	
1849	337	1,527	189	328	452

독일에서는 대중의 감정이 덴마크에서보다 훨씬 더 고조되었으며, 즉시 새 정부가 들어선 프랑스보다도 투쟁이 오래갔기 때문에 자살 감소가 1849년까지 계속되었다. 1849년에 바이에른에서는 자살률이 13% 감소하였고 프로이센에서는 18%, 작센에서는 단 1년 사이에 18% 감소하였다.

1851년 프랑스에서는 이 같은 현상이 일어나지 않았으며 1852년에도 일어나지 않았다. 자살률은 그대로였다. 그러나 프랑스에서 일어난 루이 보나파르트의 쿠데타는 그와 같은 영향을 미쳤다. 쿠데타는 1851년 12월에 일어났는데도 불구하고 자살률은 1851년의 483명에서 1852년 446명으로 8% 감소했으며, 1853년에도 463명에 지나지 않았다.[41] 이 사실은 정권 교체 혁명이 지방보다 파리에 더 큰 영향을 미쳤음을 보여 준다. 지방에서는 거의 영향을 받지 않았다. 일반적으로 정치적 위기의 영향은 지방보다는 수도에서 현저하게 나타난다. 1830년 파리의 자살률은 1년 전의 307명과 1년 후의 359명에 비해 269명으로 13% 감소하였으며, 1848년에는 698명에서 481명으로 32% 감소하였다.[42]

이보다 가볍기는 하지만 단순한 선거 위기도 같은 결과를 가져올 때가 있다. 프랑스의 경우 1877년 5월 16일에 있었던 의회 위기와 그에 따른 대중 선동 그리고 불랑제의 선동을 종식시킨 1889년의 선거도 자살 기록에 분명한 흔적을 남겼다. 그 두 해의 월별 자살 분포를 그 앞뒤 해의 분포와 비교해 보면 증거를 구할 수 있다.

	1876년	1877년	1878년	1888년	1889년	1890년
5월	604	649	717	924	919	819
6월	662	692	682	851	829	822
7월	625	**540**	693	825	818	888
8월	482	496	547	786	**694**	734
9월	394	378	512	673	**597**	720
10월	464	423	468	603	648	675
11월	400	413	415	589	618	571
12월	389	386	335	574	482	475

1877년 1월에서 4월 사이에는 자살이 1,945건으로 1876년의 1,784건보다 많이 일어났다. 그러한 증가는 5월과 6월에도 계속된다. 그런데 의회가 해산된 것은 6월 말이었으며, 법적으로는 선거 기간이 아니라 하더라도 실제로는 이미 시작된 때였다. 이 시점은 아마 정치적 열정이 가장 고조된 때였을 것이며, 그 후로는 시간이 흐르고 권태로워지면서 어느 정도 열이 식었을 것이다. 따라서 7월에는 그 전해의 자살률보다 높아지기는커녕 14%나 더 낮아졌다. 8월에 약간 멈칫거린 후에 10월까지는 계속 조금씩 감소했다.

위기는 그 시점에 끝났으며, 일시 중단되었던 상승이 그 후부터 다시 시작되었다. 이런 현상은 1889년에 더욱 두드러지게 나타났다. 의회는 8월 초에 해산되었으며 즉시 선거 열풍이 불어 9월 말 선거 때까지 계속되었다. 그런데 1888년 8월에 비해 1889년 8월에는 갑자기 12% 감소하고, 9월까지 계속되다가 선거가 끝난 10월에 갑자기 다시 감소세가 끝났다.

정치적 소요와 마찬가지로 국가 간의 전쟁도 같은 영향을 미친다. 1866년에 오스트리아와 이탈리아 사이에 전쟁이 일어났는데 두 나라 모두에서 자살률이 14% 감소했다.

	1865년	1866년	1867년
이탈리아	678	588	657
오스트리아	1,464	1,265	1,407

1864년은 덴마크와 작센 차례였다. 작센에서는 1863년에 643명이던 자살자가 1864년에는 545명으로 줄었으며(16% 감소), 1865년에는 곧 619명으로 증가하였다. 덴마크의 경우에는 1863년의 자살자 수를 알 수 없어서 1864년의 숫자와 비교할 수가 없다. 그러나 우리는 1864년이 1852년 이래 가장 적은 자살자를 낸 해(411명)임을 알고 있다. 그리고 1865년에는 451명으로 뛰어올랐으므로 411명이라는 숫자는 그 전해에 비해 상당히 감소한 수치였을 것이다. 1870~1871년의 전쟁도 프랑스와 독일에 같은 결과를 가져왔다.

	1869년	1870년	1871년	1872년
프로이센	3,186	2,963	2,723	2,950
작센	710	657	653	687
프랑스	5,114	4,157	4,490	5,257

이러한 감소는 아마 전시에 일부 민간인이 소집되었고, 전선의 부대에서 일어나는 자살을 추적하기 어렵기 때문이 아닌가 생각할 수도 있다. 그러나 남자뿐만 아니라 여자도 같은 감소세를 보였다. 이탈리아의 경우 여성의 자살률이 1864년 130명에서 1866년 117명으로 줄었으며, 작센의 경우는 1863년에 133명, 1864년에 120명, 1865년에는 114명으로 15% 감소하였다. 1870년에도 두드러지게 감소했다. 1869년에 130명이었던 자살률이 1870년에는 114명으로 떨어졌으며, 1871년에도 비슷한 수준에 머물러 있었다. 13%의

감소율은 같은 기간 남성의 자살률 감소보다 더 큰 것이다.

프로이센에서는 1869년에 여성이 616명의 자살률을 보인 반면 1871년에는 540명(13% 감소)의 자살률을 보였다. 그뿐만 아니라 군대에 갈 나이의 젊은 남성들은 극히 일부만 자살한다는 것은 널리 알려진 사실이다. 1870년에는 6개월 동안만 전쟁이 일어났고, 그 나머지 6개월의 평화 시에 25~30세의 프랑스 남성은 1백만 명당 기껏해야 1백 명 정도의 자살률을 보였다.[43] 그런데도 1869년과 1870년 사이에 자살이 1,057건이나 감소하였다.[44]

위기 순간의 이러한 일시적 자살 감소는 행정이 마비되어 자살 집계가 부정확했기 때문이 아니냐는 의문이 제기되기도 했다. 그러나 여러 가지 사실을 볼 때, 그런 우발적인 원인으로 이런 현상을 설명하기엔 적절치 않다. 첫째로 그 현상이 광범위하게 일어난다는 사실이다. 즉 피정복자뿐 아니라 정복자에게도, 침략을 받은 나라뿐 아니라 침략한 나라에서도 자살 감소가 일어난다.

더욱이 충격이 심하면 그 영향은 사건 이후에도 상당히 오랫동안 지속된다. 자살은 서서히 증가하며 처음 수준으로 다시 돌아가기까지는 몇 해가 걸린다. 이러한 현상은 평화 시에 자살률이 매년 규칙적으로 증가하는 나라에서도 마찬가지다. 물론 기록상에 누락이 있을 수 있고, 특히 어려운 시기에는 더욱 그런 경향이 있지만 통계에 나타난 자살 감소는 행정 부주의 때문이라고 하기에는 뚜렷한 일관성이 있다.

그러나 우리가 당면한 문제가 계산 실수가 아니라 사회심리학적 현상이라는 증거는 모든 정치적, 국가적인 위기가 이런 영향을 미치지는 않는다는 사실이다. 즉 대중의 열정을 자극하는 위기만이 그런 영향을 미친다. 앞서 언급했듯이 프랑스의 혁명은 지방에서보다 파리에서 자살에 더 큰 영향을 미쳤다. 그러나 행정 혼란은 지방이나 수도에서나 비슷한 영향을 끼쳤다. 사실 이런 사건에는 파리 사람들이 지방 사람들보다 더 관심을 가진다. 파리 사람들은 혁명의 주도자들이고, 가까이서 참여하는 사람들이다.

이와 마찬가지로 1870~1871년의 전쟁처럼 대규모의 국가 간 전쟁은 독일과 프랑스 모두에서 자살 경향에 강한 영향을 미쳤지만, 크림이나 이탈리아의 전쟁처럼 왕조 간의 사소한 분쟁은 대중을 흥분시키지 않아 자살에 별 영향이 나타나지 않았다. 오히려 1854년에는 1853년과 비교했을 때 3,415명에서 3,700명으로 자살이 증가했다. 같은 사실을 1864년과 1866년의 전쟁 때의 프로이센에서도 발견할 수 있다. 1864년에는 자살률이 안정되어 있었으며 1866년에는 약간 상승했다. 이 전쟁들은 정치가들이 주도한 것이었으며 1870년의 전쟁처럼 국민감정을 자극한 전쟁이 아니었기 때문이다.

이러한 관점에서 볼 때, 1870년의 전쟁이 바이에른에는 독일의 다른 지역들, 특히 북부 독일과는 달리 영향을 미치지 않았다는 점이 흥미롭다. 바이에른은 1870년에 1869년보다 더 많은 자살을 기록(425명 대 452명)하였다. 1871년에 이르러서야 약간의 감소가 일어났으며 1872년에도 어느 정도 계속되어 자살률은 412명으로 떨어졌는데, 이것은 1869년과 비교하면 4%, 1870년과 비교하면 9%의 감소에 불과하다. 그러나 바이에른은 프로이센과 마찬가지로 전쟁에서 중요한 역할을 담당했으며 전군을 동원했고 행정상의 혼란이 더 적을 이유도 없었다. 다만 바이에른은 프로이센처럼 정신적 참여를 하지 않았을 뿐이다.

가톨릭 지역인 바이에른은 독일에서 가장 독자적으로 움직이는 곳이며, 그 자율성 때문에 질투의 대상이 되었다는 것도 널리 알려진 사실이다. 바이에른은 왕의 뜻에 따라 전쟁에 참여하였지만 열의는 없었다. 그러므로 당시 독일 전국을 달군 사회운동도 다른 지역에 비해 바이에른에서는 별 지지를 받지 못했으며, 그 반응도 느리고 약하게 일어났다. 그때까지도 냉정하고 반응이 약했던 바이에른을 움직이게 한 것은 1870년의 승전에 임하여 독일 전역을 휩쓴 영광의 물결이었다.[45]

이 사실은 다음과 같은 중요한 사실과 비교할 수 있다. 즉 1870~1871년에 프랑스에서는 도시에서만 자살률이 감소했던 것이다.

	도시 인구 1백만 명당 자살자 수	지방 인구 1백만 명당 자살자 수
1866~1869년	202	104
1870~1872년	161	110

하지만 자살에 대한 기록은 아마 도시에서보다 지방에서 더 어려

웠을 것이다. 그러므로 위와 같은 차이가 생긴 진정한 이유는 다른데 있다. 전쟁은 감수성이 더 예민하고 시사에 밝은 도시인들에게 강한 정신적 영향을 미쳤던 것이다.

따라서 이상과 같은 사실들에 대해서는 단 하나의 설명만이 가능하다. 사회적 사건이나 국민적인 전쟁은 집단 감정을 일으키며 당파심과 애국심, 사회 및 국가적 신념을 자극하고 단일한 목적을 향해 모든 활동을 집중시킴으로써 적어도 일시적으로 사회 통합을 더욱 강화한다는 것이다. 그러므로 우리가 위에서 제시한 자살 감소의 영향은 위기 그 자체 때문이 아니라 위기가 일으킨 투쟁 때문이다. 위기를 맞아 사람들이 서로 밀접해지고 공통된 위험에 당면하게 되므로 개인보다는 공동의 목적을 더 생각하게 된다. 그리고 이러한 통합은 직접적인 목표를 달성한 후에도 계속될 수 있다. 특히 통합의 강도가 높을수록 더욱 그러하다.

그리하여 우리는 다음과 같은 세 가지 명제를 차례로 설정하였다.

자살은 종교 사회의 통합 정도에 반비례한다.
자살은 가족 사회의 통합 정도에 반비례한다.
자살은 정치 사회의 통합 정도에 반비례한다.

이 세 명제를 한데 묶어 보면 자살의 감소에 영향을 미치는 것이 각 사회의 특수한 성격이 아니라 세 사회에 공통된 특성임을 알 수 있다. 종교가 종교적 감정의 특수성으로 그러한 효과를 일으키는 것이 아님은 가족 사회와 정치 사회도 강력하게 통합되었을 때는 같은 효과를 일으키는 것으로 보아 알 수 있다. 이 점은 우리가 상이한 여러 종교가 자살에 미치는 영향을 직접 고찰하였을 때도 이미 입증한 바 있다.[46]

반대로 자살 면역성을 일으키는 것이 가족적, 정치적 유대의 특수성 때문이 아니라는 것은 종교도 같은 영향을 미친다는 것을 보면 알 수 있다. 진정한 원인은 사회적인 집단마다 정도의 차이는 있지만 공통적인 하나의 특성에서 찾을 수 있다. 그 조건을 충족하는 유일한 특성은 세 집단이 모두 강력하게 통합된 사회적 집단이라는 것이다. 그러므로 우리는 자살은 사회 집단의 통합 정도에 반비례한다는 보편적 결론에 도달할 수 있다.

그러나 개인이 사회생활에서 벗어나서 개인적 목적을 공동체의 목적보다 우위에 두지 않는 한, 다시 말해서 개인의 개성을 집단성보다 우위에 두지 않는 한 사회는 해체되지 않는다. 개인이 속한 집단이 약화될수록 개인은 집단에 덜 의존하며, 자신에게 의존하면 할수록 자신의 사적 이익 이외의 행위 기준을 인정하지 않게 된다. 개인의 자아가 사회적 자아보다 강력하고, 사회적 자아를 희생하면서까지 개인의 자아를 주장하는 상태를 이기주의라고 부를 수 있다면, 우리는 지나친 개인주의로 인한 자살을 이기적인 자살이라고 부를 수 있을 것이다.

그렇다면 그런 자살은 어떤 유래를 갖는가?

첫째로, 집단적인 힘이 자살을 가장 잘 억제하는 요소라면, 그 힘의 약화는 자살의 증가를 의미한다. 사회가 강력하게 통합되어 있을 때 사회는 개인을 통제하며 지배할 수 있으므로 개인이 자살하는 것을 금지한다. 즉 사회는 개인이 죽음을 통해서 사회적 의무를 회피하는 것을 막는다.

그러나 만일 개인이 사회에의 종속을 정당한 것으로 인정하지 않고 거부한다면 사회가 어떻게 개인에 대한 지배권을 주장할 수 있겠는가? 그러한 경우 사회는 개인들이 사회적 의무를 저버리고자 할 때 그들을 막을 힘을 상실한다. 그리고 그러한 사회는 스스로의 허약함을 의식하고 개인의 자유로운 행동 권리를 인정하기까지 한다. 그리하여 개인들은 자신이 자기 운명의 주인임을 인정받았으므로 자신의 삶을 끝낼 권리를 갖는다. 그들은 삶의 고통을 인내심 있게 견뎌야 할 이유가 없는 것이다.

이와는 반대로 개인이 좋아하는 집단에 소속되었을 때는 자신의 이익보다 소중한 집단의 이익을 배반하지 않기 위해 삶에 집착한다. 공통의 목표에 도달하게 되면 개인은 삶에 집착하게 되며, 그들이 추구하는 고상한 목표는 개인적인 어려움을 깊이 느끼지 않도록 해 준다. 간단히 말해서 응집력 있고 활력 넘치는 사회에서는 모든 성원 간에 끊임없이 관념과 정서의 교류가 이루어지는데, 그것은 일종의 상호 정신적 지원과 같다. 개인을 스스로에게만 맡겨 두지 않고 집단적인 힘에 참여하도록 이끌며 그들이 지쳤을 때 지원해 준다.

사실 이런 이유들은 순전히 이차적인 것이다. 지나친 개인주의는 자살을 유발하는 원인을 촉발할 뿐 아니라 그 자체가 자살을 유도하는 원인이다. 지나친 개인주의는 자살 의도를 막는 장애물을 제거할 뿐만 아니라 처음부터 자살 경향을 만들어 내어 특별한 종류의 자살을 일으킨다. 이 점을 분명히 이해해야 한다. 이것이 바로 우리가 방금 분류한 이기적 자살 유형의 특성이며 이기적 자살이란 명칭을 정당화한다. 그렇다면 개인주의의 어떤 점이 이런 결과를 가져오는가?

흔히 말하기를, 인간은 심리적 기질 때문에 자신을 초월하고 영속성을 갖는 어떤 대상에 귀속되지 않고는 살 수 없다고 한다. 이런 귀속이 필요한 이유는 우리가 완전히 소멸되기를 원치 않기 때문이다. 인생은 어떤 존재의 이유 없이, 삶의 고통을 정당화하는 어떤 목적이 없이는 살아가기 어렵다고들 한다. 개인만으로는 삶의 충분한 목적이 못 된다. 한 개인은 너무 작기 때문이다. 개인은 공간적으로 제약되어 있을 뿐 아니라 시간적으로도 엄격한 제약을 받는다.

따라서 우리가 자신 외에는 아무 목적도 없다면 우리 자신이 결국 사라지기 때문에 모든 노력이 허사로 끝난다는 생각을 하지 않을 수 없다. 그러나 허무주의는 우리를 두렵게 한다. 그와 같은 상황에서는 아무리 노력해도 아무것도 남지 않을 것이기에 삶의 용기와 행동하고 투쟁할 용기를 잃게 된다. 다시 말해서 이기주의는 인간성에 배치되며 영속성을 갖기에는 너무나 불확실한 상태다.

그러나 이 주장을 절대적 진리로 보기에는 허점이 있다. 만일 인격의 소멸이라는 생각이 그렇게 끔찍하다면 스스로 삶의 가치를 도외시함으로써 삶에 만족할 수 있다. 그러나 설혹 우리가 소멸하리란 생각을 어느 정도는 회피할 수 있더라도 그 생각을 완전히 떨칠 수는 없을 것이다. 어떤 방법을 쓰더라도 결국은 불가피하다. 몇 세대 동안 소멸을 연기할 수 있고 몸은 죽어도 이름은 몇십 년, 몇백 년 동안 남게 할 수 있을지는 모르지만 대부분의 사람에게는 모든 것이 소멸하는 순간이 너무도 빨리 찾아온다. 우리가 존재를 연장하기 위해 참여한 집단 역시 유한하다. 집단도 결국은 와해되며 그와 함께 우리가 기울인 모든 노력도 사라진다. 인류의 역사가 유지되는 한 계속 기억될 명성을 가진 사람은 거의 없다.

그러므로 우리가 영원한 삶을 갈망한다면 그처럼 짧은 전망은 우리를 만족시킬 수 없다. 그뿐만 아니라 우리 안에 무엇이 남을 것인가? 하나의 말, 하나의 소리, 미미한 흔적, 대부분은 이름도 없는 것들이다.[47] 따라서 우리가 기울인 열렬한 노력과는 비교될 수 없고 우리의 노력에 합당하지 않은 것들이다. 어린아이들은 스스로 생존하려는 열망을 조금도 느끼지 않는 타고난 이기주의자들이며 노인들은 이런 면에서나 다른 여러 측면에서 종종 어린아이와 같지만 그들은 성인들에 비해 생명을 포기하는 일이 드물다. 실제로 15세 이하에서는 자살이 매우 드물며 노년기에도 자살이 감소하는 경향이 있음을 앞서 살펴보았다. 이는 동물의 경우도 마찬가지다. 동물의 심리적 특성은 인간과 정도의 차이만 있을 뿐이다. 따라서 자신의 외부에서 존재 이유를 찾을 수 있어야만 삶이 가능하다는 주장은 틀렸다.

신체의 모든 기능은 개인만을 위한 것이다. 그 기능들은 인간의 육체적 삶을 위해 불가결하다. 그 기능들은 그런 목적을 위해서만 만들어졌으며 목적을 달성함으로써 완성된다. 따라서 그러한 기능에 관한 한 인간은 아무런 자기 초월적 목적 없이도 합리적으로 활동할 수 있다. 이 기능들은 순전히 개인에게 봉사함으로써만 존재 가치를 갖는다. 따라서 개인은 다른 욕구를 갖지 않는 한 충분히 자족할 수 있으며 산다는 것 이외의 다른 목적 없이도 행복하게 살 수 있다. 그러나 문명 세계의 성인은 그렇게만 해서는 살 수가 없다. 신체적 욕구 외에도 많은 관념과 감정, 관습을 가지고 있다. 예술, 도덕, 종교, 정치적 신념, 과학 등은 신체의 소모를 보완하기 위한 것이 아니며 기관의 기능을 도와주는 것도 아니다.

육체적 삶을 넘어선 이런 삶은 자연환경의 요구 때문이 아니라 사회적 환경의 요구 때문에 생겨나고 확장된다. 사회의 영향은 우리를 다른 사람에게로 이끄는 동정심과 연대의식을 일으킨다. 사회는 우리를 사회에 적합한 모습으로 만들며 종교적, 정치적, 도덕적 신념을 주입하고 이 신념들은 우리의 행동을 통제한다. 우리는 사회적 역할을 수행하기 위해 지식을 넓히려고 노력한다. 그리고 우리에게 축적된 지식을 제공해서 자기 계발의 수단을 주는 것도 역시 사회다.

이처럼 인간 행위의 고차원적 형태는 집단적 기원을 가지므로 그러한 행위는 집단적 목적을 갖는다. 그러한 행위는 사회에서 유래되므로 사회를 준거로 한다. 즉 이 행위들은 우리 각자 안에서 구체화되고 개별화된 사회 그 자체다. 그러나 그런 인간 행위의 존재 이유를 우리가 인정하기 위해서는 그 목적이 우리에게도 흥미로운 것이어야 한다. 우리는 사회 자체에 의존하는 정도만큼 인간 행위에 의존한다. 반대로 우리가 사회로부터 멀어져 있다고 느끼는 정도만큼 사회적 기원과 목적을 갖는 삶으로부터 멀어진다.

만일 우리를 위해 봉사하고 우리가 참여해야 하는 외부적 존재가 아무것도 없다면 온갖 희생을 치르면서 우리를 구속하는 도덕률이나 법 개념, 제약적인 교의들이 존재할 목적이 없다. 과학 그 자체에 무슨 목적이 있겠는가? 만일 과학이 우리의 생존 기회를 늘리는 데 사용될 뿐이라면 과학이 수반하는 문제를 감내해야 할 이유가 없다. 그와 같은 역할은 본능만으로도 충분히 해낼 수 있으며, 동물들이 이를 증명한다. 본능 대신 우유부단하고 불확실한 성찰을 택할 이유가 없다. 그리고 무엇보다도 모든 노고의 목적은 무엇인가? 만일 사물의 가치가 개인을 위한 것으로만 평가된다면 그와 같은 수고는 무가치하고 이해될 수 없는 것이다.

이러한 문제는 확고한 신념을 가진 사람이나 가족 사회 또는 정치 사회에 강력하게 연결된 사람들에게는 존재하지 않는다. 그들은 본능적으로 아무런 성찰 없이 자신들의 존재와 행동을 교회나 교회의 살아 있는 상징인 신에게, 또는 자신의 가족에게, 혹은 국가나 정당에 귀속시킨다. 그들은 어려움 속에서도 자신이 속한 집단의 영광을 바라 볼 뿐이며 집단에 충성을 다한다. 그래서 기독교인들은 육신에 대한 경멸을 드러내고 신의 모습을 닮을 기회로 박해를 받아들인다. 그러나 신자들이 회의를 느끼면 느낄수록, 즉 그가 속한 종교적 공동체의 진정한 일원이라고 느끼지 않게 되어 신앙에서 멀어지고 가족이나 공동체가 낯설게 느껴질수록 그만큼 자기 자신을 이해할 수 없게 되며 결국 다음과 같은 괴롭고 고통스러운 질문을 피할 수 없게 된다. "무엇 때문에 사는가?"

흔히 말하듯이 인간이 이중적이라면, 그것은 육체적 인간에 사회적 인간이 중복되기 때문이다. 사회적 인간은 그가 상징하고 봉사하는 사회를 전제로 한다. 만일 사회가 해체되면, 사회가 우리를 위해 존재하고 작용하는 것을 느끼지 못한다면, 우리 안에서 사회적인 모든 것은 그 목적과 기반을 잃게 된다. 남는 것은 우리가 조금만 성찰해도 사라지게 될 인위적인 환상들뿐이며 그것은 행동의 목표가 될 수 없다.

그러나 사회적 인간이야말로 문명화된 인간의 본질이며 가장 훌륭한 존재 형태다. 그러므로 우리가 의존할 유일한 삶이 더 이상 현실이 아니며, 현실적으로 가능한 유일한 생활 방식이 우리의 욕구를 충족시킬 수 없게 되면 살아갈 이유를 상실하게 된다. 이미 고차원의 생활방식을 접했기 때문에 어린아이나 동물이라면 만족할 생활 방식으로는 더 이상 만족할 수 없으며, 다른 생활양식도 이미 사라졌기 때문에 절망하게 된다. 그리하여 더 이상 붙잡으려고 노력할 만한 것도 없고 그저 공허하게 사라져 가는 것을 느낄 뿐이다.

이러한 의미에서 우리의 활동이 초월적인 목적을 필요로 한다는 것은 옳은 말이다. 우리가 초월적 목적을 필요로 하는 것은 실현 불가능한 불멸의 환상 속에 머물고 싶어서가 아니다. 초월적 목적은 우리의 도덕성 속에 내재하는 것으로 도덕성 자체가 존재 이유를 상실하지 않는 한 조금도 사라지지 않는다. 하지만 도덕성을 상실하는 혼란을 겪는다면 극히 작은 실망만으로도 쉽사리 절망적인 결심을 하게 될 것이다. 만약 삶이 애써 살 가치가 없다면 모든 일이 자살하기 위한 구실이 될 수 있다.

이뿐만이 아니다. 그와 같은 사회로부터의 유리는 한 개인에게만 일어나는 일이 아니다. 국민성의 구성 요소에는 삶의 가치를 평가하는 방식도 포함된다. 사람들로 하여금 사물을 밝게 보게 하거나 어둡게 보게 하는 기질, 사람들을 애수에 빠지게도 하고 명랑하게도 하는 기질은 개인적일 뿐만 아니라 집단적인 기질이기도 하다. 사실상 사회만이 삶의 가치에 대한 집단적 견해를 전승할 수 있다. 이러한 면에서 개인은 무력하다. 개인은 자신과 자신의 좁은 활동 범위밖에 모른다. 따라서 개인의 경험은 보편적 평가의 기초가 되기에는 너무나 제한적이다. 개인은 자신의 삶에 아무런 목적도 없다고 생각할 수 있지만, 다른 사람에 대해서는 아무것도 말할 수 없다.

반대로 사회는 사회 자체에 대한 느낌을 보편화해서 말할 수 있다. 사회는 지금 사회가 건강한지, 건강하지 못한지를 보편화해서 말할 수 있다. 이것은 궤변이 아니다. 왜냐하면 개인들은 사회생활을 깊숙이 공유하고 있기 때문에 사회가 병든다면 개인도 감염되지 않을 수 없기 때문이다. 사회가 앓는 병은 불가피하게 개인들도 겪는다. 사회는 전체이기 때문에 사회의 병은 각 부분에 전염된다. 따라서 사회가 해체된다는 것은 일반적인 생활을 위한 정상적 조건이 손상된다는 것이다. 사회는 우리의 보다 나은 자아가 의존하는 존재 이유이기 때문에 우리의 활동이 무의미하다는 인식 없이는 사회를 떠날 수 없다. 우리는 사회의 작품이기 때문에 작품이 무가치한 것이 되었다는 느낌이 없이는 사회 자체의 퇴락을 의식할 수 없다.

그러므로 좌절과 실망의 물결은 특정한 개인에게서 나오는 것이 아니라 사회 자체의 해체를 나타낸다. 그것은 마치 개인의 슬픔이 만성이 되면 개인의 신체가 해로운 것과 같이 사회적 연대의 해이, 일종의 집단 쇠약증, 사회적 질병이 나타난다. 이 시기에는 형이상학적이고 종교적인 체제가 등장하여 모호한 감정을 정리하기 위해 삶의 무의미성을 주장하며, 삶이 목적을 갖는다는 것은 자기기만이라고 주장한다.

이 시기에는 새로운 도덕이 나타나 사실을 윤리로 격상시키고 자살을 칭송하거나 짧은 삶을 권유하여 자살로 유도한다. 얼핏 보기에 그러한 도덕은 비관적 교리로 악명 높은 창시자들이 만들어 낸 것 같지만, 실제로 그러한 도덕은 원인이라기보다는 결과다. 그런 도덕은 사회적 유기체의 생리적 고통을 추상적 언어와 체계적 형태로 상징화한 것에 불과하다.[48]

이런 경향은 집단적이므로 그 집단적 기원 때문에 개인들에게 영향을 미칠 권위를 갖게 되며, 사회의 해체 때문에 이미 개인들이 겪고 있는 정신적 고뇌를 더욱 가중시킨다. 그러므로 개인이 극단적 열정으로 사회적 환경에서 자신을 해방시키는 순간에도 여전히 사회의 영향에 굴복하는 것이다. 개인이 아무리 개체화된다고 해도 언제나 집단적인 무언가가 남는다. 지나친 개인주의로 인한 우울과 의기소침도 그 한 예다. 개인이 서로 유대를 맺을 것이 아무것도 없을 때는 슬픔을 나눔으로써 유대를 맺는 것이다.

그러므로 이런 형태의 자살은 이기적 자살이라고 부를 수 있다.

이기주의는 자살에 기여하는 요인일 뿐만 아니라 자살을 발생시키는 원인이다. 이 경우에 개인과 사회를 연결하는 유대가 느슨해짐으로써 삶과의 연결 고리 역시 약해진다. 사생활 문제가 자살의 직접적 계기이자 결정적 원인으로 보이지만, 사실 이것은 우발적인 원인에 불과하다. 개인이 사소한 충격 상황에서도 자살하는 것은 사회가 그를 자살의 쉬운 먹잇감으로 만들어 놓았기 때문이다.

이 설명은 몇 가지 사실 근거가 있다. 자살은 어린이들 사이에서는 아주 드물고 노년층에서는 줄어드는데, 이들의 경우에는 육체적인 삶이 큰 비중을 차지한다. 어린이들은 아직 사회화가 결여되어 있으며, 사회는 어린이들을 사회적으로 만들 시간을 갖지 못했다. 노인들은 사회에서 물러났다. 즉 사회에서 은퇴한 것이다. 그러므로 이들은 사회가 없어도 자족적인 삶을 누릴 수 있는 사람들이다. 그들은 자신을 초월하는 존재를 통해 자기를 완성할 필요성을 덜 느끼며, 살아가는 데 필요한 존재의 결핍도 덜 느낀다.

동물들이 자살하지 않는 것도 같은 원인 때문이다. 다음 장에서 미개 사회에도 고유의 자살 형태가 있지만, 우리가 여기서 논하는 형태의 자살은 없다는 것을 알게 될 것이다. 그들의 사회생활은 매우 단순하므로 개인들의 사회적 경향 역시 매우 단순하여 작은 사회성으로도 만족할 수 있다. 그들은 자신이 귀속할 외적 목적을 쉽게 찾을 수 있다. 그들은 신과 가족만 있으면 어느 곳에 가든지 그들의 사회성이 요구하는 모든 것을 충족할 수 있다.

이것은 또한 여성이 남성보다 고립된 삶을 더 잘 견디는 이유이 기도 하다. 과부가 홀아비보다 사별 상태를 더 잘 견디며 재혼의 필요성을 덜 느끼는 것을 가지고, 여성이 가족 없이 쉽게 견딜 수 있는 것은 여성의 우월성의 증거라고 생각하는 사람들도 있다. 그 에 따르면 여성의 정서적 기능은 매우 왕성하여 가정 밖에서도 쉽 게 발휘되는 데 반해서, 남성은 여성의 헌신 없이는 삶을 견딜 수 없다고 생각한다. 그러나 사실 그와 같은 여성의 특권은 여성의 감 성이 고도로 발달하였기 때문이 아니라 미성숙하기 때문이다.

여성은 남성보다 공동체 생활에 덜 참여하기 때문에 사회적 영 향이 덜 미쳤다. 즉 사회성의 영향을 덜 받기에 여성에게는 사회가 덜 필요하다. 여성은 사회적 욕구가 적어서 쉽게 만족하는 것이다. 가령 몇 가지 헌신적인 활동과 반려동물만 있으면 늙은 미혼 여성 의 생활은 충만하다. 만약 여성이 종교적 전통을 충실하게 따르고 그에 따라 자살을 방지할 수 있다면, 그것은 그처럼 매우 단순한 사회적 형태로 그녀의 모든 욕구가 충족되기 때문이다.

그와 반대로 남성은 그러한 면에서 훨씬 더 어려움을 겪는다. 사 고와 활동이 발달할수록 사람은 낡은 형태에 만족하지 못하고 새 로운 형태를 필요로 한다. 그는 보다 복잡한 사회적 존재이기 때문 에 균형을 유지하기 위해서는 자기 외부의 요소들에 의지해야만 한다. 결국 남성의 정신적 균형은 보다 많은 조건에 의존하기에 보 다 쉽게 무너진다.

제4장 이타적 자살[1]

존재에 있어 절대적 선(善)이란 없다. 생물학적인 특성은 그 한계를 벗어나지 않는 범위 내에서만 기능상의 목적을 실현할 뿐이다. 사회적 현상 역시 마찬가지다. 우리가 앞에서 본 바와 같이, 만약 지나친 개인주의가 자살을 일으킨다면 개인주의의 부족함 역시 같은 결과를 가져온다. 인간이 사회로부터 유리되면 내면적으로 자살을 억제할 힘이 약해지며, 사회적 통합이 너무 강해도 마찬가지다.

미개 사회에서는 자살이 일어나지 않는다고들 한다.[2] 이런 주장은 부정확하다. 물론 지금까지 우리가 살펴본 이기적인 자살은 미개 사회에서는 흔히 일어나지 않는 것 같다. 그러나 다른 종류의 고유한 자살 형태가 있다.

바르톨린(Bartholin)은 그의 저서 《덴마크의 죽음 경시의 원인(De Causis contemptae mortis a Danis)》에서 덴마크 전사들은 늙고 병들어 죽는 것을 불명예로 알았으며 그러한 치욕을 피하기 위해 자살했다고 보고했다. 고트족 역시 자연사하는 사람은 독을 뿜는 괴물로 가득 찬 동굴 속에서 영원히 고통받게 된다고 믿었다.[3] 서고트족의 변경에는 '선조들의 바위'라고 불리는 높은 봉우리가 있는데, 삶에 지친 노인들은 그 꼭대기에 올라가 몸을 던져 자살했다고 한다. 이런 관습은 트라키아인과 헤룰리족 등에게서도 찾아볼 수 있다. 실비우스 이탈리쿠스(Silvius Italicus)는 스페인 켈트족에 대해 이렇게 말했다.

"그들은 목숨을 아끼지 않는 민족이며 죽음을 갈망한다. 켈트족은 혈기왕성한 시기가 지나면 시간의 흐름을 견디지 못하며 노년이 되도록 기다리는 것을 경멸한다. 그들은 삶을 언제 끝낼지 스스로 결정한다."[4]

따라서 그들은 자살한 사람은 낙원에 가고, 노쇠나 질병으로 사망한 사람은 음산한 지하에 떨어진다고 여겼다. 고대 인도 경전인 《베다(Veda)》에서는 자살을 호의적으로 묘사하지 않지만 그런 관습이 매우 오래된 것만은 분명하다. 플루타르코스(Plutarchos)는 칼라누스(Calanus)라는 브라만의 자살에 관해서 이렇게 기록하였다.

"그는 이 나라의 현인(賢人)들이 흔히 하는 관습대로 스스로 목숨을 끊었다."[5]

그런가 하면 퀸투스 쿠르티우스(Quintus Curtius)는 이렇게 기록하였다.

"그들은 거칠고 잔인한 사람들을 현인이라고 부른다. 죽음의 시간을 앞당기는 것이 그들에게는 영광이었고, 노쇠나 질환이 괴롭히게 되면 즉시 스스로 자신의 몸을 불태웠다. 그들에게는 수동적으로 죽음을 맞이하는 것은 불명예다. 따라서 노쇠해서 죽은 시신에는 아무런 존경도 표하지 않는다. 살아 있는 인간 제물이 아니라면 불을 더럽히는 것이 된다."[6]

피지,[7] 뉴헤브리디스, 망가[8] 등에서도 비슷한 사실이 발견된다. 케오스에서는 일정한 연령이 지난 노인들이 한데 모여 엄숙한 축제를 열고 머리에 화관을 쓴 채 즐겁게 독초에서 추출한 헴록이란 독약을 마신다.[9] 우리는 그와 같은 관행을 트로글로다이트[10]와 세리족에게서도 찾아볼 수 있는데, 그들은 도덕성이 높은 것으로 알려져 있다.[11]

그뿐 아니라 이러한 민족의 여인들은 남편이 죽으면 스스로 목숨을 끊을 것을 강요받기도 했다. 이런 야만적인 관행은 힌두 풍습에 깊이 뿌리박혀 있었기 때문에 이를 막으려고 한 영국인들의 노력도 헛수고였다. 1817년에는 벵골의 한 주에서 706명의 과부가 자살하였고, 1821년에는 인도 전체에서 2,366명이 자살하였다.

게다가 왕자나 부족장이 죽게 되면 그의 신하들은 그보다 더 오래 살아서는 안 되었다. 골에서도 그런 사례를 찾아볼 수 있다. 앙리 마르탱(Henri Martin)에 따르면, 족장의 장례식은 그의 의복, 무기, 애마, 시종들과 더불어 마지막 싸움터에서 족장과 함께 전사하지 못한 부하들을 다 함께 불태우는 피비린내 나는 살육의 현장이었다고 한다.[12] 족장의 부하들은 족장보다 오래 살 수 없었다.[13] 아샨티족의 경우에는 왕이 죽으면 그의 신하들도 따라 죽어야 했다. 관찰자들은 하와이에서도 같은 풍습을 발견했다.[14]

그러므로 자살은 원시 부족 사이에서 매우 흔했음이 분명하다.

그러나 그들의 자살에는 특수성이 있다. 앞에서 예로 든 모든 사실은 다음의 세 범주 중 하나에 속한다.

1. 늙거나 병든 남자의 자살
2. 남편이 사망한 여자의 자살
3. 족장의 죽음을 따른 부하나 시종의 자살

그런데 이런 경우는 자살을 권리로 여겨서가 아니라 의무이기 때문에 하는 것이다. 만일 그 의무를 수행하지 않으면 명예를 잃게 될 뿐 아니라 종교적인 제재를 통해 징벌을 받는다. 물론 우리는 노인이 자살했다는 소식을 들으면 노년의 권태나 고통이 원인일 거라고 얼핏 생각하기 쉽다. 그러나 노인이 자살할 이유가 전혀 없다면, 즉 단순히 견디기 힘든 삶에서 벗어나고 싶어서 자살하려는 것 외에는 딱히 자살을 강요받지는 않는다. 특권의 행사는 의무가 아니다.

그러나 노인들이 계속 생존을 고집하면 사람들의 존경을 상실하게 되는 사례들이 있다. 어떤 사회에서는 그러한 노인에게는 장례 의식을 치러 주지 않으며, 또 어떤 사회에서는 내세에 끔찍한 삶을 맞는 것으로 여긴다. 결국 자살하도록 사회적 압력이 가해지는 것이다. 물론 이기적 자살의 경우에도 역시 사회가 개입한다. 그러나 그 개입은 두 경우에 서로 다르게 나타난다. 첫 번째 경우에는 사회가 자살을 선고한다. 두 번째 이기적 자살의 경우에는 사회가 죽음의 선택을 금지한다. 즉 이기적인 자살에서 사회는 기껏해야 자살을 제의하거나 상의할 뿐이다. 그러나 이타적인 자살의 경우에는 사회가 자살을 강요하며 자살 의무가 강제성을 띠는 조건과 상황을 만들어 낸다.

그러므로 사회는 사회적 목적을 위해 이런 희생을 요구한다. 추종자가 족장과 같이 죽어야 하고 시종이 주인을 따라 죽어야 하는 경우는 추종자와 족장, 신하와 군주의 상호 의존 관계가 사회의 구성에 깊이 뿌리내려 그 관계의 분리를 생각할 수 없기 때문이다. 추종자의 운명은 군주의 운명과 뗄 수 없다. 의복과 무기뿐만 아니라 신하까지도 주인이 가는 곳이면 무덤 속이라도 따라가지 않으면 안 된다. 만일 다른 가능성이 있다면 사회적 예속 관계가 무력해질 것이다.[15]

아내와 남편의 관계도 마찬가지다. 그리고 노인이 자연사할 때까지 기다리지 않는 이유는 대부분의 경우 종교적 이유 때문일 것이다. 한 가족의 수호신은 가장(家長)의 몸에 거주한다고 여겨졌다. 그리고 사람의 몸에 깃든 신은 그 사람의 건강과 질병, 노쇠 등을 공유하는 것으로 여겨졌다. 그러므로 노쇠는 신을 약하게 하고, 무기력한 신의 보호를 받는 집단은 위협을 받는다. 이런 이유로 공동이익을 위해서 아버지는 삶의 마지막을 기다리기보다는 그가 지니고 있는 귀중한 위탁물을 후계자에게 물려주어야 한다.[16]

이상의 설명은 이러한 자살의 원인을 충분히 정의할 수 있다. 사회가 구성원에게 자살을 강요할 수 있으려면 개인의 인격이 작은 가치밖에 없어야 한다. 일단 개인의 인격이 형성되면 그 존재 권한은 우선 개인에게 부여되고 전쟁과 같은 특별한 상황에서만 존재 권한이 정지될 수 있다. 결국 이 같은 약한 개체화의 원인은 한 가지밖에 없다. 개인이 집단생활에서 그처럼 작은 가치밖에 갖지 못하는 것은 개인이 집단에 흡수되어 있기 때문이다. 즉 집단이 고도로 통합되어 있기 때문이다. 부분이 그 자체의 삶을 그토록 조금밖에 가질 수 없다는 것은 전체가 조밀하고 연속적인 덩어리이기 때문이다. 그리고 우리는 위의 관행이 나타나는 사회가 강력하게 통합된 사회임을 앞서 밝힌 바 있다.[17]

이러한 사회는 아주 적은 요소들로 구성되어 있기 때문에 모든 사람이 같은 생활을 한다. 관념, 감정, 직업 등 모든 것이 공통적이다. 또한 그런 집단은 아주 작은 규모이기 때문에 모든 사람이 서로 밀접하며 누구도 벗어날 수 없다. 결과적으로 언제나 모든 일에 집단적 상호 감시가 이루어지므로 이탈을 쉽게 방지할 수 있다. 그러므로 개인은 자신의 인격을 발전시키고 자신의 개성을 만들어 나갈 자신만의 환경을 만들 수 없다.

개인은 동료들과 다른 의도나 목적을 가질 수 없고 전체의 뗄 수 없는 일부분일 뿐이며 개인적 가치가 없다. 개인이 그처럼 작은 가치밖에 없으므로 개인이 자신을 해치는 행위는 비교적 약한 제재를 받는다. 그러므로 당연히 개인보다는 집단의 필요가 우선시되고 사회는 사소한 이유일지라도 무가치한 개인의 삶을 끝내는 데 주저하지 않는다.

따라서 이러한 자살 형태는 앞에서 본 자살 형태와는 극히 대조적이다. 앞서 본 이기적 자살이 지나친 개인화 때문이라면, 지금 우리가 논하는 자살은 지나치게 부족한 개인화 때문이다. 전자는 사회가 부분적으로 혹은 전체적으로 충분히 통합되지 못해서 개인이 사회를 벗어날 수 있기 때문에 일어나며, 후자는 사회가 개인을 너무 엄격하게 감독하기 때문에 일어난다.

자신만을 위한 삶을 살고 자신에게만 복종하는 자아의 상태에 '이기주의'라는 명칭을 부여한 것처럼, 그 반대의 상태는 '이타주의'라는 명칭으로 적절히 표현할 수 있다. 이타주의는 자아가 자신의 것이 아닌 상태, 자아가 다른 것과 뒤섞여 있는 상태, 행위의 목표가 자아의 외부에 있는 상태, 즉 자신이 참여하는 집단에 있는 상태다. 그러므로 극단적 이타주의로 인한 자살을 이타적 자살이라고 부른다. 그러나 그와 같은 자살은 또한 의무이기 때문에 행해진다는 특징을 가지므로 그 점이 명칭에 포함되어야 한다. 따라서 '의무적인 이타적 자살'이라고 부르기로 하자.

이 같은 자살을 정의하기 위해서는 그 두 개의 형용사를 결합해야 한다. 그 이유는 모든 이타적 자살이 의무적인 것은 아니기 때문이다. 어떤 이타적 자살은 사회가 노골적으로 강요한 것이 아니며 선택의 여지가 있다. 다시 말해서 이타적 자살은 여러 종류이며 우리는 방금 한 종류를 살펴보았을 뿐이다. 이제 다른 종류를 살펴보자.

위에서 언급한 종류의 사회에서는 아주 사소한 즉각적, 명시적 동기로 자살이 일어난다. 티투스 리비우스(Titus Livy), 카이사르(Caesar), 발레리우스 막시무스(Valerius Maximus) 등은 골족과 게르만족이 침착하게 자살하는 모습을 감탄 섞인 놀라움을 담아 기록하였다.[18] 켈트족은 술이나 돈을 얻어 낼 목적으로 죽음을 무릅쓴다고 알려져 있다.[19] 또 어떤 민족은 불이나 대양(大洋) 앞에서도 물러나지 않는 것을 자랑하기도 한다.[20] 현대의 여행자들은 많은 미개 사회에서 그와 같은 관행을 발견하고 있다. 폴리네시아에서는 아주 사소한 모욕 때문에 자살하는 사람을 흔하게 볼 수 있다.[21]

북아메리카 인디언들도 마찬가지여서 부부 싸움이나 질투만으로도 자살하는 남녀가 많다.[22] 다코타족과 크리크족은 아주 사소한 일로도 극단적인 행동을 저지른다.[23] 사소한 이유로도 쉽게 할복하는 일본인의 얘기는 잘 알려져 있다. 일본에서는 심지어 상대를 공격하는 것이 아니라 자신의 배를 가르는 솜씨를 겨루는 기이한 대결을 벌인다는 것이 보고되었다.[24] 이와 비슷한 사례가 중국, 베트남의 코친차이나, 티베트, 샴 왕국에서도 기록되어 있다.

위와 같은 경우에 사람들은 명백한 강압 때문에 자살하는 것은 아니다. 하지만 이런 자살도 의무적인 자살과 같은 종류라고 할 수 있다. 여론이 공식적으로 자살을 강요하는 것은 아니지만 확실히 자살에 우호적이다. 이런 사회에서는 삶에 연연하지 않는 것이 가장 높은 지위에 있는 사람에게까지도 미덕으로 간주되기 때문에 사소한 도발이나 허세로 삶을 버리는 사람이 찬양받는다. 따라서 자살은 사회적 위신을 얻고 부추겨지며, 이런 보상을 거부당하는 것은 정도가 낮기는 하지만 실제로는 처벌과 같은 효과를 갖는다.

한쪽에서는 모욕의 치욕에서 벗어나기 위해 자살한다면, 다른 쪽에서는 존경을 얻기 위해 자살한다. 어려서부터 삶에 큰 가치를 두지 않도록 교육받고 삶에 애착을 갖는 사람을 경멸하도록 교육받은 사람이라면 사소한 구실로도 삶을 버리게 될 것이다. 그처럼 가치 없는 희생은 쉽사리 바칠 수 있는 것이다.

의무적인 자살과 마찬가지로 이러한 관행은 미개 사회의 가장 근본적인 도덕적 특성과 관련되어 있다. 이 관행은 개인이 자신에 대해 관심이 없고, 무조건적인 자기 부정과 극기 훈련이 되어 있을 때만 지속될 수 있다. 그래야만 부분적으로 자발적인 자살이 일어나기 때문이다. 사회가 보다 분명하게 지시하는 자살과 마찬가지로 이런 자살도 역시 비인격적인 상태에서, 즉 우리가 이름 붙인 이타주의에서 일어난다. 이타주의는 원시인의 도덕적 특성이라 할 수 있다. 따라서 우리는 이러한 자살도 이타적 자살이라고 부를 수 있다.

그리고 만일 이러한 자살의 특수성을 좀 더 분명하게 드러내기 위해서 '선택적'이라는 말을 덧붙인다고 하더라도 이 말은 엄격하게 의무적인 자살에 비해 사회적 요구가 덜 분명하다는 것을 의미할 뿐이다. 사실상 이 두 종류의 자살은 어디에서부터 구별해야 할지 모를 정도로 서로 밀접하게 연관되어 있다.

끝으로 이타주의가 보다 직접적으로, 보다 과격하게 자살을 일으키는 경우도 있다. 앞에서 든 예에서는 특정한 상황이 일어나야만 자살이 발생한다. 사회가 자살을 강요하거나 혹은 명예에 관련된 문제가 일어나거나 아니면 적어도 어떤 불쾌한 사건 때문에 자살자가 보기에 삶의 가치가 보잘것없어지면서 발생한다. 그러나 아무런 특별한 이유 없이 자기 부정 자체가 찬양되기 때문에 순수하게 희생 그 자체의 기쁨을 위해서 자살하는 일도 있다.

인도는 이런 종류의 자살을 찾아볼 수 있는 대표적인 나라다. 힌두교도들은 브라만교의 영향으로 이미 자기 파괴의 경향을 가지고 있다. 물론《마누 법전》은 자살에 약간의 유보 조항을 두고 있다. 적어도 일정한 연령을 넘고, 적어도 한 명의 아들을 두어야 했다. 그러나 그 조건이 충족되었을 때에는 사람은 더 이상 살아서 할 일이 없다.

"위대한 성자들이 사용했던 방법 중 한 가지를 사용해서 자기 자신을 육신으로부터, 슬픔과 고통으로부터 해방시킨 브라만교도들은 명예롭게 브라만 천국에 들게 된다."[25]

불교는 흔히 이런 교리를 가장 극단적인 결과로 몰고 가 자살을 일종의 종교적 관행으로 만들었다고 비난받아 왔지만, 실은 불교는 자살을 비난한다. 불교가 열반에서의 자아 소멸을 최고의 기쁨이라고 가르치는 것은 사실이지만, 그와 같은 자아의 소멸은 현세에서 비폭력적으로 이루어야 한다. 물론 존재로부터의 도피를 추구하는 정신은 철저히 힌두교리의 정신이며, 또 힌두교도들의 기질에 어울리기 때문에 불교의 주요 종파에서도 여러 가지 형태로 나타나며 불교와 동시에 형성되었다.

그러한 경향은 자이나교에서도 마찬가지다. 자이나교의 성전에서도 자살이 실제로는 삶을 늘리는 것이라고 비난하고 있지만 많은 사원의 비문(碑文)을 보면 특히 남방의 자이나교도들 사이에서는 종교적 자살이 자주 일어났음을 알 수 있다.[26] 신도들은 단식 자살까지 하였다.[27]

힌두교도들에게는 갠지스강이나 그 밖의 다른 성스러운 강에서 죽는 관습이 널리 퍼져 있다. 비문을 보면 옛날에는 왕과 대신들이 그런 방법으로 죽음을 맞이했으며,[28] 그러한 미신은 19세기 초까지도 완전히 사라지지 않았다.[29] 브힐족은 시바 신에게 자신을 바치기 위해 종교적인 동기로 바위에서 뛰어내려 자살했다.[30] 어느 관리는 1822년에도 이런 희생 의식을 목격했다고 한다. 또 군중 앞에서 크리슈나 신상의 수레바퀴 밑으로 뛰어들어 자살한 광신자들의 얘기는 고전이 되었다.[31] 샤를부아(Charlevoix)는 일본에서 이런 종류의 의식을 관찰하였다.

"해안을 따라 늘어선 여러 척의 배에 광신자들이 가득 타고서 자신들의 몸에 돌을 매달고 물속으로 뛰어들거나 그들의 신을 찬양하는 노래를 부르며 그들이 탄 배를 차츰차츰 가라앉게 하는 광경을 흔히 볼 수 있었다. 많은 구경꾼이 그들의 용기를 찬양하고 그들의 명복을 빌면서 지켜보고 있었다. 아미타종의 신도들은 겨우 한 사람이 앉을 수 있는 공간밖에 없고 공기통으로만 숨을 쉬어야 하는 동굴 속에 스스로를 가둔다. 그들은 그곳에서 단식하며 조용히 죽음에 이른다. 또 어떤 사람들은 유황 불길이 솟아오르곤 하는 높은 산꼭대기까지 올라간다. 그들은 그곳에서 끊임없이 신을 부르며 자신의 생명을 제물로 받아달라고 기도하면서 불길이 솟아오르게 해 달라고 기원한다. 그러한 불길이 나타나면 그들은 그것을 신이 허락한 징표로 생각하며 깊은 심연 속으로 몸을 던진다. 이들 소위 순교자들은 깊은 존경을 받으며 오랫동안 기억된다."[32]

이보다 더 이타적인 성격의 자살은 없다. 이 경우에 개인은 진정한 자아를 찾기 위해 자신의 허물을 버리는 것이다. 그 진정한 자아를 어떤 이름으로 부르는가는 중요하지 않다. 그는 자신이 그 안에 있고 또 그 안에만 있는 것으로 믿고 진정한 존재가 되기 위해 자신을 합일시키려고 노력한다. 그러므로 개인은 자신만의 삶이 있다고는 생각하지 않는다. 비인격성은 극치에 다다르고 이타주의가 가장 극명한 상태. 그러나 이런 자살도 단지 사람들이 불행하다고 생각하기 때문에 일어나는 게 아니냐고 이견을 주장할수도 있다. 분명히 그처럼 자발적으로 자살하는 개인은 자신의 삶에 별 애착을 느끼지 않는 어느 정도의 우울증으로 간주할 수 있다. 그러나 그 점에서는 모든 자살이 다 마찬가지다.

그렇다고 해서 이들을 서로 구별하지 않는 것은 큰 잘못이다. 왜냐하면 불행하다는 생각은 항상 같은 원인에서 나오는 것이 아니며, 사례에 따라 동일하지 않고 반대되는 양상을 보인다. 이기주의자는 세상에서 자신 말고는 의미 있는 것을 찾지 못해서 불행하며, 지나친 이타주의자의 슬픔은 반대로 자신이 전혀 무의미하기 때문에 생긴다. 전자는 자신이 집착할 아무런 목적을 찾을 수 없어 자신이 무가치하고 목적이 없는 존재로 느껴지기 때문에 삶을 벗어던지며, 후자는 목표를 가지고 있지만 그 목표가 삶의 외부에 존재하므로 삶이 장애로만 여겨지기 때문에 삶을 버린다.

그러므로 원인의 차이는 결과에서 다시 나타나며, 서로의 우울함은 전혀 다르다. 전자의 우울은 헤어날 수 없는 권태와 슬픈 의기소침이며 모든 활동이 완전히 무력해지고 할 일을 찾지 못해 무너져 내린다. 그에 반해서 후자의 우울은 희망에서 나온다. 즉 내세의 아름다운 모습을 믿기 때문에 현세가 우울해진다. 후자의 경우는 오히려 열정과 믿음을 가지고 적극적으로 만족을 추구하며 극단적 행동으로 이를 확인한다.

더욱이 사람들이 어느 정도 삶을 우울하게 본다고 해서 그 때문에 자살에 강하게 끌리는 것은 아니다. 기독교도들도 자이나교도와 마찬가지로 현세의 삶을 그렇게 밝은 것으로 생각하지 않는다.

기독교인들은 현세를 슬픈 시험의 기간으로밖에 보지 않는다. 그들은 진정한 세상은 현세에 있지 않다고 생각한다. 그러나 기독교의 자살 혐오는 유명하다. 그 이유는 기독교 사회는 이전의 사회에 비해 개인에게 더 중요한 역할을 부여하기 때문이다.

기독교 사회는 피할 수 없는 개인적 의무를 부여한다. 개인은 현세에서 받은 의무를 완수해야만 내세의 즐거움을 누리도록 허락을 받으며, 내세의 즐거움은 그 즐거움을 얻게 만들어 준 의무와 마찬가지로 개인적인 것이다. 그러므로 이렇게 온건한 개인주의가 기독교 정신에 있기 때문에 인간과 그의 운명에 대한 교리에도 불구하고 기독교는 자살을 선호하는 경향이 없다.

이러한 정신적 관습의 논리적 기초를 만든 형이상학 또는 종교 체계를 보면 이것이 자살의 원인과 의미라는 결정적 증거가 있다. 자살은 보통 범신론적 믿음과 공존한다고 오래전부터 알려져 있었다. 물론 불교나 자이나교는 무신론적이다. 하지만 범신론이 반드시 유신론이라야 하는 것은 아니다. 범신론의 기본 성격은 개인에게 내재하는 실체는 개인 자신이 아니며 개인을 살아 있게 하는 영혼도 그 자신의 것이 아니므로 개인이란 실체는 없다는 관념이다.

그런데 이런 교의는 힌두교의 기본이며 브라만교에도 이미 그런 요소가 있다. 반대로 존재 원리가 이런 교리와 혼합되지 않고 존재가 개별적 형태로 여겨지는 경우, 즉 유대교, 기독교, 이슬람교와 같은 일신교 그리고 그리스-로마의 다신교 교인들에게는 이런 형태의 자살이 매우 드물다. 그들에게는 제의(祭儀)적 관습 형태로 이타적 자살이 발견되는 일이 전혀 없다. 따라서 이타적 자살과 범신론은 어떤 상관관계가 있는 듯하다. 이 관계는 무엇일까?

범신론 자체가 자살을 일으킨다고 생각해서는 안 된다. 그처럼 추상적인 관념은 사람들의 행동을 이끌지 못하며, 역사의 과정은 단순한 형이상학적 개념의 작용만으로는 설명할 수 없는 것이다. 개인뿐만 아니라 민족의 경우에도 정신적 표상은 스스로 나타난 것이 아니라 실체의 표현으로 기능할 뿐이다. 정신적 표상은 그 실체로부터 나오며 설혹 나중에 정신적 표상이 실체를 바꾼다고 하더라도 제한적 범위 내에서만 그럴 수 있을 뿐이다.

종교적 관념은 사회적 환경의 창조자라기보다는 그 산물이다. 그리고 일단 형성된 종교적 관념이 그 형성 원인(사회적 환경)에 반작용한다고 하더라도 심각한 것일 수 없다. 그러므로 범신론의 핵심이 모든 개체의 철저한 부정이라면 그러한 종교는 개인이 아무런 중요성도 없는 사회, 즉 개인이 그룹에 거의 흡수된 사회에서만 존재할 수 있다. 왜냐하면 인간은 자신이 살고 있는 작은 사회의 모습으로만 세계를 이해할 수 있기 때문이다. 그러므로 종교적 범신론은 범신론적 사회 조직의 결과이며 그 반영에 불과하다. 따라서 우리는 항상 범신론과 관련되어 일어나는 이 특별한 자살의 원인을 그러한 사회에서 찾아야 한다.

이와 같이 우리는 두 번째 유형의 자살을 검토하였다. 이 유형은 다시 세 종류로 나누어진다. 의무적인 이타적 자살, 선택적인 이타적 자살, 신비주의적 자살의 완전한 형태인 극명한 이타적 자살이다. 이 여러 가지 형태의 이타적 자살은 이기적 자살과 가장 극명한 대조를 이룬다. 이타주의는 전적으로 개인적인 모든 것을 부정하는 조잡한 도덕에 기인하며, 이기주의는 개인의 인격을 높은 위치에 두고 아무것에도 예속시키지 않는 세련된 윤리와 관련된다. 따라서 양자 사이에는 원시인과 문명인의 모든 차이가 있다.

이타적 자살은 미개 사회가 단연 주요 무대이지만 최근의 문명 사회에서도 찾아볼 수 있다. 그와 같은 자살의 범주에는 기독교 순교자들의 죽음이 포함될 수 있다. 스스로 자신을 죽이지 않았다고 하더라도 자신들의 학살을 자발적으로 허용한 기독교 개종자들의 행동은 실제로 자살이었다. 그들은 비록 자결하지 않았다고 해도 그들이 할 수 있는 한 죽음을 추구했고 죽음이 불가피하도록 행동했다. 자살은 죽음이라는 결과를 피할 수 없는 행동을 자살자가 그 결과를 충분히 알고서 행하는 것을 뜻한다. 그 외에도 신생 종교인 기독교의 신자들이 열렬한 열성으로 최후의 고문에 맞섰다는 사실은 그들이 스스로를 바치기로 한 신념을 위해 그들의 인격을 완전히 포기했음을 입증한다. 몇 차례 중세의 수도원을 휩쓸었던 자살의 광풍도 분명히 종교적 열정의 과잉 때문이며 이러한 성격의 자살에 속한다.[33]

현대 사회에서 개인의 성격은 집단의 성격으로부터 보다 자유로 위겼으므로 그와 같은 자살은 널리 퍼질 수 없을 것이다. 물론 오늘날에도 보르페르(Beaurepaire) 사령관이나 빌뇌브(Villeneuve) 제독처럼 패전의 굴욕보다 죽음을 택하는 군인이나 가문의 명예가 더럽혀지는 것을 막기 위해 자살하는 불행한 사람들처럼 여전히 이타적 동기로 자살하는 사람도 있다. 그들이 생명을 버리는 것은 자신보다도 더 사랑하는 어떤 것을 위해서다. 그러나 그런 자살은 오늘날에는 예외적이고 드물게 일어난다.[34] 하지만 오늘날에도 이타적 자살이 만성적으로 일어나는 특수한 환경이 있다. 바로 군대다.

유럽의 모든 국가에서 군인의 자살 경향은 같은 연령대 민간인의 자살 경향보다 높다는 것이 보편적 사실이다. 그 차이는 25%에서 900%까지 이른다고 한다([표 23] 참고).

[표 23] 유럽 각국의 군인과 민간인의 자살률 비교

	군인 1백만 명당 자살자 수	같은 연령의 민간인 1백만 명당 자살자 수	민간인에 대한 군인의 자살촉진계수
오스트리아 (1876~1890)	1,253	122	10
미국 (1870~1884)	680	80	8.5
이탈리아 (1876~1890)	407	77	5.2

영국 (1876~1890)	209	79	2.6
뷔르템베르크 (1846~1858)	320	170	1.92
작센 (1847~1858)	640	369	1.77
프로이센 (1876~1890)	607	394	1.50
프랑스 (1876~1890)	333	265	1.25

덴마크는 두 집단의 자살률이 실질적으로 같은 유일한 나라다. 1845~1856년에 민간인 1백만 명 중 388명, 군인은 1백만 명 중 382명이 자살했다. 그러나 이 숫자에는 장교의 자살은 포함되어 있지 않다.[35]

군대에는 자살을 막을 수 있는 요인이 많기 때문에 얼핏 보기에 이런 사실이 놀랍게 느껴질 수도 있다. 첫째, 신체적인 관점에서 볼 때 군대를 구성하는 인원들은 한 나라의 꽃이나 다름없다. 그들은 주의 깊게 선발되었으므로 심각한 신체적 결함이 없다.[36] 또 다른 곳에서와 마찬가지로 단체정신과 공동생활은 여기서도 예방 효과를 가진다. 그렇다면 그토록 큰 자살 촉진의 원인은 무엇일까?

장교가 아닌 군인들은 대개 결혼하지 않으므로 독신 상태가 영향을 미쳤을 거라는 주장이 있다. 그러나 우선 독신 상태는 오히려 민간인 생활보다 군대에서 부정적인 영향이 덜하다. 왜냐하면 방금 언급한 것처럼 군인은 결코 고립되어 있지 않기 때문이다. 그들은 부분적으로 가족을 대신하도록 고안된 강력한 조직 사회에 속한다. 이러한 가설이 사실이든 아니든 간에 이 요인을 독립적으로 관찰할 방법이 있다.

군인의 자살률을 같은 연령의 미혼자 자살률과 비교해 보면 된다. [표 21](216쪽)은 그러한 비교를 가능하게 해 주며, 이 표의 중요성이 다시 한번 분명해진다. 1888~1891년에 프랑스에서는 군인 1백만 명당 380명이 자살했다. 그러나 같은 시기 20~25세의 미혼 남성 자살률은 불과 237명이다. 그러므로 미혼 민간인 남성의 자살 1백 건당 160건의 군인 자살이 있는 셈이며, 자살촉진계수는 1.6으로 이는 독신 상태와 전혀 무관하다.

부사관의 자살을 별도로 계산한다고 하더라도 자살촉진계수는 여전히 높다. 1867~1874년에는 부사관 1백만 명당 연평균 993명의 자살률을 보였다. 1866년의 국세조사에 의하면 그들의 평균 연령은 31세를 약간 넘는다. 물론 우리는 당시 30세 미혼남의 자살률이 어느 정도였는지 알지 못한다. 우리가 작성한 표는 그보다 훨씬 최근(1889~1891)의 통계만을 보여 주는데 그것이 우리가 가진 자료의 전부다. 그러나 그 통계를 사용함으로써 생길 수 있는 오차는 모두 부사관들의 자살촉진계수를 실제보다 더 낮출 뿐이다. 실제로는 그 두 기간 동안에 자살자 수가 거의 두 배가 되었으며, 그 연령대 미혼 남성의 자살률도 틀림없이 더 올랐을 것이다.

결과적으로 1867~1874년의 부사관 자살률과 1889~1891년의 미혼 남성 자살률을 비교하더라도 우리는 자살에 미치는 군대의 부정적 영향을 실제보다 더 낮게 평가할 수는 있어도 높이지는 못한다. 그러므로 그러한 오차에도 불구하고 자살촉진계수가 나타난다면 그것은 그런 영향이 실재할 뿐 아니라 오히려 계수가 나타내는 것보다 더 많은 영향을 미친다는 것을 확신할 수 있다. 그런데 1889~1891년의 31세 미혼 남성 1백만 명당 자살자 수는 394명 내지 627명, 즉 평균 510명이다. 이것은 군인들의 자살률인 993명에 비해 100 대 194의 비율이다. 그러므로 자살촉진계수는 1.94인데 이것이 거의 4까지 올라갈 수 있다고 해도 지나친 과장이라고 볼 수 없다.[37]

끝으로 장교들은 1862~1878년에 1백만 명당 평균 430명의 자살률을 보였다. 그들의 평균 연령은 1866년에 37세 9개월이었는데 이것은 크게 달라질 수 없는 연령이다. 그런데 이들은 대부분 기혼자이므로, 이들을 같은 연령의 미혼 남성과 비교할 것이 아니라 미혼 남성과 기혼 남성을 포함하는 전체 남성과 비교해야 한다. 1863~1868년에 37세 전체 남성의 자살률은 1백만 명당 200명을 약간 상회하였다. 이 수치는 430명의 자살률에 비하면 100 대 215이며, 따라서 자살촉진계수는 결혼이나 가정생활과 관계없이 2.15가 된다.

계급에 따라 1.6에서 거의 4에 이르는 이 같은 자살촉진계수는 분명히 군인 신분과 관련된 원인 때문이다. 물론 우리는 그러한 영향이 있다는 것을 프랑스에서만 입증했을 뿐이다. 다른 나라에서는 고립된 독신 상태의 영향이 어떠한지 조사할 만한 충분한 자료가 없다. 그러나 프랑스 군대는 덴마크를 제외하고는 유럽에서 자살이 가장 적은 군대이므로 위와 같은 결과가 다른 유럽 국가에서도 일반적인 특성일 뿐 아니라 오히려 더욱 현저할 것이라고 확신할 수 있다. 그렇다면 군대에서의 자살은 어떤 원인 때문인가?

민간인보다 군인들이 알코올 중독자가 더 많으므로 알코올 중독이 원인이라는 주장도 있다. 그러나 우선 우리가 이미 입증한 것처럼 알코올 중독이 일반적인 자살률에 확실한 영향을 미치지 않는다면 군대의 자살에만 영향을 미칠 이유가 없다. 그리고 둘째로 불과 몇 해의 복무(프랑스는 3년, 프로이센은 2년 반)만으로 위에 설명한 것처럼 군대의 자살률을 크게 높일 만큼 많은 상습적 알코올 중독자가 생겨난다고는 생각하기는 어렵다. 끝으로 알코올 중독이 가장 중요한 원인이라고 생각하는 학자들조차도 알코올 중독성 자살을 전체 사례의 10분의 1밖에 발견하지 못하고 있다. 그러므로 비록 알코올 중독성 자살이 같은 연령의 민간인들에 비해 군인들에게 두세 배 더 나타난다고 하더라도, 군인의 자살이 민간인보다 훨씬 많은 이유는 다른 곳에서 찾아야 한다.

가장 흔히 언급되는 원인은 군대 생활에 대한 혐오다. 이러한 설명은 삶이 고통스럽기 때문에 자살이 일어난다는 통속적 관념과 일치한다. 엄격한 규율, 자유의 제한, 막사 생활의 불편 등은 특히 견디기 어려운 듯 보인다. 그러나 그보다 더 힘들면서도 자살의 경향이 높지 않은 직업도 많다. 군인은 적어도 의식주는 보장된다. 다음과 같은 사실은 이 견해가 부적절하고 지나치게 단순한 설명임을 말해 준다.

1. 군 복무에 대한 혐오감은 군대 생활 첫해에 가장 심하고 영내 생활에 익숙해짐에 따라 차츰 줄어든다고 가정하는 것이 논리적이다. 얼마만큼의 시간이 지나면 습관이 되고, 가장 반항적인 부류는 탈영하거나 자살하므로 나머지는 군 생활에 적응하게 되며, 군 생활을 오래 할수록 완벽하게 적응할 것이다. 그러므로 만약 군인들의 자살 경향이 갑작스러운 습관 변화와 새로운 생활에의 적응 실패에서 온다면 자살촉진계수는 군대 생활이 길어질수록 감소해야 한다. 그러나 다음 표에서 보는 바와 같이 사실은 그렇지 않다.

복무 기간	프랑스 군대 부사관 및 사병의 연간 자살률 (10만 명당, 1862~1869)	영국 군대 10만 명당 자살자 수		
		연령	국내 주둔	인도 주둔
1년 미만	28	20~25	20	13
1~3년	27	25~30	39	39
3~5년	40	30~35	51	84
5~7년	48	35~40	71	103
7~10년	76			

프랑스 군대의 경우 10년 미만의 군 복무 기간에 자살률이 거의 3배 증가하는데, 같은 기간 민간인 미혼 남성의 자살률은 237명에

서 394명으로 증가한다. 인도에 주둔한 영국 군대의 경우에는 자살률이 20년 동안 8배 증가하는데, 민간인의 자살률은 그렇게 급속하게 증가하는 일이 없다. 이 사실은 군대의 특징인 자살 증가가 군 복무 첫해에 집중된 일이 아님을 증명하고 있다.

이러한 상황은 이탈리아에서도 마찬가지인 듯하다. 물론 복무 기간별 비례 수치 자료는 없지만 3년의 복무 기간에서 복무 연도별 절대 수치는 실질적으로 거의 같게 보고되고 있다. 복무 첫해에는 15.1명, 두 번째 해에는 14.8명, 세 번째 해에는 14.3명이다. 그러나 해가 지날수록 군인의 수는 사망과 제대, 휴가 등으로 인해 줄어든다. 그러므로 절대 수치가 같은 수준에 머문다는 것은 비례 수치가 상당히 증가한다는 것을 의미한다. 그러나 나라에 따라서는 군 복무 초기에 생활의 급격한 변화 때문에 일어나는 자살이 어느 정도 있을 수도 있다.

실제로 프로이센에서는 처음 6개월 동안 유난히 많은 자살자가 발생한다고 한다. 오스트리아에서도 1천 명의 자살자 가운데 156명이 처음 3개월에 자살하였는데,[38] 이는 분명히 높은 숫자이다. 그러나 이것은 위에서 밝힌 사실과 모순되지는 않는다. 아마도 처음 몇 개월 동안의 어려운 시기에 일시적인 자살 경향 증가가 있고 난 뒤에, 우리가 프랑스와 영국에서 본 것 같은 방식에 따라 전혀 다른 원인에 의한 자살 경향의 증가가 있는 듯하다. 더구나 프랑스의 경우에는 둘째 해와 셋째 해의 자살률이 첫해의 자살률보다 약간 낮

을 뿐이며, 그 뒤로는 계속 증가한다.[39]

2.   장교 및 부사관의 군대 생활은 병사에 비해 고생이 덜하고 자유롭다. 따라서 장교 및 부사관의 자살촉진계수는 병사의 계수보다 작아야 한다. 그러나 사실은 그 반대다. 우리는 이미 프랑스에서 그 사실을 밝힌 바 있다. 그런데 이는 다른 나라에서도 마찬가지다. 이탈리아에서는 1871~1875년에 연평균 1백만 명당 565명의 장교가 자살했고, 병사의 자살은 230명에 불과했다(모르셀리의 통계). 부사관의 비율은 더욱 높아서 1백만 명당 1천 명에 이른다.

   프로이센의 병사는 1백만 명당 560명이 자살하는데, 부사관은 1,140명이나 되었다. 오스트리아에서는 병사 9명당 1명의 장교가 자살하며, 장교 1명당 병사의 수는 9명보다 훨씬 많을 것이 분명하다. 또한 병사 2명당 부사관의 수는 1명에 훨씬 못 미침에도 불구하고 병사 1명당 2.5명의 부사관 자살이 일어났다.

3.   군대 생활에 대한 혐오는 자발적으로 군인을 직업으로 선택한 사람들에게는 훨씬 적어야 한다. 따라서 자원자들과 재입대자들은 적은 자살 경향을 보여야 한다. 그러나 사실은 그와 반대로 그들의 자살률은 예외적으로 높다.

	1백만 명당 자살률	연령 (추정 평균)	같은 연령의 민간인 미혼 남성의 자살률(1889~1891)	자살촉진계수
자원자 (1875-1878)	670	25세	237~394(평균 315)	2.12
재입대자	1,300	30세	394~627(평균 510)	2.54

앞서 언급한 이유로 1889~1891년의 민간인 미혼 남성과 비교해서 계산된 이 계수들은 분명히 정확한 계수치보다 오히려 낮다. 그리고 재입대자의 자살 경향 수준은 그들이 이미 군 생활을 경험하고 난 후에 군대에 남은 사람들이므로 특히 주목할 필요가 있다.

따라서 가장 많이 자살하는 군인들은 군대 생활에 가장 익숙하고, 군의 필요에 가장 적합하며, 군 생활의 불편과 부족함을 가장 덜 느끼는 군인들이다. 따라서 군인이란 직업의 특이한 자살촉진계수는 군대 생활에 대한 혐오감 때문이 아니라 오히려 군인 정신을 이루는 습관과 천성을 포함하는 어떤 전체적인 상태 때문이다. 군인의 첫 번째 자질은 일종의 비인격성이다. 민간 사회에서는 이 정도의 비인격성을 요구하는 분야가 없다. 군인은 명령에 따라 자신을 희생할 수 있어야 하기에 목숨을 아끼지 않도록 훈련받아야만 한다.

그런 예외적 상황은 별개로 치더라도 군인은 평시에나 근무 시에나 명령에 의문을 제기하지 않고, 때로는 명령을 이해 못 하더라도 무조건 복종해야 한다. 이를 위해서는 개인주의와는 거리가 먼

지적 극기(자기 부정)가 필요하다. 그는 명령에 순순히 복종할 수 있도록 자신의 인격에 큰 가치를 두지 않는다. 즉 군인의 행동 원리는 그의 외부에 있으며, 이것이 바로 이타주의의 특질이다.

현대 사회를 구성하는 모든 요소 가운데 군대는 가장 미개 사회의 구조를 연상케 하는 요소다. 군대 역시 미개 사회처럼 개인에게 엄격한 기준을 강요하고 개인의 독립적 행동을 막는 집단적이고 단일한 그룹이다. 따라서 이 정신적 특질이 이타적 자살의 천혜의 토양이기 때문에 군대의 자살은 이타주의와 같은 성격이며 같은 원인에서 기인한다고 볼 수 있다.

이 견해는 복무 기간이 길수록 자살촉진계수가 증가하는 까닭을 설명할 수 있다. 군인들의 자기 부정 경향과 비인격적 경향은 오랜 훈련의 결과다. 군인 정신은 병사들보다는 재입대자나 부사관들에게 더 강하게 나타나므로 이들은 병사보다 더 큰 자살 경향을 띤다. 이 가설은 또한 부사관들이 장교보다 자살 경향이 큰 이유를 이해할 수 있게 한다.

부사관들이 더 많이 자살하는 이유는 그들의 역할이 수동적인 복종을 가장 많이 요구받기 때문이다. 장교는 아무리 훈련을 받더라도 어느 정도는 자율성을 지녀야 한다. 장교는 더 넓은 행동 영역을 가지며, 따라서 보다 많은 개성을 가진다. 그러므로 이타적 자살을 유발하는 조건은 장교보다 부사관 쪽이 훨씬 완벽하다. 장교들은 자신의 생명에 보다 큰 가치를 부여하므로 자살 경향도 적다.

이 설명은 위에서 진술한 사실들뿐 아니라 다음의 사실로도 확인된다.

1.   [표 23](287쪽)을 보면 민간인의 자살 경향이 적을수록 군인의 자살촉진계수는 더 높다. 그리고 반대로 민간인의 자살 경향이 클수록 군인의 자살촉진계수는 낮아진다. 덴마크는 자살로 유명한 나라다. 덴마크 군인들은 민간인보다 자살을 많이 하지 않는다. 덴마크 다음으로 자살이 많은 나라는 작센, 프로이센, 프랑스다. 그런데 이 나라들의 군인 자살촉진계수는 1.25~1.77로 특별히 높지 않다.

그와는 반대로 민간인의 자살이 흔하지 않은 오스트리아, 이탈리아, 미국, 영국 등에서는 군인의 자살촉진계수가 매우 높다. 앞에서 이미 언급한 논문에서 로젠펠드(Rosenfeld)는 특별히 어떤 이론적인 결론을 내리려는 의도는 없었지만 군인 자살의 관점에서 유럽의 주요 국가들을 비교해 보고서 같은 결론을 내렸다. 아래 도표는 그가 계산한 자살촉진계수와 그에 따른 각국의 서열이다.

	20~30세 민간인 대비 군인의 자살촉진계수	민간인 1백만 명당 자살률
프랑스	1.3	150(1871~1875)
프로이센	1.8	133(1871~1875)
영국	2.2	73(1876)
이탈리아	3~4	37(1874~1877)
오스트리아	8	72(1864~1872)

오스트리아가 이탈리아의 앞에 와야 하는 점을 제외하고 거의 정확하게 역비례 관계가 나타난다.[40]

그러한 관계는 오스트리아-헝가리 제국에서 보다 뚜렷하게 나타난다. 자살촉진계수가 가장 높은 부대들은 민간인의 자살률이 가장 낮은 지역에 주둔하는 부대들이며 그 반대도 사실이다.

군대 주둔 지역	20세 이상 민간인 대비 군인의 자살촉진계수		20세 이상의 민간인 1백만 명당 자살자 수	
빈(하부 및 상부 오스트리아, 잘츠부르크)	1.42		660	
브륀(모라비아 및 슐레지엔)	2.41		580	
프라하(보헤미아)	2.58	평균 2.46	620	평균 480
인스브루크(티롤, 포랄베르크)	2.41		240	
차라(달마티아)	3.48		250	
그라츠(슈타이어마르크, 케른텐, 카르니올라)	3.58	평균 3.82	290	평균 283
크라코프(갈리치아, 부코비나)	4.41		310	

단 하나 예외인 지역은 인스브루크로 이곳에서만 민간인의 자살률은 낮고 군인의 자살촉진계수는 평균 수준이다.

이탈리아에서도 마찬가지로 볼로냐는 군인의 자살률이 1백만 명당 180명으로 가장 낮은 곳인 동시에 민간인의 자살률이 가장 높은 곳이기도 하다(89.5명). 이와 반대로 풀리아주와 아브루치에서는 군인의 자살률이 각각 1백만 명당 370명과 400명으로 높고, 민간인의 자살률은 불과 15명과 16명으로 매우 낮다. 프랑스에서도 마찬가지 사실을 볼 수 있다. 파리 군대의 자살률은 1백만 명당

260명으로 440명의 자살률을 가진 브르타뉴 군대보다 훨씬 낮다. 파리 군인의 자살촉진계수는 센 도의 20~25세 민간인 미혼 남성의 자살률이 1백만 명당 214명이므로 사실상 매우 낮은 것임이 틀림없다.

　이러한 사실은 군인의 자살 원인이 민간인의 자살 원인과 다를 뿐만 아니라 반비례함을 증명한다. 유럽에서 민간인 자살의 주원인은 문명사회의 특징인 지나친 개인화에서 유래한다. 그러므로 군인의 자살은 그 반대의 경향, 즉 너무 약한 개인화 또는 우리가 이타주의라고 부르는 상황에서 발생한다. 사실상 군대를 비롯한 자살 경향이 높은 집단은 가장 발전이 덜 된 사회이며, 그 집단의 관습은 미개 사회의 관습과 비슷하다.

　개인주의 정신과 반대되는 전통주의는 작센, 프로이센, 프랑스보다 이탈리아, 오스트리아, 영국 등에서 더욱 강하다. 전통주의는 그라츠나 빈보다 차라와 크라쿠프에서 더 강하며, 로마와 볼로냐보다는 풀리아주에서, 센보다는 브르타뉴에서 더 강하다. 전통주의는 이기적 자살을 방지하므로 전통주의가 강한 곳에서는 민간인의 자살률이 낮다는 것을 쉽게 이해할 수 있다. 그러나 전통주의의 방지 효과는 그것이 온건할 때만 유효하다. 만일 전통주의가 정도를 넘어서게 되면 전통주의 그 자체가 자살의 원인이 된다.

　우리가 아는 바와 같이 군대는 전통주의를 강조하지 않을 수 없으며, 주변 환경이 이를 지지하고 보강해 주면 전통주의가 더욱 강조된다. 군대 교육의 영향은 민간인의 생각과 감정에 일치할수록 더욱 크게 나타나는데, 그것은 군대 교육이 전혀 제약을 받지 않기 때문이다. 그러나 군인 정신이 일반의 도덕관에 의해서 강력하게 그리고 일관성 있게 제한을 받는 사회에서는 군대 교육의 효과가 그렇게 강력할 수 없다. 따라서 사회 전체의 자살을 어느 정도 방지해 줄 만큼의 충분한 이타주의가 존재하는 사회에서는 군인들이 높은 자살촉진계수를 갖게 되리라는 점을 쉽게 이해할 수 있다.[41]

2. 어떠한 군대에서나 자살촉진계수는 정예 부대에서 가장 높다.

	실제 또는 추정 연령(평균)	1백만 명당 자살자 수	자살촉진계수	
파리 주재 특수 부대	30~35세	570(1862~1878)	2.45	모든 결혼 상태를 포함한 35세 민간인 남성과의 비교*
헌병대		570(1873)	2.45	
베테랑 (1872년에 폐지됨)	45~55세	2,860	2.37	1889~1891년 당시 같은 연령의 미혼 남성과의 비교

* 헌병과 경찰은 대부분 결혼하기 때문이다.

1889~1891년의 미혼 남성과 비교하여 계산된 마지막 계수는 매우 낮은 수치지만 일반 부대의 계수보다는 훨씬 높다. 마찬가지로 알제리에 주둔한 부대는 군인다움의 산실로 여겨졌는데, 이들이 1872~1878년에 1백만 명당 280명의 자살률을 보인 데 비해 프랑스에 주둔한 부대는 570명으로 2배의 자살률을 보여 주고 있다.

한편 자살률이 가장 낮은 부대는 가교 부대, 공병대, 구급 부대, 행정 부대 등 군대의 성격이 가장 적은 부대들이다. 마찬가지로 이탈리아에서도 1878~1881년에 군 전체의 자살률은 1백만 명당 430명에 불과하였는데, 베르살리에리(저격 부대)는 580명, 카라비니에리(헌병 특수 부대)는 800명, 군사 학교와 훈련대는 1,010명의 자살률을 기록했다.

정예 부대가 일반 부대와 다른 점은 강력한 극기 정신과 군인으로서의 인내심이다. 그러므로 군대의 자살률은 각 부대의 정신 상태에 따라 다르다.

3. 끝으로 이 법칙을 증명하는 또 하나의 사실은 군대의 자살이 어느 곳에서나 감소하고 있다는 점이다. 프랑스의 경우 1862년에는 1백만 명당 630명의 자살이 일어났는데 1890년에는 280명에 지나지 않게 되었다. 이 감소는 복무 기간을 단축시킨 법령 때문이라는 주장이 있었으나 사실은 새로운 징병법 시행보다 앞서 일어난 현상이었다. 그러한 감소는 1882년에서 1888년 사이의 상당한 증가를 제외하면 1862년부터 계속되어 왔다.[42]

더욱이 군인의 자살 감소 현상은 모든 나라에서 일어나고 있다. 프로이센의 군인 자살률은 1877년 1백만 명당 716명에서 1893년 457명으로 떨어졌으며, 독일 전체는 1877년 707명에서 1890년 550명으로 감소하였다. 벨기에에서는 1885년 391명에서 1891년

185명으로, 이탈리아에서는 1876년 431명에서 1892년 389명으로 각각 감소하였다. 오스트리아와 영국에서는 감소가 두드러지지 않았지만, 그렇다고 증가한 것은 아니었다(오스트리아에서는 1876년에 1,227명, 1892년에 1,209명이었고, 영국에서는 1876년에 217명, 1890년에 210명이었다).

만일 우리의 설명이 근거 있는 것이라면 위와 같은 현상이 당연히 일어나야 한다. 낡은 군인 정신의 쇠퇴는 이 모든 나라에서 동시에 일어났던 것이 분명하다. 옳든 그르든 간에 군인들의 수동적 복종, 절대적 순종, 비인격주의 등의 관습은 점점 더 대중의 양식과 모순되는 것으로 증명되었다. 따라서 그와 같은 관습은 설 자리를 잃게 되었다. 새로운 열망에 부응하기 위해 군기는 완화되고 개인에 대한 억압이 줄어들었다.[43] 또한 같은 기간, 같은 사회에서 민간인의 자살은 계속 증가했다는 사실에 주목해야 한다. 그것은 민간인의 자살 원인이 군인의 자살 원인과 반대라는 새로운 증거다.

그러므로 모든 사실이 군인의 자살은 이타적 자살의 한 형태임을 증명해 준다. 물론 부대 안에서 일어나는 모든 자살이 그와 같은 성격과 원인 때문이라고 주장하는 것은 아니다. 군복을 입는다고 해서 완전히 새로운 사람이 되는 것은 아니다. 군인이 받은 교육과 입대 전 생활의 영향이 마치 마술에 걸린 듯 사라지지도 않는다. 또한 공동생활에 참여하지 못한다고 해서 일반 사회와 격리되는 것도 아니다. 따라서 군인의 자살은 때에 따라 민간인의 자살과 같은 성격, 같은 원인을 가질 수도 있다.

그러나 상호 연관성이 없는 이런 산발적 예외를 제외하면, 군대에서 일어나는 대부분의 자살과 군인 정신의 필수 불가결한 요소인 이타주의로 인한 자살은 단일하고 동질적인 집단을 이룬다. 이는 오늘날에도 잔존하고 있는 미개 사회의 자살이며, 어떤 면에서 군인 정신은 원시적 정신의 잔재라 할 수 있다.[44] 이러한 경향의 영향으로 군인은 아주 사소한 좌절, 전혀 쓸데없는 이유, 휴가 취소나 징계나 불공정한 처벌, 진급 누락, 명예 손상, 일시적 질투심, 또는 다른 사람의 자살에 대한 충격 때문에 쉽게 자살하게 된다. 이것이 바로 우리가 앞에서 언급한 군대에서 흔히 관찰되는 전염 현상이다.

그와 같은 자살은 만일 자살이 본질적으로 개인적인 원인에 의한 것이라고 할 경우 설명이 불가능하다. 특정 부대, 특정 장소에서 그렇게 많은 사람의 자살 경향이 기질적 특징 때문에 일어난다는 것은 있을 수 없는 일이다. 또한 모방적 행동의 확산이 자살 경향이 전혀 없는 사람들 사이에서 일어난다는 것도 생각하기 어려운 일이다.

그러나 군인이라는 직업이 그들을 자살 경향으로 강력하게 이끄는 정신적 특질을 발전시킨다고 하면 모든 문제가 쉽게 설명된다. 왜냐하면 이 특질은 정도의 차이는 있겠지만 군 생활을 하고 있거나 했던 사람들에게 자연스럽게 형성될 것이며, 그러한 특질은 자살을 촉진하는 경향을 가지고 있으므로 작은 자극으로도 그 경향이 구체적인 행동으로 나타날 수 있기 때문이다. 즉 하나의 실례가 일어난 것만으로도 자살은 화약에 불이 붙듯이 선례를 따를 준비가 된 사람들 사이에 퍼지게 되는 것이다.

이제 독자들은 왜 우리가 자살을 객관적으로 정의해야 한다고 주장했고, 철저하게 정의했는지 이해할 수 있을 것이다.

그 이유는 이타적 자살은 분명히 자살의 성격을 가졌으면서도 우리가 존경심을 느끼고 감탄하며 명예를 부여하는 행동의 범주와 매우 유사하기에 사람들이 흔히 이것을 자살로 간주하려 들지 않기 때문이다. 우리는 에스퀴롤과 팔레가 고대 로마의 장군이며 정치가인 카토(Cato)의 죽음과 프랑스 혁명 당시 온건한 혁명파인 지롱드 당원들의 죽음을 자살로 보지 않았다는 것을 기억할 필요가 있다. 그러나 만약 자기 부정과 극기 정신에 의한 자살을 그 직접적이고 외견적인 원인 때문에 자살이라는 이름으로 부를 수 없다면, 그보다는 약간 덜 명백하더라도 같은 정신적 특질로 일어나는 죽음도 자살이라고 부를 수는 없을 것이다. 왜냐하면 후자와 전자의 차이는 약간에 불과하기 때문이다.

만약 신의 영광을 위해서 절벽 아래로 떨어져 죽는 카나리아 제도 주민들의 죽음이 자살이 아니라면, 열반에 들어가기 위해 죽음을 택하는 자이나교도들의 죽음은 어떻게 자살이라고 부를 수 있을 것인가? 또 가벼운 모욕을 받았다고 해서, 또는 단순히 삶을 경멸한다는 것을 과시하기 위해서 스스로 죽음을 택하는 원시인이나 불명예를 견디지 못해 죽는 파산자, 매년 자살자 수를 증가시키는 군인들의 경우를 어떻게 자살이라고 부를 수 있을 것인가? 이러한 사례들은 모두 흔히 영웅적 자살이라고 불리는 것과 같은 원인인 이타주의 정신을 근거로 한다. 이러한 죽음은 자살이라고 부르고, 특별히 순수한 동기에 의한 죽음만 자살에서 제외해야 할까? 그렇다면 우선 어떤 기준으로 이들을 구분해야 할 것인가? 어떤 동기에 의한 죽음을 자살에서 제외해야 하는가?

더욱이 이러한 사례들을 두 범주로 구분함으로써 그 성격을 잘못 판단하기 쉽다. 왜냐하면 이러한 형태의 기본적 특성은 의무적인 이타적 자살의 경우에 가장 분명히 나타나고, 다른 형태는 거기에서 파생된 것이기 때문이다. 우리가 그런 구별을 시도한다면 상당수의 흥미로운 현상이 제외되거나 아니면 모든 사례가 제외되지는 않더라도 순전히 임의적인 선별만 가능하고 분별해 낸 사례들이 같은 종류인지 밝혀내기가 불가능하다. 즉 주관적인 감정을 바탕으로 자살을 정의하면 이러한 위험에 빠지게 된다.

게다가 순수하고 숭고한 동기에 의한 자발적 죽음을 자살에서 배제하는 구분을 정당화하는 감정도 충분한 근거를 갖는 것은 아니다. 어떤 이타적 자살의 동기는 형태가 조금 달라서 모든 사람이 도덕적이라고 간주하는 행동으로 인해 나타날 수도 있다. 그러나 이기적 자살도 그 점에서는 마찬가지가 아닌가?

개인의 자율성도 그 반대의 감정과 마찬가지로 자체의 도덕성을 갖는다. 만일 이타적 감정이 마음을 강하게 해 주는 용기의 바탕이 된다면, 이기적 감정은 마음을 부드럽게 하고 동정을 일으킨다. 이 타적 자살이 흔한 사회의 사람들은 자신의 생명을 버릴 각오가 되어 있지만 동시에 다른 사람의 생명에도 가치를 두지 않는다.

그와 반대로 개인의 인격에 최고의 가치를 두는 사람은 다른 사람의 인격도 존중한다. 인격을 숭배하는 사람은 다른 사람의 인격이 침해되는 것도 견딜 수 없어 한다. 인간의 고통에 대한 광범위한 동정은 원시 시대의 광신적 헌신을 대신할 수 있다. 그러므로 모든 종류의 자살은 단순히 과장되고 편향된 미덕의 형태에 불과하다. 그렇다면 그런 과장되고 편향된 미덕이 도덕의식에 영향을 미치는 방식은 이기적 자살과 이타적 자살을 서로 다른 형태로 구분해야 할 만큼 충분히 이질적인 것이 아니다.

제5장 아노미성 자살

그러나 사회는 단순히 불균등한 힘으로 개인의 정서와 행동을 이끄는 데 그치지 않는다. 사회는 또한 개인을 통제하는 힘을 가지고 있다. 이러한 사회 통제 방식과 사회적 자살률 간에는 상관관계가 있다.

~

경제 위기가 자살을 부추기는 경향이 있음은 잘 알려진 사실이다.

빈에서는 1873년에 금융 위기가 일어났고 1874년에 그 절정에 이르렀다. 그러자 자살률이 즉각 상승하였다. 1872년에 141명이 었던 것이 1873년에는 153명, 1874년에는 216명으로 증가하였다. 1874년의 자살률은 1872년에 비해 53%,[1] 1873년에 비해 41% 증가한 것이다. 금융 위기가 자살 증가의 유일한 원인이었음을 증명하는 것은 금융 위기가 가장 심각했던 1874년 초반 4개월 동안에 자살 증가가 특히 현저했다는 사실이다. 1월 1일에서 4월 30일까지 자살자가 1871년에는 48명, 1872년에는 44명, 1873년에는 43명, 1874년에는 73명이나 되었다. 이 증가율은 70%에 달한다.[2] 같은 시기에 프랑크푸르트암마인에서 일어난 위기도 같은 결과를 가져왔다. 1874년 이전에는 수년 동안 연평균 22명이 자살했는데 1874년에는 32명으로 45% 증가했다.

1882년 겨울 파리증권거래소에서 대폭락이 일어났다. 그 여파는 곧 파리뿐만 아니라 프랑스 전체에 영향을 미쳤다. 자살의 연평균 증가율은 1874년에서 1886년까지 2%에 불과했으나 1882년에는 7% 증가했다. 그뿐만 아니라 그 증가는 불균등한 연중 분포를 보였는데, 주로 대폭락이 일어난 연초 3개월 동안 증가하였다. 이 3개월 사이에만 전체 증가량의 59%가 일어났다. 이런 증가가 비정상적인 상황 때문임이 분명한 것은 1881년에는 그러한 증가가 없었을 뿐 아니라 1883년에는 다시 감소했다는 사실이다. 물론 전반적으로 1883년에는 1881년보다 약간 더 많은 자살자가 생기기는 했지만 말이다.

	1881년	1882년	1883년
1년간 자살자 수	6,741	7,213(7% 증가)	7,267
연초 3개월간 자살자 수	1,589	1,770(11% 증가)	1,604

이러한 관계는 예외적인 경우에만 발견되는 것이 아니라 하나의 규칙이다. 파산자 수는 경제생활의 변화를 반영하기에 적합한 지표다. 파산자 수가 1년 사이에 급증하면, 그것은 어떤 심각한 위기가 일어났다는 의미다. 1845년에서 1869년 사이에 위기를 알려주는 세 차례의 급격한 증가가 있었다. 이 기간의 연평균 파산 증가율은 3.2%였는데, 1847년에는 26%, 1854년에는 37%, 1861년에

는 20%의 증가율을 보였다. 이 세 시기에는 자살자도 비정상적으로 급증했다. 이 24년 동안의 연평균 자살 증가율은 겨우 2%였지만 1847년에는 17%, 1854년에는 8%, 1861년에는 9% 증가하였다.

경제 위기는 어째서 이런 영향을 미치는 것일까? 사회의 부가 변화되어 빈곤이 증가하기 때문일까? 생활이 더 힘들어져서 사람들이 쉽게 목숨을 버리게 된 것일까? 이러한 설명은 너무나 단순하고 자살에 대한 통념과도 일치한다. 그러나 사실은 다르다.

만일 생활이 힘들어질수록 자살이 증가한다면, 삶이 수월할수록 자살은 감소해야 한다. 그런데 생필품 가격이 크게 상승했을 때 자살도 증가한 것이 사실이지만, 그 반대의 경우라 해서 자살이 평균 이하로 내려가지는 않는다. 프로이센에서는 1848~1881년의 전 기간 중 1850년에 밀 가격이 최저치를 기록했다. 당시 밀의 가격은 50킬로그램에 6.91마르크였다. 그런데 이 시기에 자살자 수는 1849년의 1,527명에서 1,736명으로 13% 증가했다. 밀 가격은 계속해서 낮게 유지되었지만 1851~1853년에도 자살의 증가는 계속되었다.

1858~1859년에도 한 차례 밀의 가격이 하락했는데 자살률은 1857년의 2,038명에서 1858년 2,126명, 1859년에는 2,146명으로 증가하였다. 그런가 하면 1861년에 11.04마르크까지 올랐던 밀의 가격이 1863년부터 1866년 사이에 점차 떨어져서 1864년에는 7.95마르크까지 내려갔으며, 전반적으로 적당한 수준을 유지했

는데도 자살률은 1862년의 2,112명에서 1866년에는 2,485명으로 17%나 증가하였다.[3]

바이에른에서도 비슷한 사례가 관찰되었다. 마이어[4]가 작성한 도표를 보면 1835~1861년간 호밀의 가격은 1857~1858년 그리고 1858~1859년에 가장 저렴하였다. 그런데 자살은 1857년에 286명에 불과했던 것이 1858년에는 329명, 1859년에는 387명으로 늘어났다. 이 같은 현상은 1848~1850년에도 이미 일어난 바 있었다. 그 당시는 밀의 값이 바이에른에서뿐만 아니라 유럽 전역에서 매우 저렴했던 시기였다. 그러나 앞서 언급했던 정치적 사건 때문에 자살이 약간 감소했을 뿐 대체로 비슷한 수준을 유지하였다. 자살률은 1847년에 217명, 1848년에 215명, 1849년에는 189명으로 약간 감소했지만 1850년에는 다시 상승하여 250명에 이르렀다.

빈곤 증가가 자살 증가를 일으키기는커녕, 국가의 번영을 급격히 증진시킨 기쁜 사태도 경제 위기와 마찬가지로 자살에 영향을 미친다. 1870년 비토리오 에마누엘레의 로마 정복은 이탈리아 통일의 결정적인 기반을 닦았으며 이탈리아를 유럽 강대국으로 성장하게 한 출발점이 되었다. 그로 인해 무역과 산업이 크게 자극받았고 놀라울 만큼 급속한 변화가 일어났다. 1876년에는 총 5만 4천 마력의 4,459개 증기기관으로 모든 공업 수요를 충족시켰다. 반면 1887년에는 증기기관 수가 9,983개로 늘어나고 출력은 16만 7천 마력으로 3배나 증가하였다. 물론 같은 시기 생산량도 비례하여

증가하였다.[5]

무역도 같이 성장하였다. 해운, 통신, 운수업이 발전했을 뿐 아니라 사람과 물자 이동이 배로 늘었다.[6] 이 같은 전체 경제 활동의 성장으로 봉급이 인상되었으며(1873년에서 1889년 사이에 35% 증가 추산), 특히 같은 시기에 빵 가격이 하락했으므로 노동자들의 물질적 여유도 향상되었다.[7] 끝으로 보디오(Bodio)의 계산에 따르면, 사유재산이 1875~1880년에 평균 455억, 1880~1885년에는 510억, 1885~1890년에는 545억으로 증가했다.[8]

그런데 자살자 수의 비정상적인 증가는 바로 이런 전반적 발전 시기와 일치했다. 1866~1870년에는 자살률이 대체로 안정되었으나 1871~1877년에는 36% 늘었으며 그 자살률은 다음과 같다.

1백만 명당 자살자 수			
1864~1870년	29명	1874년	37명
1871년	31명	1875년	34명
1872년	33명	1876년	36.5명
1873년	36명	1877년	40.6명

그리고 이 증가는 계속되었다. 즉 1877년의 자살자 총수는 1,139명이었고 1889년에는 1,463명으로 28% 증가하였다.

프로이센에서도 이런 현상이 두 차례 발생했다. 1866년에 왕국은 크게 팽창했다. 왕국은 몇 개의 중요한 주를 통합했으며 북부동맹의 수장이 되었다. 그러나 영광과 권력의 성장은 즉시 자살자의 급격한 증가로 이어졌다. 1856~1860년의 연평균 자살률은 1백만 명당 123명이었고, 1861~1865년에는 122명에 불과하였다. 그러나 1866~1870년에는 1870년의 감소에도 불구하고, 5년간 평균 자살률이 133명으로 상승하였다. 승전 직후인 1867년은 1816년 이래 가장 자살률이 높았던 해다. 1864년만 해도 8,739명당 1명의 비율이었는데, 1867년에는 5,432명당 1명의 비율로 크게 높아졌다.

1870년의 전쟁 직후에는 새로운 행운이 찾아왔다. 독일이 통일되면서 프로이센이 독일 전체의 주도권을 잡게 된 것이다. 막대한 전쟁 배상금으로 부유해지고 상공업이 크게 발전하였다. 그런데도 자살은 전례 없이 급격하게 증가했다. 1875년에서 1886년 사이에 자살자가 3,278명에서 6,212명으로 90% 증가한 것이다.

세계 박람회가 성공하면 그 사회의 존립에 유리한 사건으로 간주된다. 박람회는 상업에 활기를 주고 국내로 많은 외화를 끌어들이며 공공의 번영을 촉진하는데, 특히 박람회를 개최한 도시가 그러하다. 그런데 세계 박람회는 자살자 수를 상당히 증가시키기도 한다. 이 같은 현상은 특히 1878년의 박람회에서 잘 나타난다. 그해의 자살률 증가는 1874~1886년 사이에 가장 높았다. 그해는 1882년의 폭락 때보다 더 높은 8%의 증가를 보였다. 그리고 그 증가가 주로 박람회 때문임을 증명하는 것은 그 증가의 86%가 박람회가 개최된 6개월 동안 일어났다는 사실이다.

1889년의 자살 증가는 프랑스 전역에서 동일하지는 않았다. 아마도 불랑제 사태가 자살의 증가를 억제함으로써 박람회로 인한 증가 효과를 상쇄했을 것이다. 물론 파리에서도 정치적 흥분이 국내 다른 지역에서와 같은 효과를 냈겠지만, 1878년에 그랬던 것처럼 자살이 증가했다. 즉 박람회가 열린 7개월 동안 자살은 약 10%, 정확히 말해서 9.66% 증가했으며, 그해의 나머지 기간의 자살자 수는 1888년과 이듬해인 1890년보다 더 적었다.

	1888년	1889년	1890년
박람회가 열린 7개월	517	567	540
나머지 5개월	319	311	356

불랑제 사건의 영향이 없었다면 훨씬 더 많이 증가했을 것이다.

경제 위기가 자살을 촉진하는 효과가 없음을 증명하는 결정적인 사실은 경제 위기가 오히려 반대의 효과를 일으킨다는 것이다. 농민들이 비참한 생활을 하는 아일랜드에서는 자살이 거의 일어나지 않는다. 빈곤에 허덕이는 칼라브리아에서는 자살이 거의 일어나지 않는다. 스페인에서는 자살이 프랑스의 10분의 1밖에 일어나지 않는다. 그러므로 빈곤은 오히려 자살을 방지하는 것으로 생각될 정도다. 프랑스의 여러 도에서도 사유 재산을 소유한 사람이 많은 도일수록 자살률이 더 높다.

인구 1백만 명당 자살자 수 (1878~1887)	도의 수	인구 1천 명당 사유 재산 소유자 수의 평균 (1886)
48~43	5	127
38~31	6	73
30~24	6	69
23~18	15	59
17~13	18	49
12~8	26	49
7~3	10	42

자살과 부유층 분포도를 비교해 보면 이 관계를 입증할 수 있다 ([부록 V] 참고).

그러므로 만일 산업이나 금융 위기가 자살을 증가시킨다면, 그 것은 그런 위기가 빈곤을 초래하기 때문이 아니다. 갑작스러운 번 영도 같은 결과를 가져오기 때문이다. 자살이 증가하는 이유는 그 것이 고비이기 때문이다. 즉 집단적 질서가 흔들리기 때문이다.[9] 모 든 평형 상실은 그것이 비록 수입을 증가시키고 일반적인 활력을 증대시킨다고 할지라도 자살의 자극제가 된다. 사회 질서가 심각 하게 재적응해야 하는 상황에서는 그것이 갑작스러운 성장이든 예 기치 않은 재난이든 간에 사람들이 자살하기 쉽다. 어떻게 이런 일 이 가능할까? 어떻게 일반적으로 생활수준을 향상시키는 사건 때 문에 자살하게 되는 것일까?

이에 대답하기 위해서 먼저 고찰해야 할 문제들이 있다.

어떠한 생물도 그 욕구에 상응하는 수단이 없이는 행복할 수 없고 생존하기도 어렵다. 다시 말해서 만약 욕구가 수단으로 충족할 수 있는 이상이거나 또는 전혀 다른 종류라면 그의 욕구는 끊임없이 갈등을 겪을 것이고 고통스럽게 기능할 수밖에 없다. 그런데 고통 없이 생산할 수 없는 활동은 반복되지 않는 경향이 있다. 충족되지 않는 경향은 위축되며 삶의 충동은 나머지 모든 것들의 결과물일 뿐이므로 다른 것들이 모자라면 삶의 충동도 약화된다.

동물의 경우에는 적어도 정상적인 조건에서는 그 균형이 자동으로 이루어진다. 왜냐하면 동물은 순전히 물질적 조건에만 의존하기 때문이다. 생명체에게 필요한 것은 생존 과정에서 끊임없이 소모되는 물질과 에너지가 소모된 분량만큼 주기적으로 재공급되어야 한다는 것이 전부다. 즉 공급량은 소모된 양과 같아야 한다. 생존을 위해 소모된 부족분이 채워지면 동물은 만족해서 더 이상 요구하지 않는다.

동물의 사고 능력은 육체적인 욕구 이상의 다른 목적을 생각할 수 있을 만큼 발달하지 못했다. 한편 각 기관의 작용은 생명 유지에 필요한 에너지의 전반적 상태와 신체적 균형 유지의 필요성에 따라 결정되므로 에너지 사용은 공급에 의해 규제되어 자동으로 균형이 이루어진다. 한쪽의 한계는 다른 쪽의 한계가 되며 소모와 공급은 생존의 기본이 되어 생존 조건은 소모와 공급 능력 이상을 요구하지 않는다.

그러나 인간은 그렇지 않다. 인간의 욕구 대부분은 육체에 의존하지 않으며 의존하더라도 동물과 같은 정도로 의존하지는 않는다. 엄밀히 말해서 인간의 신체적 생존을 유지하는 데 필요한 물질의 공급량을 산정할 수는 있다. 물론 그 수치는 동물의 경우만큼 정확하지 않으며 인간의 자유 의지 때문에 변동의 여지가 더 크다. 왜냐하면 인간은 본능적인 자연적 요구를 충족시키는 최소 필요량을 넘어서서 보다 각성된 성찰을 통해 더 나은 조건을 찾으며 충족하고자 하는 바람직한 목표를 설정하기 때문이다.

하지만 그러한 욕구는 곧 더 이상 넘어설 수 없는 한계에 도달한다. 인간이 정당하게 추구할 수 있는 안녕과 안락과 사치의 양을 어떻게 측정할 수 있겠는가? 그와 같은 면에서 한계를 설정할 기준은 인간의 신체나 심리 구조에서는 찾아낼 수 없다. 개인의 삶은 어느 선에서 멈추라고 요구하지 않는다. 그 증거로 인간은 역사의 시초부터 그 요구량을 끊임없이 증가시켜 왔고, 보다 완전한 만족을 이루어 왔으면서도 일반적인 건강 수준은 약화되지 않았다.

무엇보다도 다양한 생활 조건, 직업, 사회적 기여도 등에 따른 요구 수준의 편차를 어떻게 설정할 수 있을까? 사회 계층이 다른 사람들이 동등하게 만족하는 사회는 없다. 그러나 인간의 본성은 모든 사람이 같다. 즉 그 기본적 특질이 계층에 따라 다른 것이 아니라 모두 같다. 인간 본성이 다르기 때문에 욕구 수준이 다른 것이 아니다. 그러므로 개인적 차원에서는 욕구 수준이 무한하다. 외부의 통제가 없으면 개인의 정서적 욕구는 무한하여 만족을 모른다.

만일 사회가 개인의 욕구를 통제하지 않는다면 개인에게는 괴로움의 원천이 될 뿐이다. 욕망은 무한하므로 결코 충족될 수 없고 또한 만족을 모르는 것은 정신적 이상의 증거다. 제한되지 않은 욕망은 언제나 실현 가능한 수준을 넘어서게 마련이어서 결코 충족될 수 없다. 사라지지 않는 갈증은 끊임없는 고문이나 다름없다.

인간의 욕망이 한계를 넘어서서 달성할 수 없는 목표를 설정하는 것이 자연스러운 일이라는 주장도 있다. 하지만 그처럼 불확정적인 상태가 신체적 욕구나 정신생활과 과연 조화를 이룰 수 있을까? 인간이 행동하고 노력해서 얻는 즐거움이란 자신의 노력이 헛되지 않은 것이고 행동을 통해서 발전했다는 느낌에서 온다. 그러나 목표가 없이 노력할 때는 발전이 없다. 목표가 무한하다는 것은 목표가 없다는 것과 마찬가지다. 목표가 없으면 어떤 길을 가더라도 우리의 현실과 목표 사이의 거리는 줄어들지 않고 언제나 마찬가지이므로 삶은 전혀 진보하지 못한다. 우리가 걸어온 길을 돌아보고 걸어온 거리에 자부심을 느낀다고 해도 그것은 다만 거짓된 충족을 줄 뿐이다. 남은 거리는 전혀 단축되지 않았기 때문이다.

달성할 수 없는 목표를 추구한다는 것은 자신을 영원히 불행한 상태로 만드는 것이다. 물론 인간은 비합리적인 희망을 가질 수 있으며 아무리 비이성적인 희망이더라도 그 자체가 쾌락이 될 수도 있다. 그러나 그러한 희망으로 일시적으로는 버틸 수 있을지 모르지만 끊임없는 좌절을 겪으면서도 무한히 유지될 수는 없다. 인간이 유지 가능한 상태 또는 어렴풋한 이상에라도 도달할 수 없다면 미래는 과거보다 나을 것이 없다. 더 많이 소유할수록 인간은 더 많은 욕망을 가지게 된다. 충족은 욕구를 만족시켜 주는 대신 새로운 욕구를 자극할 뿐이다. 그러한 행동이 즐거울 수 있을까?

첫째, 그런 행동은 맹목적인 상태에서만 유용할 수 있다. 둘째, 그런 행동으로 즐거움을 느끼고 고통스러운 불안을 어느 정도라도 진정시키려면 그 무한한 활동이 적어도 방해 없이 손쉬운 것이라야 한다. 그러나 그 행동이 방해받는다면 남는 것은 불안뿐이며 평안을 누릴 수 없다. 그러면 언제든 극복하기 어려운 장애에 부딪힐 수 있다. 이런 상태에서 인간의 생명의 실은 가늘어지고 어떤 순간에라도 끊어질 수 있다.

그러한 결과에 이르지 않으려면 무엇보다도 먼저 욕망을 제한해야 한다. 그렇게 함으로써 욕망이 능력과 조화를 이루며 만족을 얻을 수 있다. 그러나 개인은 욕망을 제한할 수 없으므로 어떤 외적인 힘으로 욕구를 제한해야 한다. 그와 같은 외부적 통제력은 마치 신체가 육체적 욕구를 통제하는 것처럼 정신적 욕구를 통제해야 한다. 그 통제력은 정신적인 것일 수밖에 없다는 의미다.

인간의 의식이 눈을 뜨면서부터 잠재적인 동물적 생존의 평형이 깨졌다. 따라서 그 균형을 회복할 방법도 의식만이 찾을 수 있다.

물리적인 규제는 효과적일 수 없다. 인간의 마음은 물리적 및 화학적 힘으로 조절할 수 없기 때문이다. 인간의 욕구를 생리적 기제로 자동적으로 통제할 수 없다면 오직 인간이 정당하다고 인지한 한계에 의해서만 멈출 수 있다.

인간이 만일 주어진 한계를 넘어서는 것이 정당하다고 느낀다면 욕망을 제한하는 데 동의하지 않을 것이다. 그러나 앞에서 설명한 이유 때문에 인간 스스로 정의의 법을 설정할 수는 없다. 따라서 인간은 정의의 법을 그들이 존중하는 권위로부터 받아들일 수밖에 없으며 그 권위에 자발적으로 복종하는 것이다.

이러한 조정 역할은 사회만이 할 수 있으며 사회 전체가 직접 하거나 사회의 어떤 기구를 통해서 할 수 있다. 왜냐하면 사회는 개인보다 우월한 정신적 힘이며 개인이 존중하는 권위를 갖기 때문이다. 사회만이 법을 규정할 수 있으며 사회만이 개인의 욕구가 넘을 수 없는 한계를 설정할 수 있다. 또한 사회만이 공공의 이익이라는 이름으로 모든 계급의 구성원에게 앞으로 제공할 보상 수준을 정할 수 있다.

여러 가지 사회적 기여의 개별적 가치, 그에 따른 상대적 보상, 직업별 노동자에게 평균적으로 적정한 위로 수준 등에 대한 지각은 사실상 역사의 모든 단계에서 사회의 도덕의식 속에 희미하게 존재할 뿐이었다. 각각의 기능은 여론에 따라 등급이 매겨지며 그런 등급 서열에서의 지위에 따라 특정한 복지 계수가 정해진다.

예를 들어 일반적인 통념에 따르면, 노동자가 자신의 생활수준이 향상되기를 바라는 상한선이라고 여기는 생활방식이 있고, 또한편으로는 노동자들이 특별한 결함이 없는 한 그 아래로 떨어질 수 없다고 여기는 하한선이 있다. 이 상한선과 하한선은 도시 노동자, 농촌 노동자, 하인, 일용 노동자, 서기, 관리에게 각기 다르다. 마찬가지로 부유한 사람이 가난하게 산다면 비난받을 것이며, 지나친 사치를 해도 역시 비난받는다.

경제학자들은 다음과 같이 헛된 이의 제기를 할지도 모른다. 만일 어느 개인이 전혀 가치 없는 용도로 너무 많은 재화를 낭비하면 여론이 시끄러워질 것이다. 도덕적으로 해이해진 시기에만 여론의 비난이 약해진다.[10] 그러므로 반드시 법적으로는 아니라 할지라도 계급별로 정당하게 추구할 수 있는 생활 편의의 수준을 어느 정도 정확하게 규정하는 정치 체제도 있다. 그러나 그러한 척도는 계속 변한다. 국민 소득의 증가와 감소에 따라 바뀌며 사회 도덕관념의 변화에 따라 바뀐다. 그러므로 어느 시기에는 사치로 느껴졌던 것이 다른 시기에는 사치가 아닐 수 있으며, 오랫동안 특정 계급에만 예외적인 특혜로 주어졌던 복지가 결국 모든 사람에게 필요한 공정한 것으로 바뀌기도 한다.

이러한 압력에 따라 각 개인은 자기 위치에서 막연하게 욕망의 한계를 인식하고 그 이상은 희망하지 않는다. 각 개인은 규칙을 존중하고 집단적 권위에 순종하는 건전한 정신 상태인 한 한계 이상을 요구하는 것은 옳지 않다고 느낀다. 그렇게 해서 모든 욕망에는 한계와 목표가 정해진다. 그러나 그 같은 결정이 불변하는 절대적인 것은 아니다.

각 계급의 경제적 이상에는 일정한 한계가 있고 그 한계 안에서는 어느 정도의 자유로운 범위가 생긴다. 그러나 그 범위는 무한한 것이 아니다. 이 같은 상대적 제한과 조정은 인간이 어느 정도 자신의 몫에 만족하게 하면서 동시에 그 몫을 조금씩 향상하도록 자극하기도 한다. 이 평균적인 만족은 안정감, 행복감, 생활의 즐거움을 주며 이는 개인뿐만 아니라 사회의 건강을 의미한다.

일반적으로 말해서 각 개인은 자신의 조건과 조화를 이루며 자신의 활동에 따른 정상적인 보상을 정당하게 추구하는 것 이상은 바라지 않는다. 그뿐만 아니라 이 상황은 인간을 불건전한 상태로 몰고 가지 않는다. 개인은 자신의 삶을 멋지게 만들려고 노력할 수 있다. 그러나 이런 노력은 비록 실패하더라도 개인을 절망하게 만들지 않는다. 자신이 이미 얻은 것을 사랑하고 또한 자신에게 부족한 것만을 바란 것은 아니었으므로 열망한 것을 얻는 데 실패하더라도 완전히 절망에 빠지지는 않는다. 기본적인 것들은 이미 가지고 있기 때문이다. 그리고 행복의 균형은 확고하므로 약간 부족하다고 해서 당황하지는 않는다.

그러나 만약 개인들이 각 역할의 분배를 정당한 것으로 여기지 않는다면 여론에 따라 정해진 각 역할의 순위의 정당성을 인정해도 별 의미가 없다. 근로자가 자신이 정당한 보상을 받고 있다고 느끼지 못하면 그는 자신의 사회적 지위와 조화를 이루지 못한다. 만일 그가 다른 것을 차지할 권리가 있다고 느끼면 현재 가진 것으로는 만족할 수 없는 것이다. 그러므로 각각의 사회적 조건에 따른 평균적 욕구 수준을 여론만으로 정하는 것은 충분하지 못하며 사회적 조건이 개인에게 허용하는 방식을 보다 명확한 규율로 정해야 한다.

규제가 없는 사회는 있을 수 없다. 규제는 시간과 공간에 따라 달라진다. 옛날에는 출생이 거의 유일한 사회적 분류 원칙이었다. 오늘날에는 상속 재산과 재능 이외에는 타고난 불평등이 없다. 그러나 형태는 변해도 목적에는 변함이 없다. 그리고 규제는 어느 사회에서나 개인보다 우월한 권위, 즉 집단적 권위로만 부과될 수 있다. 왜냐하면 그런 규제는 어느 한 집단이나 다른 집단의 사람들에게 공공 이익이라는 이름으로 희생과 양보를 요구해야만 가능하기 때문이다.

어떤 사람들은 만약 인간의 경제적 조건이 상속으로 정해지지 않는다면 도덕적 압력은 필요 없을 거라고 생각한다. 그들에 따르면 만일 상속이 없어지고 사람들이 같은 자원을 가지고 일생을 시작할 뿐만 아니라 모든 경쟁이 완전히 동등한 기초에서 이루어진다면 그 결과가 타당하지 않다고 생각할 사람은 없다는 것이다. 그러면 사람들은 모든 일이 제대로 되고 있다고 본능적으로 느낄 것이다.

진실로 이런 이상적인 평등에 가까워질수록 사회적 규제는 덜 필요하게 된다. 그러나 그것도 단지 정도의 문제일 뿐이다. 한 가지 상속은 언제나 존재한다. 그것은 타고난 재능의 유전이다. 지능, 취향, 과학, 예술, 문학, 산업적 능력과 용기, 손재주 등은 마치 재산의 상속자가 자본을 물려받고 귀족이 작위와 직위를 물려받는 것처럼 태어나면서 물려받는 선물이다.

그러므로 날 때부터 더 적게 물려받은 사람들에게 그들의 불리한 몫을 받아들이게 하기 위해서는 도덕적 훈련이 필요하다. 그렇다면 모든 사람이 똑같은 몫을 갖고, 보다 유용하고 가치 있는 사람들에게 더 많이 주지 말아야 하는가? 그러나 그러려면 재능 있는 사람들이 평범하고 무능한 사람들과 동일한 취급을 받아들이도록 더 강력한 규율이 필요하게 된다.

그러나 앞서 언급한 바와 같이 그러한 규율은 사람들이 그것을 정당한 것으로 받아들일 때에만 유용하다. 그러한 훈육이 관습과 강제로만 유지된다면 평화와 조화는 환상일 뿐이다. 불안과 불만이 잠재하며 피상적으로만 억제된 욕망은 언제라도 반란을 일으킬 것이다. 로마와 그리스에서 귀족과 평민으로 구성된 계급의 근본 신념이 흔들렸을 때 이 같은 현상이 일어났으며, 근대 사회에서는 귀족적 편견이 과거의 지배적 지위를 상실하기 시작했을 때 이런 현상이 일어났다.

하지만 이러한 봉기는 예외적인 것이다. 봉기는 사회가 어떤 비정상적인 위기를 겪을 때만 일어난다. 정상적인 상태에서는 대다수의 사람들이 집단적 질서를 정당한 것으로 간주한다. 그러므로 개인에게 질서를 부여하려면 권위가 필요하고 질서를 확립하려면 폭력이 유일한 수단이라는 의미는 아니다. 규제는 개인의 욕망을 제약하기 때문에 개인을 지배하는 힘에서 나온다고 하더라도 두려움이 아닌 존중을 통해서 개인의 복종을 끌어내야 한다.

그러므로 인간의 활동이 모든 제약으로부터 자유로울 수 있다는 것은 진실이 아니다. 이 세상에서 그런 특권을 누릴 수 있는 존재는 없다. 모든 존재는 우주의 한 부분으로서 다른 나머지 부분과 관련되어 있으며 그 성격과 표현 방법은 자신뿐만 아니라 다른 존재에게도 의존하므로 제약은 불가피하다. 그러므로 광물(鑛物)과 생각하는 인간의 차이는 정도와 형태의 차이가 있을 뿐이다. 인간이 받는 제약의 특징은 물리적인 것이 아니라 정신적, 사회적인 것이라는 점이다. 인간은 물질적 환경에 무자비하게 지배되는 것이 아니라 자신보다 우월하다고 느끼는 의식의 지배를 받는다. 인간 존재의 위대한 부분은 육체를 초월함으로써 육체의 멍에를 벗어나는 대신 사회의 멍에를 지는 점이다.

그러나 사회가 고통스러운 위기를 겪거나 유익하지만 급작스러운 전환을 맞이하면 그런 영향력을 일시적으로 상실한다. 그런 때에는 앞서 지적한 바와 같이 자살 곡선의 갑작스러운 상승이 일어난다. 실제로 경제 위기 때는 사회적 계급의 하락이 일어나 어떤 사람들은 갑자기 전보다 낮은 지위로 떨어지게 된다. 그러면 그들은 필요와 욕구를 줄이고 제한하며 절제해야 한다. 그들에게는 사회적 이점이 모두 상실되며 도덕적 교육이 다시 시작되어야 한다. 그러나 사회는 그들이 즉시 새로운 생활에 적응하도록 조정할 수 없고 그들에게 익숙지 않은 엄격한 절제를 기르도록 가르칠 수가 없다. 따라서 그들은 강요된 새 조건에 적응하지 못하며 그런 결과를 예상하는 것만으로도 참기 어려워져서 미처 노력도 해 보기 전에 자신의 위축된 삶을 버린다.

위기의 원인이 갑작스러운 권력과 부의 증대라고 해도 결과는 마찬가지다. 생활 조건이 바뀌게 되고 욕구를 규제하던 표준도 달라진다. 그 표준은 사회적 부에 따라 다르고 각 계급의 몫을 결정하기 때문이다. 그런데 그 척도가 뒤바뀌면 새로운 척도가 곧바로 마련되지 않는다. 공적 의식이 인간과 사물을 재분류하는 데는 시간이 걸린다. 따라서 규제에서 풀려난 사회적 힘이 균형을 회복하지 못했으므로 그들의 사회적 가치는 불명확해지고 일시적으로 모든 규제가 마비된다. 가능한 것과 불가능한 것의 한계가 불명확해지고 정당한 것과 정당하지 못한 것, 합법적인 주장과 부적절한 희망의 한계가 모호해진다. 따라서 욕망의 제약이 없어진다.

만일 그와 같은 장애가 심각한 것이면 여러 직업의 인구 분포까지 영향을 받는다. 또한 사회의 여러 부분의 관계가 불가피하게 수정되므로 그 관계를 보는 통념도 변한다. 그러한 위기로 혜택을 입는 특정 계급의 사람들은 과거의 운명을 더 이상 받아들이려 하지 않으며 갑작스러운 재산은 온갖 질시의 대상이 된다.

또한 여론으로 통제되지 않는 욕망은 방향을 잃고 적절한 한계를 모르게 된다. 게다가 그들은 갑자기 늘어난 공적 생활로 인해서 일종의 이상 흥분에 사로잡힌다. 번영할수록 욕망도 증가한다. 전통적인 규제가 그 권위를 잃게 되는 순간, 뜻밖의 횡재가 크면 클수록 욕망은 조급해지고 통제를 참지 못한다. 그러므로 가장 규제가 필요한 상황에서 욕망이 규제받지 못하므로 일종의 무규율 상태, 즉 아노미(anomie)가 더욱 고조된다.

그러나 그런 상황에서 그들의 욕구는 결코 충족될 수가 없다. 넘치는 야망은 언제나 결과에 만족하지 못한다. 획득한 결과가 아무리 크다고 하더라도 중지하라는 경고가 없기 때문에 끝이 없다. 욕망은 만족을 모르며 흥분은 누그러지지 않고 무제한으로 지속된다. 무엇보다도 도달할 수 없는 목표를 위한 경주는 경주 그 자체 외에는 아무런 즐거움이 없으므로 하나밖에 없는 즐거움이 장애에 부딪힌다면 경주자는 빈손밖에 남는 것이 없다. 동시에 그러한 경주는 통제되지 않아서 경쟁이 점점 더 치열해지고 고통스럽게 된다. 그리고 더 이상 확실한 차별 기준이 없으므로 모든 계급의 성원들이 경주에 나서게 된다. 그리하여 가장 비생산적일 때 더 많은 노력을 기울여야 한다. 그런 조건에서 어떻게 삶의 의욕이 약해지지 않을 수 있겠는가?

이러한 설명은 빈곤한 국가에서는 자살이 현저히 적다는 사실로 뒷받침된다. 빈곤은 그 자체가 일종의 규제이므로 자살을 방지한다. 사람이 어떠한 노력을 하더라도 욕구는 어느 정도 자원에 의해서 결정된다. 실제 소유가 개인의 바람의 기준이 되기 때문이다. 그러므로 가진 것이 적을수록 그는 자기 욕망의 한도를 제한한다. 권력의 결여나 절제의 강요가 그를 그런 한계에 적응시키는 것이다. 그리고 많이 가진 사람이 없을 때는 질투할 것도 없다. 그와 반대로 부는 그 힘으로 인해 자기 자신만 믿으면 될 것처럼 착각하게 만든다. 별다른 어려움이 없을수록 사람은 무한한 성공의 가능성을 믿게 된다. 그리고 한계를 덜 느끼는 사람일수록 제한을 참지 못한다.

이렇게 보면 많은 종교가 가난의 미덕과 그 정신적 가치를 강조하는 것도 일리가 있다. 종교는 사실상 자제를 가르치는 최고의 학교다. 우리에게 끊임없는 자기 절제를 요구하고 차분하게 집단 규율을 받아들이게 한다. 한편 부는 개인을 추켜올림으로써 비도덕성의 원천인 반항 정신을 일으킨다. 물론 인간이 자신의 물질적 조건을 향상시키려 해서는 안 된다는 뜻은 아니다. 다만 번영의 성장에 따른 도덕적 위험을 잊어서는 안 된다.

만약 아노미가 위에 든 사례들처럼 간헐적으로만 분출되고 심각한 위기에만 발생하는 것이라면, 아노미가 때에 따라서는 사회적 자살률의 변동을 초래하겠지만 자살률이 변하는 규칙적이고 항시적인 요인은 못 된다. 그러나 사회생활의 한 영역, 즉 상업과 공업에서는 사실상 아노미가 만성적이다.

지난 1세기 동안의 경제 발전은 주로 산업적 이해관계를 모든 구속으로부터 해방시킴으로써 이루어졌다. 아주 최근까지도 모든 도덕적 힘이 총동원되어 산업적 이해관계를 규제하려고 했다. 첫째, 종교의 영향력이 노동자와 고용주, 빈자와 부자 모두에게 미쳤다. 종교는 노동자와 빈민들에게 사회 질서는 신의 섭리이며 각 계급의 몫은 신이 할당한 것임을 가르치고 현세에서의 불평등을 내세에서 보상받을 것이라는 소망을 심어줌으로써 그들이 현세에 만족하도록 했다. 종교는 또한 고용주와 부자들에게 현세의 이익이 결코 인간의 전부가 아니라는 것과 인간은 현세의 이익을 초월한 더 높은 뜻에 귀의해야 한다는 것, 그러므로 현세의 이익을 무제한으로 추구해서는 안 된다는 것을 가르침으로써 그들을 지배했다.

다음으로 세속 권력 또한 경제 활동을 지배함으로써 경제 활동의 폭을 제한했으며 경제를 정치에 종속시켰다. 마지막으로 경제계 내에서도 봉급과 제품 가격, 생산량을 규제함으로써 모든 작업 집단은 일정한 수입 수준에 간접적으로 고정되었으며 그 기초 위에서 상황에 따라 욕구 수준이 결정되었다. 그러나 우리는 이런 조직을 모범으로 제안하는 것은 아니다. 이런 조직은 커다란 변동이 없는 한 현대 사회에 어울리지 않는다. 따라서 우리가 강조하려는 것은 과거에는 그러한 규제가 존재하였으며 그 규제의 영향이 유익했지만 현재는 이를 대체할 만한 것이 아직 없다는 점이다.

사실상 종교는 이제 거의 힘을 잃었다. 또 정부는 경제생활을 지배하는 대신 경제의 도구나 시녀가 되고 있다. 정통파 경제학자들과 극단적인 사회주의자들은 서로 정반대 집단이지만 서로 연합해서 정부를 여러 사회적 기능 가운데 수동적 중재자로만 위축시키려 한다. 정통 경제학파는 정부를 그저 개인적 계약의 보호자로 만들려고 하고, 사회주의자는 정부가 공공의 장부 정리 임무만 맡도록 만들려고 한다. 즉 소비자의 수요를 기록하고 그것을 생산자에게 전달하며 총수입을 조사하여 일정한 공식에 따라 분배하는 임무다.

양자는 모두 정부에 다른 사회 기구를 종속시켜 모든 기구를 하나의 주요 목표로 수렴할 권한을 부여하지 않으려 한다. 양자는 또한 국가는 산업 발전이라는 유일한 또는 중요한 목적을 갖는다고 주장한다. 따라서 이런 경제유물론의 도그마가 서로 명확히 상반되는 두 이론 체계의 기초를 이룬다. 이 이론들은 산업이 보다 높은 목적을 위한 수단이 아닌 개인과 사회의 지상 목표가 된 여론을 표현하고 있을 뿐이다. 그리하여 욕망은 어떤 권위로도 제한받지 않고 자유로워졌다. 말하자면 욕망을 신성시함으로써 번영 숭배는 모든 인간의 법률 위에 올라섰다. 경제적 추구를 제한하면 일종의 신성 모독이 된다.

그런 까닭에 산업계 내에서 직업 집단을 통한 공리적 규제까지도 지속되기 어려워졌다. 궁극적으로 이런 욕망의 해방은 산업 발전 자체와 시장의 거의 무한한 확장 때문에 더 악화되었다. 생산자가 주변 이웃에게서만 이윤을 얻을 때는 이익이 제한적이므로 지나친 야망을 갖지 않는다. 그런데 오늘날의 생산업자는 거의 전 세계를 소비자로 상정할 수 있기에 그 무한한 가능성 앞에서 과거의 제약을 받아들이려 하지 않는다.

이것이 바로 산업 사회에서 일어나고 있는 흥분이며, 사회의 다른 분야로도 확산되고 있다. 산업 사회에서는 위기 상태와 아노미가 항구적이며 정상적이다. 상층에서부터 하층에 이르기까지 탐욕은 끝을 모르고 일어난다. 욕구 수준이 도달할 수 있는 한계보다 훨씬 멀리 있기 때문에 안정을 찾을 수 없다. 그와 같이 흥분된 상상에 비하면 현실은 너무나 무가치하다. 그리하여 마침내는 현실을 버리게 된다. 그러나 가능성도 현실이 되면 마찬가지로 버려진다. 새로운 것과 참신한 쾌락과 알려지지 않은 감각에 대한 갈망이 일어나지만, 이런 것들도 일단 익숙해지면 매력을 상실한다. 따라서 그러한 사람은 사소한 실패도 견디지 못하게 된다.

결국 열기는 식어 버리고 온갖 소동이 쓸데없는 일이었음이 드러나며 새로운 감각들이 시련의 시기에는 확고한 행복의 기초가 될 수 없음이 밝혀진다. 이미 성취한 결과를 즐길 줄 알고 끊임없이 새로운 욕구를 추구하지 않는 현명한 사람은 어려운 시기에도 생에 애착을 갖는다.

그러나 모든 희망을 미래에만 두고 미래만 바라보면서 사는 사람은 현재의 어려움을 이길 기쁨을 과거에서 찾을 수 없다. 그에게 과거는 성급하게 걸어온 단계들에 불과하다. 그를 맹목적으로 만드는 것은 자신이 지금까지 누리지 못했던 보다 큰 행복에 대한 기대다. 그러나 그는 결국 그 궤도에서 멈추게 되고, 과거에서도 미래에서도 바라볼 대상을 상실하고 만다. 결국 그의 끝없는 추구는 무용한 것이기에 환멸과 권태감만 남을 뿐이다.

그러므로 오늘날 이런 정신 상태가 바로 경제 위기로 인한 자살 증가의 주원인이다. 인간은 건전한 규제를 받는 사회에서 우연한 타격을 더 잘 견뎌낸다. 불편과 제약에 익숙하기 때문에 약간의 불편을 견디기가 어렵지 않은 것이다. 그러나 일체의 제약 자체를 혐오하는 상태에서는 보다 답답한 제약을 참을 수 없게 된다.

열에 들뜬 것처럼 초조한 생활을 하는 동안에는 자살의 경향이 일어나지 않는다. 그러나 끊임없이 현실을 넘어서는 목표만 좇는 사람이 뒤로 물러서려면 얼마나 괴롭겠는가! 오늘날의 경제 상황을 특징짓는 이 같은 체계의 결핍은 온갖 모험의 길을 열어 줄 것이다. 상상력은 언제나 새로운 것을 추구하고 지배받지 않는 것을 추구하므로 닥치는 대로 찾아 헤맨다. 따라서 좌절이 늘어나고 위험도 많아지며 위기도 증가하고 보다 파괴적이 된다.

하지만 그러한 경향이 이제 고질화되어 사회는 이를 정상적인 것으로 받아들이게 되었다. 인간의 본성이란 궁극적으로 만족을 모르며 영원히 무한한 목표를 향해 쉬지 않고 나아가기를 반복한다. 무한에 대한 추구는 결국 규율을 없애 인간을 괴롭히게 될 무절제한 의식에서만 나타남에도 불구하고 오늘날에는 정신적 탁월함의 증거로 여겨진다. 무자비하고 신속한 진보는 이제 하나의 교리가 되었다. 그러나 이 불안정성의 이점을 찬양하는 이론과 더불어 이러한 불안정성을 낳은 상태를 일반화하여 삶은 악한 것이고 쾌락보다 고통이 더 많으며 그릇된 주장으로 인간을 현혹하는 것이라고 주장하는 이론도 나타났다. 그러한 무질서는 경제계에서 가장 심하므로 그 피해자도 가장 많다.

공업 및 상업 부문은 실제로 가장 많은 자살자를 내는 직업군이다([표 24] 참고). 이 직업을 가진 사람들은 자유전문직 종사자들과 거의 같은 수준이거나 때로는 더 높은 자살률을 보인다. 이들은 특히 옛날의 규제력이 아직 작용하고 있고 산업 열병의 영향을 가장 적게 받은 농업에 비해 훨씬 높은 자살률을 보인다. 농업 부문에서는 과거의 보편적 경제 질서의 흔적이 가장 잘 남아 있다. 또한 농업과 공업의 차이는 공업 부문의 고용주들을 노동자와 따로 구분했다면 훨씬 더 크게 나왔을 것이다. 왜냐하면 고용주들은 아마도 아노미 상태의 영향을 가장 많이 받을 것이기 때문이다.

[표 24] 직업별 인구 1백만 명당 자살자 수

	상업	운수업	공업	농업	자유전문직*
프랑스 (1878~1887)**	440		340	240	300
스위스 (1876)	664	1,514	577	304	558
이탈리아 (1866~1876)	277	152.6	80.4	26.7	618***
프로이센 (1883~1890)	754		456	315	832
바이에른 (1884~1891)	465		369	153	454
벨기에 (1886~1890)	421		160	160	100
뷔르템베르크 (1873~1878)	273		190	206	
작센 (1878)		341.59****		71.17	

* 자유전문직을 세분하면, 자살률이 가장 높은 것이 나타난다.
** 1826~1880년 사이에 경제는 크게 영향을 받지 않았다(Comtereadu, 1880 참고).
*** 문필에 종사하는 사람들만 계산한 것이다.
**** 이 수치는 작센에서의 상업·운수업·공업을 합친 것이다.

　　독립적인 자산가들이 보이는 1백만 명당 720명의 높은 자살률은 가장 많이 가진 자가 가장 많이 피해를 본다는 것을 잘 보여 준다. 종속을 강요하는 모든 요인은 아노미 상태의 영향을 희석한다. 최소한 하층 계급의 범위는 그들보다 상위 계급 때문에 제한을 받는다. 그리고 같은 이유로 그들의 욕구는 보다 검소하다. 더 상위의 계급이 없는 최고 계급은 그들을 규제하는 힘이 없다면 필연적으로 욕망에 몰입하게 된다.

그러므로 아노미는 현대 사회의 정규적이고 특수한 자살 요인이며 아노미 때문에 일정한 수의 연간 자살률이 나온다. 따라서 아노미는 다른 유형과 구분되는 새로운 자살 유형이다. 아노미 유형의 자살이 다른 유형의 자살과 다른 점은 개인이 사회와 연결되는 방식이 아니라 사회가 개인을 규제하는 방식이다. 이기적 자살은 인간이 존재의 근거를 삶에서 찾지 못해서 일어난다. 이타적 자살은 존재의 근거가 삶의 외부에 존재하기 때문에 일어난다. 그리고 이세 번째 유형의 자살은 인간의 활동이 충분히 규제되지 못해서 생기는 고통에서 나온다. 그 발생 근원에 따라 우리는 이 세 번째 형태에 아노미성 자살이라는 명칭을 붙여 주기로 한다.

물론 아노미성 자살과 이기적 자살은 비슷한 점이 있다. 둘 다 개인에게 있어 사회가 불충분한 존재인 까닭에 생겨난다. 그러나 사회가 부재한 영역은 양자의 경우에 서로 다르다. 이기적 자살은 진정한 집단 활동의 결핍으로 인해서 개인이 목적과 의미를 상실하는 경우다. 아노미성 자살은 개인의 열망에 미치는 사회의 영향이 결핍되어 개인을 제동 없이 방치함으로써 일어난다. 그러므로 양자의 관계에도 불구하고 두 유형은 서로 구분된다.

인간은 사회적 활동을 다 하면서도 욕망을 통제하지 못할 수도 있고, 이기적이 아니면서도 아노미 상태에서 살 수 있다. 그리고 그 반대의 경우도 가능하다. 따라서 이 두 유형의 자살은 동일한 사회적 환경에서 발생하는 것이 아니다. 이기적 자살은 주로 지적 직업을 가진 사람들, 즉 사색의 세계에서 주로 일어나며 아노미성 자살은 공업 및 상업의 세계에서 주로 일어난다.

그러나 경제적 아노미만이 자살을 일으키는 아노미는 아니다.

우리가 앞서 살펴보았던 배우자를 사별한 위기로 인한 자살은[11] 실제로는 남편이나 아내의 죽음으로 인한 가정적 아노미에서 기인한다. 생존자에게 영향을 미치는 가족적 재난이 일어난 것이다. 그들은 혼자 남게 되므로 새로운 상황에 적응하지 못하여 자살에 대한 저항력이 약화된다.

그러나 또 다른 종류의 아노미성 자살에 관심을 기울일 필요가 있다. 이 아노미성 자살은 더욱 만성적이며 결혼의 성격과 기능을 더 잘 보여 주기 때문이다.

베르티용은 1882년 9월 《국제인구학연보(Annales de demographie internationale)》에 이혼에 관한 중요한 연구를 발표했는데, 거기에서 그는 전 유럽에 걸쳐 이혼 및 별거자 수와 자살자 수가 비례한다는 명제를 입증했다.

[표 25] 유럽 각국의 이혼율과 자살률 비교

		부부 1천 쌍당 연간 이혼 건수	인구 1백만 명당 자살자 수
이혼·별거율이 낮은 국가	노르웨이	0.54(1875~1880)	73
	러시아	1.6(1871~1877)	30
	잉글랜드, 웨일스	1.3(1871~1879)	68
	스코틀랜드	2.1(1871~1881)	
	이탈리아	3.05(1871~1873)	31
	핀란드	3.9(1875~1879)	30.8
	평균	2.07	46.5
이혼·별거율이 중간인 국가	바이에른	5.0(1881)	90.5
	벨기에	5.1(1871~1880)	68.5
	네덜란드	6.0(1871~1880)	35.5
	스웨덴	6.4(1871~1880)	81
	바덴	6.5(1874~1879)	156.6
	프랑스	7.5(1871~1879)	150
	뷔르템베르크	8.5(1876~1878)	162.4
	프로이센		133
	평균	6.4	109.6
이혼·별거율이 높은 국가	작센	26.9(1876~1880)	299
	덴마크	38(1871~1880)	258
	스위스	47(1876~1880)	216
	평균	37.3	257

이혼과 자살이라는 두 관점에서 여러 나라를 비교해 보면 양자의
비례는 명백하게 나타난다([표 25] 참고). 각각의 평균들의 관계에서뿐
만 아니라, 자살이 이혼만큼 많지 않은 네덜란드만이 유일한 예외
일 뿐 하나하나의 모든 관계가 규칙적이다. 그러한 법칙은 한 나라

안의 여러 지방을 비교해 보면 더욱 엄밀하게 검증할 수 있다. 스위스에서는 이 두 현상 간의 일치가 특히 두드러진다([표 26] 참고).

[표 26] 스위스 각 주의 이혼과 자살 비교

	부부 1천 쌍당 이혼 및 별거 수	인구 1백만 명당 자살자 수		부부 1천 쌍당 이혼 및 별거 수	인구 1백만 명당 자살자 수
I. 가톨릭 주들 〈프랑스 및 이탈리아계〉					
티치노	7.6	57	프라이부르크	15.9	119
발레	4.0	47			
평균	5.8	50	평균	15.9	119
〈독일계〉					
우리		60	졸로투른	37.7	205
상부 운터발덴	4.9	20	아펜첼 이너	18.9	158
하부 운터발덴	5.2	1	추크	14.8	87
슈바르츠발트	5.6	70	루체른	13.0	100
평균	3.9	37.7	평균	21.1	137.5
II. 개신교 주들 〈프랑스계〉					
뇌샤텔	42.4	560	보드	43.5	352
〈독일계〉					
베른	47.2	229	샤프하우젠	106.0	602
바젤(도시)	34.5	323	아펜첼 아우터	100.7	213
바젤(농촌)	33.0	288	글라루스	83.1	127
			취리히	80.0	288
평균	38.2	280	평균	92.4	307
III. 혼합된 종교의 주들					
아르가우	40.0	195	제네바	70.5	360
그라우뷘덴	30.9	116	생갈	57.6	179
평균	36.9	155	평균	64.0	269

개신교를 믿는 주에서는 이혼도 가장 많고 자살도 가장 많다. 그다음은 종교가 섞여 있는 주들이며 마지막이 가톨릭 주들이다. 각 그룹 안에서도 같은 일치가 나타난다. 가톨릭 주 중에는 졸로투른과 아펜첼 이너에서 이혼이 가장 많으며 자살 역시 가장 많다. 프라이부르크는 가톨릭이며 프랑스계임에도 이혼과 자살률 모두 높다. 개신교 독일계 주에서는 샤프하우젠이 이혼율과 자살률 모두 가장 높다. 마지막으로 다종교 주에서는 아르가우를 제외하고는 이혼과 자살의 순서가 정확하게 일치한다.

프랑스의 도를 같은 방식으로 비교해 보면 역시 같은 결과가 나온다. 프랑스의 도를 자살률에 따라 8개 범주로 분류하면, 각 범주는 이혼 및 별거율과 같은 순위로 배열됨을 발견할 수 있다.

	인구 1백만 명당 자살자 수	부부 1천 쌍당 평균 이혼 및 별거 수
제1집단(5개 도)	50 미만	2.6
제2집단(18개 도)	51~75	2.9
제3집단(15개 도)	76~100	5.0
제4집단(19개 도)	101~150	5.4
제5집단(10개 도)	151~200	7.5
제6집단(9개 도)	201~250	8.2
제7집단(4개 도)	251~300	10.0
제8집단(5개 도)	300 이상	12.4

먼저 베르티용이 제시한 설명을 참고삼아 간단히 살펴보자. 그에 따르면 자살의 수와 이혼의 수는 양자가 모두 동일한 요인에 의

존하기 때문에 서로 비례한다. 즉 불완전한 균형을 가진 사람들의 수가 많고 적음에 따라 변한다. 베르티용은 잘 어울리지 않는 부부가 많은 나라에서 이혼이 많다고 주장했다. 그런 부부는 불규칙한 생활을 하는 사람들, 인격과 지능이 낮은 사람들 중에 많으며 그러한 특질은 또한 자살 경향도 갖는다고 하였다. 그러므로 이혼과 자살의 일치는 자살에 미친 이혼 자체의 영향 때문이 아니라 양자가 비슷한 원인에서 나와 다르게 표현되는 두 가지 현상이기 때문이다.

그러나 이혼이 특정한 정신 분석학적 결함과 관련되어 있다는 이러한 주장은 자의적이며 증거가 없다. 스위스가 이탈리아보다 이혼이 15배 많고, 프랑스가 이탈리아보다 이혼이 6~7배 많다고 해서 스위스에는 이탈리아보다 정신적 불균형자가 15배나 많고 프랑스는 이탈리아보다 6~7배나 더 많다고 생각할 이유는 없다. 게다가 우리는 적어도 자살에 관한 한 순수하게 개인적인 조건은 큰 영향을 미치지 못한다는 것을 이미 알고 있다. 또한 다음의 여러 사실을 통해 그런 이론이 부당함을 밝힐 수 있다.

이혼과 자살의 현저한 상관관계의 원인은 사람들의 기질적 성향이 아니라 이혼의 내재적 성격에서 찾아야 한다. 우리가 주장하는 첫 번째 명제는 다음과 같다. 자료를 분석할 수 있는 모든 나라에서 이혼한 사람들의 자살률은 다른 사람들보다 월등히 높다.

1백만 명당 자살자 수								
지역	15세 이상 미혼자		기혼자		홀로된 사람들		이혼한 사람들	
	남자	여자	남자	여자	남자	여자	남자	여자
프로이센 (1887~1889)*	360	120	430	90	1,471	215	1,875	290
프로이센 (1883~1890)*	388	129	498	100	1,552	194	1,952	328
바덴 (1885~1893)	458	93	460	85	1,172	171	1,328	
작센 (1847~1858)			481	120	1,242	240	3,102	312
작센(1876)	555.18**		821	146			3,252	389
뷔르템베르크 (1846~1860)			226	52	530	97	1,298	281
뷔르템베르크 (1873~1892)	251		218**		405**		796**	

* 프로이센의 수치에는 약간의 오차가 있다.
** 남녀를 더한 숫자다.

이혼한 사람들은 기혼자보다 더 젊은데도 불구하고(프랑스의 경우 기혼자의 평균 연령은 46세, 이혼자의 평균 연령은 40세다) 3배 내지 4배 더 많이 자살하며, 사별한 사람들의 평균 연령이 더 높은데도 불구하고 이혼한 사람들의 자살률이 사별한 사람들보다 더 높다. 이를 어떻게 설명해야 할까?

이혼의 결과로 일어나는 정신적 및 물질적 생활 변화가 그런 현상의 원인임이 분명하다. 그러나 그것만으로는 충분한 설명이 되지 않는다. 배우자와 사별하는 것도 이혼 못지않은 생활의 혼란이며, 이혼은 대개 남편과 아내가 합의한 것이고 사별은 남편도 아내도 원한 것이 아니기 때문에 때로는 더 불행한 결과를 가져오기도 한다. 그러나 이혼한 사람들은 연령을 고려하면 사별한 사람들의 절반 정도의 자살률을 보여야 하지만 어느 나라에서나 더 높은 자살률을 보이며 때로는 2배나 높은 자살률을 보이기도 한다. 어떻든 자살촉진계수가 2.5~4에 이르는 것은 결코 생활 조건의 변화 때문이 아니다.

그 원인을 알아내기 위해 앞서 제시한 명제 중 하나를 참고해 보자. 본서의 제2부 제3장에서 우리는 한 사회의 사별한 사람들의 자살 경향은 그 사회의 기혼자들의 자살 경향의 함수임을 밝혔다. 기혼자의 자살 경향이 낮으면 사별자의 자살 경향도 낮고, 결혼으로 자살 예방 혜택을 더 받는 남성은 사별 상태에서도 더 보호받는다. 간단히 말해서 부부 사회가 부부 중 한 명의 죽음으로 해체되더라도 결혼이 자살에 미치는 영향은 생존자에게 어느 정도 남아 있다.[12]

그렇다면 결혼이 사망 때문이 아니라 이혼이라는 법적 행동 때문에 중단된 경우에도 같은 현상이 일어날 것이라고 예상할 수는 없을까? 다시 말해서 이혼한 사람들의 자살 경향은 이혼 그 자체의 결과라기보다 이혼에 의해서 종식된 결혼의 영향이라고 생각할 수는 없을까? 즉 이혼자의 자살 경향은 분명히 결혼 사회의 어떤 특성과 관련이 있으며, 부부는 헤어진 뒤에도 계속 그 영향을 받는 것이다. 이혼한 사람들이 강력한 자살 경향을 보이는 것은 그들이 같이 살고 있는 동안에도 이미 가지고 있던 경향이며 그들의 공동 생활의 영향이다.

여기까지 인정할 수 있다면 이혼과 자살의 상응 관계를 설명할 수 있다. 이혼이 자주 일어나는 나라에서는 이혼에도 영향을 미치는 결혼의 특성이 널리 퍼져 있음이 틀림없다. 왜냐하면 그 영향은 법적으로 갈라설 운명인 부부에게만 국한해서 나타나는 것이 아니기 때문이다. 만일 그 영향이 이혼한 사람들에게서 가장 많이 나타난다면 다른 사람들, 즉 이혼하지 않은 대다수의 사람들에게도 정도는 좀 낮더라도 나타날 것이다.

자살이 많은 곳에서는 자살 시도도 많으며 질병률의 상승 없이는 사망률의 상승이 있을 수 없는 것처럼, 실제 이혼이 많은 곳에서는 이혼에 가까운 상태에 있는 가정이 많을 것임이 틀림없다. 따라서 실제 이혼의 수는 자살을 촉진하여 이혼만큼 보편화시키는 가정이 많을 경우에 증가할 것이며, 따라서 두 현상은 자연히 비례할 수밖에 없다.

이러한 가설은 위에서 제시한 모든 사실과 일치할 뿐만 아니라 직접 증명할 수 있는 가설이다. 이 가설이 충분한 근거가 있다면 이혼이 자주 일어나는 나라의 기혼자 자살률은 이혼이 드문 나라의 자살률보다 높아야 한다. 이것이 여러 사실의 최종 결론이며, 적어도 남편의 경우에는 다음의 [표 27]에 그대로 나타나 있다. 이혼이 없는 가톨릭 국가인 이탈리아는 기혼 남성의 자살방지계수가 가장 높은 나라다. 이탈리아에 비해 이혼이 자주 일어나는 프랑스의 계수는 더 낮으며, 이혼이 보다 빈번하게 일어나는 나라로 갈수록 자살방지계수가 더 낮아진다.[13]

[표 27] 기혼 남성의 자살 면역성에 대한 이혼의 영향

	인구 1백만 명당 자살자 수		미혼 남성에 대한 기혼 남성의 자살방지계수
	15세 이상 미혼 남성	기혼 남성	
이혼이 없는 나라			
이탈리아(1884~1888)	145	88	1.64
프랑스(1863~1868)*	273	245.7	1.11
이혼이 보통인 나라			
바덴(1885~1893)	458	460	0.99
프로이센(1883~1890)	388	498	0.77
프로이센(1887~1889)	364	431	0.84
	전체 자살자 1백 명에 대한 비율		
	미혼 남성	기혼 남성	
이혼이 매우 빈번한 나라**	27.5	52.5	0.63
작센(1879~1880)	남성 주민 1백 명에 대한 비율		
	미혼 남성	기혼 남성	
	42.10	52.47	

* 이렇게 오래된 시기를 택한 이유는 당시에는 이혼이 전혀 없었기 때문이다. 그러나 1884년에 다시 통과된 법은 오늘날까지도 기혼자들의 자살에 대하여 눈에 띌 만한 영향을 미치고 있지 않다. 자살방지계수는 1888~1892년에도 별로 변하지 않았다. 한 제도의 영향은 짧은 기간 동안에 나타나지 않기 때문이다.
** 작센에 있어서는 위에 든 것과 같은 상대적인 수치밖에는 구할 수가 없었으며, 이 수치는 외팅겐에게서 인용한 것이다. 그러나 그것으로도 우리의 목적을 충분히 달성할 수 있다. 르고이의 저서(p.171)에서도 작센에서는 기혼자의 자살률이 미혼자보다 높다는 것을 입증해 주는 자료를 찾아볼 수 있다. 르고이도 이 점에 대하여 놀라움을 표시하고 있다.

올덴부르크 공국의 이혼자 수는 구할 수가 없었다. 그러나 이 나라는 개신교 국가이므로 이혼은 어느 정도 빈번할 것이나, 가톨릭교인 소수파도 상당수 있으므로 지나치게 빈번하지는 않을 것이다. 그렇게 본다면 이 나라의 이혼은 바덴이나 프로이센과 비슷한 수준일 것이다. 그런데 기혼 남성의 자살 면역성에 있어서도 비슷한 수준에 있다. 즉 15세 이상의 미혼 남성 10만 명당 52명이 자살하고, 기혼 남성 10만 명당 66명이 자살한다. 따라서 미혼 남성에 대한 기혼 남성의 자살방지계수는 0.79로 이혼이 드물거나 거의 일어나지 않는 가톨릭 국가와는 크게 다르다.

프랑스에서는 이를 좀 더 확실하게 증명할 수 있다. 프랑스에서 이혼은 다른 어떤 도보다 센에서 가장 빈번하다. 1885년에 프랑스 전체의 평균 이혼율은 1만 가구당 5.65가구에 불과했는데, 센의 이혼율은 1만 가구당 23.99가구였다. 우리는 [표 22](239쪽)를 통해 기혼 남성의 자살방지계수는 다른 도에서보다 센에서 현저히 낮다는 사실을 알 수 있다. 센에서는 20~25세의 자살방지계수가 3에 달한다. 그러나 이 수치가 과연 정확한 것인지는 분명치 않다. 왜냐하면 그 연령대에서는 기혼 남성의 자살이 1년에 한 건 이상 일어나기도 어려우므로 너무 적은 사례를 가지고 계산한 것이기 때문이다. 30세 이후 연령층에서는 자살방지계수가 2를 넘지 않으며, 60~70세에서는 1보다도 낮다. 평균해서 그들의 자살방지계수는 1.73이다. 이와 반대로 센을 제외한 다른 도에서는 자살방지계수가 3 이상인 곳이 8곳 중 5곳이다. 평균은 2.88인데 이는 센에서보다 1.66배나 높은 것이다.

이것은 이혼이 빈번한 나라의 높은 자살률은 기질적 특질, 특히 불안정한 사람들의 수와는 아무 관계가 없다는 또 하나의 증거다. 만일 그것이 진정한 원인이라면, 기혼 남성뿐 아니라 미혼 남성에게도 영향을 미쳐야 한다. 그런데 실제로는 기혼 남성이 가장 큰 영향을 받고 있다. 그러므로 앞에서 제시한 바와 같이 해악의 근원을 결혼이나 가족생활의 어떤 특성에서 찾아야 한다. 즉 우리는 두 가지 가설 가운데 하나를 택해야 한다. 기혼 남성의 낮은 자살 면역성은 가족 사회의 상태에서 기인하는가 아니면 결혼 사회의 상태에서 기인하는가? 가족의 사기가 저하되었기 때문인가 아니면 부부간의 유대가 잘못되었기 때문인가?

전자의 가설을 부적절하게 만드는 첫 번째 사실은 이혼이 가장 빈번한 사람들 사이에서 출산율이 가장 높으며, 그래서 가족 그룹의 밀도가 매우 높다는 것이다. 가족의 밀도가 높은 가정에서는 가족 정신이 매우 강하다. 그러므로 이 현상의 원인은 결혼의 특성에서 찾아야 한다.

실제로 이 현상이 가족의 특성 때문에 발생한다면 이혼이 드문 나라보다 이혼이 빈번한 나라에서는 기혼 여성의 자살률도 높아야 한다. 기혼 여성도 남편들과 마찬가지로 좋지 않은 가족관계의 영향을 받기 때문이다. 그런데 사실은 그와 정반대다. 기혼 여성의 자살방지계수는 남편들의 계수가 떨어질수록 비례적으로 상승하며 이혼의 빈도와도 비례한다. 부부간의 유대가 더 빈번하게 끊어질수록 아내들은 남편들보다 자살 방지에 있어 유리하다([표 28] 참고).

[표 28] 기혼 여성의 자살 면역성에 대한 이혼의 영향*

	인구 1백만 명당 자살자 수		자살방지계수		아내보다 남편의 자살방지계수가 높은 정도	남편보다 아내의 자살방지계수가 높은 정도
	16세 이상 미혼 여성	기혼 여성	기혼 여성	기혼 남성		
이탈리아	21	22	0.95	1.64	1.72	
프랑스	59	62.5	0.96	1.11	1.15	
바덴	93	85	1.09	0.99		1.10
프로이센	129	100	1.29	0.77		1.67
프로이센 (1887~1889)	120	90	1.33	0.83		1.60
작센	전체 자살자 1백 명에 대한 비율					
	미혼 여성	기혼 여성				
	35.3	42.6				
	전체 주민 1백 명에 대한 비율					
	미혼 여성	기혼 여성				
	37.97	49.74	1.19	0.63		1.73

* 시기는 [표 27]에서와 같다.

남편과 아내의 자살방지계수가 역비례 관계인 것이 확연하다. 이혼이 없는 나라에서는 아내의 자살방지계수가 남편보다 낮다. 여자들은 이혼이 좀 더 쉽게 이루어지는 프랑스에서보다 이탈리아에서 더 불리하다. 그와 반대로 이혼이 인정되는 나라(바덴)에서는 남편의 자살방지계수가 아내보다 낮으며, 이혼의 빈도가 증가할수록 남편은 더 불리해진다.

앞의 사례와 마찬가지로 올덴부르크 공국은 이혼이 평균 수준인 독일의 다른 지역들과 비슷하다. 이곳에서 미혼 여성은 1백만 명당 203명의 자살률을, 기혼 여성은 156명의 자살률을 보인다. 그러므로 기혼 여성의 자살방지계수는 1.3으로 기혼 남성의 계수인 0.79보다 1.64배 높다. 이는 프로이센과 거의 비슷하다.

센과 프랑스의 다른 도를 비교해 보아도 이 법칙은 놀랄 만큼 정확하게 입증된다. 이혼이 적은 지방에서는 기혼 여성의 평균 자살방지계수가 1.49로, 2.88의 평균 계수를 가진 기혼 남성의 절반에 불과하다. 센에서는 정반대다. 남성의 자살방지계수는 1.56이며, 20~25세의 연령층을 제외하면 1.44에 불과하다. 그에 비해 여성의 자살방지계수는 1.79이다. 그러므로 남편과 비교하여 센 지역의 아내들은 지방에서보다 2배나 유리하다.

프로이센의 여러 주를 비교해도 같은 결과가 나온다.

이혼율 810~405	기혼 여성의 자살방지계수	이혼율 371~324	기혼 여성의 자살방지계수	이혼율 229~116	기혼 여성의 자살방지계수
베를린	1.72	포메른	1	포젠	1
브란덴부르크	1.75	슐레지엔	1.18	헤세	1.44
동프로이센	1.50	서프로이센	1	하노버	0.90
작센	2.08	슐레스비히	1.20	라인란트	1.25
				베스트팔렌	0.80

* 기혼자 10만 명당 이혼 건수에 대해 주별로 구분.

첫째 그룹의 계수는 모두 둘째 그룹의 계수보다 높으며, 셋째 그룹의 계수가 가장 낮다. 단 하나의 예외로 헤세에서는 이혼한 사람의 수가 적은데도 기혼 여성의 면역성이 특별한 이유 없이 매우 높다.[14]

이상과 같이 일치하는 여러 증거로도 충분하겠지만, 최종적으로 이 법칙을 검증해 보자. 기혼 남성의 면역성을 기혼 여성과 비교하는 대신 이번에는 여러 나라에서 결혼이 성별에 따라 자살에 어떤 상이한 영향을 미치는지 알아보자. [표 29]는 이러한 비교를 보여준다.

[표 29] 유럽 각국에서의 결혼상태별 자살의 성별 비교

국가	연도	미혼자의 자살 백분율		기혼자의 자살 백분율		미혼 여성에 대한 기혼 여성의 평균 초과량	기혼 여성에 대한 미혼 여성의 평균 초과량
		남성	여성	남성	여성		
이탈리아	1871	87	13	79	21	6.2	
	1872	82	18	78	22		
	1873	86	14	79	21		
	1884~1888	85	15	79	21		
프랑스	1863~1866	84	16	78	22	3.6	
	1867~1871	84	16	79	21		
	1888~1891	81	19	81	19		
바덴	1869~1873	84	16	85	15		1
	1885~1893	84	16	85	15		
프로이센	1873~1875	78	22	83	17		5
	1887~1889	77	23	83	17		
작센	1866~1870	77	23	84	16		7
	1879~1890	80	20	86	14		

이 표를 보면, 이혼이 허용되지 않거나 최근에야 이혼이 법제화된 나라에서는 미혼자보다 기혼자의 자살에서 여성의 비중이 더 큰 것으로 나타난다. 이러한 사실의 의미는 그런 나라에서는 기혼여성보다 기혼 남성이 더 유리하다는 것이며, 아내의 불리한 입장은 프랑스보다 이탈리아에서 더 심하다. 이 두 나라에서 미혼 여성과 비교한 기혼 여성의 자살 초과 비율은 이탈리아가 프랑스의 두 배다. 이혼이 흔한 나라에서는 그 반대의 사실을 볼 수 있다. 그런 나라들에서는 결혼으로 여성이 유리해지고 남성이 불리해진다. 그리고 여성의 유리한 입장은 바덴보다 프로이센에서 더 현저하며 프로이센보다 작센에서 더 현저하다. 여성은 자살에 관한 한 이혼이 더 많은 나라에서 유리하다.

따라서 우리는 다음과 같은 법칙에 재론의 여지가 없다고 생각한다. "자살의 관점에서 보면, 이혼이 자유로울수록 결혼은 여성에게 더 유리하며 이혼이 드물수록 결혼은 여성에게 더 불리하다."

이 명제에서 다음의 두 가지 결론이 나온다.

첫째, 이혼이 흔한 사회에서의 자살률 상승은 주로 기혼 남성 때문이며, 반대로 기혼 여성은 다른 곳에서보다 자살 빈도가 낮다. 그렇다면 이혼은 여성의 정신적 상태만 향상시키므로 자살 경향을 촉진하는 원인이라고 추정했던 가족 사회의 불리한 상태는 자살과 관계가 없다. 왜냐하면 그와 같은 자살의 촉진은 남편뿐 아니라 아내에게도 나타나야 하기 때문이다. 가족의 분위기 침체는 두 성에 서로 반대의 영향을 미칠 수 없다. 즉 가족의 분위기가 침체되면 어머니는 유리해지고 아버지는 불리해지는 일은 있을 수 없다.

결국 우리가 연구하는 현상의 원인은 가족의 상태가 아니라 결혼의 상태에 있다. 실제로 결혼은 남편과 아내에게 반대되는 영향을 미칠 수 있다. 그들은 부모로서는 같은 목적을 갖지만 배우자로서는 이해관계가 서로 다를 수 있고 때로는 적대적이기도 하다. 그러므로 사회에 따라서는 결혼 제도의 특성이 한쪽에게는 유리하고 다른 쪽에게는 불리할 수 있다. 위에서 설명한 모든 경향으로 보아서 이혼이 바로 그런 경우임을 알 수 있다.

둘째, 위와 같은 이유로 이혼 및 자살과 밀접하게 관련된 결혼의 불행한 상태는 단순히 잦은 가정불화 때문이라는 가설도 틀린 것이 된다. 왜냐하면 그런 원인이 가족의 유대를 망가뜨린다면 여성의 자살 면역성을 증가시킬 수 없기 때문이다. 만일 이혼이 빈번한 사회의 자살자 수가 실제로 부부의 불화에 비례한다면 아내도 남편과 마찬가지로 고통받아야 한다. 그와 같은 상황에서 여자만 예외적으로 면역성을 가질 이유는 없다. 그리고 이혼은 보통 아내가 요구하며, 프랑스에서는 60%의 이혼과 83%의 별거가 아내의 요구로 일어난다. 그러므로 위의 가설은 더 근거가 없다.[15]

따라서 가정불화는 주로 남자 때문이라고 할 수 있다. 그렇다면 이혼이 흔한 사회에서는 왜 아내에게 고통을 주는 남편들이 더 많이 자살하며, 남편 때문에 고통받는 아내들이 덜 자살하는지 이유가 분명치 않다. 또한 부부간 불화의 증가가 이혼의 증가와 같은 정도로 일어나는지도 확인되지 않았다.[16]

위와 같은 가설들을 부정해야 한다면, 이제 단 하나의 가설만 남는다. 이혼 제도 자체가 결혼에 영향을 미침으로써 자살의 원인이 된다는 가설이다.

도대체 결혼이란 무엇인가? 결혼은 성적 관계의 규제다. 여기서 성적 관계란 성교를 비롯한 육체적 본능뿐 아니라 문명이 육체적 욕구라는 기반 위에 점진적으로 불어넣은 모든 감정을 포함한다. 인간에게 사랑이란 육체적인 것이라기보다 정신적인 것이다. 남성은 여성에게 단순히 성 충동의 충족만 기대하는 것은 아니다.

물론 자연적 성향이 모든 성적 진화의 원천이지만 점점 심미적, 도덕적 감정이 더해져 복잡해지고 다양해지면서 오늘날에는 자연적 성향이 가장 작은 요소가 되어 버렸다. 지적 요소의 영향으로 성적 본능은 육체적 성격을 어느 정도 벗어나서 지적 성격을 띠게 되었다. 육체적 욕구뿐만 아니라 정신적 이유로 사랑을 추구한다.

따라서 인간의 성은 동물들처럼 규칙적이고 자동적인 주기를 갖지 않는다. 심리적인 충동이 어느 때나 성적 충동을 깨울 수 있기에 인간의 성적 충동은 주기적이지 않다. 이처럼 변화되고 다양해진 성적 성향은 육체적 욕구에 직접 의존하는 것이 아니므로 사회적 규제가 필요해진다. 성적 충동을 육체적으로 통제할 수 없으므로 사회의 제약이 필요한 것이다. 이것이 결혼의 기능이다. 결혼은 애정 생활을 통제하며, 일부일처제는 더 엄격히 통제한다. 한 남자와 한 여자를 영원히 맺어줌으로써 욕구의 대상을 엄격하게 규정하며 그 한계를 정하는 것이다.

이 같은 규정은 남편이 결혼에서 얻는 혜택인 정신적 균형을 만든다. 허용된 것 이상의 충족을 추구할 수 없기 때문에 남자는 자신의 의무에 충실하고 자신의 욕구를 제한하는 것이다. 남자가 의무로 받아들여야 하는 규제는 자신이 가진 것에서 행복을 구하게 만들고 거기에 만족하도록 만들어 준다. 그뿐만 아니라 정열의 일탈이 금지되어 있으며 정해진 애정의 대상(아내)도 그를 배반하지 못하게 되어 있다. 의무는 상호적이기 때문이다. 자신의 쾌락이 제한되더라도 그런 확실성이 그의 정신적 기초를 이룬다.

그런데 미혼자의 형편은 다르다. 미혼자는 자신의 취향에 따라 대상을 구할 권리가 있으므로 무엇이든 열망할 수 있지만 아무 곳에서도 만족을 얻지 못한다. 이 같은 무한을 향한 병적인 욕망은 항상 아노미를 일으키며 우리 의식의 다른 부분도 바로 공격한다. 이러한 욕망은 종종 뮈세(Musset)가 묘사한 성적 형태를 취하게 된다.[17] 인간은 규제하지 않으면 스스로를 규제할 수 없다. 지금까지 경험한 쾌락을 넘어 다른 쾌락을 느끼고 원하게 되며, 가능한 모든 것을 경험하고 나면 불가능한 것을 꿈꾸게 된다.[18] 즉 불가능한 것을 갈망하게 되는 것이다. 이런 정서는 그런 끝없는 추구 때문에 악화될 수밖에 없다.

꼭 끊임없이 애정 행각을 벌이고 동 쥐앙(Don Juan)처럼 살아야만 그런 상태에 이르는 것은 아니다. 보통 독신자의 생활로도 충분하다. 새로운 희망은 끊임없이 일어나지만 결국 기만당할 뿐이며 권태와 환멸만 남는다. 자신이 얻고 싶은 것을 얻을 수 있을지 불확실한 상태에서 어떻게 욕망을 고착할 수 있겠는가?

아노미는 이중적이다. 스스로 자신에게 확실한 것을 줄 수 없는 만큼 자신에 대해 확실한 권리를 갖지 못한다. 그에 따라 미래의 불확실성에 자신에 대한 불확실성이 더해져 인간은 끊임없이 변화를 추구하게 된다. 그 결과는 좌절, 불안, 불만 등이며 불가피하게 자살 가능성을 증가시킨다.

그리고 이혼은 결혼 규제의 약화를 의미한다. 이혼이 존재하는 사회, 특히 이혼이 법과 관습으로 허용된 사회에서 결혼은 환상에 불과하다. 이런 결혼은 열등한 형태의 결혼이며 결혼의 유익한 영향을 제대로 발휘하지 못한다. 이런 결혼은 욕망을 통제하는 힘이 약하기 때문에 쉽게 위기를 맞아 깨지며 열정을 통제하는 힘이 약하므로 반항을 불러일으킨다. 열정은 주어진 한계에 쉽게 만족하지 못하게 한다. 기혼 남성의 장점이었던 정신적 안정과 평온은 줄어들고 대신에 현재 가진 것에 만족하지 못하게 하는 불안이 나타난다. 게다가 현재의 즐거움이 확실치 않기 때문에 현상을 고수할 마음이 약해진다. 그리고 미래는 더욱 불확실해진다.

사람은 언제 어디서 끊어질지 모르는 사슬로는 강하게 규제될수 없다. 자기 발밑의 땅이 안전하지 않을 때는 자신의 위치 너머를 바라보지 않을 수 없다. 따라서 이혼 때문에 결혼이 약화되는 사회에서 기혼자의 자살 면역성은 감소할 수밖에 없다. 그런 사회의 기혼 남성은 미혼 남성과 비슷해지며 결혼으로 얻는 이점도 어느 정도 상실할 수밖에 없다. 따라서 전체 자살률은 증가한다.[19]

그러나 이러한 이혼의 결과는 남성에게만 국한된 것이고 기혼 여성에게는 영향을 미치지 않는다. 일반적으로 여성의 성적 욕구는 정신적인 성격이 적다. 왜냐하면 일반적으로 여성의 정신생활은 덜 발달되어 있기 때문이다. 여성의 성적 욕구는 육체적 욕구에 더욱 밀착해 있으며 육체적 욕구를 이끌기보다는 그에 따르게 되므로 육체가 성적 욕구를 효율적으로 통제한다. 여성은 남성보다 본능적이므로 본능에 따라 안정과 평온을 찾는다.

그러므로 여성은 결혼, 특히 일부일처제와 같은 엄격한 사회적 통제를 필요로 하지 않는다. 그와 같은 통제는 아무리 유익한 것이더라도 불편한 면이 있다. 결혼을 영구적인 것으로 고정함으로써 그 결과와 관계없이 모든 결혼의 해체를 막는다. 한계를 정함으로써 결혼은 모든 출구를 막으며 정당한 희망까지도 금지한다.

남성도 물론 이런 불변성 때문에 피해를 본다. 그러나 남성은 그런 피해를 다른 면에서의 이득으로 대부분 보상받는다. 그뿐만 아니라 남성은 관습으로 어느 정도 결혼의 엄격성을 벗어날 수 있다.

그러나 여성에게는 그런 보상이나 위안의 길이 열려 있지 않다. 일부일처제는 무조건 여성에게 엄격하게 강요된다. 반면 여성은 자연적으로 욕망을 제한할 수 있으므로 결혼은 여성에게 욕망을 제한하고 자신의 처지에 만족하도록 가르치는 데 있어 남성만큼 유용하지 않다.

반면 결혼은 견딜 수 없는 상황에서도 여성들이 벗어나지 못하게 막는다. 그러므로 결혼 통제는 큰 이득 없이 여성을 속박한다. 보다 더 융통성 있고 가벼운 결혼은 아내들의 입장을 더 향상시킬 수 있다. 따라서 이혼은 여성을 보호하며 여성은 남성보다 더 이혼에 의지한다.

그러므로 이혼 제도로 인한 결혼의 아노미 상태는 이혼과 자살의 비례 현상을 설명해 준다. 즉 이혼이 빈번한 사회에서의 기혼 남성의 자살은 아노미성 자살이다. 그것은 그러한 사회에 나쁜 남편과 나쁜 아내가 많기 때문이 아니며 불행한 가정이 많기 때문도 아니다.

그들의 자살은 결혼의 통제력이 약해진 상태에서 자생적으로 발생한다. 그와 같은 정신 상태는 결혼으로 생겨나고 결혼이 끝나도 계속되기 때문에 결국 이혼 남성들에게 유난히 높은 자살 경향을 일으킨다. 그러나 이 통제의 무력화가 전적으로 이혼의 법제화 때문에 나타난다고 주장하는 것은 아니다. 이혼은 기존의 관습을 존중하는 범위 내에서만 허용되기 때문이다.

만일 대중이 점점 부부 관계의 영구성이 합리적이라고 생각하게 되면 입법자들은 쉬운 이혼의 법제화를 고려하지 않을 것이다. 즉 결혼의 아노미는 반드시 법에 명시되지 않더라도 여론에 의해 생겨날 수 있다. 그러나 이혼을 법제화해 그 모든 결과가 완전하게 나타난다. 결혼법이 개정되지 않은 동안에는 개인의 욕망을 법으로 상당히 통제할 수 있다. 무엇보다도 비난만으로도 아노미 성향의 증가를 막을 수 있다. 그러므로 아노미는 이혼을 법제화한 사회에서만 현저하게 나타나고 쉽게 알 수 있는 영향을 미치게 된다.

이상과 같은 설명도 이혼과 자살의 비례 관계와 남편과 아내의 반비례하는 면역성 변화를 잘 설명해 주지만,[20] 다음의 몇 가지 사실들은 그러한 설명을 확실히 뒷받침해 준다.

첫째, 이혼이 허용되는 사회에서만 진정한 결혼의 불안정성이 있을 수 있다. 왜냐하면 별거는 부부에게 자유를 허용하지 않고 단지 결혼의 일부 효과만 제한하지만 이혼은 결혼을 완전히 해체하기 때문이다. 그러므로 만일 이런 종류의 아노미가 정말로 자살 경향을 증가시킨다면 이혼자들은 별거자들보다 훨씬 높은 자살 경향을 가져야 한다. 이것이 우리가 가진 자료의 핵심이다. 르고이[21]의 계산에 따르면, 작센에서는 1847~1856년에 이혼자들은 1백만 명당 1,400명, 별거자들은 1백만 명당 176명의 자살률을 보였다. 별거자의 자살률은 기혼 남성의 자살률(318명)보다도 더 낮다.

둘째, 만일 미혼자들의 높은 자살률이 그들이 만성적으로 경험

하는 성적 아노미와 부분적으로 관련이 있다면 그들의 자살 경향
은 성적 감정이 가장 강렬한 시기에 제일 많아야 할 것이다. 그리고
실제로 미혼자들의 자살률은 20세에서 45세 사이에 가장 급격하
게 상승한다. 이 연령대의 자살률은 네 배로 상승하는 반면 45세부
터 최고 연령(80세 이상)까지는 두 배로 상승할 뿐이다.

그러나 그와 같은 지속적인 증가를 여성들에게서는 찾아볼 수
없다. 미혼 여성의 자살률은 20~45세 사이에 106명에서 171명으
로 두 배도 안 되게 증가할 뿐이다(216쪽 [표 21] 참고). 그러므로 성적
연령은 여성의 자살률 증가에 영향을 미치지 않는다. 이 결과는 우
리가 확인한 대로 여성이 이런 유형의 아노미에 민감하지 않으므
로 당연한 결과다.

끝으로 제2부 제3장에서 상정한 여러 사실도 이상의 이론으로
설명하고 검증할 수 있다. 우리는 3장에서 프랑스에서 결혼은 그
자체로 가족과 상관없이 남성에게 1.5의 자살방지계수를 부여하
는 것을 보았다. 우리는 이 계수가 무엇을 의미하는지 이제 확실히
알게 되었다. 그 계수는 남성이 결혼의 통제력으로 얻는 이득이며,
결혼이 그의 욕망을 조절하고 정신적 안정을 가져다줌으로써 얻
는 이득을 나타낸다. 그러나 그와 동시에 프랑스의 기혼 여성은 자
녀를 출산하여 결혼의 부정적 영향이 사라질 때까지는 오히려 자
살 경향이 더 커지는 것도 알게 되었다.

이는 남성이 가족 내에서 악하고 이기적인 역할을 하고 있기 때

문에 배우자에게 피해를 준다는 것은 아니다. 하지만 프랑스에서는 최근까지 이혼이 용이하지 않았으므로 여성들에게 결혼은 무겁고도 이득 없는 멍에였다. 그러므로 우리는 일반적으로 결혼이 남녀에게 반대의 영향을 미치는 이유를 알게 되었다.[22] 그것은 남성과 여성의 이해관계가 상반되기 때문이다. 남성은 규제를 필요로 하고 여성은 자유를 필요로 한다.

그뿐만 아니라 인생의 특정 시기에는 이유는 다르지만 남성과 여성이 같은 방향으로 결혼의 영향을 받는 것 같다. 이미 살펴본 것처럼 젊은 남편들은 같은 연령의 미혼 남성보다 더 많이 자살하는데, 그것은 분명 그 연령에서는 그들의 욕구가 지나치게 강하고 자신만만해서 엄격한 규율에 순종하기가 어렵기 때문일 것이다. 따라서 그들에게는 그런 규제가 욕망을 달성하기에 어려운 장애가 되기 때문에 그 규율을 깨뜨리게 된다. 아마도 어느 정도 나이를 먹어서 인간이 순화되고 규율을 필요로 하게 되는 연령에 이르러서야 결혼이 자살을 방지하는 효과를 보이는 것은 바로 이런 이유에서일 것이다.[23]

끝으로 우리는 제3장에서 결혼이 남편보다 아내에게 유리한 사회에서는 남녀의 차이가 그 반대 경우보다 언제나 더 적다는 것을 보았다.[24] 이것은 결혼이 여자에게 유리한 사회에서도 여자가 얻는 이득은 결혼이 남자에게 유리한 사회에서 남자가 얻는 이득보다 적다는 것을 증명해 준다. 여자는 결혼이 유리할 때 얻는 이득보다 불리할 때 받는 피해가 더 크다. 그 이유는 여자가 결혼을 덜 필요로 하기 때문이다. 이것이 바로 우리가 상정한 이론의 가정이다. 그러므로 이 책의 앞부분과 이번 장의 모든 결과는 서로 부합하며 모순이 없다.

우리는 오늘날의 결혼관 및 결혼의 역할에 대한 통념과는 매우 다른 결론에 도달했다. 결혼은 흔히 여성을 위해 만들어진 것이고 남성의 무분별로부터 약한 여성을 보호하기 위한 것이라고 여겨진다. 특히 일부일처제는 남성이 다처 본능을 희생하고 결혼에 있어서 여성의 지위를 개선하고 향상하기 위한 제도라고 여겨진다.

그런데 사실은 어떤 역사적 기원으로 남성들이 그와 같은 제약을 받아들였건 간에, 남성들은 그로 인해 오히려 혜택을 입고 있다. 남성이 포기하는 자유는 그에게는 고통의 원천일 뿐이다. 그런데 여성은 남성처럼 그 자유를 포기할 이유가 없으며 같은 규제를 받음으로써 오히려 희생하고 있다고 말할 수 있다.[25]

제6장 여러 자살 유형의 개인적 형태

우리의 연구로 한 가지 사실은 분명해졌다. 자살은 하나가 아닌 여러 가지 형태라는 것이다. 물론 모든 자살은 삶보다 죽음을 택한 사람의 행동이다. 그러나 자살을 결심하게 만든 원인은 각기 다르며, 때로 상반되기도 한다. 그렇다면 분명히 그런 원인의 차이가 결과의 차이를 만들 것이다. 따라서 우리는 성질이 다른 여러 종류의 자살이 있다고 확신할 수 있다. 그러나 그런 차이가 분명히 있다는 것만으로는 충분치 않다. 여러 종류의 자살을 직접 관찰하고 어떠한 차이가 있는지 알아보아야 한다. 앞서 구분한 자살의 세 유형에 따라 특정 부류에 속하는 개별 자살의 특성을 살펴보고, 자살의 사회적 원인에서 개인적 실행에 이르기까지 자살을 일으키는 여러 가지 양상을 추적해 보려고 한다.

이 연구를 시작할 때는 거의 불가능했던 형태학적 분류도 이제 자살 원인에 따른 분류의 기초가 생겼으므로 시도해 볼 수 있다. 사실 앞서 발견한 자살의 세 요인을 가지고 과연 개인들이 자살을 실행할 때 나타나는 독특한 특성이 이 세 원인에서 비롯되는 것인지 그리고 만일 그렇다면 어떻게 나타나는지만 파악하면 된다. 물론 자살의 모든 특성을 이런 방식으로 연역할 수는 없다. 순전히 개인적 기질 때문에 일어나는 자살도 있을 것이다. 모든 자살자는 자신의 기질과 자신이 처한 특수한 조건을 나타내는 개인적 흔적을 자신의 자살 행동에 남기며, 이 개인적 흔적은 자살 현상의 사회적, 일반적 원인으로는 설명할 수 없다. 그러나 한편으로 사회적, 일반적 원인들도 자살에 특별한 흔적을 남길 것이다. 우리는 이 집단적 표식을 발견해야만 한다.

물론 그러한 추적은 대략적일 수밖에 없다. 매일 일어나는 자살과 역사 속에서 일어난 자살 전부를 체계적으로 설명할 수는 없다. 다만 가장 일반적이고 강렬한 특징만 강조할 수 있을 뿐이다. 더욱이 우리는 그런 특징이 발생하는 개별 원인과 그 특징들을 연역적으로 연관 지을 수 있을 뿐이다. 비록 이 추론이 실험을 통해 항상 확인될 수는 없겠지만, 우리가 할 수 있는 일은 원인과 특징의 논리적 연관 관계를 밝히는 것뿐이다. 우리는 실험으로 확인되지 않은 연역은 언제나 의문의 대상이 될 수 있음을 잘 알고 있다. 그러나 그런 한계가 있다고 해도 이 연구가 쓸모없는 일은 아니다.

비록 이 연구가 앞에서 내린 결론에 실례를 제시하는 방식에 불과하다고 해도 우리의 결론을 감각-지각적 자료 및 일상의 구체적 경험과 보다 밀접하게 연결해 결론을 구체화하기 때문에 무가치한 일은 아니다. 이런 연구는 또한 실제로는 현저한 차이가 있는데도 불구하고 일반적으로 별 차이 없는 듯한 덩어리로 인식하는 사실들을 좀 더 분명하게 가려 줄 수도 있다.

자살은 정신 질환과 같은 것이다. 일반인이 볼 때 정신 질환이란 단일한 상태이며 언제나 같은 것으로, 상황에 따른 피상적 차이만 있는 것처럼 보인다. 그러나 정신병 전문의들이 볼 때 정신 질환이란 말은 여러 가지 질병 분류학적 유형을 의미한다. 마찬가지로 일반적으로 자살하는 사람은 모두 삶의 무게를 이기지 못한 우울증 환자로 간주된다. 그러나 실제로는 인간이 생명을 버리는 행동은 정신적, 사회적 의미가 전혀 다른 여러 가지 유형으로 나눌 수 있다.

아주 오래전부터 알려져 있었고, 오늘날에는 더욱 널리 퍼진 한 가지 자살 형태가 있다. 라마르틴(Lamartine)의 소설 《라파엘(Raphaël)》에서도 그 형태를 찾아볼 수 있다. 바로 모든 행동의 원천이 무너지는 우울한 권태의 상태다. 사업, 공공 문제, 유용한 일, 심지어 가정 일까지도 지루하고 관심이 없다. 그는 자기 자신 외에는 관심을 가지려 하지 않는다. 그러나 한편으로는 활동하지 않아 잃은 것을 사색과 내면생활에서 보충한다. 주위에 관심을 잃은 의식은 자의식으로 가득 차고, 자신을 유일한 관심 대상으로 삼아 자기 관찰과 자기 분석에 몰두한다.

그러나 이런 극단적인 집중은 자신과 주변 세계를 갈라놓는 틈새를 더 크게 만들 뿐이다. 개인이 자신에게 골몰하게 되면, 불가피하게 모든 외부 세계로부터 더욱더 격리되고 자신이 살아가는 고립 생활을 숭배할 정도로 강조하게 된다. 자신에게 빠지는 것은 타인과 관계를 맺는 데 좋은 방법이 아니다.

모든 활동은 원심적이고 자신의 한계 밖에서는 존재가 흩어지므로 어떤 의미에서는 이타적이라고 할 수 있다. 반면 성찰은 개인이 외부 세계와 떨어져 자신 속으로 은둔함으로써만 가능하기 때문에 개인적이고 이기적이라 할 수 있다. 그리고 은둔이 철저할수록 성찰도 심화된다. 행동은 다른 사람과 섞이지 않고서는 불가능하지만, 다른 사람을 객관적으로 보고 더 나아가 자기 자신에 대해 사고하기 위해서는 다른 사람과의 관계를 끊어야 한다. 따라서 내적 성찰에 모든 활동을 집중하는 사람은 자기 주위의 모든 것에 무감각해진다. 만일 그가 사랑을 한다면 그것은 자신을 위해서도 아니고 다른 사람과 풍성한 유대를 맺고 섞이기 위해서도 아니며 오로지 자신의 사랑에 대해 성찰하기 위해서다. 그의 정열은 피상적일 뿐이며 메마른 것이다. 그의 정열은 자신 외에는 아무것도 생성하지 않는 무익한 상상 속에서 낭비되고 있다.

다른 한편으로 모든 내면생활은 외부에서 주요 자원을 끌어들인다. 우리가 사고할 수 있는 것은 대상과 대상에 대한 우리의 관념뿐이다. 완전히 불확정적인 상태에서는 우리 자신의 의식을 성찰할 수 없다. 그러한 상태에서 성찰은 생각조차 할 수 없다. 의식은 자신이 아닌 것과의 접촉을 통해서만 확정된다. 따라서 의식이 일정한 한계 이상으로 개체화되면 그리고 인간이건 사물이건 다른 존재로부터 자신을 지나치게 격리시키면 더 이상 의식의 원천과 소통할 수 없게 되며 의식을 적용할 대상조차 찾지 못하게 된다.

자신의 외부에서 허무를 만들면 자신의 내부에서도 허무가 일어나 자신의 비참함 외에는 성찰할 아무것도 남지 않는다. 남아 있는 사고의 대상은 내적 허무와 그 결과인 우울밖에 없다. 이러한 상태는 중독되고, 자포자기로 인해 일종의 병적인 환희를 가져온다. 이러한 상태를 잘 알았던 라마르틴은 자신의 작품에서 다음과 같은 말로 이를 묘사하였다.

"내 주위의 모든 권태는 나 자신의 권태와 놀라운 조화를 이루고 있다. 권태는 그 자체의 매력으로 더욱 커졌다. 나는 우울의 심연으로 빠져들어 갔다. 그러나 그것은 온갖 생각과 인상, 영원과의 교류, 나 자신의 영혼의 은둔으로 가득 찬 생기 있는 우울이었기 때문에 나는 벗어나고 싶지 않았다. 이것은 질병이지만 고통이기보다는 매력이 넘치는 체험으로, 그 속에서는 죽음이 마치 무한으로의 관능적 일탈과 같다. 그래서 나는 나 자신을 그 우울 속으로 완전히 침잠시키기로 결심하였다. 마음을 산란케 하는 사회를 피하고 내가 만나는 모든 것 속에서도 침묵과 고독, 냉담으로 나자신을 묶어 두기로 결심하였다. 나의 영혼의 고립은 장막과 같고, 장막 속에서 나는 더 이상 사람을 보지 않고 오직 자연과 신만 보기를 갈망한다."[1]

그러나 인간은 그런 허무의 명상에 빠져 있으면 점점 더 거기에 매료된다. 그는 감히 허무에 영원이라는 이름을 부여한다. 그러나 그런다고 해도 그 속성은 변하지 않는다. 사람이 허무에서 쾌락을 느끼게 되면 결국 생존을 완전히 중단해야만 만족된다. 이것이 바로 하르트만(Hartmann)이 의식의 발달과 생존 의지의 약화 사이에서 관찰하라고 주장한 병행론(parallelism)의 진실이다.

관념과 활동은 서로 대립 관계에 있으며 반대 방향으로 진행한다. 그리고 삶은 활동이다. 사고한다는 것은 행동을 포기한다는 것을 뜻한다. 따라서 사고하는 만큼 인간은 삶을 포기하는 것이다.

그렇기에 절대적인 관념의 지배는 불가능하며 지속될 수 없다. 그것은 바로 죽음을 의미하기 때문이다. 그러나 이것이 하르트만이 생각한 것처럼 현실 자체가 환상으로 가려지지 않으면 참을 수 없는 것임을 의미하지는 않는다.

슬픔은 사물에 내재하는 것이 아니다. 슬픔은 세계로부터 우리에게 찾아오는 것이 아니며 단순히 세계에 대한 명상으로 생겨나는 것도 아니다. 슬픔은 우리 자신의 생각의 산물이고 처음부터 끝까지 우리가 만드는 것이다. 그러나 그런 슬픔을 만들어 내는 것은 비정상적인 사고다. 때때로 의식이 인간을 불행하게 만드는 것은 의식이 그 본성을 거역하고 절대화하거나 그 자체가 목적이 되는 병적인 발전을 했기 때문이다. 그와 같은 의식은 최신의 발견도 아니며 지식을 궁극적으로 정복한 결과도 아니다.

우리가 서술한 의식의 주요 요소는 스토아학파가 제시한 정신 구조에서도 찾아볼 수 있다. 스토아 철학은 자신만의, 자신을 통한 삶을 살기 위해 일체의 외계에서 벗어나라고 가르친다. 그러나 그러한 삶에는 살아야 할 이유가 없으므로 스토아학파의 교리는 결국 자살로 끝나고 말 뿐이다. 그와 같은 특성은 이러한 정신 상태에서 논리적으로 귀결되는 최종 행동(자살)에서 다시 나타난다. 자살의 실행은 조금도 난폭하지 않으며 조금도 급하지 않다. 자살자는 스스로 시기를 선택하며 미리 자신의 계획을 심사숙고한다. 그는 시간이 오래 걸리는 방법도 마다하지 않는다. 불쾌하지 않은 조용한 우울함이 그의 마지막 순간을 장식한다. 그는 최후까지 자신을 분석한다.

이런 자살은 팔레가 언급한 사업가의 경우와 같다.[2] 그 사업가는 외딴 숲속으로 들어가 굶어 죽었다. 그는 3주에 걸친 고통 속에서 자신의 느낌을 정기적으로 기록했고, 이 기록은 보존되어 있다. 또 어떤 사람은 숯불을 피워 질식해 죽었는데, 죽으면서 자신의 관찰을 조금씩 메모했다.

"나는 내가 용감하지도 비겁하지도 않다고 생각한다. 나는 내게 남은 짧은 시간 동안 질식사의 느낌과 고통의 시간을 기술해 보고자 할 뿐이다."[3]

또 다른 사람은 스스로 '황홀한 휴식에의 기대'라고 부른 죽음에 이르기 전에 마룻바닥에 핏자국을 남기지 않기 위해 복잡한 장치를 만들어 놓기도 했다.[4]

이같이 상이한 자살들이 이기적 자살과 관련 있다는 것은 명백하다. 이런 자살들은 틀림없이 이기적 자살의 결과이며 그 개별적 표현이다. 행동에 대한 혐오와 기피, 우울과 고독 등은 이기적 자살의 특성인 지나친 개체화에서 나온다.

개인이 스스로 고립되는 것은 그와 타인을 연결하는 유대가 약해지거나 끊어졌기 때문이며 사회가 그가 접촉한 부분에서 충분히 통합되어 있지 않기 때문이다. 개인과 개인의 의식 격차는 그들을 서로 격리시키며, 이는 사회 조직망이 약화된 결과다. 이런 종류의 자살이 갖는 지적, 사색적 성격은 이기적 자살이 고도의 지식과 성찰의 지능을 필요로 한다는 사실로 쉽게 설명할 수 있다.

또한 일상적으로 의식의 작용 범위를 확장하도록 강요하는 사회에서는 의식을 자살로부터 보호하는 정상적 한계를 넘어설 위험도 더욱 커진다. 모든 것에 의문을 품은 정신은 자신의 무지를 감당할 만큼 강하지 않으면 자기 자신에게도 의문을 갖게 되며 의혹에 빠지게 된다. 만일 정신이 의문의 대상인 존재를 확인하지 못한다면 그 모든 신비를 쉽사리 푼다는 것은 기적에 가까운 일이다. 정신은 결국 모든 실재를 부정하게 되며 문제 제기 자체가 이미 부정적 해결로의 경향을 내포하고 있다. 그렇게 함으로써 정신은 모든 긍정적 내용을 상실하게 되고 저항할 힘이 없어지므로 결국 내적 몽상의 허무에 빠져들 수밖에 없다.

그러나 이런 고상한 형태의 이기적 자살이 유일한 유형은 아니다. 그보다 더욱 흔한 다른 유형이 있다. 자신의 상황을 우울하게 성찰하는 대신 즐겁게 결정을 내리는 경우다. 이 유형의 사람은 자신의 이기주의와 그 논리적 결과를 알고 있다. 그러나 그는 그 결과를 미리 받아들이고 어린아이나 동물처럼 살아간다. 다만 자신의 행동을 알고 있다는 점이 다를 뿐이다. 그는 자신의 욕구를 채우는 것을 유일한 일거리로 삼으며, 쉽게 만족하기 위해서 욕구 자체를 단순화하기까지 한다.

그는 더 나은 것을 바랄 수 없다는 것을 알며, 더 이상 요구하지도 않는다. 만일 그 유일한 목적을 달성할 수 없게 될 때는 의미가 없어진 생존을 끊어 버릴 준비가 되어 있는 것이다. 이것은 에피쿠로스적 자살이다. 에피쿠로스는 제자들에게 죽음을 서두르라고 가르치지 않았으며 삶에 조금이라도 흥미가 있는 한 살아가라고 권유하였다. 단지 삶에 있어서 다른 목적을 갖지 않는 사람은 목적을 완전히 상실하기가 더 쉬우며, 감각적 쾌락이란 인간을 삶에 연결시키기에는 매우 약한 고리라는 것을 명확히 알고 있었기 때문에 제자들에게 사소한 상황의 자극에도 삶을 쉽게 버릴 준비를 하라고 가르쳤다.

이 경우에는 철학적이고 몽상적인 우울함이 회의적이고 환멸적인 무미건조함으로 대체되며, 이 무미건조함은 특히 마지막 순간에 지배적이다. 이런 자살자는 미움이나 분노 없이 자살을 실행하지만 동시에 지적 인간이 자살에서 구하는 병적인 만족도 느끼지 않는다. 이들의 자살은 지적인 사람의 자살보다 더 정열이 없다. 이들은 자신이 도달한 종말을 보고 놀라지 않는다. 이미 죽음을 어느 정도 불가피한 사실로 예견한다. 따라서 이들은 자살을 오랫동안 준비하지 않는다. 그때까지의 삶과 마찬가지로 고통을 최소화하려고 할 뿐이다. 이것은 특히 방탕한 사람의 죽음에서 잘 나타나는데, 그들은 안이한 삶을 더 이상 계속할 수 없는 순간이 오면 역설적으로 평온을 느끼고 당연하다는 듯이 자살한다.[5]

앞에서 이타적 자살의 성격을 설명할 때 충분한 실례를 제시했으므로 여기서 다시 그 특징적인 심리 형태를 길게 묘사할 필요는 없을 것이다. 이타적 자살은 마치 이타주의가 이기주의와 반대되는 것처럼 이기적 자살의 반대 형태다. 이기적 자살은 우울한 권태나 에피쿠로스적 무관심 같은 총체적 우울증을 특성으로 한다. 반대로 이타적 자살은 그 근원이 격렬한 감정에 있는 만큼, 일종의 정열의 연소를 요구한다. 의무적 자살의 경우에는 이성과 의지로 정열을 통제한다. 개인은 자신의 양심의 명령에 따라 자살한다. 양심의 명령에 순종하는 것이다. 그러므로 그의 행동이 가지는 두드러진 특징은 자신의 의무를 완수한다는 느낌에서 나오는 엄숙한 확신감이다. 카토와 보르페르 사령관의 죽음 등은 이 같은 영웅적인 형태다.

다른 한편으로 이타주의가 고조되면 충동은 더욱 열정적이 되고 무분별해진다. 신념과 열광의 폭발이 죽음을 일으킬 수도 있다. 그러한 열광은 숭배하는 신과의 합일을 위한 수단으로의 죽음이나 초자연적인 힘을 달래기 위한 속죄의 제물로 자신을 바치는 죽음 등 죽음의 개념에 따라 행복한 것일 수도 있고 엄숙한 것일 수도 있다.

우상의 마차 바퀴 아래 자신을 즐겁게 희생하는 광신자의 종교적 열정과 무심함에 이른 수도승의 종교적 열정 그리고 자신의 범죄를 속죄하기 위해서 삶을 끝내는 범죄자의 참회 등은 서로 다르지만 표면적인 차이 뒤에는 동일한 기본적 특성이 있다. 따라서 이타적 자살은 앞에서 논한 것과 같은 우울증 자살과는 대조적으로 아주 적극적인 자살이다.

우리는 이런 특성을 원시인이나 군인들의 단순한 자살에서도 찾아볼 수 있다. 이들은 자신의 명예에 대한 사소한 모욕 때문에 또는 자신의 용기를 증명하기 위해 자살한다. 그렇지만 그들의 자살이 손쉽게 이루어진다고 해서 이것을 에피쿠로스적 자살의 환멸감이나 무미건조함과 혼동해서는 안 된다. 자신의 생명을 희생하려는 성향은 비록 망설임 없이 본능에 가깝게 반응하도록 강하게 자리 잡은 것이라 하더라도 분명히 적극적인 경향이다.

르로이는 이 형태의 전형이라고 할 수 있는 사례를 보고하였다. 어느 장교가 자살을 기도했다가 실패한 후 다시 자살을 기도하면서 자신의 느낌을 기록하였다.

"내 운명은 참 기구하다! 나는 목을 맸고 의식을 잃었는데 줄이 끊어지면서 떨어지고 만 것이다. 이번에는 완벽하게 준비했다. 곧 자살하기에 앞서 마지막으로 파이프 담배를 한 모금만 빨고자 한다. 정말 마지막 담배가 되기를 바란다. 첫 번째 시도에서 나는 내 결정에 아무런 갈등도 느끼지 않았으며 모든 것이 순조로웠다. 이번에도 그렇게 순조롭기를 바란다. 나는 마치 이른 아침 한잔의 술을 마신 듯 평온하다. 고백하지만 이상하게도 정말 평온하다. 이것은 모두 사실이다. 나는 이제 완전한 평온 속에서 죽으려고 한다."[6]

이 같은 평온함에는 역설도 없고 회의도 없으며 방탕한 사람이 자살할 때 완전히 감추지 못하는 망설임도 없다. 그들의 평온은 완전하다. 모든 치명적 성향이 그러한 행동을 이끌기 때문에 그는 평온을 유지하려고 특별히 노력하지 않으며, 그의 행동은 직접적이다.

끝으로 세 번째 유형의 자살이 있다. 세 번째 형태의 자살은 그 행동이 열정적이라는 면에서 첫 번째 자살 형태와 대조적이며, 자살자의 최후의 순간을 지배하는 이 열정이 두 번째 형태와는 전혀 다른 성격의 것이라는 점에서 두 번째 형태와도 대조적이다. 세 번째 형태의 자살에서 발견되는 열정은 열광도 아니며 종교적, 도덕적, 정치적 신념도 아니고 군인의 미덕도 아니다. 그것은 좌절과 관련된 모든 감정이며 분노다.

브리에르 드 부아몽은 자살자들이 남긴 1,507건의 유서를 분석한 결과, 주로 노여움과 격노, 좌절감 등의 표현이 많음을 발견하였다. 때때로 그들은 삶에 대해 맹렬한 욕설과 비난을 퍼붓고, 자신에게 자살이라는 불행을 안긴 책임이 있는 특정인을 위협하고 비난한다. 그 가운데는 분명히 살인에 뒤이은 자살도 있다. 어떤 사람은 자신의 인생을 파멸시킨 사람을 죽인 뒤 자살한다.

자살자의 분노는 말이 아니라 행동으로 표현될 때 가장 명백하다. 이기적 자살자는 그러한 맹렬함을 보이지 않는다. 이기적 자살자도 물론 때로는 삶을 후회하지만 그의 후회는 슬픔에 찬 후회다.

삶은 그를 괴롭히지만 심한 갈등을 일으키지는 않는다. 그에게 삶은 고통스러운 것이라기보다는 공허한 것이다. 삶은 그에게 흥미로운 것은 아니지만, 그렇다고 적극적으로 고통을 주는 것도 아니다. 그의 우울한 상태는 흥분을 허용하지 않는다. 이타적 자살은 전혀 다르다. 이타주의자는 성격상 자신의 동료가 아니라 자신을 희생시킨다. 그렇다면 이상의 두 가지 형태와 구분되는 세 번째 자살 형태의 심리를 생각해 보자.

세 번째 형태는 물론 아노미성 자살의 성격을 띤다. 통제를 벗어난 감정이 서로 조정되지 못하거나 그러한 감정이 충족되어야 할 조건들과 어우러지지 못한다. 따라서 이런 감정들은 가장 고통스러운 갈등을 겪게 된다. 아노미는 증가하는 것이든 감소하는 것이든 간에 적절한 한계를 초과하게 함으로써 환멸과 실망에의 길을 열어 준다. 자신에게 익숙한 지위에서 갑자기 떨어진 사람은 자신이 지배하고 있다고 생각했던 상황이 자신의 지배 밖으로 벗어날 때 분노의 감정을 피할 수 없으며, 그 같은 분노는 자신을 파멸시킨 실제 또는 상상의 원인에 반감을 갖게 한다.

만일 재난의 원인이 자신에게 있다고 스스로 인정할 때는 자신에게 분노하고, 그렇지 않을 때는 다른 사람에게 분노한다. 분노가 자신을 향할 경우에는 오직 자살이 있을 뿐이며, 다른 사람을 향할 경우에는 자살에 앞서 살인이나 폭력적인 폭발이 나타난다. 두 경우 모두 감정은 같으나 그 적용만이 다를 뿐이다.

개인은 그가 전에 다른 사람을 공격했든 안 했든 간에 분노하게 되면 언제나 자신을 공격한다. 익숙한 모든 습관이 전복되면 심한 흥분 상태에 빠지며 불가피하게 파괴적인 행동으로 위안을 구한다. 이렇게 격앙된 감정을 분출하게 되는 대상은 기본적으로 덜 중요하다. 우연한 상황이 방향을 결정할 뿐이다.

종전의 지위보다 낮게 떨어질 때뿐만 아니라 적당한 질서나 자제 없이 끊임없이 자신의 지위를 넘어서서 높은 방향으로 이동하게 될 때에도 결과는 마찬가지다. 때로는 자신이 도달할 수 있으리라고 생각한 목표에 미치지 못할 수도 있겠지만 실제로는 그 목표가 그의 능력 이상의 것일 수가 있다. 따라서 이런 사람의 자살은 잘못 평가받은 사람의 자살이며 사회적 분류가 명확하지 않을 때 매우 빈번하게 일어난다.

어떤 때는 자신의 모든 욕구와 변화에 대한 갈망을 일시적으로 충족하고 난 뒤에도 정복할 수 없는 장애를 향하여 돌진하다가 그 때문에 지나치게 제약적이 된 삶을 참지 못하고 성급하게 삶을 포기하는 일도 있다. 베르테르의 경우가 그러하다. 베르테르는 자신을 질풍노도의 마음이라 부르고 무한에 심취했으며 사랑의 실패 때문에 자살했다. 성공에 심취했던 예술가들이 한순간의 야유나 심한 비평 때문에 또는 인기가 하락하면서 자살하는 경우도 같은 것이다.[7]

불만을 품을 상대나 상황이 없는 사람들은 욕망을 달래주기는

커녕 자극하기만 하는 가망 없는 노력에 자연히 지치게 된다. 따라서 그들은 삶 자체에 불만을 품고 삶이 자신을 속였다고 비난하게 된다. 그러나 자신을 제물로 만들었던 허망한 흥분에서 깨어나게 되면 앞의 경우처럼 좌절된 감정을 폭력적으로 표현하기에는 너무 지친 상태가 된다. 그들은 긴 여행을 마친 것처럼 기진맥진하여 정력적으로 반응할 수 없게 된다.

그런 사람들은 지적 이기주의자와 비슷한 일종의 우울함에 빠지게 되지만 권태의 달콤함을 갖지는 못한다. 그 지배적인 정서는 삶에 대한 분노에 찬 경멸이다. 이런 정신 상태와 그 때문에 일어나는 자살은 이미 세네카가 그의 동시대인들에게서 발견한 바 있다. 그는 다음과 같이 기록하였다.

"우리를 괴롭히는 악은 우리가 사는 곳에 있는 것이 아니라 우리 자신 속에 있다. 우리는 사소한 일도 참아내지 못하고 고통을 받아들이지 못하며 쾌락을 즐길 능력이 없고 모든 일에 참을성이 없다. 온갖 변화를 추구하다가 언제나 같은 느낌으로 돌아올 뿐 새로운 경험을 찾지 못하기 때문에 죽는 사람이 얼마나 많은가."[8]

오늘날 이런 정신 상태를 가장 잘 묘사한 것은 아마 샤토브리앙(Chateaubriand)의 소설 《르네(René)》일 것이다. 라파엘이 자신의 멸망을 자신 안에서 발견한 사색의 인간이라면, 르네는 만족을 모르는 유형이다. 그는 불행한 기분으로 이렇게 부르짖는다.

"나는 욕망에 일관성이 없으며 같은 기호를 오래 즐길 수 없고 쾌락의 바닥까지 도달하려는 열망의 희생자라고 비난받는다. 나는 내가 달성할 수 있는 목표를 항상 놓치고 있다고 비난받는다. 아아! 나는 본능적으로 미지의 선만을 구하고 있구나. 내가 모든 일에서 한계를 느끼고 한번 경험한 것은 무엇이든 더 이상 가치를 느끼지 못하는 게 나의 잘못인가?"[9]

이러한 묘사는 우리가 사회학적 분석으로 이미 예측했던 이기적 자살과 아노미성 자살의 상관관계와 상호 차이를 결정적으로 보여 준다.[10] 두 형태의 자살은 모두 무한의 병이라고 불리는 것에서 기인한다. 그러나 이 병이 두 경우에 동일한 형태로 나타나지는 않는다. 이기적 자살의 경우 성찰적 지성이 무절제하게 악화되며, 아노미성 자살의 경우에는 감정이 너무 흥분해서 모든 규제를 벗어나게 된다. 이기적 자살은 사고가 자아 속으로 후퇴함에 따라 목표를 잃은 경우이고, 아노미성 자살은 한계를 모르는 열망이 목표를 잃은 경우다. 전자는 꿈의 무한함 속에서, 후자는 욕망의 무한함 속에서 각기 길을 잃은 것이다.

그러므로 자살의 심리적 법칙도 흔히 생각하는 것처럼 그렇게 단순하지 않다. 자살자가 삶에 지쳤다든지 삶에 환멸을 느꼈다든지 하는 식으로 말하는 것은 정의가 아니다. 자살에는 실로 여러 종류가 있으며 그 차이는 자살이 실행되는 방식에서 나타난다. 따라서 행동과 행위자들은 몇 종류로 분류할 수 있으며 그 종류들은 우리가 앞서 사회적 원인에 따라 분류한 자살 유형들과 기본적 특

성에서 상응한다. 마치 사회적 원인이 개인의 내부로 연장된 것과
같다.

물론 그 특성들이 실제 체험에서도 완전하고 고립된 상태로 발
견되는 것이 아니라는 점도 언급해야겠다. 그 특성들은 흔히 서로
뒤섞여 복합적 유형을 보인다. 여러 유형의 특성들이 하나의 자살
에 통합되어 있는 것이다. 그 이유는 상이한 사회적 원인들이 한 개
인에게 동시에 영향을 미쳐 복합적인 결과를 일으키기 때문이다.
마치 정신 질환자가 여러 종류의 정신착란의 제물이 되어 서로 다
른 원인에도 불구하고 그것들이 한 방향으로 집중되어 단일한 행
동을 일으키는 것과 같다. 상이한 원인들은 서로를 강화한다. 또한
다른 종류의 열병들이 한 사람에게 동시에 나타나 독자적인 방식
으로 신체에 열이 나게 하는 것과 같다.

특히 이기주의와 아노미라는 두 자살 요인은 서로 친밀성을 가
진다. 우리는 이 두 자살 요인이 같은 사회적 상태의 서로 다른 두
측면이라는 점을 알고 있다. 따라서 두 요인이 같은 개인에게서 발
견된다고 해도 놀라운 일은 아니다. 이기주의자가 어느 정도 무규
율적 경향을 갖는 것은 불가피한 일이다. 왜냐하면 사회로부터 격
리되어 있으므로 사회가 그를 통제할 만큼 충분히 장악하고 있지
못하기 때문이다. 그럼에도 불구하고 이기주의자의 욕망은 대개
고조되지 않는데, 그것은 이기주의자는 삶의 정열이 시들어 완전
히 내향적이 되어 외부 세계에 흥미를 느끼지 못하기 때문이다. 그

러나 그는 완전한 이기주의자도, 순전히 선동의 피해자도 아닐 수 있다.

이런 경우에 그는 두 가지 역할을 동시에 수행한다. 그는 자신 속 공허를 메우고자 새로운 감각을 찾게 된다. 물론 정열적인 기질을 충분히 발휘하지는 않아 조만간 권태를 느끼게 되고, 이로 인해 다시 자신의 내면으로 침잠하며 원래의 우울증은 더 심해진다. 반대로 규제받지 않으려는 기질에도 이기주의의 기미는 있다. 왜냐하면 고도로 사회화된 사람은 모든 사회적 규제에 저항하지 않기 때문이다. 다만 아노미의 작용이 지배적인 곳에서는 이기주의가 더 이상 발전할 수 없을 뿐이다. 아노미는 사람을 외부로 향하게 만듦으로써 자신 속으로 은둔하는 것을 막기 때문이다.

그러나 아노미가 덜 강한 경우에는 이기주의가 어느 정도 영향을 미칠 수 있다. 예를 들면 무절제한 욕망에 사로잡힌 사람이 장애에 부딪히게 되었을 때, 그는 자신 속으로 빠져들어서 좌절된 열망의 도피처를 내면생활에서 찾는다. 그러나 자신을 결합시킬 대상을 잃게 되면서 생긴 우울증은 결국 새로운 도피구를 찾게 만들며 불안과 불만은 다시 고조된다. 그리하여 우울과 흥분이, 꿈과 행동이, 욕망에의 도취와 성찰적인 슬픔이 번갈아 일어나면서 혼합적인 자살이 일어난다.

마찬가지로 아노미는 이타주의와 관련될 수 있다. 어떤 위기가 한 개인의 삶을 파괴하고 주변과의 균형을 깨뜨리면서 동시에 자살하게 만드는 이타적 경향을 갖게 할 수도 있다. 이것은 포위된 사람들의 자살에서 특히 잘 나타난다. 예를 들어 예루살렘이 포위되었을 때 유대인들이 대거 자살했는데 그것은 로마의 승전이 그들을 로마의 신민이자 속국(屬國)인으로 만듦으로써 익숙했던 생활에 변화가 일어날 위협을 느꼈기 때문이며, 동시에 그들의 도시와 종교를 너무 사랑했으므로 종교가 파괴되는 것을 참을 수 없었기에 일어난 자살이었다.

파산한 사람이 자살하는 것도 가난하게는 살 수 없기 때문이기도 하지만 동시에 파산의 불명예로부터 자신과 가문의 이름을 지키기 위해서다. 또한 장교나 부사관이 전역을 강요당했을 때 쉽게 자살하는 것도 자신의 생활 방식에 일어날 갑작스러운 변화 때문이기도 하지만 동시에 삶에 큰 가치를 두지 않는 군인들의 일반적 경향 때문이기도 하다. 두 가지 원인이 같은 방향으로 작용하는 것이다. 그리하여 이타적 자살의 열정적인 흥분이나 용감한 결의가 아노미로 생겨난 도취와 섞이면 자살이 일어난다.

끝으로 서로 반대되는 성격이지만 이기주의와 이타주의도 그 영향이 결합될 수 있다. 파편화된 사회가 더 이상 개인 활동의 목표가 될 수 없는 시기에는 개인이나 개인들의 그룹은 그러한 일반적 이기주의 상태를 겪으면서도 한편으로는 또 다른 목적을 추구하게 된다. 그러나 하나의 이기적 쾌락으로부터 다른 쾌락으로 끊임없이 이동하는 것은 도피 수단으로 좋지 못하며, 또한 그러한 도피적 쾌락은 아무리 새롭다고 해도 불안을 해소할 수 없기에 사람들은 영구히 결속할 수 있는 안정적인 대상을 찾아 삶의 의미를 얻으려 한다.

그러나 그들은 현실적인 것에서는 아무런 만족을 얻을 수 없으므로 이런 역할을 할 새로운 이상적인 실체를 만들어 냄으로써 만족을 구할 수 있다. 그리하여 사고 속에서 상상적인 존재를 만들어 그 노예가 되며, 그와 같은 상상적 존재에 열중하면 할수록 자기 자신을 포함한 모든 것으로부터 소외된다. 그들의 눈에는 다른 모든 것은 무가치하므로 가상의 존재에게 자신의 전부를 바친다. 현실과는 상반되는 이중의 삶을 살게 되는 것이다. 그들은 현실 세계에서는 개인주의자이며, 자신의 이상적인 목적을 위해서는 극단적 이타주의자가 된다. 그리고 두 경향은 모두 자살을 유발한다.

스토아적 자살의 원인과 성격도 마찬가지다. 바로 앞에서 우리는 이기적 자살의 일부 기본 특성이 스토아적 자살에서도 나타남을 지적하였다. 그러나 스토아적 자살은 전혀 다른 측면에서 볼 수도 있다. 스토아 철학자들은 개인의 인격 범위 밖의 모든 것에 무관심을 표방하며 개인은 자족적이어야 한다고 주장하지만 동시에 개인이 보편적 이성에 의존해야 하며 더 나아가서는 이성의 실현을 위한 도구가 되어야 한다고까지 주장한다. 따라서 스토아 철학자들은 대립하는 두 관념을 결합한다. 그들은 가장 급진적인 도덕적 개인주의와 극단적 범신론을 결합한 것이다.

그들의 자살은 이기주의자들의 자살처럼 무감동한 것이며 동시에 이타주의자들의 자살처럼 의무적으로 행해진다.[11] 이 형태의 자살에는 이기주의자의 우울과 이타주의자의 적극적 정열이 모두 나타난다. 즉 이기주의와 신비주의가 혼합되어 있다. 또한 이런 결합은 퇴폐적인 시대에 특징적으로 나타나는 신비주의에서도 두드러진다.

그러나 그런 신비주의는 겉으로 보이는 것과 달리 성장 과정에 있는 새 시대의 사람들이 가지는 신비주의와는 크게 다르다. 후자의 신비주의는 개인의 의지를 이끄는 집단적 열의와 공동 과업을 위해 개인을 무시하는 자기 부정의 정신에 근거한다. 전자의 신비주의는 자신의 허무를 의식하고 그것을 극복하려 하지만 인위적이고 피상적인 성공밖에 거둘 수 없는 자의식의 이기주의일 뿐이다.

～

자살의 성격과 자살자가 선택한 죽음의 방법 사이에 어떤 상관관계가 있으리라고 선험적으로 생각할 수도 있을 것이다. 자살자가 선택한 수단은 자살을 초래한 감정에 의존하므로 그와 같은 감정이 자살 방법에도 나타나리라고 생각하는 것은 자연스러운 일이다. 따라서 우리는 여러 종류의 자살을 그 외양에 따라 분류한 통계를 자료 삼아 문제를 해결하고 싶었다. 그러나 이 문제에 관한 연구는 부정적인 결과만을 보여 준다.

사회적 원인은 분명히 자살 수단의 선택을 결정한다. 여러 가지 자살 방법의 상대적 빈도는 [표 30]에서 보는 바와 같이 사회에 따라서 현저한 차이를 보이는 한편 동일한 사회에서는 오랜 기간 일정하다.

[표 30] 1천 명의 자살자의 자살 유형 분포(남녀 종합)

국가	연도	교살	익사	무기 사용	투신	음독	질식사
프랑스	1872	426	269	103	28	20	69
	1873	430	298	106	30	21	67
	1874	440	269	122	28	23	72
	1875	446	294	107	31	19	63
프로이센	1872	610	197	102	6.9	25	3
	1873	597	217	95	8.4	25	4.6
	1874	610	162	126	9.1	28	6.5
	1875	615	170	105	9.5	35	7.7
잉글랜드	1872	374	221	38	30	91	
	1873	366	218	44	20	97	
	1874	374	176	58	20	94	
	1875	362	208	45		97	
이탈리아	1874	174	305	236	106	60	13.7
	1875	173	273	251	104	62	31.4
	1876	125	246	285	113	69	29
	1877	176	299	238	111	55	22

각 국민들은 선호하는 자살 방법이 있으며 선호 순위는 거의 변하지 않는다. 선택의 경향은 오히려 자살자 총수보다도 더 일정하

다. 때때로 자살자 총수에 현저하게 영향을 미치는 사건도 자살 방법에는 별 영향을 주지 않는다. 더구나 사회적 원인은 자연적 요인의 영향이 거의 나타나지 않을 정도로 지배적이다. 예를 들어 모두의 예상과 달리 익사 형태의 자살은 계절별로 변하지 않는다. 아래는 1872~1878년간 프랑스에서 일어난 익사 자살의 월별 분포를 전체 자살 분포와 비교한 통계(연간 자살 1,000건에 대한 월별 분포)다.

	1월	2월	3월	4월	5월	6월	7월	8월	9월	10월	11월	12월
전체 자살	75.8	66.5	84.8	97.3	103.1	109.9	103.5	86.3	74.3	74.1	65.2	59.2
익사 자살	73.5	67.0	81.9	94.4	106.4	117.3	107.7	91.2	71.0	74.3	61.0	54.2

익사 자살은 따뜻한 계절 동안 다른 방식의 자살보다 아주 약간 늘었으며, 그 차이는 별 의미가 없는 정도다. 익사 자살은 특히 여름에 가장 많이 일어날 거라고 생각한다. 또한 기후 때문에 북부에서보다 남부에서 더 많이 일어난다고 여겨졌다.[12] 그러나 1845~1856년 코펜하겐에서의 익사 자살은 이탈리아에서 못지않게 일반적이었다. 이탈리아에서는 1천 명 가운데 300명꼴이었고, 코펜하겐에서는 281명이었다. 또한 상트페테르부르크에서도 1873~1874년에 익사 자살이 가장 많았다. 그러므로 기후는 익사 자살에 아무런 장애가 되지 않는다.

그러나 전체 자살이 기인하는 사회적 원인과 자살 방식을 결정하는 요인은 다르다. 왜냐하면 우리가 분류한 자살 유형과 가장 빈번하게 선택되는 자살 방법 사이에는 아무런 상관관계가 없기 때문이다. 이탈리아는 기본적으로 가톨릭 국가이며 최근까지 과학 문명이 비교적 덜 발달한 국가였다. 그러므로 지적 발달과 어느 정도 반비례하는 이타적 자살은 프랑스나 독일보다 이탈리아에서 더 빈번할 거라고 생각할 수 있다.

앞으로 이 가설을 증명할 몇 가지 근거를 밝힐 것이다. 결국 총기를 사용한 자살은 다른 중부 유럽 국가보다 이탈리아에서 훨씬 더 빈번하게 일어나므로 그런 방식의 자살은 이타주의에 관련된 것이라고 생각된다. 이를 뒷받침하는 사실로는 이 같은 종류의 자살을 군인들이 가장 많이 선택한다는 점이다. 그러나 불행히도 프랑스에서는 총기 자살을 가장 많이 선택하는 사람들이 작가와 예술가, 관료 같은 지식 계급이다.[13] 또한 우울증 자살은 목매는 자살 형태를 취할 것으로 여겨지지만 실제로 이 형태는 농촌에서 가장 많이 선택되고, 우울증은 오히려 도시에서 더욱더 두드러지는 정신 상태다.

그러므로 인간을 자살하게 하는 원인과 특정한 자살 방법을 선택하게 하는 원인은 서로 다르다. 선택을 결정하는 동기가 전혀 다른 것이다. 특정한 자살 방법을 선택하게 되는 동기는 첫째, 자살자에게 특정한 죽음의 도구가 가장 손쉬운 것이 되게 하는 여러 관습과 관행 때문이다. 다른 요인이 없다면 사람은 가장 손쉽고 일상

생활에서 가장 익숙한 죽음의 방법을 선택하게 된다.

예를 들어 높은 곳에서 몸을 던져 자살하는 방법은 농촌에서보다 높은 건물이 많은 도시에서 더 빈번하게 일어난다. 마찬가지로 철도가 많이 부설될수록 열차에 투신하는 형태의 자살이 더 흔해진다. 전체 자살자 가운데 자살 방법의 상대적 비율을 보여 주는 도표는 각 나라의 공업 기술, 건축 양식, 과학적 지식 등을 어느 정도 반영한다. 전기 사용이 더욱 일상화되면 전기를 이용하는 자살도 더욱 증가할 것이다.

그러나 가장 중요한 요인은 아마도 각 국민들이 자살 방법에 부여하는 상대적 품위 때문일 것이다. 한 나라에서는 각 사회 집단마다 여러 자살 방법에 부여하는 상대적 품위가 다르다. 어떤 방법은 좀 더 고상한 것으로, 또 어떤 방법은 천박하고 위엄이 없는 것으로 간주한다. 그리고 각 방법을 평가하는 기준도 집단에 따라 다르다.

군대에서는 참수(斬首)를 불명예스러운 것으로 간주한다. 다른 집단에서는 목매는 방법이 불명예스러운 것으로 간주되기도 한다. 그 때문에 목매는 자살은 도시보다는 농촌에서, 대도시보다는 소도시에서 더 흔하게 일어난다. 목매는 방법은 도시인의 온화한 태도와 잘 맞지 않는 거칠고 난폭함을 의미하며, 교양 있는 계급의 인체에 대한 관념과도 잘 어울리지 않기 때문이다. 또한 이런 기피성은 아마도 그런 종류의 죽음이 역사적으로 안 좋은 평판을 받아 온 것과 관련이 있을 것이다. 단순한 농촌 사람들보다 세련된 도시인들이 그런 면을 더 예민하게 느낀다.

따라서 자살자가 선택하는 죽음의 형태와 자살의 성격은 전혀 별개다. 이 두 가지는 단일한 행동의 두 요소로 서로 밀접하게 관련된 듯하지만 실제로는 무관하다. 이 두 요소는 다만 외형적으로 병렬적인 관계를 가질 뿐이다. 양자 모두 사회적 원인과 관련되지만 그들이 보여 주는 사회적 조건은 서로 크게 다르다. 한 요소는 다른 요소에 대해 아무것도 알려 주지 않으며 전혀 다른 연구를 통해서만 알아낼 수 있다. 그렇기에 일반적으로는 여러 자살 방식에 대해 자세하게 논하지만, 우리는 여기서 더 이상 길게 논의하지 않겠다. 자세히 논한다고 하더라도 아래 도표에 요약해 놓은 지금까지의 연구 결과에 덧붙일 것은 없을 것이다.

	근본적 성격	개별적 형태	2차 변화
기본 유형	이기적 자살	무관심	자기만족의 나태한 우울증
			회의적 환멸과 냉정
	이타적 자살	열정과 의지력	평온한 의무감
			신비한 열정
			평화로운 용기
	아노미성 자살	흥분, 분노	평범한 삶에 대한 심한 비난
			특정한 개인에 대한 비난(타살-자살)
혼합 유형	이기적-아노미성 자살		선동과 무관심, 행동과 공상의 혼합
	아노미성-이타적 자살		격앙된 흥분
	이기적-이타적 자살		도덕적 용기를 내포한 우울증

그러므로 자살의 일반적 특성은 사회적 원인의 직접적인 결과다. 이는 특정한 사례마다 개별화되어 자살자의 개인적 기질이나 그가 처한 특수한 상황에 따른 여러 가지 차이 때문에 복잡해진다. 그러나 그런 복잡한 밑바닥에서도 언제나 그 근본적 형태를 발견할 수 있다.

제 3 부

사회 현상으로서 자살의 일반적 성격

Emile Durkheim

Suicide: A Study in Sociology

제1장 자살의 사회적 요소

이제 사회적 자살률을 변동시키는 요인들을 알게 되었으니, 이 자살률에 상응하는 현실과 그것의 수량적 표현을 검토하기로 하자.

~

선험적으로 자살을 좌우한다고 여겨지는 개별적 조건 두 가지가 있다.

첫째는 자살자의 외적 상황이다. 자살자들은 슬픈 일을 당했거나 자존심에 상처를 입었거나 가난이나 질병으로 고통을 받던가 비난받을 도덕적 과오를 범했을 수 있다. 그러나 우리는 이런 개인적인 특수 사정으로는 사회적 자살률을 설명할 수 없음을 살펴보았다. 왜냐하면 사회적 자살률은 기복이 심한 데 비해 개별 자살 사례의 직접적인 전제 조건이 되는 상황들의 상이한 결합은 대체로 같은 상대적 빈도를 유지하기 때문이다.

그러므로 개인적 상황은 자살 행위의 결정적인 원인이 아니다. 개인적 상황이 자살을 계획하는 데 있어서 가끔 중요한 역할을 한다고 해서 그것이 자살 원인이라는 증거가 되지는 못한다. 인간의 사고는 성찰 의식의 영향을 받기 때문에 실제로는 순전히 형식적인 것이며, 의식하지 못한 이유로 이미 마음먹게 된 결심을 굳히는 것 이상은 없다.

이 외에도 자살을 동반하기 때문에 자살 원인이 된다고 여겨지는 상황은 무수히 많다. 어떤 사람은 풍족한 삶을 누리는데도 자살하고, 어떤 사람은 가난 속에서 자살한다. 또 어떤 사람은 가정적으로 불행하기 때문에 자살하며, 어떤 사람은 불행했던 결혼 생활을 이혼으로 끝맺고 나서 자살하기도 한다. 어떤 군인은 자신의 과오가 아닌 일로 징계를 받고 자살하며, 또 어떤 경우에는 아직 처벌조차 받지 않은 범죄자가 자살하기도 한다. 극히 다양하고 때로는 완전히 상반되는 사건들이 똑같이 자살의 구실로 작용할 수 있다.

이는 이러한 상황들 모두 자살의 명확한 원인이 아님을 의미한다. 그렇다면 모든 상황에 공통된 특질들을 자살의 원인이라고 할 수 있지 않을까? 그러나 정말 그런 특질이 있을까? 기껏해야 실의와 슬픔 등이 그런 공통 특질을 구성한다고 할 수 있을 뿐이며 슬픔이 어느 정도 되어야 자살이라는 비극적인 결과를 초래하는지는 전혀 판정할 수 없다. 아주 사소한 삶에 대한 실망은 자살을 일으키지 못한다고 말할 수도 없고, 그렇다고 실망이 반드시 자살을 초래한다고 할 수도 없다.

우리는 어떤 사람들은 사소한 고민으로도 자살하는 반면에 어떤 사람들은 극심한 불행도 이겨 낸 것을 알고 있다. 더욱이 고통이 가장 심한 사람들의 자살률이 가장 높지 않다는 것도 확인했다. 오히려 지나친 안락이 사람들로 하여금 자신을 버리게 만든다. 삶이 가장 안락할 때, 또 그러한 안락을 누리는 계급이 조금이라도 거북한 점이 있으면 쉽게 삶을 포기한다. 설혹 자살자의 개인적인 상황이 때로는 자살을 결심하게 되는 진정한 원인이라고 하더라도 그런 경우는 드물며, 또한 사회의 자살률을 설명할 수는 없다.

따라서 자살의 개인적인 조건을 강조하는 사람들조차도 자살의 조건을 개인의 외형적인 상황에서 찾기보다는 개인의 내면적인 특성, 즉 생리적 특질이나 신체적 요인에서 찾으려 했다. 그리하여 자살은 특정한 기질이나 신경쇠약증의 산물이며 신경쇠약증과 같은 요인의 영향이라고 보았다. 그러나 우리는 이미 신경쇠약과 사회적 자살률 사이에 직접적이고 규칙적인 상관관계가 없음을 알아보았다. 이 두 현상은 때로는 한 가지가 최고조에 달했을 때 다른 것은 최하로 내려가는 등 서로 역비례 현상까지 보인다.

또한 우리는 자살률의 변동과 인종, 기후, 기온 등과 같이 신경 계통에 가장 큰 영향을 준다고 여겨지는 자연환경 사이에도 아무런 상관관계가 없다는 것을 발견하였다. 어떤 상황에서는 신경쇠약 환자가 어느 정도 자살 성향을 보인다고 하더라도 그가 필연적으로 자살한다는 것은 아니다. 그리고 바로 이런 의미에서 자연적 요인의 영향도 사람의 전체적 성향을 결정하기에는 불충분하다.

개인을 제쳐 놓고 각 사회가 보이는 자살 성향의 원인을 그 사회의 성격에서 찾을 때에는 전혀 다른 결과를 얻는다. 생물학적, 물리적 특성과 자살과의 관계는 불명확하고 애매하지만 사회적 환경과 자살의 관계는 직접적이고 일정하다. 여기서 우리는 드디어 진정한 법칙과 대면하게 되었고 그에 따라 자살의 여러 유형을 정연하게 분류할 수 있었다. 우리가 확인한 사회학적 원인들은 흔히 물리적 원인들의 영향이라고 믿었던 여러 자살 현상까지도 설명할 수 있었고 이러한 영향의 증거까지 발견하게 되었다.

여성이 남성보다 자살을 훨씬 덜 하는 이유는 여성이 남성보다 집단생활에 덜 참여하기 때문이다. 따라서 여성들은 좋든 나쁘든 집단생활의 영향을 덜 받는다. 비록 이유는 다르지만 노인과 어린이의 경우도 마찬가지다. 그리고 자살이 1월에서 6월까지는 증가하고 그 이후에는 감소하는 이유도 인간의 사회적 활동이 같은 계절적 변화를 보이기 때문이다. 따라서 사회적 활동의 상이한 영향은 같은 리듬을 따를 것이며, 결과적으로 두 시기 중 전반기에 더 두드러진 것은 당연한 일이다. 자살도 그와 같은 사회적 활동의 영향을 받는다.

이런 모든 사실에서 사회적 자살률이란 사회학적으로만 설명될 수 있다는 결론이 나온다. 어느 한 시기에 그 사회의 정신적 상태가 일시적인 자살의 빈도를 결정한다. 따라서 각 사회는 그 국민을 자살로 이끄는 일정한 양의 에너지로 이루어진 집단적인 힘을 가지고 있다. 자살자의 행동은 얼핏 보기엔 개인적 기질을 나타내지만 실은 그들이 외적으로 표출하는 사회적 조건의 보완이며 연장인 것이다.

이는 본서의 서두에서 제기한 질문에 대한 답이다. 각 사회는 많거나 적은 자살 성향을 지니고 있다고 말하는 것은 단순한 비유가 아니다. 이 표현은 본질에 근거한 것이다. 각 사회 집단은 진실로 자살에 대한 고유의 집단적 경향을 가지고 있으며, 이 집단적 경향은 개인적 경향의 결과라기보다는 모든 개인적 경향의 원천이다. 집단적 경향은 권태로운 우울증, 적극적인 자기 부정, 심한 좌절 등과 같은 경향으로 표현되는 각 사회의 흐름인 이기주의, 이타주의 및 아노미로 이루어져 있다. 이 같은 사회 전체의 경향이 개인에게 영향을 미침으로써 자살의 원인이 된다.

흔히 자살의 직접적인 원인으로 여겨지는 개인적 경험은 자살자의 정신적 성향에서 유래한 것이며, 이 정신적 성향 자체가 사회의 정신 상태를 반영한 것이다. 개인은 자신이 자살하려는 이유를 설명하고자 자신의 가장 가까운 주변 상황을 비난한다. 그에게 삶이 슬픈 이유는 그 자신이 슬프기 때문이다. 물론 그의 슬픔은 외부로부터 오지만, 살면서 겪은 이런저런 사건으로 인해서가 아니라 그가 속한 그룹에서 오는 것이다. 이것이 곧 자살의 계기라고 할 만한 직접적인 원인을 찾을 수 없는 이유다. 자살은 자살을 유발하는 원인들이 개인에게 영향을 미치는 정도에 달려 있다.

사회적 자살률의 안정성 자체도 이 결론의 진실성을 충분히 입증한다. 비록 방법론적인 이유 때문에 이 문제를 지금까지 미루어 왔지만 그렇다고 다른 답을 인정하는 것은 아니다.

케틀레(Quételet)는 같은 기간에 반복된 일정한 사회 현상의 뚜렷한 규칙성을 가지고 철학자들의 관심을 끌며[1] 자신의 '평균인(homme moyen)' 이론으로 그런 규칙성을 설명할 수 있다고 생각했다. 사실 평균인 이론은 이같이 뚜렷한 사실을 체계적으로 설명하는 유일한 이론으로 남아 있다. 그에 따르면 각 사회에는 대다수가 어느 정도 정확하게 재현하는 분명한 유형이 있으며, 오직 소수만이 불온한 원인의 영향 때문에 그런 유형에서 벗어나려 한다. 예를 들어 프랑스인 대다수가 보이는 신체적, 정신적 특성의 총체가 있으며, 이러한 총체는 이탈리아인이나 독일인에게서는 결코 같은 방식이나 수준으로 나타나지 않는다. 그 반대 또한 마찬가지다.

이런 특성들은 가장 널리 퍼져 있는 것이므로 그런 특성들에서 파생된 행위도 가장 많아서 커다란 그룹을 형성한다. 그와 반대로 일탈적 특질들에서 나온 행동은 그 특질 자체처럼 비교적 드물다. 이런 일반적 유형은 절대 변하지 않는 것은 아니지만 개인적 유형에 비해 훨씬 변화가 완만하다. 왜냐하면 사회 전체의 변화는 한 사람 또는 몇 사람의 변화보다 훨씬 더 어렵기 때문이다. 이러한 안정성은 자연히 이 유형의 특성에서 나온 행동에서도 나타난다. 그리고 사회적 유형 자체가 변하지 않는 한 행동의 규칙성도 그 양과 질에 있어 그대로이다. 따라서 그와 같은 행위 양식이 가장 일반적인 것처럼 안정성은 통계로 나타나는 인간 행위의 그러한 표현의 보편적 법칙이 될 수밖에 없다.

실제에 있어서 통계학자들은 한 사회에서 일어나는 같은 성격을 띤 모든 사건을 모은다. 사회의 일반적 유형이 변하지 않는 한 대부분의 사건도 크게 변하지 않으며, 또 한편으로 일반적 유형의 변화는 드문 일이므로 통계의 집계와 결과는 상당히 긴 세월 동안 같은 상태로 남아 있게 될 것이다. 그러나 특수한 특성이나 개별적인 사건은 그러한 규칙성을 갖지 않기 때문에 절대적으로 안정적이지 못하다. 그러나 이들은 예외에 속하며, 따라서 변화가 예외적이고 오히려 안정성이 일반적인 법칙이다.

케틀레는 이와 같은 일반적 유형에 '평균적 유형'이라는 이름을 붙였는데, 그것은 개별적인 유형들의 산술 평균과 거의 같기 때문이다. 예를 들면 특정 사회 집단을 구성하는 모든 사람의 키를 잰 다음 이를 전부 합하여 사람 수로 나누면 그 수치는 매우 정확하게 그 그룹에서 가장 일반적인 키를 나타낸다. 평균보다 더 크거나 작은 사람들, 즉 거인과 난쟁이들은 그 수에 있어서 아마 서로 비슷할 것이다. 따라서 이들은 서로 상쇄되므로 지수에 아무런 영향도 미치지 않는다.

이 이론은 매우 단순한 것처럼 보인다. 그러나 첫째, 평균적 유형이 어떻게 대다수의 사람들 사이에서 실현되는지를 밝히지 않고서는 하나의 설명으로 간주할 수 없다. 왜냐하면 평균적 유형이 개인들의 변화에도 불구하고 일정할 수 있으려면, 어느 정도 개인들로부터 독립되어야 한다. 하지만 동시에 개인들 속에 어떤 방식으로든 스며들어 있는 것이어야 한다. 만일 평균적 유형이 민족적 유형과 같은 것이라고 한다면 이 문제는 무의미해지고 만다. 인종의 구성 요소는 개인의 외부에 근원을 두므로 개인과 같은 변화를 갖지 않지만, 그럼에도 개인을 통해서만 실현될 수 있기 때문이다.

인종적 특성은 극히 개인적인 특질에 깊이 파고들어 그 기초가 된다. 그러므로 만일 이것을 자살에 적용한다면 자살의 경향은 철저하게 인종에 의해서 결정되어야 하는데, 이 같은 가설은 사실과 상충된다. 사회적 환경의 일반적 조건이 거의 모든 사람에게 같은 영향을 미치면서 사람들에게 매우 부분적으로만 공통 양상을 부여한다고 가정할 수 있겠는가?

사회적 환경은 기본적으로 공통된 이념, 신념, 관습, 경향의 하나다. 이러한 것들이 개인에게 파고들어 가기 위해서는 어느 정도 개인들로부터 독립적이라야 한다. 이와 같은 입장은 우리가 제시한 해답에 가깝다. 그러므로 개인적 경향이 파생되어 나온 집단적 경향을 인정한 다음에 우리의 문제는 그러한 집단적 경향이 무엇이며 어떻게 작용하는지를 알아내는 것이다.

그러나 또 다른 문제점이 있다. 평균적 인간의 우세를 설명할 수 있다고 하더라도 이 개념으로는 사회적 자살률의 규칙성을 설명할 수 없다. 이 관념의 성격상 평균적 유형의 특성은 인구 대다수에게서 발견될 수밖에 없다. 그러나 자살은 소수자의 행동이다. 자살이 빈번한 나라에서도 자살자는 주민 1백만 명당 300명이나 400명 정도일 뿐이다. 자살은 평균인의 자기 보존 본능으로 극히 제한되며, 평균인은 자살을 범하지 않는다. 그러므로 자살의 경향이 드물고 변칙적인 것이라면, 자살은 평균인에게는 낯선 것이다. 따라서 평균인을 아무리 잘 파악한다고 해도 자살 원인은 설명할 수 없으며, 더구나 한 사회의 자살률의 안정성을 이해하는 데 도움이 되지 않는다.

요약하자면, 케틀레의 이론은 부정확한 관찰에 근거하고 있다. 그는 안정성이 인간 활동의 가장 일반적인 행위에서만 발견된다고 생각했다. 그러나 사실 안정성은 희귀하고 고립된 사회 분야에서 일어나는 산발적 행위에서도 발견될 수 있다. 그는 예외적인 것이 아닌 불변성을 설명함으로써 모든 것을 설명할 수 있다고 생각했다.

그러나 예외는 그 자체의 불변성을 가지며, 그 불변성은 다른 불변성에 비하여 조금도 열등하지 않다. 모든 사람은 죽는다. 살아 있는 모든 생명체는 죽음을 피할 수 없다. 그러나 아주 적은 수의 사람들은 자살한다. 절대다수의 사람들은 자살 경향이 없다. 그렇지만 자살률은 다른 일반적 사망률보다 더 안정성을 갖는다. 그러므로 케틀레가 찾으려 했던 특질의 보편성과 불변성 간의 밀접한 상관관계는 존재하지 않는다.

더욱이 케틀레의 방법에 따른 결과는 우리의 결론을 지지한다. 원칙적으로 평균적 유형에 속하는 어떤 특질의 정도를 계산하기 위해서는 해당 사회에서 그 특질을 나타내는 항목들의 총합을 그 특질을 일으킬 수 있는 개인의 수로 나눠야 한다. 따라서 오랫동안 1백만 명당 150명 이상의 자살자가 나오지 않은 프랑스 같은 나라에서는 자살 경향의 평균이 1백만 분의 150, 즉 0.00015일 것이며 영국에서는 1백만 명당 80명이 자살하니 그 평균은 0.00008이다. 그러므로 자살 경향은 평균인들에 사이에서 그만큼의 비율을 가져야 한다.

그러나 그 수치는 실질적으로 영(0)과 같다. 그처럼 약한 행위의 경향이라면 자살은 존재하지 않는다고 해도 좋을 것이다. 그러한 비율로는 단 한 건의 자살도 다른 도움을 받지 않고서는 일어나지 않는다. 그러므로 두 나라 중 한 나라에서 왜 더 많은 자살이 일어나는지는 자살 경향의 공통성을 가지고서는 설명할 수 없다. 또한 그와 같은 추정조차도 크게 과장되어 있다. 케틀레는 평균적으로 사람들에게 일정한 자살 친화성이 있다고 임의로 가정하고, 그 친화력의 강도를 평균인 사이에서 관찰하지 않고 소수의 예외적인 사람들 사이에서만 관찰한 행위에 따라 추정하여 결론을 낸 것이다. 그래서 비정상이 정상을 규정하는 데 쓰였다.

물론 케틀레는 경우에 따라 서로 다른 방향에서 일어나는 비정상적 사례들이 서로를 상쇄하고 보완한다고 말함으로써 위와 같은 이의 제기를 피할 수 있으리라고 생각하였다. 그러나 그러한 상쇄는 키처럼 정도의 차이는 있을지언정 모든 사람에게서 발견되는 특성일 경우에만 가능하다.

우리는 키가 예외적으로 큰 사람과 예외적으로 작은 사람의 수가 실질적으로 거의 같다고 가정할 수 있다. 그러한 경우에는 예외적인 신장의 평균은 정상적인 신장과 거의 같게 된다. 따라서 모든 계산이 끝난 다음에는 정상인의 신장을 얻게 되는 것이다. 그러나 자살처럼 본질적으로 예외적인 사실의 경우에는 그 반대 결과가 나타난다.

자살의 경우 케틀레식 방법은 평균 외적 요소를 평균적 유형으로 자의적으로 인도할 뿐이다. 그러나 평균적 유형은 조금 전에 살펴본 것처럼 매우 약한 상태로 나타날 뿐인데, 그 이유는 그런 특성이 분포된 개인의 수가 실제보다 훨씬 더 많아지게 되기 때문이다. 그 실수가 실제로는 별 의미가 없는 사소한 것이라 해도 오차임은 틀림없다. 사실상 케틀레가 계산한 관계가 의미하는 것은 특정한 그룹에 속한 한 개인이 1년 중에 자살하게 될 확률이다. 즉 만일 10만 명 중 1년에 15명이 자살한다면, 그것은 어떤 개인이 같은 기간 동안에 자살하게 될 확률이 10만 분의 15라는 것을 알 수 있게 한다.

그러나 이 확률은 결코 평균적인 자살 경향을 측정한 것이 아니며, 또한 그와 같은 경향의 존재 여부를 증명해 줄 수도 없다. 1백 명 중 몇 사람이 자살한다는 사실이 다른 사람들도 특정한 정도로 자살 경향을 갖는다는 의미는 아니며, 자살의 성격이나 그 원인의 강도 등에 대해서도 알려주는 바가 없다.[2]

그러므로 평균인 이론은 문제를 해결하지 못한다. 여기서 그 문제를 다시 한번 고찰해 보기로 하자. 자살자는 극히 소수이며 널리 흩어져 있다. 각각의 자살자는 따로 자살하며 다른 사람이 자살하는 것을 모른다. 그렇지만 사회가 변하지 않는 한 자살자 수는 일정하다. 그러므로 이런 개별적인 행동이 아무리 제각기 독립적이라고 하더라도 실제로는 개인들을 지배하는 단일한 원인 때문에 일어난다. 그렇지 않다면 이런 모든 개별적 의지들이 서로의 존재를 알지 못한 채 매년 같은 수의 자살자를 낸다는 사실을 어떻게 설명할 수 있겠는가?

적어도 그들 대부분은 서로에게 아무런 영향을 미치지 않는다. 그러면서도 모든 일이 마치 단일한 명령에 따르듯이 일어난다. 따라서 공통적인 환경 속에 그들로 하여금 같은 방향의 경향을 띠게 하는 힘이 있으며, 그 힘의 세기가 크고 작음에 따라 자살자 수가 많거나 적어지는 게 분명하다. 그리고 그런 힘의 영향은 신체적, 자연적 환경에 따라 변하는 것이 아니라 사회적 환경의 상태에 따라 변한다. 그러므로 그 힘은 집단적인 것임에 틀림없다. 다시 말해서 각 국민들은 그들 고유의 집단적 자살 경향을 가지고 있으며 그에 따라 자살자 수가 결정된다.

이런 관점에서 보면 자살률의 안정성은 그 개별적 실행에 비해 조금도 신비할 것이 없다. 왜냐하면 각 사회는 짧은 기간 동안에는 쉽게 변하지 않는 고유의 특성이 있으며, 그와 같은 자살 경향은 집단의 정신 상태에 근거하므로 집단에 따라 다를 수밖에 없고 각 집단의 자살 경향은 오랜 기간 일정하다. 이것은 사회적 공동 의식의 가장 기본적인 요소 가운데 하나다. 그리고 이러한 공동의식의 상태는 개인뿐만 아니라 집단적 생존에 있어서 가장 개성적이고 안정적일 수밖에 없다. 이보다 더 근본적인 것은 없다. 그리고 여기서 나오는 영향도 같은 정도의 특성과 안정성을 가진다. 또한 자살률이 전체 사망률보다 더 큰 안정성을 갖는 것도 당연하다. 왜냐하면 기온, 기후, 지리적 영향 등 공중 보건의 여러 조건은 국민성보다 더 쉽게 변할 수 있기 때문이다.

그러나 위에서 논한 바와는 아주 다른 가설이 있으며, 어떤 사람들은 이 가설을 매우 그럴듯하게 생각한다. 즉 자살의 가장 중요한 원인으로 여겨지는 사생활의 여러 사건이 매년 같은 비율로 반복된다는 가설이다. 가령 해마다 똑같은 수의 불행한 결혼, 파산, 야망의 좌절, 빈곤 등이 일어난다고 가정해 보자.[3] 그렇다면 같은 수의 사람들이 비슷한 상황에 처하게 되므로 매년 같은 수가 자살을 결심한다는 것도 당연한 일이 된다. 그런 사람들이 보다 강력한 영향에 굴복했다고 가정할 필요도 없다. 그저 그들은 같은 상황에서 같은 방식으로 판단했다고 보면 된다.

그러나 우리는 이런 개인적 사건들이 비록 상당한 규칙성을 가지고 자살에 앞서 일어나지만 자살의 진정한 원인은 아님을 잘 알고 있다. 거듭해서 말하면, 인간은 자기의 삶이 불행하다는 것만으로 자살하지는 않는다. 다른 이유로 자살에 끌리기 때문에 자살하는 것이다. 그러므로 여러 가지 상황의 규칙적 발생으로도 자살의 규칙성은 설명할 수 없다. 그뿐만 아니라 그런 개인적 상황이 어떠한 영향을 미치든 그러한 방법은 문제를 해결하는 것이 아니라 문제를 바꾸는 것밖에 안 된다. 왜냐하면 이러한 절망적인 상황이 나라마다 독특한 규칙성을 띠고 왜 해마다 동일하게 반복되는지 설명할 수 없기 때문이다.

어떻게 해서 특정한, 소위 안정된 사회에서 언제나 같은 수의 가정 파탄이나 경제적 재난 등이 일어날 수 있는가? 한 사회에서는 같은 사건이 같은 비율로 규칙적으로 반복되지만 그 비율이 사회에 따라서 다르다는 사실은 각 사회에 구성원들로 하여금 상업적 및 공업적 사업에 뛰어들게 만들고 가정불화 등을 일으키기 쉬운 행동을 하게 만드는 일정한 힘의 경향이 있다고 생각할 수밖에 없다. 이것은 이미 논박된 가설을 형태만 약간 바꾸어 되풀이하는 것이 된다.[4]

먼저 조금 전에 사용한 용어의 의미와 중요성을 알아보도록 하자.

우리는 대개 집단적 경향이나 집단적 감정을 단순한 비유이거나 아무런 실제적 의미도 없이 일정한 수의 개인적 상태의 평균으로만 간주하는 경향이 있다. 집단적 경향이나 집단적 감정을 개인의 의식을 지배하는 독자적 세력으로 간주하지는 않는다. 그러나 자살 통계가 보여 주는 것처럼 집단적 경향은 바로 그러한 성격을 갖는다.[5]

사회를 구성하는 개인들은 해마다 바뀌지만 자살자 수는 사회 자체가 변하지 않는 한 오랫동안 일정하다. 파리의 주민은 매우 급속하게 교체된다. 그러나 프랑스 전체 자살자 중 파리 주민이 차지하는 비율은 거의 변화가 없다. 군대의 인원이 완전히 바뀌는 데는 불과 몇 년이면 충분하지만 한 나라에서 자살한 군인의 총수는 별로 바뀌지 않는다. 어느 나라든 집단생활의 전개는 연간 일정한 리듬을 따른다. 1월에서 7월까지는 증가하다가 그 후에는 점차 감소한다.

그러므로 몇몇 유럽 국가는 매우 상이한 평균적 유형을 가지면서도 자살의 계절별, 월별 변화는 동일한 법칙을 따르고 있다. 마찬가지로 개별적 기질과 관계없이 기혼자의 자살 경향과 사별한 사람의 자살 경향은 상이한 사회 집단에서도 같은 모습을 보인다. 그 이유는 어느 나라에서나 사별한 사람의 정신 상태는 기혼자의 정신 상태와 같은 관계라는 단순한 사실 때문이다. 따라서 특정한 사회, 특정한 지역의 자살 경향을 결정하는 원인은 개인과는 무관하다. 그것이 개인의 특성과 관계없이 같은 비율을 유지하는 것을 보면 알 수 있다.

생활양식의 불변성이 불변하는 결과를 가져온다고 생각할 수도 있을 것이다. 그것은 사실이다. 그러나 생활양식과 그 불변성은 서로 다른 것이고, 불변성은 그것대로의 설명을 필요로 한다. 만약 생활양식이 변하지 않는데 그것을 실행하는 개인들은 끊임없이 변화한다면, 그 불변성은 개인들로부터 유래하는 것일 수 없다.

그러한 연속성은 개인들의 활동 결과이므로 그것을 설명하기 위해서 개인 생활과의 관계에 있어 사회적 현상에 구태여 일종의 초월성을 부여할 필요는 없다고 생각하는 사람들도 있다. 즉 다음과 같은 주장이다.

"언어나 종교적 의식이나 수공업자의 기술이나 예술 기법이나 법조문이나 도덕적 규범 등 모든 사회적인 것은 한 개인인 부모, 교사, 이웃, 동료들로부터 다른 개인에게 전승되고 전달된 것이다."[6]

우리가 만일 하나의 개념이나 감정이 한 세대에서 다음 세대로 전달되는 일반적인 방식과 그 기억이 사라지지 않는 이유만을 설명하고자 한다면 위의 설명이 가장 핵심이 될 것이다.[7] 그러나 자살이나 좀 더 광범위하게 말해 정신 관련 통계 자료에서 보고되는 사례의 전파는 그렇게 쉽게 설명될 수 없는 특수성을 갖는다. 그러한 사례의 전파는 단순히 특정한 행위의 양식에만 관련되는 것이 아니라 그런 행동 방식이 일어나는 사례의 수와도 관련된다.

자살은 매년 일어날 뿐만 아니라 일반적으로 매년 같은 수만큼 일어난다. 사람을 자살하게 만드는 정신 상태는 단순히 그대로 전 승될 뿐만 아니라 놀랍게도 같은 수의 사람들에게 전파되고 그러 한 상황에서 같은 행동을 유발하는 정신 상태까지 전파한다. 만일 이것이 단지 개인적인 것일 뿐이라면 어떻게 이런 일이 있을 수 있 겠는가? 그 같은 숫자는 직접 전파될 수 없다. 오늘날의 사람들이 과거의 자살자 수를 보고 이번에 죽을 자살자 수를 파악하는 것도 아닌데, 상황이 변하지 않는 한 늘 과거와 같은 양의 자살이 일어 난다.

그렇다면 각 자살자는 1년 전의 자살자 중 한 사람을 스승으로 여기고 그 자신은 그 사람의 정신적 후계자라고 생각해야 한다는 말인가? 그렇지 않고서는 사회적 자살률이 개인 간의 전승으로 유 지된다는 것은 불가능하다. 즉 전체 자살률이 전체로서 전승되지 않는다면, 전체를 구성하는 단위들은 개별적으로 전승될 수밖에 없다. 이러한 견해에 따른다면 각 자살자는 그의 자살 경향을 선 행자로부터 전수받고, 그의 자살 행동은 전례의 반향 같은 것이 된 다. 그러나 올해의 자살자와 작년의 자살자 사이에 개인적 연관이 있다는 가정을 뒷받침해 줄 수 있는 사례는 하나도 없다.

앞서 지적한 바와 같이 하나의 행동이 같은 성격의 다른 행동으로부터 그런 식으로 영향을 받는 일은 극히 예외적이다. 더구나 그러한 재현이 어떻게 해마다 규칙적으로 되풀이될 수 있겠는가? 왜 재현을 위해 일 년을 기다려야 하는가? 마지막으로 왜 꼭 한 건의 모방 자살만 일어나는가? 각기 평균 한 건의 모방만 일어나야 총합이 매년 일정할 것이다. 이처럼 인위적인 가설은 더 이상 거론할 필요가 없다. 그런 가설을 부인한다면, 즉 연간 자살자 수가 일정한 것은 하나하나의 사례가 다음 해에 그 모방 사건을 일으키는 것이 아니라면, 모든 개인적 사례를 초월하는 어떤 비개인적 원인의 영속적인 작용에 의한 것일 수밖에 없다.

그러므로 집단 경향이라는 용어를 정확하게 이해해야 한다. 집단 경향은 독자적으로 존재하며 자연적 힘과 마찬가지로 종류는 다르다고 하더라도 실재하는 힘이다. 그것은 또한 자연적 힘과 경로는 다르지만 외부에서 개인에게 영향을 미친다. 집단적 경향이 자연적 힘과 마찬가지로 실재한다는 증거는 그 실체가 모두 결과의 통일성으로 표현된다는 점이다. 사망자 수가 매년 일정하다는 것은 사망률이 기후, 기온, 토질 등과 같이 비개인적이고 세대가 바뀌어도 일정하게 유지되는 물질적 요인에 의존한다고 봄으로써 설명할 수 있었다. 따라서 자살과 같은 정신적 행동도 마찬가지로 단순한 수적 일치 이상의 통일성을 가지고 반복되므로 그것이 개인의 외부에 존재하는 힘 때문임을 인정하지 않을 수 없다.

그리고 그 세력은 정신적인 것이어야 한다. 개인을 제외하고는 사회만이 유일한 정신적 존재이므로 그것은 사회적일 수밖에 없다. 그러나 그것이 무엇이라 불리건 중요한 것은 그 실체를 인정하는 일이며 마치 물리적, 화학적 힘에 반응하듯이 그것이 외부에서 개인의 행동을 일으키는 힘이라고 인정하는 일이다.

단순히 언어상의 실재만이 아니라 '자생'하는 사물이므로 마치 전류나 빛의 세기처럼 측정할 수도 있고 그 크기를 서로 비교할 수도 있다. "사회적 사실은 객관적이다."라는 기본 명제는 필자가 다른 저서에서 입증한 바 있으므로[8] 우리는 이 명제를 사회학적 방법의 기본 원칙으로 간주하며 정신적 통계, 특히 자살 통계에서 이를 입증할 새롭고 결정적인 증거를 찾았다.

물론 이 명제는 상식과 다르다. 그러나 과학은 간과했던 새로운 사실을 밝혀낼 때마다 사람들로부터 불신을 받았다. 새로운 사물의 질서를 받아들여 새로운 개념을 세우려면 기존의 관념 체계를 수정해야만 하는데, 인간의 정신은 타성 때문에 이에 저항한다. 그러나 결국은 받아들여야 한다.

사회학이 과학이 되려면 다른 학문에서 탐구한 것과는 다른, 지금까지 알려지지 않은 세계에 대해 연구해야 한다. 이러한 사회학적 연구 대상이 되는 세계가 실재의 체계가 아니라면 그것은 무의미한 것일 뿐이다. 그러나 이와 같은 새로운 개념은 전통적인 편견에 부딪히게 되므로 이 개념에 대한 이의가 제기되면 우리는 거기에 답해야만 한다.

이 새로운 개념은 집단적 경향과 집단적 사고가 개인적 경향이나 사고와 다른 성격의 것이며, 개인적 경향이나 사고에는 없는 특성을 갖고 있음을 나타낸다. 그런데 사회에는 오직 개인들만이 존재하는데 어떻게 그런 일이 가능한가 하는 반론이 제기된다. 그러나 그런 식으로 논한다면 우리의 세포는 오직 무생물인 원자들로만 구성되어 있으므로 생명체와 무생물은 차이가 없다.

마찬가지로 사회에 개인 외의 활동 세력이 없다는 것이 사실일 수 있으나 개인들이 결합함으로써 새로운 종류의 정신적 존재를 형성하며, 이 새로운 정신적 존재는 그 자체의 사고와 감정의 방식을 갖게 되는 것이다. 물론 사회적 사실의 기초적 특성은 개인들의 정신 속에 원형으로 존재한다. 그러나 사회적 사실은 개인들이 결합을 통하여 변화할 때만 나타난다. 결합 그 자체도 특별한 결과를 초래하는 적극적인 요인이기 때문에 그 자체로 새로운 것이다. 개인들의 의식이 각각 고립되지 않고 결합하고 집단화되면 세계의 무언가가 변한다. 이 같은 변화는 자연히 또 다른 새로운 것을 생성시키므로 그 구성 요소들에서는 발견되지 않은 새로운 특질을 보이는 현상이 나타나게 된다.

이런 명제는 전체는 그 부분들의 합과 질적으로 동일하다는 것, 즉 결과는 질적으로 그 생성 원인들의 총합으로 환원할 수 있다는 데 동의해야 반대할 수 있는데, 그렇게 되면 모든 변화를 부정하고 설명 불가능한 것으로 만들게 된다. 그럼에도 불구하고 어떤 이들은 이 같은 극단적 논제를 지지하는 데까지 나아갔지만, 이 논제를 옹호하기 위해 제시한 근거는 두 가지의 터무니없는 주장뿐이다. 첫째로 그들은 "사회학에 있어서 우리는 개인적 의식과 개인적 의식의 합인 복합체를 동시에 긴밀히 알 수 있는 드문 특권을 가진다."라고 주장하였다. 둘째로 그들은 이 양면적인 내면 성찰을 통해서 "만일 개인을 빼 버리면 사회적인 것은 남지 않는다고 확신한다."라고 주장하였다.[9]

첫 번째 주장은 현대 심리학을 전적으로 부인하는 대담한 주장이다. 심리 세계는 직접 인식할 수 없고 일반적인 지각으로는 알아볼 수 없는 깊이를 가졌으므로 그것을 알아보기 위해서는 외부 세계에 대한 과학과 마찬가지로 복잡한 절차를 밟아야 한다는 것은 오늘날 일반적으로 인정된 사실이다. 그러므로 의식의 성격은 미래에나 알 수 있는 신비가 아니다.

두 번째 주장은 완전히 자의적인 것이다. 이런 주장을 하는 사람은 물론 사회에 개인 외에는 아무것도 실재하지 않는다고 주장하겠지만, 그의 주장을 뒷받침할 증거는 전혀 없으며 따라서 토론이 불가능하다. 많은 사람이 사회는 단순히 개인적인 특성이 외부로 확장되면서 저절로 이루어지는 것이 아니라 개인적 특성을 제한하는 반대 세력이고, 그에 대해서 개인적 특성이 저항하기도 한다고 생각하고 있으므로 이와 상반되는 주장을 반대하는 것은 간단하다.

개인과 개인들의 복합체인 사회라는 두 요소를 아무런 매개체 없이 직접 알 수 있다면 얼마나 놀랄 만한 직관인가? 우리가 눈만 크게 뜨고 잘 바라보기만 하면 사회적 세계의 법칙을 즉시 지각할 수 있다고 한다면 사회학은 불필요하거나 매우 단순해질 것이다. 그러나 불행히도 우리의 의식이 이런 식으로 지각할 수 없다는 사실은 너무나 명백하다. 개인의 의식은 외부로부터 암시를 받지 않고서는 자체적으로 매년 같은 현상을 반복할 필요성을 생각지 못할 것이다. 개인의 의식은 그 자체만으로는 그 원인조차도 깨달을 수 없다.

그러나 이런 방식으로 사회적 생활과 개인적 생활을 구별한다고 해서 사회생활에는 아무런 정신적인 것이 없다는 의미는 아니다. 오히려 사회생활은 명백히 근본적으로 표상에 의해서 이루어진다. 오직 이 집단적 표상만이 개인적 표상과 다른 성격을 갖게 된다. 만일 개인 심리학과는 다른 사회 심리학 법칙이 존재한다는 것이 인정된다면, 우리는 사회학을 심리학의 일종이라고 해도 반대하지 않을 것이다.

이런 생각을 보다 명백히 하기 위해 하나의 예를 들어 보자. 일반적으로 종교의 기원은 지각을 갖춘 인간이 신비하고 두려운 존재에게 느끼는 공포와 경의심의 감정에 있다고 한다. 그러한 관점에서 보자면 종교는 개인적 심성과 사적인 감정이 발전된 것처럼 보인다. 그러나 이렇듯 지나치게 단순화된 설명은 사실과 다르다. 종교는 사회생활이 극히 조잡한 동물의 세계나 집단생활이 없는 곳에는 존재하지 않으며, 사회의 성격에 따라 종교도 달라진다는 사실은 오직 집단 속의 인간만이 종교적으로 사고할 수 있다는 충분한 증거가 된다. 만일 개인이 자기 자신과 자연 세계밖에 알지 못했다면 절대로 자신과 주변 환경을 초월하는 힘의 개념을 생각지 못했을 것이다.

개인이 관련을 맺는 거대한 자연적 힘도 개인에게 그러한 관념을 제시하지는 못한다. 원래 개인은 지금처럼 자연의 위력이 어느 정도인지를 알지 못했기 때문이다. 오히려 특정한 조건에서는 자연의 힘을 제어할 수 있다고 믿었을 것이다.[10] 과학은 인간에게 자연에 비해 인간이 얼마나 열등한 존재인지 가르쳐 주었다. 인간에게 존경을 일으키게 만드는 힘이자 숭배의 대상이 된 것은 사회다.

다만 사회라는 신은 인격적 형태를 갖고 있다. 한마디로 말해서 종교는 사회가 그 자체를 의식하는 상징의 체계다. 종교는 집단적 존재가 사고하는 독특한 방식이다. 이것은 개인의 의식이 결합하지 않고서는 생겨날 수 없는 위대한 집단적 심성이며, 그러한 결합의 결과이고 그 결합의 결과가 다시 개인들의 특성에 첨가된다. 우리가 개인적 특성을 아무리 세밀하게 분석한다고 해도 토테미즘을 일으킨 기이한 믿음 및 실천의 근원과 발전을 설명할 수 없으며, 토테미즘에서 나온 자연주의의 기원과 자연주의가 왜 한편으로는 여호와를 숭배하는 추상적 종교가 되고 다른 한편으로는 그리스와 로마 등의 다신교가 되는지를 설명할 수 없다. 우리가 이처럼 사회와 개인을 구별하는 것은 위와 같은 관찰이 종교뿐만 아니라 법, 도덕, 관습, 정치 제도, 교육 등 모든 형태의 집단생활에도 적용되기 때문이다.[11]

다른 반론은 얼핏 보기에 보다 심각해 보인다. 우리는 사회적 심성이 개인적 심성과 질적으로 다르다는 것을 인정했을 뿐만 아니라 사회적 심성은 어떤 의미에서는 개인의 외부에 존재한다고 인정했다. 이와 같은 외재적 특성을 물리적 힘의 외재성과 비교하기도 했다. 그런데 사회에는 개인밖에 존재하지 않는데 어떻게 개인에게 외재하는 존재가 있을 수 있는가 하는 반론이 제기된 것이다.

만약 이 반론이 정당하다면 우리는 이율배반에 처하게 된다. 왜냐하면 이미 확증된 사실을 무시할 수 없기 때문이다. 매년 자살하는 소수의 사람들은 자연적으로 집단을 형성하지 않으며 서로 연락을 주고받는 것도 아니므로 자살자 수의 일정함은 개인을 지배하고 개인보다 더 오래 지속되는 공통된 원인의 영향 때문이라고 설명할 수밖에 없다. 지구 위에 흩어져 있는 여러 개의 개별적 사례들을 결합하는 힘은 개인에게 외재적인 것일 수밖에 없다. 만일 그렇지 않다면 문제는 해결될 수 없다.

먼저, 사회가 개인들로만 이루어졌다는 것은 사실이 아니다. 사회는 또한 공동생활에 기본적 역할을 수행하는 물질도 포함하고 있다. 사회적 사실은 때때로 외적 세계의 요소가 될 만큼 물질화될 수도 있다. 예를 들면 특정한 건축 양식은 사회적 현상이다. 그러나 그것은 한번 건축되면 개인과 무관한 독자적 실체가 되는 가옥이나 건물로 구체화된다. 교통과 운수를 위한 도로도 마찬가지이며, 산업이나 사생활에서 사용되며 역사의 한 시점에서 기술이나 문자의 상태를 나타내 주는 도구나 기계 등도 마찬가지다. 그와 같이 결정되고 물질적으로 고정된 사회생활은 그만큼 외재화되어 외부에서 개인에게 작용한다. 이전 시대에 만든 도로가 우리를 어떤 나라와 연결하느냐에 따라 우리의 활동 방향이 결정된다.

어린이들의 취향은 과거 세대가 남긴 국민적 취향의 유산과 접촉함으로써 형성된다. 어떤 경우에는 오래전에 사라지고 수 세기 동안 잊혔던 유적이, 그 유적을 남긴 국가마저 소멸되고 없는 때에 다시 나타나 새로운 사회에서 새로운 생존을 시작하는 일도 있다. 르네상스라고 불리는 사회적 현상이 바로 이 같은 성격의 것이다. 르네상스는 사회생활의 일부가 오랫동안 물질적 사물 속에 저장되어 잠재하고 있다가 갑자기 다시 깨어나 그것을 만들어 내는 데 참여한 적이 없는 사람들의 지적 및 도덕적 지향을 바꾸어 놓은 것을 말한다. 물론 그 영향을 받아들일 살아 있는 의식이 없다면 재생은 불가능할 것이다. 그러나 그러한 영향이 없었다면 개인의 의식은 전혀 다른 사고나 감정을 갖게 되었을지도 모르는 일이다.

또한 신앙의 교리를 응축한 구체적 교리나 신성한 형태로 외재적으로 고정된 법률에 대해서도 같은 이야기를 할 수 있다. 아무리 잘 정리된 것이라고 하더라도 그 중요성을 인식하고 그것을 실천에 옮기는 사람이 없으면 죽은 문자나 다름없다. 그러나 이것이 자족적 조건은 되지 못한다고 하더라도 독자적으로 사회활동의 요인이 되는 것은 틀림없다. 그들은 그들 고유의 방식으로 작용한다. 법의 성문화 여부에 따라 법적 관계는 크게 달라진다. 성문법이 있을 때는 법체계가 더욱 규칙적이며 융통성이 적어지고 법률의 적용 또한 더욱 획일적이고 엄격해진다. 법은 개별적인 사례에 더 민감해지고 개혁은 보다 강력하게 저지된다.

그러므로 성문법의 물질적 형태는 단순히 비효율적인 언어상의 결합이 아니라 적극적인 실체인 것이다. 왜냐하면 그 형태로 존재하지 않았다면 일어나지 않았을 결과를 만들어 내기 때문이다. 그들은 개인의 의식에 외재할 뿐 아니라 이 외재성이 바로 그들 고유의 특성이다. 그러한 형태는 개인이 마음대로 할 수 없고 상황에 맞춰 쉽게 바꿀 수 없기 때문에 변화에 더욱 저항적이다.

물론 모든 사회적 의식이 외재화와 물질화를 이루는 것은 아니다. 한 나라의 모든 심미적 정신이 그 영향을 받은 작품 속에 구현되는 것도 아니며, 모든 도덕성이 명확한 격언으로 형식화되는 것도 아니다. 대부분은 산재되어 있다. 대부분의 집단생활은 자유로우며 온갖 종류의 경향이 오가고 여러 곳에서 순환하고 수천 가지의 방법으로 얽히고설키기 때문에 객관적인 형태로 결정화하지 않고 유동적이다.

오늘은 사회에 슬픔과 좌절이 가득 찼다가도 내일은 즐거운 확신이 모든 사람의 사기를 올려 주기도 한다. 한동안 집단 전체가 개인주의로 기울어졌다가도 사회적 및 인도적 목표를 추구하는 새로운 시대가 시작되기도 한다. 어제는 사해동포주의가 크게 유행하다가 오늘은 애국주의가 지배적이 되기도 한다. 그런데 이러한 모든 소용돌이와 변화는 주요한 법적, 도덕적 조항이 조금도 수정되지 않고 불가침의 형태로 남아 있어도 일어날 수 있다.

게다가 이 같은 격언들은 전체적인 기본 생활을 표현하는 것일 뿐이다. 그러나 이러한 격언들은 전체적 기본 생활에서 나왔지만 그것을 대신하지는 않는다. 모든 격언의 근저에는 실제로 살아 있는 감정들이 있으며, 이것이 단지 피상적인 형태로 그와 같은 공리 (公理) 속에 요약될 뿐이다. 그러한 공리는 사회 속에 흩어져 있는 명확한 감정과 인상에 상응하는 것이 아니라면 아무런 반향도 일으키지 못할 것이다.

설령 그런 공리에 대하여 일종의 실재성을 인정한다고 하더라도 우리가 그것을 도덕과 실체의 전부라고 가정하는 것은 아니다. 그것은 기호를 그 기호가 표시하는 사물이라고 여기는 것이다. 기호는 분명히 실체나 일종의 초과 부수 현상은 아니다. 오늘날 지적 발전에서 기호의 역할은 잘 알려져 있지만 결국 기호는 기호일 뿐이다.[12]

그러나 이러한 집단생활의 일부가 굳어질 만큼 충분한 일관성은 없다고 하더라도 이 역시 우리가 말하는 공리화된 격언과 같은 성격을 갖는다. 그것은 개별적이고 평균적인 개인의 외부에 존재한다. 가령 커다란 위험이 애국적 감정의 열풍을 일으켰다고 가정하자. 그때는 일반적으로 가장 귀중하게 여겼던 사적 이익을 공동의 이익을 위해서 억제해야 한다는 집단적 충동이 사회 전체에서 일어난다. 그런데 그 원리는 단지 이상적인 것만은 아니다. 필요할 경우 문자 그대로 적용된다.

한편 평균적인 개인 집단을 자세히 관찰해 보라. 그 많은 사람들에게서 극히 조금이라도 그런 도덕적 심성을 찾아볼 수 있을 것이다. 그러나 완전한 자기 부정을 자유롭게 할 수 있는 사람은 전시에도 많지 않다. 그러므로 국가 전체의 상태를 결정할 단일한 의식의 중심이 있는 것이 아니며, 각 의식은 집단적 경향의 작은 조각만 보유하기에 집합적 경향이 외재하지 않는 개별적 의식의 중심은 있을 수 없다.

가장 안정되고 가장 기본적인 도덕적 감정에서도 같은 현상을 발견할 수 있다. 예를 들면 모든 사회는 일반적으로 인간 생명에 대한 존중 의식을 가지고 있는데, 그 강도는 살인에 대한 처벌의 상대적 비중에 따라 결정된다.[13] 물론 평균적 인간도 같은 감정을 느끼지만 사회보다는 훨씬 적게 그리고 사회와는 매우 다른 방식으로 느낀다.

그 차이는 개인이 살인자나 살인을 목격했을 때의 감정과 같은 상황을 군중 속에서 목격했을 때의 감정을 비교해 보기만 해도 알 수 있다. 만약 억제하지 않는다면 그러한 감정이 어떻게 발전할 것인지를 우리는 잘 알고 있다. 이 경우에 분노는 집단적이기 때문이다. 사회가 범죄에 대해서 분개하는 것과 범죄가 개인을 분노하게 하는 것의 차이도 마찬가지다. 즉 분노 감정의 개인적 형태와 사회적 형태 간의 차이도 마찬가지라는 뜻이다.

사회적 분노는 가장 심한 보복을 요구할 정도로 강력하다. 그러나 개인의 경우에는 피해자가 모르는 사람이거나 피해자에게 관심이 없거나 범죄자가 가까이 살지 않는 등 개인적으로 위협이 되지 않는 경우에는 범죄자가 물론 처벌받아야 한다고는 생각하지만 진정으로 보복의 감정을 가질 정도는 아니다. 개인은 범죄자를 찾으려고 하지 않으며 심지어 신고하는 것조차 주저한다. 하지만 여론이 들끓으면 사태가 달라진다. 그때는 사람들이 더욱 적극적으로 강력히 요구하게 된다. 그러나 주장하는 것은 우리를 통해서 말하는 여론이다. 우리는 개인으로서가 아니라 집단의 압력 아래에서 행동한다.

사실 사회적 상태와 개인적 반향 간의 차이가 더 큰 경우도 흔하다. 위의 예에서는 집단 감정이 적어도 대부분의 사람에게는 범죄에 저항할 수 있는 적절한 강도로 개인화되어 유지된다. 오늘날 대부분의 사람은 사람이 피를 흘리는 모습에 두려움을 느끼고 살인 의도를 억누르게 된다. 그러나 단순한 횡령이나 조용하고 비폭력적인 사기 행위 등은 우리로 하여금 그렇게 강력한 반감을 갖게 하지는 않는다. 부정한 방법으로 부유해지려는 자신의 모든 욕심을 처음부터 억제할 만큼 타인의 권리를 존중하는 사람은 그리 많지 않다.

교육이 부정한 행동에 대한 혐오감을 가르치지 않는 것은 아니다. 그러나 이와 같이 애매하고 주저하며 쉽게 타협하는 개인의 감정과 모든 종류의 절도 행위에 대한 사회의 절대적이고 무조건적인 비난 사이에는 커다란 차이가 있다. 또한 공공 지출에 각자 마땅히 내야 할 몫을 낸다든지, 공공 재산을 횡령하지 않는다든지, 군 복무를 기피하지 않는다든지, 계약을 충실히 이행한다든지 하는 등 보통 사람의 마음속에 별로 확고하게 자리 잡지 않은 다른 의무들이 얼마나 많은가? 만약 이러한 모든 도덕을 평균인의 불확실한 양심으로만 책임진다면 도덕은 극히 무력한 상태가 될 것이다.

그러므로 자주 있는 일이지만 사회의 집단적 유형과 개인의 평균적 유형을 혼동하는 것은 매우 심각한 과오다. 평균적 인간의 도덕성은 미약하다. 개인은 꼭 필요한 윤리적 원칙만 어느 정도 가지고 있을 뿐이며 그것도 집단적 유형 즉, 사회 전체처럼 정확하고 권위적인 것이 아니다. 이것이 바로 케틀레가 저지른 실수로, 도덕성의 기원을 해결할 수 없는 문제로 만들어 버리는 것이다.

개인은 일반적으로 탁월하지 못하므로 개인을 초월하는 도덕성은 개인들의 평균적 특질을 표현하는 것만으로는 확립될 수 없다. 기적이 아니고서는 작은 것에서 큰 것이 나올 수 없다. 만일 공동 의식이 가장 일반적인 의식일 뿐이라면 그것은 저급한 수준 이상이 될 수 없다. 그렇다면 사회가 아이들에게 교육하는 고상하고 명령적인 법규들과 사회 성원들에게 요구하는 법률에 대한 존경심 등이 어디서 나오겠는가?

종교와 그에 동조하는 상당수의 철학 유파들은 상당히 그럴듯한 이유를 들어 도덕성이란 오직 신으로부터만 기원하는 실체라고 간주하였다. 개인의 의식 속에 있는 흐릿하고 부족한 모습의 도덕성은 원초적인 유형으로 간주할 수 없기 때문이다. 그러한 모습은 도덕성이 조잡하고 불충실하게 재생된 결과이며, 따라서 도덕성의 원형은 개인의 외부에 있지 않으면 안 된다.

이런 이유로 단순화를 선호하는 대중적 상상력이 발휘되어 도덕성이 신에게 귀속된 것이다. 과학은 물론 이러한 관념에 시간을 허비하지 않으며 이런 개념을 받아들이지도 않는다.[14] 도덕성의 근원이 신이 아니라면 남는 대안은 그 근원을 설명하지 않고 방치하거나 집단적 의식의 체계로 간주하는 것밖에 없다.

도덕성은 체험의 세계에는 존재하지 않는 것에서 유래하거나 또는 사회로부터 나온다. 도덕성은 의식(意識)으로만 존재할 수 있다. 따라서 도덕성이 개인적 의식이 아니라면 집단적 의식일 수밖에 없다. 만일 그렇다면 집단의 의식은 평균적인 의식과 혼동해서는 안 되며, 언제나 그것을 초월하는 것이라야 한다.

이와 같이 관찰을 통해 우리의 가설이 입증된다. 한편으로는 통계적 자료의 규칙성이 개인의 외부에 집단적 경향이 존재한다는 것을 시사하며, 또 한편으로는 상당히 많은 수의 중요한 사례를 통해 이러한 외재적 성격을 직접 입증할 수 있다. 사실 이러한 외재성은 개인적 의식과 사회적 의식의 차이를 아는 사람에게는 조금도 놀라운 것이 아니다. 사회적 의식은 정의상 개인적인 경향으로부터 나오는 것이 아니므로 개인의 외부로부터가 아니라면 개인에게 도달하지 못한다. 사회적 의식은 우리 밖의 외적 요소들로 구성되어 있기에 우리 자신이 아닌 무엇인가를 표현한다.[15]

물론 집단과 유대를 가지고 집단생활에 참여하는 이상 우리는 그 영향을 받게 된다. 그러나 우리는 고유의 개성을 가지고 있으므로 집단에 참여하는 동시에 그로부터 벗어나려고도 한다. 모든 사람은 이중적 생존을 동시에 영위하고 있으므로 하나하나의 개인은 이중의 충동을 갖는다. 우리는 사회의 방향으로 끌려가지만 동시에 자신의 본성을 따르려고도 한다. 따라서 우리 자신을 제외한 사회는 우리의 사회를 벗어나려는 원심적 경향에 제약을 가하며 다른 사람들의 원심적 이탈 경향을 막기 위해 그들에게 제약을 가한다. 두 개의 상반되는 힘이 서로 대치하는 것이다.

집단적 힘은 개인을 지배하려 하고, 개인적 힘은 집단적 힘의 지배를 배척하려고 한다. 물론 집단적 힘은 모든 개인적 힘의 결합으로 이루어지기에 개인적 힘보다 훨씬 강하다. 그러나 집단적 힘은 개인의 수만큼 많은 저항을 받으므로 그러한 잡다한 저항 때문에 어느 정도 소모되어 약화되고 왜곡된 상태로 우리에게 도달한다. 만일 집단적 힘이 강하고 그 힘이 발동되는 상황이 자주 반복되면 집단적 힘은 개인들에게 보다 깊은 인상을 남기며 일종의 활기찬 정신 상태를 일으키는데, 이 상태는 일단 형성되면 본능적 자발성을 가지고 작용한다.

이러한 상태는 가장 기본적인 도덕 개념의 경우에도 일어난다. 그러나 대부분의 사회적 경향은 너무 약하거나 우리와의 접촉이 간헐적이어서 깊이 뿌리내리지 못하여 그 작용은 결국 피상적인 것이 된다. 따라서 거의 완전히 외재적이다. 집단적 유형의 요소를 측정하는 최적의 방법은 개인의 의식 속에 있는 그 양을 측정하는 것도, 평균을 내는 것도 아니다. 그보다는 전체의 합을 측정해야 한다. 전체의 합을 내는 방법도 사실은 개인화 때문에 손실을 입은 사회적 감정만이 남기 때문에 실제보다 훨씬 더 낮게 평가된다.

그러므로 우리의 개념에 대해서 현학적이라고 비판하거나 사회 현상에 대해 어떤 핵심 원리나 새로운 종류의 근거를 부여하기 위한 것이라고 비난하는 것은 피상적인 비판이다. 우리는 사회 현상이 개인적 의식을 하부 구조로 갖는다고 주장하는 것이 아니다. 우리는 사회 현상이 모든 개인적 의식이 통합되고 결합되어 형성된 것이라고 주장한다. 이 하부에는 실체적이거나 존재론적인 것이 전혀 없다. 이 하부 구조는 단지 부분들로 구성된 전체이기 때문이다.

그러나 이 하부 구조는 그것을 구성하는 요소들과 마찬가지로 실재다. 요소들이 바로 이런 방식으로 구성되기 때문이다. 또한 개별적인 요소들 역시 복합체다. 자아는 자아의 외부에 있는 다수의 의식 상태가 복합된 결과이며, 각각의 기본적인 의식 상태는 무의식의 생명 단위들의 산물이고, 각각의 생명 단위는 무생물 분자들의 결합으로 이루어졌다는 것은 오늘날 잘 알려진 사실이다.

따라서 만약 심리학자와 생물학자들이 그들이 연구하는 현상이 하위 단계 요소들의 결합이라는 사실만으로 그 현상이 확실한 근거를 갖추었다고 간주한다면, 사회학도 마찬가지가 아니겠는가? 생명력과 독립적인 영혼에 대한 가설을 포기하지 않는 사람들만이 이러한 주장이 부적절하다고 주장할 것이다. 그러면 신념과 사회적 관행은 그 개별적 표현과 별도로 독립적으로 존재한다고 위의 주장을 공격하는 것이 가장 합리적일 것이다.[16]

그렇다고 해서 사회가 개인들 없이 존재할 수 있다고 주장하는 것은 아니다. 그것은 분명히 불합리한 주장이다. 우리가 주장하는 것은 첫째, 개인들의 결합으로 형성되는 집단은 각 개인과는 다른 종류의 실체를 갖는다는 것과 둘째, 집단 안에서 그 속성으로부터 집합적 상태가 발생하며 그것은 개인에게 영향을 미치고 개인 안에 새로운 형태로 순수한 내면적 존재를 만든다는 것이다.

사회에 대한 개인의 관계를 이렇게 생각하는 방식은 오늘날 동물학자들이 종에 대한 개체의 관계에 적용하는 개념을 떠올리게 한다. 종이 단순히 개체가 시간적으로 영속되고 공간적으로 일반화된 것이라는 단순한 이론은 점점 폐기되고 있다. 그러한 이론은 한 사례에서 나타난 변이가 아주 드물게만 그 종의 특성이 되며, 그런 사례도 의심의 여지가 있다는 사실과 모순된다.[17] 품종의 독특한 특성들은 품종 전체적으로 변화함으로써만 개체 속에서 변화한다. 품종은 일정한 실체를 가지며 개체들 속에서 다양한 형태를 취하므로 품종이 단순히 개체들의 일반화로 이루어지는 것이 아니다.

우리는 이 이론이 완전히 확증된 것이라고 간주하지는 않는다. 그러나 다른 분야의 연구를 차용할 필요 없이 우리의 사회학적 개념이 실증적인 과학과 유사성이 있다는 것을 보여 주는 것으로 충분하다.

이제 이러한 관념을 자살의 문제에 적용해 보자. 그러면 이번 장의 서두에서 제시한 해답이 더욱 분명해질 것이다.

이기주의건 이타주의건 어떤 종류의 아노미건, 어떠한 정신적 관념도 소속된 사회에 따라 구성 비율이 변하지 않는 것은 없다.

사회생활은 개인이 특정한 개성을 갖는다는 것과 동시에 공동체가 요구하면 개인적 특성을 버릴 수도 있다는 것 그리고 개인은 어느 정도 진보의 관념에 민감하다는 것 등을 동시에 가정한다.

그러므로 모든 사람에게는 그런 세 가지 경향이 공존하며 사람들을 세 가지 다른 방향으로, 때로는 반대 방향으로 끌어당기고 있다. 그러한 경향들이 서로 상쇄될 때는 도덕적 개인이 균형 상태에 있어 어떠한 자살 충동도 막아 낸다. 그러나 그중의 한 경향이 다른 경향들을 손상할 정도로 강해지면 그 경향은 개체화되어 앞서 말한 이유들로 자살을 생성하게 된다. 물론 그 경향이 강하면 강할수록 사람들을 자살하게 만드는 영향력이 더 강하다. 그 강도는 다음의 세 가지 원인에 따라 결정된다.

1. 사회를 구성하는 개인들의 성격
2. 개인들이 결합하는 방식, 즉 사회 조직의 성격
3. 사회의 해부학적 구성을 변화시키지 않으면서 집단생활의 기능에 혼란을 일으키는 국가 위기나 경제 위기 같은 일시적 사건들

개인의 특질은 그것이 모든 사람에게 존재할 때만 영향을 미친다. 왜냐하면 아주 개인적인 특질이나 소수 집단의 특질은 대다수 사람들에게 무시되기 때문이다. 그뿐만 아니라 개인적인 특질은 서로 다르기 때문에 집단적 현상을 일으키는 과정에서 상쇄되

어 없어진다. 그러므로 보편적인 인간의 특성만이 그러한 효과를 일으킬 수 있다. 그러나 그런 특성은 거의 불변한다. 그러한 특성이 변하려면 한 국가의 흥망보다 긴 수백 년의 시간이 필요하다.

자살률을 좌우하는 사회적 조건만이 변화될 수 있는 유일한 조건이다. 사회가 변하지 않는 한 자살률이 일정하게 유지되는 것은 바로 그런 이유에서다. 자살률이 일정한 것은 자살을 일으키는 정신 상태가 어떤 계기로 일정 인원의 개인들에게 나타나고, 이들이 어떤 알 수 없는 이유로 같은 인원의 사람들에게 자살하려는 정신 상태를 전파하기 때문이 아니다.

자살률이 일정한 것은 자살을 일으키는 비개인적 원인과 자살을 지속시키는 비개인적 원인이 같기 때문이다. 그것은 사회 단위들의 집단화나 개인과 집단의 공존성에 변화가 없었기 때문이다. 그러므로 양자 사이의 작용과 반작용이 변하지 않고 일정하면 거기서 생겨나는 관념과 감정도 변하지 않는다. 사실 하나의 경향이 사회의 모든 부분에 걸쳐 압도적인 영향을 미치는 일이 불가능하지는 않지만 극히 드물다. 한 경향이 어느 정도 지배적인 영향력을 미치는 일은 그 경향의 발전에 특히 유리한 조건을 갖춘 제한적인 환경에서만 일어난다. 직업이나 종교와 같은 몇몇 사회적 조건이 특히 그러한 경향을 자극한다. 이것이 자살의 이중적 성격을 설명해 준다.

외견상 자살은 서로 다른 장소에서 눈에 보이는 상호 관계없이 일어나기 때문에 서로 연관성이 없는 일련의 사건들로 보인다. 그러나 이 개별적 사례들의 합은 그 자체로 통합성과 개체성을 갖는다. 사회적 자살률은 각 집단적 개성의 특성이기 때문이다.

자살을 가장 빈번하게 발생시키는 특정 환경은 국토 전체에 흩어져 있지만 어떤 점에서는 서로 밀접하게 관련되어 있다. 그들은 말하자면 단일한 유기체 기관들처럼 전체의 일부분이다. 그러므로 각 환경의 성립 조건은 사회의 전반적인 조건에 달려 있다. 즉 하나의 경향은 전체 사회의 경향의 강도와 밀접한 관계가 있다. 이타주의는 민간인 사이에서의 군대의 역할에 따라 군대에서 더 많거나 적은 세력을 갖는다.[18] 개신교가 한 나라 전체에서 강하면 강할수록 개신교도들의 지적 개인주의는 더욱 발전하고 그들의 자살도 더욱 많아진다. 모든 것은 서로 연관되어 있다.

그러나 정신병을 제외한 개인적 상태는 자살의 결정 요인으로 간주할 수 없지만, 집단적 감정도 개인들이 절대적으로 원치 않을 경우에는 개인에게 영향을 미칠 수 없다. 그러므로 위의 설명이 부적절하다고 생각하는 사람이 있을지도 모른다. 그러나 우리는 이미 그런 경향이 어떻게 그 영향을 받을 수 있는 충분한 수의 사람들이 생겨나는 바로 그 환경과 시점에서 자살을 발생시키는지를 확인한 바 있다.

하지만 우리가 만약 그러한 결합이 꼭 필요하며 집단적 경향은 예비적 성향 없이는 개인을 강제할 수 없다고 가정한다면 그러한 조화는 자동적으로 이루어지는 것일 수밖에 없다. 왜냐하면 사회적 경향을 결정하는 원인이 동시에 개인에게 영향을 미치며 집합적 경향을 받아들이도록 개인을 유도하기 때문이다. 이들 두 요인 사이에는 자연적인 친화력이 있다. 그들은 서로 의존적이며 동일한 원인의 표출이기에 서로 결합되며 적응한다.

아노미적 경향과 이기주의적 경향을 낳는 초(超)문명은 개인의 신경 체계를 날카롭고 극도로 예민하게 한다. 그 결과 그들은 구체적 대상에 확고히 밀착하지 못하며 점점 더 규율을 참지 못하고 격렬한 분노와 과장된 우울감에 빠지기 쉽다. 반대로 원시인의 지나친 이타주의에 내재하는 조잡하고 거친 문화는 그들을 둔감하게 만들며 그로 인해 자기 부정을 선호하게 만든다. 간단히 말해서 사회가 대체적으로 개인을 형성하되, 사회의 이미지에 따라 형성한다. 말하자면 사회는 개인들을 자신의 손으로 만들었기 때문에 영향을 미칠 대상이 사라지는 경우는 없다.

그러므로 이제 자살의 발생에서 개인적 요인의 역할을 좀 더 명확하게 언급할 수 있게 되었다. 예를 들면 만약 일정한 정신적 환경, 예컨대 같은 종교나 같은 부대, 같은 직업에서 특정한 개인들은 영향을 받고 다른 개인들은 영향을 받지 않는다면 그것은 대체로 영향을 받는 사람들의 정신 상태가 타고난 성격과 사건의 영향을 받아 자살 생성적 경향에 대한 저항력이 낮아졌기 때문이다.

그러나 그런 조건들이 한 개인에게 자살 경향이 생겨나는 과정에 일부 영향을 미쳤다고 하더라도 자살 경향의 특성이나 그 강도는 그런 조건에 좌우되지 않는다. 한 사회 집단에서 매년 일정한 수의 자살자가 나오는 것이 그 사회에 같은 수효의 신경증 환자가 있기 때문은 아니다.

신경증적 경향은 단지 자살자가 좀 더 쉽게 자살 경향에 굴복하게 할 뿐이다. 이 점에 있어서 임상의와 사회학자의 관점에 큰 차이가 있다. 임상의들은 전적으로 개별 사례만 취급하며 사례들을 서로 연관해서 다루지 않는다. 의사들은 자살자가 신경증 환자이거나 알코올 중독자임을 밝히고 자살이 이러한 정신 질환 때문이라고 설명한다. 어떤 의미에서 의사의 설명은 옳다. 그의 이웃이 아니라 바로 그 사람이 자살을 저질렀다면, 그것은 대개 그런 이유 때문이다. 그러나 보편적인 의미에서 그러한 동기는 자살을 일으키지 않는다. 또한 그러한 동기가 한 사회에서 일정 기간 동안의 자살자 수를 결정하는 것도 아니다.

현상의 생성 원인은 개별적인 사례만 관찰하는 사람의 눈에는 보이지 않는다. 그런 원인은 개인의 외부에 있기 때문이다. 그 원인을 발견하려면 개별적 사건보다 더 높은 관점에서 보아야 하며 무엇이 개별적인 사례들에 단일성을 부여하는지 파악해야 한다.

어떤 사람들은 만일 신경증 환자가 충분하지 않았다면 사회적 원인이 영향을 발휘하지 못했을 것이라고 주장할지도 모른다. 여러 가지 신경 질환이 있는 사회치고 필요한 수 이상의 자살 후보자가 없는 사회는 없다. 그중의 일부만이 실제로 자살한다. 그들은 상황에 의해서 자살 경향에 더 가까이 접근한 사람들이며, 결국 그 영향에 완전히 넘어간 사람들이다. 그러나 마지막 한 가지 문제가 남아 있다. 즉 자살자 수는 매년 일정하므로 자살 경향은 영향을 미칠 수 있는 모든 사람을 동시에 공격하지는 않는다는 점이다. 다음 해에 자살 경향이 공격할 대상은 이미 존재하고 있다. 그들은 이미 집단생활에 얽혀 있으며 이미 그 영향을 받고 있다.

그렇다면 그들은 왜 일시적으로 자살을 보류하는 것일까? 그것은 자살 경향이 완전히 발동하기까지 왜 1년이 필요한가 하는 점을 이해하면 될 것이다. 사회적 활동은 계절에 따라 일정하지 않으므로 자살 경향도 연중 강도와 방향이 다르다. 즉 1년의 회전이 끝난 다음에야 모든 상황의 결합이 완결되며 그에 따라 자살의 수가 정해진다. 그러나 가설적으로 말해서 다음 해가 전해를 반복한다면, 왜 첫해에 모두 끝내 버리지 않는가? 흔한 표현으로 왜 사회는 할부로 지불하는가?

우리가 생각하기에 이 같은 지연의 이유는 시간이 자살 경향에 영향을 미치기 때문이다. 시간은 보조적이지만 중요한 요인이다. 사실 우리는 자살 경향이 청년기에서 노년기에 이르기까지 끊임없이 증가한다는 것을 알고 있다.[19] 때로 노년기의 자살은 유년기의 10배에 이른다. 그러므로 자살을 일으키는 집단적 힘은 점진적으로 개인에게 침투한다. 모든 조건이 일정하다면 사람은 나이를 먹을수록 자살 경향을 받아들이기 쉬워지는데, 그것은 아마 이기적인 삶의 공허함과 무한한 욕망의 허무함이 완전히 드러나는 데는 반복적인 경험이 필요하기 때문일 것이다. 따라서 자살의 희생자는 시간이 지남에 따라 그들의 운명을 끝맺는다.[20]

제2장 자살과 다른 사회적 현상과의 관계

자살은 그 기본적 요소 때문에 사회적 현상이므로, 여러 사회 현상 속에서 자살이 차지하는 위치를 논해 보자.

이 주제에 관하여 가장 중요하고 가장 먼저 다루어야 할 문제는 자살을 도덕적으로 허용된 행동으로 볼 것인지 금지된 행동으로 볼 것인지 하는 문제다. 자살은 어느 정도 범죄 행위와 같은 것으로 간주해야 할까? 이 질문은 언제나 격렬한 논란을 일으켰다. 대개 이 문제의 해답을 제시하기 위해 어떤 이상적인 도덕 개념을 먼저 정립하고 그다음에 자살이 논리적으로 여기에 상치되는지를 물었기 때문이다. 다른 곳에서 제시한 바 있기 때문에[1] 우리는 이런 방법을 사용하지 않겠다. 통제되지 않은 연역은 언제나 의심스러우며 순수한 개인적인 느낌에서 나온 가정에서 비롯된다. 사람은 누구나 자기 나름의 이상적인 도덕성을 절대적 진리로 여기기 때문이다. 이런 방법 대신 역사에서는 자살을 도덕적으로 어떻게 평가해 왔는지를 살펴보고, 그러한 이유들이 현대 사회에서 어느 정도 근거가 있는지를 알아볼 것이다.[2]

자살은 기독교 사회가 형성되자마자 공식적으로 금지되었다. 452년에 열린 아를 공의회에서는 자살을 범죄로 선언하였고 자살은 오직 악마가 부추긴 분노 때문에만 일어날 수 있다고 규정하였다. 그러나 자살이 형벌적인 규제를 받게 된 것은 다음 세기인 563년에 열린 프라하 공의회에서였다. 이 회의에서는 자살자에게 다음과 같은 처분을 내렸다.

"자살자는 추도 미사로 추모할 수 없으며 매장할 때도 성가를 불러 주어서는 안 된다."

교회법에 뒤이어 세속 법률이 제정되고 종교적인 처벌에 실질적인 형벌이 추가되었다. 세인트루이스의 법전은 한 장에 걸쳐 특별히 자살 문제를 규정하였다. 그에 따르면, 자살자의 시신은 살인 사건에 준해 당국의 재판을 받고 자살자의 재산은 상속자에게 물려주는 대신 영주(領主)에게 돌아가도록 하였다. 게다가 재산 몰수에 그치지 않고 여러 가지 고문을 가하는 관습도 생겼다. 보르도에서는 시체를 거꾸로 매달았으며, 아베비유에서는 시체를 허들(죄수를 형장으로 운반할 때 쓴 썰매 모양의 운반구)에 담아 거리로 끌고 다녔고, 릴에서는 남자의 시체는 교차로에서 끌고 다닌 다음 매달고 여자의 시체는 불태웠다.[3]

심지어 정신이상자의 자살도 예외로 취급하지 않는 경우가 많았다. 1670년 루이 14세가 공포한 형법 조례는 이러한 관행을 별다른 수정 없이 법률화했다. 시체를 엎드린 자세로 허들에 싣고 거리와 광장을 거쳐 가 쓰레기더미 위에 올려놓거나 매달아 놓았으며 자살자의 재산은 몰수하였다. 자살한 귀족은 작위를 빼앗기고 평민 지위로 떨어졌으며 그들의 숲은 벌목되고 성채는 파괴되고 문장을 새긴 방패는 부숴 버렸다. 이러한 법령에 따라 1749년 1월 31일 자로 제정된 파리 의회의 법령이 아직도 남아 있다.

그 후 1789년 대혁명이 일어나면서 이 모든 규정을 철폐하고 자살을 형법상 범죄에서 제외했다. 그러나 대다수의 프랑스인이 믿는 모든 종교에서는 아직도 자살을 금지하고 처벌하고 있으며, 일반 도덕도 자살을 비난하고 있다. 아직도 일반 의식 속에 있는 반감은 자살이 일어난 장소와 자살자의 주변 사람에게까지 미치고 있다. 이 문제에 관한 견해가 전보다는 관대해졌지만 자살은 아직도 도덕적 흠으로 여겨진다. 그리고 여전히 자살을 범죄로 보는 시각이 남아 있다. 많은 법체계에서 자살 방조자는 살인으로 기소된다. 만일 자살이 도덕과 관계없는 행동이라면 그렇게 할 수는 없을 것이다.

이 같은 법제는 기독교 국가 어디에서나 발견되며 어떤 나라에는 프랑스보다 더 심한 것도 남아 있다. 10세기에 영국의 에드워드 왕은 자살을 법적으로 절도, 암살, 그 밖의 모든 범죄와 똑같이 취급했다. 1823년까지도 자살자의 시신을 꼬챙이에 십자형으로 꿰어 길거리에 끌고 다녔고 장례식도 없이 길가에 묻는 것이 보통이었다. 오늘날에도 매장을 따로 하고 있다. 자살은 중죄로 규정되었고 그의 재산도 국왕에게 몰수되었다.

이런 규정이 철폐된 것은 1870년에 중죄에 대한 재산 몰수가 전부 폐지되면서부터였다. 물론 그런 지나친 처벌은 이미 그보다 훨씬 전부터 적용되지 않았다. 배심원들은 법을 피해서 자살이 정신 이상 상태에서 행해졌으므로 책임을 물을 수 없다고 선고하는 것이 통례였다. 그러나 자살은 여전히 범죄로 규정되어 있다. 자살이 일어나면 정식으로 보고되고 선고되며, 자살 기도는 원칙적으로 처벌하고 있다. 페리에 의하면[4] 1899년에도 영국에서만 106건의 자살이 범법 행위로 법적 처리되었고, 84건의 유죄 선고가 있었다. 공범에 대해서는 아직도 그와 같은 관념이 더 많이 남아 있다.

미슐레(Michelet)는 취리히에서도 과거에는 자살자의 시신을 끔찍하게 다루었다고 언급하였다. 어떤 사람이 칼로 자살하면 그 시체의 머리 부분 근처에 단검을 고정시킨 나무 조각을 박았으며, 물에 빠져 죽은 사람은 1.5미터 수심 아래 모래 속에 묻혔다.[5] 프로이센에서는 1871년의 형법이 통과되기 전까지 장례식도 없고 어떤 장식도 없이 자살자를 매장했다. 독일의 새로운 형법은 아직도 자살 방조자를 3년 징역형으로 처벌하고 있다(216조). 오스트리아에서는 옛날 법령의 규정이 거의 그대로 답습되고 있다.

러시아의 법은 더 가혹하다. 만일 자살이 장기적 또는 일시적인 정신착란으로 인한 것이 아니라면 그의 유서는 무효가 되고, 그가 자살에 앞서 행한 모든 재산의 처분도 무효가 된다. 자살자에게는 기독교식 장례가 거부된다. 단순 자살 기도는 교회 당국이 정하는 벌금형을 받는다. 그리고 자살을 부추기거나 필요한 도구를 제공하는 등 어떤 형태로든 자살 결심을 도운 사람은 계획적 살인의 공범자로 취급하였다.[6] 스페인 법령은 종교적 및 도덕적 처벌 외에 재산을 몰수하고 어떠한 방조 행위도 처벌한다.[7]

끝으로 뉴욕의 형법은 비교적 근래의 것(1881)인데도 자살을 범죄로 규정하고 있다. 물론 이런 법에도 불구하고 죽은 자살자를 처벌할 방법이 없으므로 실제로 처벌이 이루어지지는 않았다. 그러나 자살 기도는 최고 2년의 징역이나 200달러의 벌금형, 또는 두 가지 처벌을 다 받을 수 있는 행위다. 자살을 조언하거나 찬성하는 행동은 살인 방조에 연루된 행위로 간주한다.[8]

이슬람 사회도 기독교와 마찬가지로 자살을 금지한다. 마호메트는 다음과 같이 말하였다.

"사람은 오직 각자의 수명을 정한 책대로 신의 뜻에 따라서만 죽는다."[9] "그때가 오면 잠시도 더 늦출 수 없으며 앞당길 수도 없다."[10] "죽음이 너희를 차례로 찾아갈 것이므로 아무도 그것을 미리 기다려서는 안 됨을 선언한다."[11]

사실 자살은 이슬람교의 기본 정신에 가장 상충한다. 이슬람교에서는 신의 뜻에 절대복종하고 모든 일을 참을성 있게 견디는 순종적인 인내를 최상의 미덕으로 삼기 때문이다.[12] 자살은 순종하지 않는 반항적인 행동으로, 기본 의무에 대한 심각한 위반으로 간주된다.

현대 사회로부터 눈을 돌려 고대 그리스와 로마의 도시 국가로 거슬러 올라가 보면, 그곳에서도 역시 자살에 관한 법률이 발견된다. 그러나 그 원리는 반드시 같지는 않다. 자살은 국가의 허락을 받지 못한 경우에만 불법으로 간주되었다. 아테네의 어느 자살자는 도시에 대해서 불의를 범했다는 이유로 '아티미아(atimia, 시민권 박탈)'라는 처벌을 받았다.[13] 자살자에게는 정식으로 장례를 치러 주지 않았다. 그리고 자살자의 손은 잘려 몸과 따로 매장되었다.[14] 테베에서도 세부 사항은 다르지만 이와 비슷하였으며 키프로스도 마찬가지였다.[15] 스파르타에서는 규제가 더욱 심하여 아리스토데모스는 자살을 기도했다는 이유로 처벌받았고 플라타이아이의 전장에서 죽음을 택했다.

그러나 이런 처벌은 당국의 사전 허가를 받지 않고 자살했을 때만 적용되었다. 아테네에서는 만일 자살자가 자살하기 전에 원로원의 당국자에게 자신이 살기 싫은 이유를 설명하고 정식으로 허가를 받으면 합법적인 행동으로 간주되었다. 리바니우스(Libanius)[16]는 정확한 시대는 언급하지 않았지만 아테네에서 실제로 적용되었던 자살 관련 법률에 대해 기록하였다. 그는 이 법규들을 크게 찬양하면서 그것이 의도했던 효과를 거두었다고 주장하였다. 법규는 다음과 같았다.

"누구든 더 이상 살고 싶지 않은 사람은 그 이유를 원로원에 진술할 것이며, 허가를 받은 후에 생명을 버려라. 만약 생존이 싫거든 죽어도 좋다. 운명에 압도된 사람은 독초를 마셔라. 슬픔을 이길 수 없다면 생명을 포기하라. 불행한 사람은 그의 불운을 자세히 이야기하게 하라. 그리고 정무관은 그에게 해결 수단을 제공토록 하라. 그리하면 그의 불행은 끝나게 될 것이다."

키오스에도 같은 법이 있었다.[17] 마르세유를 세운 그리스인 식민자들은 마르세유에도 이 법을 전했다. '600인 회의'에서 이유를 설명하고 허가를 받은 사람에게는 정무관이 필요한 양만큼의 독약을 제공하였다.[18]

우리는 초기 로마법의 조항에 대해서는 잘 알지 못한다. 오늘날 전래하는 〈12표법〉의 단편들에는 자살에 대한 언급이 없다. 그러나 이 법은 그리스 법의 영향을 많이 받았으므로 아마 비슷한 법규가 포함되어 있었을 것이다. 적어도 세르비우스(Servius)는 《아이네이스(Aeneid)》에 대한 주석에서, 제사장의 법에 따라 목매어 죽은 자는 장례의 권리를 박탈당했다고 언급하고 있다.[19] 라누비움의 종교 단체 법규도 같은 처벌을 규정하였다.[20]

세르비우스가 인용한[21] 연대기의 기록자 카시우스 헤르미나(Cassius Hermina)에 따르면, 타르퀴니우스 왕(기원전 510년에 로마에서 쫓겨난 에트루리아족의 마지막 왕)은 자살의 전파를 막기 위해 자살자의 시체를 고문한 뒤 십자가에 매달고 야생 동물의 먹이로 만들었다. 자살자의 시신을 매장하지 않는 관습은 적어도 원칙적으로는 지속되었던 것 같다. 왜냐하면 유스티니아누스 법전에는 "생명을 싫어하지 않으면서 고의로 자살하거나 살해한 자는 장례식을 하지 않는 것이 관습이었다."라고 기록되어 있기 때문이다.[22]

그러나 로마 제정 초기의 웅변가 퀸틸리아누스(Quintilian)의 저작을 보면,[23] 로마에는 상당히 후기까지 위와 같은 규정의 잔혹함을 완화하기 위해 앞서 언급한 그리스와 같은 제도가 있었다고 한다. 즉 자살하고자 하는 시민은 원로원에 그 이유를 제출하고, 원로원은 타당성을 검토한 다음에 죽음의 방법까지도 결정해 주었다고 한다.

이런 관행이 로마에 실제로 있었다는 것을 뒷받침하는 것은 그와 비슷한 관습이 제정 시대 로마 군대에 남아 있었다는 사실이다. 복무를 피하고자 자살하려 한 군인은 사형을 당했다. 그러나 만일 그가 자살을 시도할 수밖에 없었던 그럴듯한 이유를 대면 그저 제대 처분만 받았다.[24] 만일 그의 자살 기도가 어떤 군사적 과오에 대한 가책 때문이었다면 그의 유언은 무효가 되고 그의 재산은 공공재산으로 귀속되었다.[25]

그러므로 로마에서도 자살 동기에 대한 고려가 자살에 대한 도덕적 및 법적 평가에 중요한 역할을 했음이 분명하다. 다음과 같은 법규를 보자.

"이유 없이 자신에게 손을 댄 자는 처벌받아야 한다. 자신을 용서하지 않는 자는 남도 용서하지 않는다."[26]

공공 의식은 원칙적으로는 자살을 비난하지만 특별한 경우에는 자살을 인정할 권리를 보유하고 있었다. 그와 같은 원칙은 퀸틸리아누스가 말한 제도의 기초를 형성하는 것이며 자살에 대한 로마법의 근간을 이루었고 제정 시대까지 존속하였다. 그러나 시간이 흐르면서 합법적인 자살의 폭이 넓어졌다. 마지막에는 오직 하나의 부당한 이유, 즉 유죄 선고의 집행을 피하기 위한 자살만이 남게 되었다. 한동안은 이 예외조차 제대로 적용되지 않던 때도 있었다.[27]

도시 국가의 수준에서 더 내려가 이타적 자살이 많이 일어나던 원시 사회를 보면, 그곳에서는 자살을 규제하는 명확한 법제를 발견하기 어렵다. 원시 사회는 자살을 자기만족적 행위로 간주했으므로 자살이 공식적으로 금지되지 않았을 가능성이 크다. 그러나 모든 자살이 다 허용되지는 않았을 것이다. 어쨌든 원시 사회보다 높은 수준에서 개인이 무제한적으로 자살할 권리를 가졌다고 알려진 사회는 분명히 없다.

물론 그리스와 이탈리아에서 자살에 관한 옛 규제가 거의 완전히 사문화된 때도 있었다. 그러나 그때는 도시 국가 자체가 쇠락하던 시기였으며 이 사회 자체가 겪고 있던 심각한 진통과 관련되었으므로 그 같은 뒤늦은 관용은 모방의 표본이 될 수 없다. 그것은 병적 상태의 징후였다. 그러한 쇠퇴기의 예외를 제외하면, 자살에 대한 보편적인 배척은 그 자체가 도덕주의자들이 지나치게 관대해지는 것을 견제하는 교훈적 사실이다. 어떤 저술가든지 체제의 이름으로 인간의 도덕적 양심에 반하는 그런 저항을 시도하려면 자신의 논리에 깊은 확신을 가져야만 한다. 즉 만일 그가 자살의 금지는 낡은 과거의 유물이며 오늘날에는 그러한 금지를 없애야 한다고 주장하려면, 먼저 집단생활의 기본 조건에 근본적인 변화가 있었다는 것을 입증해야 한다.

우리가 관찰한 결론은 더 놀라운 것으로, 실제로 그런 변화를 입증할 증거가 있을 가능성은 없다. 나라마다 자살을 규제하는 조치의 세부 사항은 다르지만 그와 관계없이 자살에 관한 법률은 명확하게 두 주요 시기를 거친다. 첫 번째 시기에는 개인이 자기 재량으로 자살하는 것이 금지된다. 그러나 국가는 개인에게 자살하도록 허가할 수 있다. 자살은 완전히 사적인 경우와 집단생활 기구와의 협력 없이 저지른 경우에만 부도덕한 것으로 간주된다. 특별한 상황인 경우에는 사회의 규제가 가벼워지고, 원칙적으로는 규탄하지만 용서해 준다.

두 번째 시기에는 자살에 대한 규탄이 절대적이고 보편적이다. 범죄에 대한 사형 집행을 제외하고는[28] 인간의 생명을 빼앗을 권한은 개인뿐 아니라 사회도 가질 수 없다. 그러므로 개인뿐 아니라 집단도 사람을 죽일 권리를 가질 수 없다. 자살은 누가 어째서 저지르든 간에 그 자체로 비도덕적인 것으로 여겨진다. 따라서 역사가 흐름에 따라 자살에 대한 금지가 완화되는 대신 오히려 더 엄격해진다. 그러므로 오늘날 자살에 대한 공적 의식이 명확하지 않다면, 그러한 불확실성은 우연하고 일시적인 원인 때문이다. 왜냐하면 수 세기에 걸쳐 한 방향으로 발전해 온 도덕적 진화가 갑자기 방향을 거꾸로 돌리는 일은 없기 때문이다.

사실 도덕적 진화를 이 방향으로 고정하는 관념이 아직도 남아 있다. 자살이란 사회에 대한 의무를 회피하는 것이므로 금지되고, 또 금지되어야 한다는 주장이 있었다. 그러나 만일 자살을 금지하는 이유가 그것밖에 없다면 이는 사회 자체의 편리만을 위해 내린 금지이므로 우리는 그리스인들처럼 사회가 이를 자유롭게 폐지할 수 있게 해야 한다.

우리가 사회에 그런 권위를 부여하지 않는 이유는 자살자가 단순히 사회에 대한 파렴치한 채무자만은 아니라고 생각하기 때문이다. 채권자는 언제나 채무를 탕감하여 이익을 얻을 수 있다. 게다가 자살을 금지하는 이유가 그것뿐이라면 개인이 국가에 엄격하게 종속될수록 금지가 더욱 공식적이어야 한다. 따라서 그런 금지는 미개 사회에서 가장 심해야 한다.

사실은 그와 반대로 국가의 권리에 비해 개인의 권리가 성장할수록 그러한 금지가 더욱 엄격해진다. 그러므로 기독교 사회에서 자살에 대한 금지가 공식화되고 엄격해졌다면 그것은 그들의 국가관 때문이 아니라 인간의 인격에 대한 새로운 관념 때문이다. 인격은 아무도 침해할 수 없는 가장 신성한 것이 되었다. 물론 도시 국가에서도 개인의 존재가 원시 부족처럼 쉽게 자신을 버릴 수 있는 것은 아니었다. 그 시대에는 인격에 사회적 가치가 부여되었으나 전적으로 국가에 귀속되는 가치였다. 따라서 도시 국가는 마음대로 개인의 생명을 빼앗을 수 있었고 개인은 스스로에 대하여 그런 권리가 없었다.

그러나 오늘날 개인의 생명은 자신과 사회를 초월하는 일종의 존엄성을 갖고 있다. 인간은 자신의 행실 때문에 인간으로서의 자격을 상실하지 않는 한 모든 종교가 신에게 부여하는 신성(神性)을 인간도 어느 정도 소유하고 있는 것으로 생각되기 때문에 신이 아닌 유한한 존재들이 범접할 수 없는 존재가 된다. 인간은 종교적 가치를 갖게 되며 인류의 종교가 되었다. 그러므로 인간의 생명을 해치려는 시도는 신성 모독이 되며, 자살은 바로 그와 같은 시도다. 인간의 생명을 해치는 자가 누구이건 그러한 행동은 우리 자신의 생명이든 타인의 생명이든 다 같이 존중해야 할 신성한 특질을 모독하는 것이 된다.

따라서 자살은 우리의 모든 도덕이 근거하는 인격의 존엄성을 손상한다는 이유로 비난받는다. 이러한 설명을 입증해 주는 것은 오늘날 우리와 고대 국가와의 견해차다. 한때 자살은 단순히 국가에 대한 공적 과실이라고만 여겨졌고 종교는 그 문제에 아무런 관심도 보이지 않았다.[29]

그러나 오늘날 자살은 근본적으로 종교와 관련된 문제가 되었다. 자살을 정죄하는 판관은 주로 교회이며, 자살을 처벌하는 세속 권력은 교회의 판단을 따르며 교회의 권위를 모방한다. 우리는 우리 안에 영생하는 영혼, 즉 신성의 일부를 가지고 있으므로 자기 자신을 성스럽게 대하지 않으면 안 된다. 우리는 신을 닮았으므로 유한한 존재에 속하지 않는다.

자살이 부정한 행동으로 간주되는 이유가 이런 것이라면, 앞으로 언젠가는 자살에 대한 규탄을 근거 없는 것으로 간주하게 되지 않을까? 과학적인 비판은 이런 신비주의적 관념에 가치를 부여하지 않으며 인간이 초인간적인 요소를 지니고 있다고 인정하지도 않는다. 그러한 이유로 페리는《살인과 자살(Omicidio-suicidio)》이라는 저서에서 자살의 금지는 과거의 유물이며 언젠가는 사라질 것으로 생각했다. 페리는 개인이 초인간적 목적을 가질 수 있다는 것은 합리주의적 관점에서 볼 때 터무니없다고 생각했으며, 인간은 언제나 자신의 생명을 포기함으로써 공동체 생활의 이점을 포기할 자유가 있다고 논증하였다. 그에게 삶의 권리는 논리적으로 죽음의 권리를 의미하였다.

이러한 논증 방식은 형식으로부터 내용을, 감정을 나타내는 언어적 표현으로부터 감정 자체를 끌어내는 것처럼 너무 성급하게 결론을 끌어내는 것이다. 본질적으로 그리고 추상적으로 우리 안에서 일어나는 인격에 대한 존경심을 설명하는 수단으로 사용하는 종교적 상징이 실재와 거리가 멀다는 것은 사실이며, 이것은 쉽게 증명할 수 있다.

그렇다고 해서 그런 존중이 전혀 비합리적이라고 할 수는 없다. 그와는 반대로 법과 도덕에서 인격에 대한 존중이 차지하는 압도적 역할은 그런 식의 해석에 경고를 보낸다. 우리는 이 관념을 문자 그대로 해석하기보다 관념 자체를 검토하고 그 구조를 찾아내야한다. 그렇게 해 보면 통속적인 형식의 조잡함에도 불구하고 이 관념에 객관적 가치가 있다는 것을 알게 될 것이다.

사실 우리가 인격에 부여하는 일종의 초월성은 인격에만 고유한특성이 아니다. 그러한 특성은 다른 데서도 찾아볼 수 있다. 그것은 강력한 집단 감정이 그에 관련된 사안들에 남긴 각인에 불과하다. 그 감정은 집단에서 유래하기 때문에 집단 감정이 우리의 행동을 지도하는 목표도 집단적일 수밖에 없다. 사회는 개인의 욕구를초월하는 사회적 욕구를 가진다. 그러므로 사회의 욕구로 인해 촉진되는 우리의 행동도 개인적 경향에 의존하는 것이 아니다. 사회적 목표는 개인의 이익이 아니며 오히려 개인의 희생과 박탈을 의미할 때도 있다.

단식할 때, 신을 기쁘게 하려고 고행을 할 때, 전통을 존중해서어떤 불편을 받아들일 때, 우리는 그와 같은 행동의 의미와 중요성을 알지 못하는 때가 많다. 세금을 내고 국가를 위해 노동이나 생명을 바칠 때 개인은 자신의 무언가를 포기하는 것이다. 그리고 우리의 이기주의가 그런 포기에 대해서 때때로 저항을 느끼는 것으로 보아 그러한 포기는 권력에 의해서 우리에게 강요되는 것임을쉽게 알 수 있다. 우리가 사회의 명령을 즐겁게 따르는 경우에도우리는 우리의 행동이 자신보다 더 위대한 것에 대한 일종의 경외감에서 나온 것임을 느낄 수 있다.

자기 부정을 지시하는 소리에 자발적으로 복종할 때 우리는 그것이 우리의 본능보다 더 중요한 명령임을 확실하게 느낀다. 그러므로 그것은 우리 자신의 의식 속에서 말하는 것이면서도 자신의 소리로 간주할 수는 없다. 우리는 그 근원을 외부에서 찾게 되는데, 그것은 감각의 경우도 마찬가지다. 우리는 그것을 외부로 투사하고 자신을 초월하는 외재적인 존재로 받아들인다. 왜냐하면 그 소리는 명령을 내리고 우리는 복종하기 때문이다. 물론 사람은 같은 근원에서 나오는 것들은 모두 같은 특성을 가진다고 생각한다. 따라서 현세를 넘어선 다른 세계를 상상하게 되고, 그 세계를 다른 종류의 실재로 채운다.

　이것이 바로 모든 종교와 도덕의 기초를 형성하는 초월성이라는 관념의 근원이다. 도덕적 의무는 그렇게밖에 설명할 수 없다. 물론 일반적으로 그러한 관념들을 표현하는 구체적 형식에는 과학적 가치가 없다. 우리가 그것을 특별한 특성을 가진 인격체로 간주하건 도덕적 이상이라는 이름 아래 막연하게 실체화된 어떤 추상적인 힘으로 간주하건, 그것은 비유적인 관념이며 사실을 제대로 설명하지 않는다. 그러나 그런 관념이 상징하는 과정 자체는 실재한다. 어떤 경우든 우리가 우리를 능가하는 권위, 즉 사회로부터 행동하도록 요구를 받는다는 것은 사실이며, 사회가 우리에게 부여하는 목표는 실제로 도덕적 우월성을 갖는다.

　만일 그렇다면 그런 우월성을 표현하기 위해 사람들이 활용하는 공통 관념들에 대한 비판도 그 우월성의 실체를 감소시키지는 못한다. 그런 비판은 피상적이며 사물의 근본에 이르지 못한다. 만일 인격의 존엄성이 현대 사회가 추구하고 있고 추구해야 할 목표임을 입증할 수 있다면 그 원리에서 나오는 모든 도덕적 규제는 그 사실만으로도 정당화될 수 있으며 정당화 방식은 문제가 되지 않는다. 군중을 만족시키는 것은 언제나 비판 대상이 될 수 있지만 그 의미를 완전히 부여하기 위해서는 다른 표현으로 바꾸는 것만으로도 충분하다.

그리고 인간의 존엄성은 현대 사회의 목적일 뿐 아니라 개인이 자신을 모든 대상으로부터 분리시키는 것이 역사의 법칙이다. 처음에는 사회가 전부였고 개인은 무(無)였다. 따라서 가장 강력한 사회적 감정은 개인을 사회와 연결하는 사회적 감정이었다. 즉 사회가 사회의 목표였다. 인간은 사회의 도구에 불과하였으며 사회보다 더 중요한 것은 없기에 개인의 모든 권리는 사회로부터 나오며 사회에 대항할 만한 특권은 존재하지 않았다. 그러나 사회의 크기가 커지고 밀도가 높아지면서 사회의 복잡성도 증가했다. 노동은 분화되고 개인의 차이는 증대되며,[30] 결국 한 인간 집단의 성원들을 연결하는 유일한 유대는 그들이 모두 인간이라는 점뿐인 시대에 가까워지고 있는 것이다.

그와 같은 조건에서 집단 감정은 어쩔 수 없이 모든 힘을 다해 유일하게 남은 목표에 밀착하려고 하며, 그렇게 함으로써 그 목표에 최고의 가치를 부여한다. 인간의 존엄성이 모든 사람에게 호소력을 갖는 유일한 대상이 되었고, 인격 증진이 집단적으로 추구할 목표가 되었기 때문에 인간의 인격은 모든 사람에게 가장 높은 가치가 되었다. 그리하여 그 목표는 다른 모든 인간의 목적을 초월하여 종교적인 성격을 갖게 된다.

따라서 이 같은 인간 숭배는 앞에서 언급한 것과 같은 자살을 유발하는 이기적 개인주의와 다르다. 인간 숭배는 인간을 사회로부터 또는 개인을 초월한 모든 목적으로부터 유리시키는 것이 아니라 오히려 개인들을 하나의 목표 아래 결합시키고 같은 일을 위해 노력하게 한다. 여기서 집단적 애정과 존경의 대상이 되는 인간은 하나하나의 개인이 대표하는 감각적이고 경험적인 인간이 아니라 인간 일반이며, 여러 시대마다 여러 나라 사람들이 관념화한 이상적인 인간이다.

모두가 그런 이상을 알고 있지만, 아무도 그런 이상을 인격화하지는 않는다. 그러므로 우리는 자신의 이익에 집중하기보다는 인류의 일반적인 이익을 위해 자신을 종속시킨다. 그와 같은 목적은 개인을 초월하며 모든 개별적 인간 위에 있는 비인격적이며 이해관계를 초월한 목표이다. 그것은 모든 이상과 마찬가지로 현실보다 우월하고 현실을 지배하는 것으로 여겨진다.

그와 같은 이상은 모든 사회적 활동을 좌우하는 목표이기 때문에 사회조차도 지배한다. 그러므로 사회는 이제 이 이상을 마음대로 버릴 권리조차 없게 되었다. 우리는 사회가 사회 자체의 존재 이유를 가지고 있음을 인정하지만, 사회는 이제 이상의 지배를 받으며 이상을 외면할 수 없게 되었다. 개인들은 더더욱 이상을 무시할 수 없다. 그러므로 도덕적 존재로서 인간의 존엄성은 더 이상 도시국가의 소유물이 아니며, 그렇다고 해서 우리들 자신의 소유가 된 것도 아니다. 인간은 인간 존엄의 이상을 마음대로 할 수 있는 권리를 얻은 것이 아니다. 우리들 개개인을 초월하는 사회가 그런 권리를 가지고 있지 않은데 어떻게 개인이 그런 권리를 가질 수 있겠는가?

이러한 조건 아래서 자살은 근본적으로 인간 숭배를 부인하는 것이므로 비도덕적인 행동일 수밖에 없다. 자살하는 사람은 오직 자기 자신에게만 해를 끼칠 뿐이므로 사회가 간섭할 이유가 없다고 이야기할 수도 있다. "승낙이 있으면 침해는 없다(피해자가 동의하였을 경우 불법 행위를 처벌할 수 없다는 로마법의 원칙)."라는 고대 격언도 이와 마찬가지다. 그러나 이러한 주장은 틀린 것이다. 오늘날 가장 존중되는 도덕적 원칙의 기초가 되는 감정이 그리고 사회 성원들 간의 유일한 연결 고리인 감정이 자살로 인해 침해받는 것이며, 만일 그런 침해가 벌을 받지 않는다면 집단 감정이 약화될 것이다.

만일 사회의 도덕의식이 그 침해에 저항할 수 없다면 어떻게 집단 감정의 권위가 유지될 수 있겠는가? 인간의 인격이 성스러운 것으로 간주되고, 개인도 집단도 그것을 마음대로 할 수 없게 된 순간부터 그에 대한 어떠한 공격도 금지될 수밖에 없다. 피해자와 가해자가 같은 사람이라고 하더라도 그런 행동으로 일어나는 사회적 죄악에는 아무런 차이가 없다. 인간의 생명을 파괴하는 것을 신성 모독으로 간주한다면 어떠한 상황에서도 그런 행동을 용납할 수 없다. 그것을 양보하는 집단은 곧 모든 힘을 상실하고 만다.

물론 지난 수 세기 동안 자살에 내려진 가혹한 처벌을 복원해야 한다고 주장하는 것은 아니다. 그런 가혹한 처벌은 일시적인 상황의 영향으로 공적 억제 체계 전체가 지나치게 엄격하게 적용되었던 시대에 만들어진 것이다. 그러나 자신에 대한 살인을 배척해야 한다는 원칙은 유지해야만 한다. 그러한 배척을 어떠한 외형적 형식으로 실현하느냐를 결정하는 문제가 있을 뿐이다. 도덕적 강제력만으로 충분한가 아니면 법적 강제력이 있어야 하는가? 법적 강제가 있어야 한다면 어떠한 법적 강제라야 하는가? 다음에 우리가 논의할 문제는 이러한 적용의 문제다.

자살이 어느 정도로 비도덕성을 띠는지를 판정하기 위해 먼저 자살과 다른 비도덕적 행동들과의 관계, 특히 범죄 및 비행과의 관계를 알아보도록 하자.

라카사뉴(Lacassagne)에 따르면, 자살률과 절도, 방화, 사기성 파산 등의 재산 범죄는 반비례 관계가 있다고 한다. 이러한 논제는 그의 제자 소시낭(Chaussinand) 박사가《범죄 통계 연구(Contribution a l'étude de la statistique criminelle)》에서 옹호하였다.[31] 그러나 이 주장을 뒷받침하는 증거는 없다. 저자에 따르면, 두 현상이 서로 반비례한다는 것을 입증하려면 도표의 증감 곡선만 비교해 보아도 충분하다고 하지만, 실제로는 정비례이건 반비례이건 아무런 상관관계도 보이지 않는다.

물론 1854년 이후 재산 범죄는 감소하고 자살이 증가한 것은 사실이다. 그러나 그 감소는 어느 정도 허구적이다. 그 감소는 이 시점부터 판사들이 그 이전까지만 해도 순회재판에 회부되었던 일부 범죄를 약식재판에서 취급하기 시작했기 때문에 일어난 것이다. 따라서 일정 정도의 범법 행위는 범죄 통계에서 빠지는 대신 경범죄 통계에 들어가게 된 것이다. 재산 범죄는 그 혜택을 가장 많이 받은 범죄였다. 그러므로 통계 수치가 감소한 것은 단순히 기록의 변화에 불과하다.

그러나 그 감소가 실제의 감소인지 아닌지 아무도 단정할 수 없다. 두 개의 곡선은 1854년을 기점으로 반비례하지만 1826년에서 1854년까지는 재산 범죄의 곡선이 자살 곡선보다는 완만하지만 대체로 병행하여 상승하거나 정체하기 때문이다. 1831~1835년까지는 재산 범죄로 기소된 수가 연평균 5,095명이었고 다음 기간에는 5,732명으로 올랐다가 1841~1845년에는 4,918명, 1846~1850년에는 4,992명으로 감소하였으나 1830년 이후부터는 2% 감소하는 데 그쳤다.

그뿐만 아니라 두 곡선의 전체적인 모양은 어떤 비교도 불가능하다. 재산 범죄의 곡선은 매우 불규칙하고 매년 급격하게 변한다. 그처럼 급변하는 변화는 분명히 우연한 상황에 따른 것이다. 그와 반대로 자살 곡선은 규칙적이고 일률적으로 상승한다. 예외는 극히 드물고 급격한 상승이나 갑작스러운 하락은 일어나지 않는다. 그러나 상승은 꾸준하고 지속적이다. 그러므로 두 현상의 전개는 크게 달라서 어떠한 종류의 연관도 있을 수 없다. 라카사뉴는 그와 같은 견해를 주장한 유일한 인물이다. 그러나 다른 사람들은 자살을 개인에 대한 범죄, 특히 살인과 관련시키려 하였다. 이런 주장은 많은 학자들이 내세웠기 때문에 신중하게 검토해야 한다.[32]

일찍이 1833년에 게리는 대인(對人) 범죄는 북부에서보다 남부에서 2배나 더 많이 일어나며, 자살은 그와 반대라는 사실을 지적하였다. 얼마 후 데스핀(Despine)은 폭행 범죄가 가장 많이 일어나는 14개 도에서의 자살률은 주민 1백만 명당 30명에 불과한 반면, 범죄 발생률이 낮은 다른 14개 도에서는 자살률이 82명이었다고 산정하였다. 그에 따르면 센에서는 100건의 소송 중 17건이 대인 범죄이며 자살자는 1백만 명당 427명인 데 비하여, 코르시카에서는 83%가 폭력범이고 자살자는 1백만 명당 18명에 불과하였다.

하지만 그러한 언급은 이탈리아 범죄학파에서 다시 거론할 때까지 주목받지 못하고 있었다. 특히 페리와 모르셀리는 위와 같은 사실을 그들이 주장하는 이론의 근거로 삼았다. 그들에 따르면 자살과 타살의 양극성은 절대적인 일반 규칙이다. 지리적 분포에 있어서나 시간적인 진화에 있어서나 자살과 타살은 언제나 서로 반비례로 변화한다.

그와 같은 양극성은 다음 두 가지 중 하나로 설명할 수 있다. 첫째는 자살과 살인이 서로 정반대되는 경향이어서 하나를 감소시키지 않고서는 다른 하나가 증가할 수 없는 성질의 것이라는 설명이다. 둘째는 이들이 하나의 근원에서 나온 두 개의 상이한 흐름이라는 설명이다. 따라서 한 방향으로의 흐름은 그만큼 다른 방향의 흐름을 감소시킬 수밖에 없다는 것이다. 이탈리아 범죄학자들은 두 번째 설명을 택했다. 그들에 따르면 자살과 살인은 동일한 상태의 서로 다른 두 가지 표현이자 동일한 원인의 서로 다른 두 가지 결과로, 어떤 때는 이런 형태로 다른 때는 저런 형태로 나타나지만, 두 가지가 동시에 나타날 수는 없다.

그들이 이러한 설명을 선택한 이유는 두 현상이 어떤 측면에서 반비례한다고 해서 다른 병행 관계가 없다는 것은 아니기 때문이다. 즉 어떤 조건에서는 반비례하지만 다른 조건에서는 반비례하지 않는다는 것이다. 예를 들면 모르셀리는 기온이 자살과 살인에 동일한 영향을 미친다고 주장한다. 자살과 살인은 모두 1년 중 더운 계절이 시작되는 시기에 발생률이 최고에 이르며 여자보다는 남자들 사이에서 빈번하고, 페리가 말한 것처럼 연령에 따라 증가한다. 그러므로 어떤 측면에서는 반대지만 부분적으로는 동일한 성격을 갖는다는 것이다.

그런데 자살과 살인이 동일하게 반응하는 요인들은 모두 개인적인 것들이다. 그 요인들은 성, 연령 등 생체적 조건이거나 자연환경에 속하는 요인들 또는 육체적 개인을 통해서만 정신적 개인에게 영향을 미칠 수 있는 것들이다. 그러므로 개인적 조건이 자살과 살인을 결합하는 셈이 된다. 자살이나 살인을 일으키는 심리적 특질은 동일한 것이며, 두 경향은 하나의 경향인 셈이다.

페리와 모르셀리는 롬브로소의 뒤를 따라 그런 기질을 규정하려고까지 하였다. 그런 기질은 일종의 생체적 퇴화로 특징지을 수 있다고 추정하였으며 그 때문에 개인은 생존 경쟁에서 불리한 입장에 처하게 된다. 따라서 살인자와 자살자는 둘 다 타락한 자이고 무능력한 자다. 그들은 사회에서 유용한 역할을 수행할 수 없기 때문에 패배할 수밖에 없는 운명을 가진 사람들이다.

이런 단일한 경향은 사회 환경의 성격에 따라 살인 또는 자살의 형태 중 하나가 된다고 여겨졌다. 따라서 서로 대조적인 두 가지 현상이 그 근원을 숨긴 채 일어난다는 것이다. 일반적으로 풍속이 신사적이고 평화적인 피 흘리기를 혐오하는 사회에서는 패배한 개인이 자살로써 자신의 무력함을 고백하며, 자연적 선택의 결과를 예상하고 자살로 그 싸움을 미리 피한다는 것이다.

그리고 일반적인 성향이 거칠고 인간 생명이 별로 존중되지 않는 사회에서는 그와 같은 패배자가 반란을 일으켜 사회에 전쟁을 선포하고 자신을 죽이는 대신 다른 사람을 죽인다는 것이다. 간단히 말해서 자기 살해와 타인 살해는 모두 폭력적인 행동이다. 사회적 환경에서 저항이 없을 때 폭력은 살인을 일으킨다. 그러나 공공의식의 압력으로 폭력을 외적으로 표출할 수 없을 때는 방향을 바꾸어 자기 자신을 희생자로 삼게 된다는 것이다.

따라서 자살은 전이된 살인이며 약화된 살인이다. 이런 견해에서는 자살이 오히려 유익한 것처럼 보인다. 자살이 좋은 것은 아니라고 하더라도 적어도 덜 사악하며 더 많은 것을 구하기 때문이다. 만일 자살을 금지한다면 그것은 살인을 장려하는 것과 마찬가지이므로 자살을 금지 조치로 억제하지 않는 편이 오히려 현명한 것처럼 보이기도 한다. 자살은 항상 열어 놓아야 할 안전판과 같기 때문이다. 다시 말해 자살은 사회가 간여하지 않고도 유해한 사람들을 간단하고 경제적인 방법으로 제거해 주므로 큰 이점이 있는 셈이다. 그런 사람들을 사회가 강제로 제거하기보다는 자발적으로 또 조용하게 스스로를 제거하도록 두는 편이 오히려 낫지 않겠는가?

이상과 같은 교묘한 주장은 충분한 근거가 있을까? 이 질문은 양면적이며, 두 측면을 각각 별도로 고찰해야 한다. 첫째, 범죄와 자살의 심리적 상태가 동일한 것인가? 둘째, 자살과 범죄를 일으키는 사회적 조건들 사이에는 양극성이 존재하는가?

〰

두 현상이 단일한 심리적 근거에서 일어난다는 증거로 세 가지 사실이 거론되었다.

첫 번째로, 성별이 자살과 살인에 미치는 영향이 유사하다. 그런데 정확히 말해서 성의 영향은 사회적 원인의 결과라기보다는 생체적 원인의 결과다. 대체로 여성은 남성보다 자살을 덜 하며 살인도 덜 한다. 그러나 이것은 남녀의 생리적인 차이 때문이 아니라 여자가 남자와 같은 방식으로 집단생활에 참여하지 않기 때문이다. 여성이 남성보다 이 두 형태의 비도덕성을 혐오해서 그런 것은 더더욱 아니다. 사실 우리는 여성들이 독점하는 영아 살해, 낙태, 독살 등의 살인이 있다는 것을 잊는 경향이 있다. 여성도 살인을 저지를 수 있는 여건이 되면 남성만큼, 어쩌면 남성보다 더 많이 살인한다.

외팅겐에 따르면[33] 가정 내 살인의 절반은 여성이 저지른다고 한다. 그러므로 여성이 선천적 기질 때문에 남성보다 더 생명을 존중한다고 생각할 이유가 없다. 여성은 생존 경쟁에 남성만큼 깊이 참여하지 않기 때문에 남성보다 기회가 적을 뿐이다. 여성이 남성보다 폭력적인 범죄의 영향을 덜 받는 것은 그들이 남성만큼 그 영향권 안에 있지 않기 때문이다. 마찬가지 이유로 여성은 사고로 죽는 경우도 적다. 100건의 사고사 가운데 여성의 사고는 20건에 불과하다.

더욱이 모든 종류의 계획적 및 비계획적인 살인,[34] 의도적인 살인, 영아 살해, 독살 등을 한 범주로 모으면 여성의 살인 비율은 낮지 않다. 프랑스에서는 100건의 살인 범죄 중 38~39건을 여성이 저지르며, 만일 낙태도 포함한다면 여성의 비율은 42%가 된다. 독일에서는 51%, 오스트리아에서는 52%다. 물론 비자발적인 살인은 위의 계산에서 제외되었는데, 살인은 의도적일 때에만 정말 살인인 것이다.

한편 영아 살해, 낙태, 가족 살인 등과 같이 여성적 형태의 살인은 그 성격상 발각되기가 어렵다. 따라서 그러한 범죄의 상당수가 법망을 피해 빠졌을 것이며 통계에서도 제외되었을 것이다. 또한 여성은 남성보다 훨씬 자주 무죄로 방면되므로 판결뿐만 아니라 예심 과정에서도 관대한 혜택을 받는 것이 분명하다. 이 점을 고려한다면 남녀 간의 살인 경향은 별 차이가 없다. 그러나 그와 반대로 우리는 여성의 자살 면역성이 남성에 비해 매우 강하다는 것을 알고 있다.

두 번째로, 두 현상에 대한 연령의 영향도 같은 차이를 보인다. 페리에 의하면 살인과 자살 모두 나이가 많을수록 더욱 빈번해진다. 물론 모르셀리는 반대 견해를 주장했다.[35] 그런데 실제로는 자살과 살인은 역비례이건 정비례이건 아무런 상관관계도 없다. 자살은 노년에 이르도록 연령의 상승에 따라 규칙적으로 증가하지만, 살인은 계획적인 살인이든 비계획적인 살인이든 30~35세의 성숙기에 최고조에 달하고 그 이후에는 감소한다. 이런 관계는 [표 31]에 나타나 있다. 이 표를 보면 자살과 폭력 범죄가 같은 성격의 것인지 반대 성격인지 보여 주는 증거는 전혀 없다.

[표 31] 프랑스에서의 살인 및 자살의 연령별 비교(1887)

연령	연령별 인구 10만 명당 살인자 수		연령별, 성별 인구 10만 명당 자살자 수	
	비계획적 살인	계획적 살인	남성	여성
16~21*	6.2	8	14	9
21~25	9.7	14.9	23	9
25~30	**15.4**	15.4	30	9
30~40	11	**15.9**	33	9
40~50	6.9	11	50	12
50~60	2	6.5	69	17
60 이상	2.3	2.5	**91**	**20**

* 처음 두 연령층에 있어서의 살인자 수는 완전히 정확한 것은 아니다. 그 이유는 범죄 통계는 16세에서 21세까지 나와 있는데, 국세조사의 총인구는 15세에서 20세까지로 나와 있기 때문이다. 그러나 일반적인 결과를 보여 주는 데는 큰 영향을 미치지 않는다. 영아 살해는 가장 높은 빈도가 25세경이고, 연령이 올라감에 따라 급격히 감소한다. 그 이유는 쉽게 알 수 있을 것이다.

세 번째로, 기온의 영향을 살펴보자. 모든 대인 범죄를 종합해 보면 그 곡선은 이탈리아학파의 이론을 확인해 주는 듯하다. 대인 범죄는 자살과 마찬가지로 6월까지 증가했다가 12월까지 규칙적으로 감소한다. 그러나 이것은 대인 범죄 속에 살인뿐만 아니라 성추행과 강간 등이 포함되었기 때문이다. 그 같은 범죄들은 6월에 가장 높은 빈도를 보이며 살인보다 훨씬 많이 일어나기 때문에 그런 곡선으로 나타난다. 그러나 그런 범죄들은 살인과 관계없는 범죄다. 따라서 살인의 연중 변화를 알아보려면 살인을 다른 범죄와 구별해야 한다. 살인을 다른 범죄와 구별하고, 특히 여러 형태의 살인을 잘 분류해 보면, 살인과 기온 사이의 상관관계는 보이지 않는다 ([표 32] 참고).

[표 32] 유형별 살인 범죄의 월별 분포*(1827~1870)

	비계획적 살인	계획적 살인	영아 살해	과실 치사
1월	560	829	647	830
2월	**664**	**926**	750	937
3월	600	766	**783**	840
4월	574	712	662	867
5월	587	809	666	983
6월	644	853	552	938
7월	614	776	491	919
8월	**716**	849	501	**997**
9월	665	839	495	**993**
10월	653	815	478	892
11월	650	**942**	497	960
12월	591	866	542	866

* 소시낭의 자료에서 인용.

사실상 자살은 1월에서 6월까지 규칙적으로 증가하며 그 이후의 감소도 규칙적인 데 비하여 계획적인 살인, 비계획적인 살인, 영아 살해 등은 월별로 매우 불규칙하게 변화한다. 전체적인 변화만 불규칙한 것이 아니라 가장 많이 발생하는 달과 가장 적게 발생하는 달도 다르다. 비계획적 살인은 2월과 8월에 가장 많이 발생하며, 계획적 살인은 2월과 11월에 가장 많이 발생한다. 영아 살해는 3월에 가장 많이 일어나며, 과실 치사는[36] 8월과 9월에 가장 많다.

월별 변동이 아닌 계절별 변동을 보아도 불규칙적인 것은 마찬가지다. 가을에는 여름과 거의 비슷하게 많은 비계획적 살인이 일어나며(여름 1,974건, 가을 1,968건) 겨울에는 봄보다 더 많이 일어난다. 계획적인 살인은 겨울에 가장 많고(2,621건) 다음은 가을(2,596건), 여름(2,478건), 봄(2,287건)의 순서이다. 영아 살해는 다른 계절보다 봄에 가장 높은 빈도를 보이며(2,111건) 그다음은 겨울이다(1,939건). 그리고 과실 치사는 여름과 가을이 비슷한 수준이며(여름 2,854건, 가을 2,845건) 그다음에 봄(2,690건) 그리고 별 차이가 없는 겨울(2,653건)의 순서이다. 그러나 자살 분포는 이미 살펴본 것처럼 전혀 다른 양상을 보인다.

만일 자살 경향이 단순히 억눌린 살인 경향에 불과하다면 살인자나 암살자가 체포되어 폭력적 충동을 외부로 표출할 수 없게 되면 당연히 자신을 희생자로 삼아 자살해야 할 것이다. 즉 살인 경향은 감금을 당하면 자살 경향으로 전환되어야 한다. 그러나 그와는 반대로 몇몇 연구자들에 따르면 거물급 범죄자들은 자살하는 일이 드물다고 한다.

카조비에는 여러 교도소의 의사들로부터 죄수들의 자살 빈도에 관한 정보를 수집하였다.[37] 로슈포르 교도소에서는 30년 동안 단 한 건의 자살밖에 일어나지 않았으며, 툴롱 교도소에는 3천 내지 4천 명의 죄수들이 수용되어 있는데도(1814~1834년) 단 한 사람의 자살자도 없었다고 한다. 브레스트 교도소에서는 평균 3천 명을 수용하고 있었는데 13년 동안 13건의 자살이 발생하였으며 이것은 10만 명당 21건의 자살률이다. 이 수치는 위의 다른 교도소들에 비하면 약간 높지만 죄수들 대부분이 남성이고 성인이라는 점을 감안하면 별로 높은 수치는 아니다. 리슬(Lisle) 박사에 따르면 1816년에서 1837년 사이에 교도소에서 일어난 총 9,320건의 사망 가운데 자살은 불과 6건이었다고 한다.[38] 또한 페뤼스(Ferrus) 박사의 연구에 따르면 평균 15,111명의 죄수를 수용하는 지방 구치소에서는 7년 동안 겨우 30건의 자살이 발생하였다.

그런데 형이 확정된 죄수를 수용하는 교도소에서의 비율은 더욱 낮아서 1838년에서 1845년 사이에 평균 7,041명의 죄수들 가운데 5건의 자살만 발생하였다.[39] 브리에르 드 부아몽은 이러한 사실을 인정하면서 다음과 같이 부언하였다.

"직업적인 살인자들과 거물급 범법자들은 잡범들에 비해 형벌을 피하려고 자살하는 경우가 드물다."[40]

르로이 박사도 직업적 깡패나 상습범들은 자살을 기도하는 일이 드물다고 말한다.[41]

모르셀리[42]와 롬브로소[43]가 인용한 두 통계 기록은 죄수들이 일반적으로 더 많이 자살을 범하는 경향이 있다는 것을 증명하는 듯하다. 그러나 이 통계들은 살인과 다른 범죄를 구별하지 않았으므로 당면 문제에 관해 아무런 결론도 얻을 수 없다. 이 통계들은 오히려 위의 관찰을 긍정해 주는 것처럼 보인다.

사실상 이 통계들은 교도소 수감이 강력한 자살 경향을 발생시킨다는 것을 증명해 준다. 체포 직후의 자살과 선고 이전의 자살을 빼더라도 교도소 생활의 영향 때문이라고밖에 추정할 수 없는 자살이 많다.[44] 그러나 만약 수감자의 타고난 기질과 교도소 생활의 영향이 합쳐져서 자살 경향이 악화된 것이라면 교도소에 수감된 살인자들은 매우 높은 자살 경향을 보여야 한다.

이런 관점에서 볼 때 교도소에 수감된 살인자들이 평균 이하의 자살률을 보인다는 사실은 그들이 기질적으로 쉽게 자살하는 경향을 띠며 상황이 그런 경향을 부추기는 쪽으로 변하면 쉽게 자살을 저지를 것이라는 가설을 뒷받침해 주지 않는다. 그러나 우리는 그들이 자살에 면역성이 있다고 주장하는 것도 아니다.

우리에게는 이 문제를 해결할 만큼 충분한 정보가 없다. 아마 어떤 특정한 상황에서는 거물급 범법자들도 별 주저 없이 자신의 생명을 버릴지도 모른다. 하지만 적어도 이탈리아 학자들의 주장을 뒷받침해 줄 보편성이나 필연성을 보여 주는 사실은 없다. 그러므로 이 문제는 우리가 직접 입증해야 할 문제다.[45]

우선 이탈리아학파의 두 번째 명제를 살펴보자. 살인과 자살이 동일한 심리적 상태에서 발생하는 것이 아니라면, 살인과 자살을 일으키는 사회적 조건들이 실제로 상극 관계인지 알아보아야 한다.

이 문제는 이탈리아학파나 그들의 반대파들이 생각하는 것보다 훨씬 복잡하다. 여러 경우에 역비례 관계가 증명되지 않았다. 두 현상은 흔히 서로 반대되고 배척되기보다는 병행한다. 프랑스에서 비계획적 살인은 1870년의 전쟁 이후 증가 경향을 보였다. 비계획적 살인은 1861~1865년에는 연평균 105건에 불과했는데 1871~1876년에는 163건으로 증가하였으며, 같은 기간에 계획적 살인은 175건에서 201건으로 증가하였다. 그리고 자살 역시 같은 기간에 상당한 비율로 증가하였다. 이 같은 현상이 1840~1850년에도 일어났다.

프로이센에서는 1865~1870년에 3,658건을 넘지 않았던 자살이 1876년에는 4,459건, 1878년에는 5,042건으로 약 36% 증가하였다. 계획적 살인과 비계획적 살인도 비슷한 증가 추세를 보였다. 1869년에는 151건이었는데 1874년에는 166건, 1875년에는 221건, 1878년에는 253건으로 약 67% 증가하였다.[46]

작센에서도 같은 현상이 발견된다. 자살은 1870년 이전에는 600~700건 사이에서 증감을 보였고, 1868년에만 예외적으로 800건이었다. 그러나 1876년부터는 981건, 이어서 1,114건, 1,126건이었고 1880년에는 1,171건에 달하였다.[47] 그와 병행하여 살인 시도는 1873년의 637건에서 1878년 2,232건으로 증가하였다.[48]

아일랜드에서는 1865~1880년에 자살이 29% 증가하였으며, 살인도 비슷한 비율(23%)로 증가하였다.[49]

벨기에에서는 1841~1885년 사이에 살인은 47건에서 139건, 자살은 240건에서 670건으로 증가하였다. 살인은 195%, 자살은 178% 증가한 것이다. 이 수치는 페리가 주장한 법칙과 일치하지 않았기 때문에 페리는 벨기에 통계의 정확성을 의심했다. 그러나 자료의 정확성을 가장 신뢰할 수 있는 최근 통계를 봐도 같은 결과가 나온다. 1874~1885년에 살인은 92건에서 139건으로 51% 증가하였고, 자살은 374건에서 670건으로 79% 증가했다.

두 현상의 지리적 분포는 같은 결과를 보인다. 프랑스에서 자살률이 높은 도는 센, 센에마른, 센에와즈, 마른 등이다. 그런데 이들 도에서는 살인 발생 건수도 상당히 높았다. 센은 비계획적 살인에서 26위, 계획적 살인에서 17위를 차지하고 있으며, 센에마른은 각각 33위와 14위, 센에와즈는 15위와 24위, 마른은 27위와 21위를 차지하고 있다. 자살 발생 순위 10위인 바르 도는 계획적 살인에서 5위, 비계획적 살인에서는 6위를 차지했다. 자살이 빈번히 일어나는 부슈뒤론에서는 살인도 빈번히 일어나 비계획적 살인에서 5위, 계획적 살인에서는 6위를 차지했다.[50]

일드프랑스 지역은 자살의 분포도에서와 마찬가지로 살인의 분포도에서도 검은 빛깔로 나타나며, 지중해 연안의 도들로 이루어진 긴 띠 모양 지역에서도 역시 검은 빛깔이 나타난다. 다만 일드 프랑스는 자살 분포가 살인보다 더 짙게 나타나고, 지중해 연안 지역은 그 반대다. 이탈리아에서 로마는 자살 발생이 3위인 사법 구역이며 살인은 4위다. 끝으로 우리는 앞서 생명에 대한 존엄성이 낮은 미개 사회에서도 자살이 많다는 것을 살펴보았다.

그러나 이상의 사실들이 의심의 여지 없이 분명하고 중요하긴 하지만, 이 사실들과 마찬가지로 지속적이고 자주 일어나지만 모순되는 사실들이 있다. 두 현상이 특정한 경우에는 적어도 부분적으로라도 일치하는가 하면, 또 다른 경우에는 명백히 반대되는 경향을 보이기도 한다.

첫째로, 한 세기 동안 특정 시점에서는 자살과 살인이 같은 방향으로 변화하지만 전체적으로 볼 때 두 현상은 분명히 대조적인 곡선을 그린다. 적어도 오랜 기간에 걸쳐 두 곡선의 변화를 추적해 보면 그러하다.

프랑스에서는 1826년에서 1880년까지 자살은 앞에서 본 것처럼 규칙적으로 증가하였다. 그러나 살인은 급격하지는 않지만 감소 경향을 보였다. 1826~1830년에 비계획적 살인의 기소 건수는 연평균 279건이었는데 1876~1880년에는 160건에 불과하였으며 1861~1865년에는 121건, 1856~1860년에는 119건으로 감소했다. 그리고 1845년과 전쟁 직후의 두 시기에는 증가 경향이 있었다. 그러나 이런 부차적인 편차를 무시하고 보면 전체적으로 감소하는 경향이라는 것은 분명하다. 전반적인 감소는 43%인데, 그 기간 동안의 인구 증가가 16%임을 감안하면 이는 주목할 만한 감소다.

계획적 살인의 감소 경향은 덜 명백하다. 1826~1830년에는 258건, 1876~1880년에는 239건의 계획적 살인이 있었다. 이 감소는 인구 증가를 고려할 때만 주목할 만하다. 그러나 비계획적 살인과 계획적 살인의 발생률 변화가 이렇게 차이 나는 것은 놀랄 일이 아니다. 사실상 계획적 살인은 비계획적 살인과 공통된 요소를 가지면서도 동시에 상이한 요소도 가지고 있는 혼합적 성격의 범죄다. 계획적 살인은 비계획적 살인과는 어느 정도 다른 원인에서 발생하기 때문이다. 계획적 살인은 어떤 경우에는 더 인위적이고 의도적인 범죄지만 때로는 재산 범죄에 불과한 것이기도 하다.

그러나 궁극적으로 계획적 살인은 살인을 결정하는 요인보다는 다른 요인의 영향을 받는다. 그 요인들은 유혈을 일으키는 여러 가지 경향의 총합을 의미하는 것이 아니라 강도 행위에 기반을 둔 매우 다른 동기다. 두 범죄의 이중성은 월별 및 계절별 변동을 보여주는 표에도 분명하게 나타난다. 계획적 살인은 겨울, 특히 11월에 가장 많이 일어나는데 이것은 강도 범죄도 마찬가지다. 그러므로 살인 경향의 변동은 계획적 살인의 변화에서 가장 잘 나타나는 것이 아니다. 살인 경향의 전반적인 변화는 비계획적 살인의 변동 곡선에서 보다 잘 대표된다.

프로이센에서도 같은 현상을 발견할 수 있다. 1834년에는 살인과 과실 치사에 대한 예심이 368건 있었으며, 이는 주민 2만 9천 명당 1명의 비율이다. 그런데 1851년에는 257명으로 주민 5만 3천 명당 1명에 불과했다. 이후 감소가 좀 더뎌졌으나 1852년에는 7만 6천 명당 1명, 1873년에는 10만 9천 명당 1명으로 감소하였다.[51] 이탈리아의 경우 1875~1890년 사이에 확정된 단순 살인이 3,280건에서 2,660건으로 18% 감소한 데 비해 자살은 80%나 증가하였다.[52]

살인이 감소하지 않는 나라에서는 살인이 증가하지도 않는다. 영국에서는 1860~1865년에 연평균 359건의 살인이 일어났으나 1881~1885년에는 329건에 지나지 않았다. 또한 오스트리아에서는 1866~1870년에 살인이 528건이었는데 1881~1885년에는 510건이었다.[53] 이 나라들에서도 계획적 살인을 제외하면 살인율의 감소가 더 현저할 것이다. 그러나 자살은 같은 기간에 이 모든 나라에서 증가 경향을 보였다.

그렇지만 타르드(Tarde)는 프랑스의 살인 감소는 외견상 그렇게 보일 뿐이라고 주장하였다.[54] 그러한 감소가 순회재판에서 심리된 사건들과 법관들이 증거 불충분으로 기소 유예 처리한 사건들을 포함하지 않았기 때문이라는 것이다. 타르드에 따르면 그렇게 해서 기소가 중지되어 전체 통계에서 제외된 살인의 수는 계속 증가했다고 한다. 그러므로 이 수치를 선고가 내려진 유사 범죄에 더하면 살인율은 감소가 아니라 계속적인 증가를 나타낼 것이라고 주장하고 있다. 그러나 타르드의 주장은 지나치게 인위적인 통계의 조정에 근거한 것이다.

타르드는 단순히 순회재판에서 기소 유예된 계획적 및 비계획적 살인의 수를 1861~1865년, 1876~1880년, 1880~1885년의 세 시기별로 비교하고, 그 수가 첫 번째 시기보다 두 번째 시기에 많아졌고 세 번째 시기에는 더욱 많아졌다는 것을 보여 주었을 뿐이다. 그러나 우연히도 1861~1865년은 19세기 동안 기소 유예된 수가 가장 적었던 시기이며 그 숫자는 예외적으로 적은데, 그 이유는 확실히 알려지지 않았다.

그러므로 이 시기는 비교하기에 적당치 않은 시기다. 그뿐만 아니라 단지 두세 시기만 비교해서 법칙을 정립할 수는 없다. 만약 타르드가 그와 같은 시기를 출발점으로 하여 비교하지 않고 보다 긴 시기에 걸쳐 기소 유예된 사건의 수를 관찰하였다면 다음과 같은 결과를 얻었을 것이다.

기소 유예된 사건의 수[55]						
연도	1835~1838	1839~1840	1846~1850	1861~1865	1876~1880	1880~1885
비계획적 살인	442	503	408	223	322	322
계획적 살인	313	320	333	217	231	252

이 수치들의 변동은 아주 규칙적이지는 않다. 하지만 1835년에서 1885년 사이의 이 수치들은 1876년에 상승이 있긴 하지만, 전

반적으로 분명히 감소했다. 비계획적 살인은 37%, 계획적 살인은 24% 감소했다. 그러므로 기소 유예된 범죄가 증가했다는 결론을 내릴 근거는 전혀 없다.[56]

둘째로, 자살과 살인이 둘 다 증가한 나라가 있더라도 결코 같은 비율로는 증가하지 않는다. 그리고 두 현상의 최다 발생 시점도 결코 일치하지 않는다. 오히려 살인이 빈번하게 일어나는 사회에서는 자살에 대한 일종의 면역성이 생기는 것이 일반적인 법칙이다.

스페인, 아일랜드, 이탈리아는 유럽에서 자살이 가장 적은 3개국이다. 스페인은 1백만 명당 17명, 아일랜드는 21명, 이탈리아는 37명이다. 그와 반대로 이 나라들보다 살인이 많이 일어나는 곳도 없다. 이 3개국은 살인의 수가 자살의 수를 초과하는 유일한 나라다. 스페인에서는 자살의 3배나 되는 살인이 일어나며(1885~1889년에 자살은 514건에 불과했는데 살인은 1,484건이었다), 아일랜드에서는 살인이 자살의 2배(자살 116건에 살인 225건), 이탈리아에서는 1.5배(자살 1,437건에 살인 2,322건)다. 그와 반대로 프랑스와 프로이센은 자살이 빈번하게 발생하는 나라들인데(각각 1백만 명당 160명, 260명), 살인은 그 10분의 1에 불과하다. 프랑스와 프로이센에서는 1882~1888년에 각각 연평균 734건과 459건의 살인이 일어났을 뿐이다.

국가 내부적으로도 같은 비율이 나타난다. 이탈리아의 경우 자살 분포도에서 북부는 검은색을 띠고 남부는 흰색을 띤다. 그러나 살인 분포도에서는 정반대로 나타난다. 그뿐만 아니라 이탈리아의 모든 주를 자살률에 따라 두 범주로 구분하고 범주별 평균 살인율을 비교해 보면 두 비율 사이에 현저한 대조가 나타난다.

제1집단	1백만 명당 자살자는 4.1~30명, 살인자는 271.9명
제2집단	1백만 명당 자살자는 30~80명, 살인자는 95.2명

살인이 가장 많은 주는 인구 1백만 명당 69건의 살인이 발생한 칼라브리아인데, 이곳은 자살률이 가장 낮은 지방이다.

프랑스에서 살인이 가장 빈번한 도는 코르시카, 피레네조리앙탈, 로제르 및 아르데슈이다. 그러나 자살에 있어서는 코르시카는 85위, 피레네조리앙탈은 63위, 로제르는 83위, 아르데슈는 68위로 내려간다.[57]

오스트리아에서 자살이 가장 많은 곳은 남부 오스트리아, 보헤미아, 모라비아 등이며, 가장 적은 곳은 카르니올라와 달마티아다. 그런데 달마티아는 1백만 명당 79건의 살인율을, 카르니올라는 57.4건의 살인율을 보이는 반면 남부 오스트리아는 14건, 보헤미아는 11건, 모라비아는 15건뿐이다.

셋째로, 우리는 앞서 전쟁은 자살을 억제하는 경향이 있음을 밝혔다. 전쟁은 절도, 횡령, 사기 등의 범죄에도 같은 영향을 미친다. 그러나 살인만은 예외다. 프랑스의 경우 비계획적 살인은 1866~1869년에 평균 119건이었는데 1870년에는 133건, 1871년에는 224건으로 88%나 상승했으며[58] 1872년에는 162건으로 다시 감소했다.

대부분의 살인이 30세경에 일어난다는 사실과 그때 대부분의 젊은이가 군대에 있다는 점을 고려한다면 이 같은 증가는 더욱 중요하다. 왜냐하면 군에 징집된 젊은이들이 평화 시기여서 징집되지 않았다면 범했을지도 모를 범죄는 통계에 나타나지 않기 때문이다. 또한 전쟁 중에는 법 집행의 혼란 때문에 평시보다 많은 범죄가 은폐되었을 것이고, 수사를 시작해도 기소하지 못했을 것이다. 만일 그와 같은 두 가지 감소 요인에도 불구하고 살인 수가 증가하였다면 실제 상승률은 그보다 더할 것이다.

프로이센에서는 덴마크와의 전쟁이 일어났던 1864년에 살인이 137건에서 169건으로 증가하였는데, 이는 1854년 이래로 전례 없이 높은 수준이다. 그 후 1865년에는 153건으로 감소했다가 1866년에는 군대가 동원되어 있었는데도 불구하고 다시 증가하였다(159건). 1870년에는 1869년보다 약간 감소했으며(185건에서 151건으로 감소) 1871년에는 더 많이 감소했지만(136건) 이는 다른 범죄의 감소에 비하면 아주 적은 감소였다. 그 시기에 절도는 1869년의 8,676건에서 1870년 4,599건으로 반이나 줄었다.

더구나 위의 살인 통계는 계획적 살인과 비계획적 살인을 모두 포함하는데, 이들 두 범죄는 성격이 같지 않으며 프랑스의 경우 전시에 비계획적 살인만 증가한다는 사실을 이미 알고 있다. 따라서 만일 모든 종류의 살인이 그리 감소하지 않았다면, 계획적 살인을 제외했을 경우 비계획적 살인 수치가 상당히 증가할 것이다.

게다가 만약 위에서 덧붙인 두 가지 이유로 누락되었을 모든 사례를 포함한다면 위와 같은 두드러진 감소가 아주 적은 수준의 감소로 줄어들 것이다. 마지막으로 이 시기에 비계획적 살인이 눈에 띄게 증가한 것이 매우 이상하다. 비계획적 살인은 1869년에 268건, 1870년에 303건, 1871년에 310건으로 증가하였다.[59] 이는 사람들이 평화 시보다 전쟁 때 생명의 가치를 덜 중요하게 느낀다는 증거가 아닐까?

정치적인 위기도 같은 효과를 일으킨다. 프랑스의 경우 비계획적 살인의 곡선은 1840년에서 1846년까지 일정하다가[60] 1848년에는 급격히 상승하여 1849년에는 240건으로 가장 높았다. 같은 현상이 루이 필립의 통치 초반에도 일어났다. 그 당시 정당 간의 투쟁은 매우 폭력적이었다. 그런데 19세기에 비계획적 살인이 가장 많이 일어났던 때가 바로 그 시기였다. 1830년에는 204건, 1831년에는 264건으로 증가하였으며 그 후로는 그보다 더 높은 수치로 올라간 일이 없었다. 1832년에는 253건, 1833년에는 257건이었다. 1834년에는 급격히 하락하고 그 후로 꾸준히 하락했다. 1838년에는 145건밖에 없었으며, 이는 44% 감소한 것이다. 그런데 이 기간 동안 자살은 반대 방향으로 변했다. 1833년에는 1829년과 비슷한 수준에 있다가(1829년 1,904건, 1833년 1,973건) 1834년에는 급격한 상승이 시작되었으며 1838년에는 30%나 증가했다.

넷째로, 자살은 농촌보다 도시에서 많이 일어난다. 그러나 살인은 그 반대다. 비계획적 살인, 존속 살인, 영아 살해의 세 가지 살인 범죄를 합치면 1887년 농촌에서는 11.1건, 도시에서는 8.6건이 일어났다. 1880년에도 그 수치는 각기 11.0과 9.3으로 비슷했다.

다섯째로, 우리는 가톨릭은 자살 경향을 감소시키고 개신교는 증가시킨다는 사실을 알고 있다. 그런데 반대로 살인은 가톨릭 국가에서 더 빈번하다.

가톨릭 국가	단순 살인	계획적 살인	개신교 국가	단순 살인	계획적 살인
이탈리아	70	23.1	독일	3.4	3.3
스페인	64.9	8.2	영국	3.9	1.7
헝가리	56.2	11.9	덴마크	4.6	3.7
오스트리아	10.2	8.7	네덜란드	3.1	2.5
아일랜드	8.1	2.3	스코틀랜드	4.4	0.7
벨기에	8.5	4.2			
프랑스	6.4	5.6			
평균	32.1	9.1	평균	3.8	2.3

* 각 통계 수치는 1백만 명에 대한 비율임.

표에서 나타난 것처럼 가톨릭 사회와 개신교 사회의 차이는 단순 살인의 경우에 더욱 현저하다.

독일에서도 이처럼 대조적인 차이가 나타난다. 평균 이상의 살인율을 가진 지방은 모두 가톨릭 주들로, 포젠(1백만 명당 18.2건의 계획적 및 비계획적 살인), 도나우(16.7), 브롬베르크(14.8), 상부 및 하부 바이에른

(13.0) 등이다. 마찬가지로 바이에른 내에서도 개신교도가 적은 곳일수록 살인이 많다.

가톨릭이 소수인 지방	계획적 및 비계획적 살인	가톨릭이 다수인 지방	계획적 및 비계획적 살인	가톨릭이 90% 이상인 지방	계획적 및 비계획적 살인
라인, 팔츠	2.8	하부 프랑켄	9	상부 팔츠	4.3
중앙 프랑켄	6.9	슈바벤	9.2	상부 바이에른	13.0
상부 프랑켄	6.9			하부 바이에른	13.0
평균	5.5	평균	9.1	평균	10.1

* 각 통계 수치는 1백만 명에 대한 비율임.

상부 팔츠 한 곳만이 예외다. 자살 분포와 살인 분포가 반비례한다는 것을 확실히 하기 위해서는 바로 위의 표와 그 앞의 표를 비교해 보면 된다.

끝으로, 가족생활은 자살을 억제하는 경향이 있는 반면에 살인은 자극하는 경향이 있다. 1884~1887년에 기혼자들은 연평균 1백만 명당 5.07건의 살인을 저질렀고, 15세 이상의 미혼자들은 평균 12.7건의 살인을 저질렀다. 그러므로 기혼자는 미혼자에 대해서 약 2.3 정도의 방지계수를 갖는 것처럼 보인다. 그러나 우리는 기혼자와 미혼자의 연령이 다르며 살인의 경향은 연령에 따라 다름을 잊지 말아야 한다. 미혼자의 평균 연령은 25~30세이며 기혼자의 평균 연령은 45세다. 그런데 살인 경향은 25~30세에 가장 높다. 이 연령층은 1백만 명당 15.4건의 살인을 일으키며 45세의 살인율은 6.9건에 불과하다. 그러므로 전자의 후자에 대한 비율은 2.2이다. 따라서 기혼자는 미혼자의 절반 정도의 살인만 범하게 된다. 즉 기혼자의 평균 살인율이 낮은 것은 그들이 결혼했기 때문이 아니라 나이가 많기 때문이다. 이처럼 가정생활은 살인 억제 효과가 없다.

가정생활은 살인을 막지 못할 뿐 아니라 살인을 자극하는 듯하다. 원칙적으로 기혼자가 미혼자보다 더 높은 도덕성을 지니고 있다. 그 이유는 소위 결혼 때문이 아니라 가족이 각 성원에게 미치는 실제적 영향 때문으로 보인다. 개인은 고립되어 혼자 있을 경우 가족 환경의 유익한 훈육을 계속해서 받는 경우보다 도덕적으로 불안정할 것이다. 그러므로 살인에 있어서 기혼자가 미혼자보다 더 나을 것이 없다면 그것은 기혼자들로 하여금 모든 범죄로부터 멀어지게 만드는 도덕화의 영향이 어떤 요인에 의해 무력화되기 때문일 것이다. 이 악화 요인은 기혼자들이 살인을 하게 만들며 분명히 가정생활과 관련이 있을 것이다.[61]

요약하자면, 자살과 살인은 때로는 공존하고 때로는 서로 배타적이다. 그리고 이들은 같은 조건에서 같은 방식으로 반응하기도 하며 때로는 반대 방식으로 반응하기도 하는데, 반대되는 경우가 더 많다. 그렇다면 이런 모순된 사실을 어떻게 설명할 것인가?

모순을 조화시키는 유일한 방법은 자살에는 여러 종류가 있어 그중 어떤 종류는 살인과 유사한 속성이 있지만 다른 종류는 반대

속성을 갖는다는 사실을 인정하는 것이다. 왜냐하면 동일한 현상이 같은 상황에서 전혀 다르게 반응할 수는 없기 때문이다. 살인과 비례해서 일어나는 자살과 반비례해서 일어나는 자살은 같은 종류일 수 없다.

실제로 우리는 자살에 여러 가지 상이한 형태가 있으며 각기의 특징은 전혀 같지 않다는 것을 이미 밝힌 바 있다. 따라서 이 책 제2부의 결론은 이로써 다시 확인되며, 또한 이 결론이 위의 사실을 설명하는 데 도움이 된다. 자살의 내적 다양성을 제시하는 데는 그 사실들만으로도 충분하겠지만 위의 사실들과 제2부의 결론을 통해 추가로 확인된 이상, 이는 단지 가설에 그칠 수 없다.

이제 우리는 상이한 종류의 자살을 알고 있으며 그들이 어떻게 발생하는지도 알고 있다. 또한 그중 어느 형태가 살인과 공존할 수 없는지도 알 수 있고 그와 반대로 어떤 형태가 살인과 같은 원인의 영향을 받는지도 알 수 있다. 그리고 왜 자살과 살인이 공존할 수 없는 경우가 더 일반적인지도 설명할 수 있다.

자살 형태 중에서 가장 빈번하게 일어나고 매년 자살 총계를 증가시키는 데 가장 큰 몫을 차지하는 것은 이기적 자살이다. 이기적 자살은 지나친 개인주의로 생긴 우울과 무관심 상태가 특징이다. 개인은 자신을 현실과 연결하는 유일한 매체인 사회에 무관심하기 때문에 삶에 의욕이 없다. 그는 자신과 자신의 가치를 예민하게 느끼며 자기 마음대로 하는 것을 유일한 목표로 삼기 때문에 그러한 목표에 만족하지 못하게 되면 우울하고 무관심하게 생존을 이어 가게 된다.

살인은 정반대 조건에서 일어난다. 살인은 열정과 분리할 수 없는 난폭한 행동이다. 그런데 사회 구성원들의 개인화가 미약한 채로 사회가 통합되면 집단의식의 강도가 높기 때문에 삶의 열정이 고양된다. 그런 사회는 살인의 격정을 일으키는 데 가장 적합한 토양이 된다.

옛날처럼 가족 정신이 강력하게 유지되는 사회에서는 가족에 대한 범죄가 신성 모독으로 간주되고 잔인하게 응징되며 복수를 제삼자에게 맡길 수 없게 된다. 이것이 바로 코르시카나 남부 여러 나라에서 찾아볼 수 있는 피비린내 나는 '벤데타(vendetta, 피의 복수)'의 근원이다. 종교적 신앙이 매우 강렬한 곳에서는 종교 역시 살인을 자극하며 정치적 신념도 마찬가지다.

그뿐만 아니라 무엇보다 일반적으로 공공 의식의 규제가 약할수록, 즉 생명을 노린 공격을 가볍게 여길수록 살인은 더 난폭해진다. 목숨을 노린 공격을 가볍게 여길수록 개인과 개인의 이익에 공동체의 도덕이 부여하는 가치는 약해지며, 우리의 표현을 쓰자면 지나친 이타주의는 약한 개인화 살인의 경향을 촉진한다. 살인이 미개 사회에서 더 빈번하고 규제되지 않는 것은 바로 그 때문이다. 그와 같은 살인의 빈도와 살인에 대한 상대적 관용은 동일한 원인에서 나온다. 개인의 존엄성이 덜 존중되는 사회일수록 개인들은 더 자주 폭력에 노출되며, 또 그런 폭력이 범죄로 여겨지지 않는다.

따라서 이기적 자살과 살인은 상반되는 원인에서 발생하며 하나가 빈번한 곳에서 다른 하나가 발달하기는 불가능하다. 사회적 열정이 강한 사회의 사람들은 게으른 몽상이나 냉정하고 쾌락주의적인 행위에는 별 관심이 없다. 개인의 운명에 작은 가치밖에 부여하지 않는 사회에서는 개인이 자신의 운명에 대해 별로 의문을 갖지 않는다. 인간의 고통에 별 관심을 두지 않는 사회에서는 자신의 고통도 크게 느끼지 못한다.

이와 반대로 같은 이유에서 이타적 자살과 살인은 서로 조화될 수 있다. 왜냐하면 이들은 정도만 다를 뿐 같은 조건에 근거하기 때문이다. 개인이 자신의 생명을 가볍게 여기면 다른 사람의 생명도 중요하게 생각지 않는다. 그런 이유로 살인과 자살은 일부 원시인들 사이에서 동시에 만연할 수 있었다. 그러나 문명사회의 살인과 자살의 병행은 같은 원인으로 설명할 수 없을지도 모른다. 과장된 이타주의 상태는 고도로 문명화된 환경에서 때때로 발견되는 살인과 공존하는 자살을 일으키지 못한다. 왜냐하면 자살을 강요하기 위해서는 이타주의가 매우 강력해야 하며 살인의 충동을 일으키는 이타주의보다 더 강력해야 하기 때문이다.

실제로는 보편적으로 개인의 생명을 경시한다고 해도 인간은 언제나 남의 생명보다는 자신의 생명에 더 큰 가치를 부여한다. 모든 조건이 일정하다면 보통 사람은 동료보다 자신의 생명을 더 귀중하게 여긴다. 따라서 자신의 생명에 대한 존중 의식을 파괴하려면 타인의 생명에 대한 존중 의식을 파괴하는 것보다 훨씬 더 강력한 원인이 작용해야 한다. 그러나 오늘날에는 군대와 같은 특수한 환경을 제외하고는 비인격성과 자기 부정의 취향이 매우 적으며 그 반대의 감정은 매우 강하고 일반적이기 때문에 그러한 자기희생은 쉽게 이루어질 수 없게 되었다. 따라서 살인과 결합할 수 있는 보다 근대적인 다른 형태의 자살이 있는 게 분명하다.

그것은 바로 아노미성 자살이다. 사실 아노미는 상황에 따라 자기 자신이나 타인을 공격할 수 있는 흥분과 좌절을 일으킨다. 이 경우 자신을 향한 공격은 자살, 타인을 향한 공격은 살인이 된다. 그와 같이 흥분된 감정의 방향을 결정하는 원인은 행위자의 도덕 수준에 달려 있다. 도덕성의 저항이 강하고 약함에 따라 공격성은 둘 중의 한 방향을 취하게 된다. 도덕성이 낮은 사람은 자신보다는 타인을 살해할 것이다. 우리는 이 같은 두 가지 행동이 때로는 잇달아 일어나는 것을 보았으며, 이들은 단일한 행동의 두 측면으로서 서로 밀접한 관계를 가지고 있음을 알고 있다. 한 사람의 격앙된 감정이 진정되려면 두 사람의 희생자가 필요하다.

이상이 오늘날에도, 특히 고도로 발달한 문명의 중심지에서 살인과 자살이 동시에 공존하는 이유다. 그러한 곳일수록 아노미가 심하다. 그리고 자살이 증가할 때 살인이 그만큼 감소하지 않는 것도 같은 원인이다. 개인주의의 진전은 살인의 원인 중 하나를 제거하지만 경제 발전에 따른 아노미는 다른 원인을 발생시킨다. 그러므로 프랑스와 프로이센에서 자살과 살인이 전쟁 이후 동시에 증가한 것은 서로 이유는 달랐지만 두 나라 모두 도덕적 불안정성이 증가했기 때문이다.

마지막으로, 이러한 부분적 상응 관계에도 불구하고 일반적으로 살인과 자살이 서로 반대 경향을 보이는 것도 이로써 설명할 수 있다. 아노미성 자살은 상공업 활동이 활발한 특별한 상황에서만 자주 일어난다. 그리고 가장 자주 발생하는 이기적 자살은 상해 범죄를 감소시킨다.

따라서 우리는 다음과 같은 결론에 도달한다. 만일 자살과 살인이 서로 반비례한다면 그것은 이들이 동일한 현상의 서로 다른 측면이기 때문이 아니라 이들이 어떤 면에서는 서로 상반되는 두 가지 사회적 경향을 형성하기 때문이다. 이들은 낮과 밤이 다르듯이 서로 배타적이며 마치 심한 건조로 인한 질병은 심한 습기로 인한 질병을 배제하는 것과 같다.

그러나 이러한 상반성이 부분적 조화를 완전히 배제하지 못하는 까닭은 특정한 형태의 자살이 발생하는 원인이 살인을 발생시키는 원인과 상반되기 때문이 아니라 반대로 같은 사회적 조건의 상반된 표현이며 동일한 도덕적 환경 속에서 발전하기 때문이다. 또한 아노미성 자살과 공존하는 살인과, 이타적 자살과 조화되는 살인은 서로 같은 성격을 가질 수 없다. 따라서 자살과 마찬가지로 살인도 단일한 불가분의 범죄학적 실체가 아니라 큰 차이를 띠는 여러 가지 종류의 합이라고 할 수 있다. 그러나 이렇게 중요한 범죄학 논제를 여기서 길게 논하지는 않겠다.

그러므로 자살이 비도덕성을 감소시키는 바람직한 효과가 있고, 그 확산을 막지 않는 것이 오히려 좋다고 하는 것은 옳지 않은 주장이다. 자살은 살인의 파생물이 아니다. 물론 이기적 자살을 일으키는 도덕적 특질과 문명인들 사이에서 살인을 감소시키는 도덕적 특질은 서로 밀접하게 관련되어 있다. 그러나 이기적 자살을 하는 사람은 살인하려다 실패한 사람이 아니라 오히려 살인과는 전혀 관계가 없는 사람이다. 그는 한 사람의 슬프고도 우울한 인간일 뿐이다. 따라서 그의 행동은 살인과 같은 종류로 취급할 수 없다.

자살을 비난하는 것은 동시적 비난이며 자살을 일으키는 정신 상태를 약화시키기 때문에, 즉 개인과 관련된 지나친 과민증을 악화시키기 때문에 반대해야 하는가? 그렇게 하면 비인격성을 강화하게 되고, 그러한 비인격성에서 기인하는 살인을 권장하게 되는 것은 아닐까? 그러나 살인 경향을 억제하기 위해서 개인주의를 지나칠 정도로 강화시켜 자살을 야기할 필요는 없다. 한 인간이 다른 인간을 해치는 것을 두려워하도록 만들기 위해서 오직 자신에게만 관심을 가져야 하는 것은 아니다. 그저 인간의 인격 일반에 대한 애정과 존엄 의식을 갖는 것으로 충분하다.

따라서 개인화 경향은 살인의 경향을 강화시키지 않고도 억제할 수 있다. 아노미의 경우는 살인과 자살을 모두 일으키므로 어느 하나를 억제하는 것은 다른 것도 억제하는 결과를 가져온다. 자살을 막으면 결국 더 많은 살인이 일어날 것이라고 염려할 필요는 없다. 왜냐하면 공공 의식에 대한 존경에서 자살을 포기할 만큼 도덕적 규율에 민감한 사람은 자살보다 더 비난받고 금지되는 살인 경향을 더욱 강력히 억제할 것이기 때문이다. 그뿐만 아니라 그와 같은 자살은 우수한 사람들이 잘 범하는 것이므로 퇴행적인 선택을 찬성해야 할 이유도 없다.

이 장에서의 논의는 흔히 논란이 되어 온 한 가지 문제를 해결하는 데 도움이 될 수 있을 것이다. 다른 사람들에 대한 우리의 감정은 단순히 이기적인 감정의 연장인가 아니면 그와 무관한 것인가 하는 논쟁이다. 우리는 두 가설 모두 근거가 없는 것임을 알아보았다. 물론 타인에 대한 동정과 자신에 대한 동정은 서로 관련된다. 두 감정의 발생이나 소멸은 서로 병행하기 때문이다. 그러나 하나가 다른 하나로부터 생성되는 것은 아니다. 양자가 긴밀한 관계를 맺는 것은 이들이 하나의 집합 의식에서 공통으로 파생된 다른 측면들이기 때문이다. 그들은 대중의 의견이 개인에게 부여하는 도덕적 가치를 표현하는 것일 뿐이다.

만일 대중의 의견이 개인에게 큰 가치를 부여하면 우리는 그와 같은 사회적 평가를 우리 자신뿐만 아니라 타인에게도 적용한다. 즉 우리 자신뿐만 아니라 타인도 우리의 눈에 보다 가치 있게 보이며 자신의 일뿐만 아니라 타인들 개개인의 일에도 더 민감하게 된다. 타인의 슬픔은 자신의 슬픔과 마찬가지로 참기 어려운 것이 된다. 따라서 타인에 대한 우리의 동정은 우리 자신에 대한 감정의 확장만이 아니다. 그러나 양자는 모두 하나의 원인에서 나온 서로 다른 결과이며 동일한 정신적 상태를 이룬다.

물론 그와 같은 정신 상태는 우리 자신에게 적용될 때와 타인에게 향할 때 서로 달라진다. 우리 자신에게 적용될 때는 이기적 본능이 그런 상태를 강화하고 타인에게 적용될 때는 이기적 본능 때문에 약화된다. 그러나 양자의 경우에 모두 그런 정신 상태가 작용한다. 따라서 개인의 기질에 가장 깊이 관련된 감정조차도 개인을 초월하는 원인에 근거를 두고 있음을 알 수 있다. 즉 우리의 이기주의까지도 상당 부분 사회적 산물이라 하겠다.

제3장 실제적 결과

이제 우리는 자살이란 무엇이며, 그 종류와 기본 법칙이 무엇인지 알게 되었으므로 현대 사회는 자살에 대하여 어떠한 태도를 가져야 할지 생각해 보자.

그러나 이러한 문제는 또 다른 질문을 일으킨다. 현대 문명에서 자살은 정상적인 것으로 간주해야 하는가 아니면 비정상적인 것으로 간주해야 하는가 하는 질문이다. 그 해답에 따라 우리는 자살을 규제할 수 있는 개혁을 고려하거나 아니면 자살을 규제하지 않고 방치하는 데 찬성하게 될 것이기 때문이다.

어떤 이는 이런 질문을 제기한다는 사실 자체에 놀랄 수도 있을 것이다.

우리는 흔히 비도덕적인 것이면 무엇이든 비정상적인 것으로 간주한다. 따라서 만일 앞에서 본 것처럼 자살이 공공 의식에 어긋나는 것이라면 그것을 사회 병리적 현상으로 간주하지 않을 수 없다. 그러나 내가 다른 저서에서 밝힌 것처럼, 가장 명백한 형태의 비도덕적 행동인 범죄조차도 반드시 불건전한 병적 증세로만 볼 수는 없다.[1] 물론 이 같은 선언은 몇몇 사람을 놀라게 했고 얼핏 도덕의 기초를 흔드는 것처럼 보인다. 그러나 이런 주장은 전혀 파괴적인 것이 아니다. 이 점을 확실히 알기 위해서는 그 주장의 근거를 살펴보아야 하는데, 그것은 다음과 같이 요약할 수 있다.

질병이란 말은 아무것도 의미하지 않거나 무엇인가 피해야 할 것을 의미한다. 물론 피해야 할 것이 모두 병이란 뜻은 아니지만 병적인 모든 것은 적어도 대부분의 사람에게는 피해야 할 것이라 할 수 있다. 그런데 우리가 관념과 용어를 구별해서 사용하는 한 한 종의 구성원들이 반드시 필수적으로 가져야 하는 상태나 성질을 병이라고 부를 수는 없다.

한편 우리는 이 필수성의 존재를 인지할 객관적이고도 경험적인 상징, 다른 종과 비교할 수 있는 상징을 알고 있다. 그 상징은 보편성(universality)이다. 만약 두 사실이 단 하나의 예외도 없이 언제 어디서나 함께 발견된다면 이들을 분리할 수 있다고 하는 것은 방법론적으로 모순되는 오류다. 그러나 이것은 그중 하나가 다른 하나의 원인이라는 뜻은 아니다. 두 사실 간의 유대는 매개적인 것일 수 있으나 그 관계는 엄연히 존재하고 필연적인 것이다.[2]

그런데 어느 정도의 범죄가 없는 사회는 없다. 또한 도덕적 침해가 일상적으로 일어나지 않는 나라는 없다. 따라서 우리는 범죄란 필연적이고 없어질 수 없으며 더 나아가 사회 조직의 기본적인 조건이라고 논리적으로 이해해야 한다. 따라서 범죄는 정상적인 것이다. 새삼스럽게 인간성의 필연적 불완전성을 들먹이면서 막을 수 없다고 해서 악(惡)이 악(惡)이 아닐 수는 없다고 주장해도 소용

없다. 그것은 설교자의 어법이지 학자의 어법은 아니다. 필연적인 불완전성은 병이 아니다. 불완전하기 때문에 병이라고 한다면 완벽한 것은 없으므로 모든 것이 다 병이라고 해야 한다. 완벽한 상태를 떠올릴 수 없는 신체 기능이나 장기는 존재하지 않는다.

안과 의사들은 인간의 눈이 조잡한 시각 기관임을 발견하고 부끄럽게 느낀다고 한다. 그러나 아무도 눈의 구조를 비정상이라고 주장하지는 않는다. 그뿐만 아니라 우리의 견해에 반대하는 사람들이 말하는 것처럼 필연적인 것은 반드시 완전해야 한다는 신학(神學)적인 어법으로 표현하자면, "삶 자체가 무용(無用)한 것이 아니라면, 삶에 필수 불가결한 조건은 유용한 것일 수밖에 없다."라고 할 수 있다. 이 같은 명제는 불가피하다.

그리고 우리는 실제로 범죄가 어떻게 그런 역할을 하는지 입증했다. 그러나 범죄는 오직 비난하고 억제할 때만 유용하다. 범죄를 정상적인 사회 현상으로 취급한다고 해서 범죄를 사면해야 한다고 생각하는 것은 잘못이다. 범죄가 반드시 있어야 정상이라면 범죄를 반드시 처벌해야 한다는 것도 정상이다. 범죄와 처벌은 불가분의 현상이다. 그리고 양자는 다 같이 불가결하다. 규제 체계의 비정상적 이완은 범죄를 촉진하는 결과를 가져오며 비정상적으로 범죄를 강화한다.

이 관념을 자살에 적용해 보자.

우리에게 모든 사회에서 자살이 일어나고 있다는 확실한 자료는 없다. 자살에 대한 통계는 몇몇 나라의 것만 이용 가능하다. 나머지 나라들에 대해서는 법제를 통해서 자살이 만성적으로 존재함을 증명할 수 있다. 그런데 우리는 자살이 모든 사회에서 법적 규제 대상이었는지는 확실히 모르지만, 그랬을 것이라고는 확언할 수 있다. 자살은 때로는 금지되었으며 때로는 비난받았다. 자살 금지는 때로는 공식적이었고 때로는 유보나 예외도 있었다.

그러나 어떤 식으로 유추해 보더라도 자살은 법적으로 도덕적으로 무관심한 대상은 아니었다. 즉 자살은 언제나 공공의 주목을 받을 만큼 중요한 문제였다. 그리고 역사적으로 강하고 약한 정도의 차이는 있지만 유럽 각국에 자살 생성 경향이 항상 존재한 것도 틀림없는 사실이다. 지난 19세기의 통계가 증명하고 있고, 그 이전 시대에 대해서는 법 제도의 자취가 증명한다. 따라서 자살은 유럽 사회의 일반적 구성 요소이며 또한 사회적 구성 요소다.

우리는 또한 자살과 사회의 관계를 알 수 있다.

이 점은 특히 미개 사회의 이타적 자살에서 잘 나타난다. 집단에 대한 개인의 철저한 종속이 바로 미개 사회의 근본 원리이며, 따라서 이타적 자살은 그들의 집단적 규율에 꼭 필요한 절차였다. 미개 사회의 사람들이 자신의 생명에 높은 가치를 부여했다면 그들은 그 사회에서 필요로 하는 사람이 될 수 없었을 것이다. 그러므로 그들이 자신의 생명을 낮게 평가한 그 순간부터 모든 일이 그들이 필연적으로 생명을 버리도록 이끌어 갔다.

따라서 그런 종류의 자살과 사회의 도덕적 구조는 서로 밀접한 관련이 있다. 그 점은 오늘날에도 자기 부정과 비인격성이 강한 특수한 환경에서는 마찬가지다. 오늘날에도 군인 정신은 개인의 자기희생이 있어야만 강력할 수 있으며, 자기희생은 자살에의 길을 열어 놓는다. 그와 반대의 이유로 개인의 존엄이 최고의 행위 윤리인 사회나 환경에서는, 즉 인간이 인류의 신이 된 사회에서의 개인은 자신에게서 신을 발견하고 자신을 숭배 대상으로 생각하기 쉽다. 이처럼 자아의 가치를 높이 평가하는 사회에서는 여러 상황 때문에 개인은 자신보다 더 높은 어떤 것도 지각할 수 없게 된다. 물론 개인주의가 반드시 이기주의는 아니지만 상당히 밀접한 관계가 있다. 어느 하나가 확대되지 않고 다른 하나가 증진될 수는 없다. 그리하여 이기적 자살이 일어난다.

끝으로 급격한 진보가 진행 중인 사회에서는 개인을 규제하는 규칙들이 유연하고 융통성이 있어야 한다. 만일 규칙들이 원시 사회의 엄격성을 그대로 유지한다면 진보가 가로막혀 신속하게 이루어질 수 없다. 그러나 동시에 규제가 약화되면 욕망과 야망이 급격하게 상승한다.

사람들은 진보가 자신의 의무라고 생각하기 시작하자 포기를 받아들이려 하지 않게 되었다. 그래서 불만과 불안을 느끼는 사람들이 늘어났다. 진보와 완벽을 지향하는 도덕성은 어느 정도 아노미와 구분할 수 없다. 즉 각 유형의 자살에 상응하는 정신적 특성은 그 자살과 밀접한 관련이 있다. 그런 정신적 특성 없이 그에 따른 자살은 존재할 수 없다. 자살은 특정한 조건에서 각각의 정신적 특성에 의해서 불가피하게 발생하는 현상이다.

그런데 이러한 여러 가지 자살 경향은 오직 심화될 때만 자살을 일으키므로 어느 사회에서나 동일하게 적당한 정도를 유지할 수 있지 않을까 하고 질문하는 사람이 있을 것이다. 그러나 그것은 삶의 조건이 어디서나 동일하기를 바라는 것과 마찬가지로 가능하지도 않을뿐더러 바람직하지도 않다. 모든 사회는 각각의 집단적 상태의 변화에 따라 특수한 환경을 가지며 상황에 따라 집단적 상태가 강화되기도 하고 약화되기도 한다. 대부분의 사회에서 자살 경향의 강도는 그 경향이 특정 시점에서 특정한 한계를 초과하거나 초과하지 못하는 데 달려 있다.

그러나 그런 경향이 어느 한 방향으로 초과하는 것은 필연적일 뿐 아니라 유익하다. 만일 가장 일반적인 상태가 또한 사회생활의 가장 일반적인 상황에 잘 적응하는 것이라면 특수한 상황에서는 잘 적용될 수 없다. 그러나 사회는 일반적인 상황과 특수한 상황에 다 같이 적응해야 한다. 평균 이상의 활동성이 없는 개인은 노력이 필요한 상황에서는 자신을 잘 지키지 못한다. 마찬가지로 지적 개인주의가 발달하지 못한 사회에서는 꼭 필요한 경우에도 전통의 멍에를 벗어날 수 없으며 그 신앙을 개혁할 수 없다.

그와 반대로 이러한 정신 상태가 때때로 약해지지 않는다면 수동적 복종이 최고의 의무가 되는 전시(戰時)에는 어떻게 될 것인가? 필요한 때에 그와 같은 형태의 활동이 생성되기 위해서는 사회가 그러한 활동을 완전히 잊어서는 안 된다. 따라서 이들이 공존해야 한다.

사회에는 무제한의 비판 정신을 가지고 자유로운 연구를 하는 집단이 있어야 하고 또한 군대처럼 권위에 대한 오랜 믿음이 그대로 유지되는 집단도 있어야 한다. 물론 정상적인 시기에는 이와 같은 특수한 초점의 영향은 어느 수준에서 제한되어야 한다. 왜냐하면 그러한 감성은 특수한 상황에 관련된 것이며 일반화될 수 없기 때문이다.

비록 제한이 될 때 되더라도 자유롭게 비판할 수 있는 집단의 존재는 매우 중요하다. 사회는 한 시기에도 여러 가지 상이한 상황에 직면할뿐더러 그와 같은 전환 없이는 생존할 수 없다는 것을 생각해 보면 그 점은 더욱 분명해진다. 만일 미래의 씨앗이 현재 속에 없다면 미래는 불가능할 것이다. 한 세기 동안에도 개인주의와 이타주의의 비율은 결코 똑같을 수 없다. 집단적인 경향이 언제나 하나의 형태로 고정되어서 자유롭게 변할 수 없다면 진화 과정에서 변화할 수가 없다. 집단 경향이 공간적으로 편차를 가질 수 없다면 시간적으로도 편차를 가질 수 없다.[3]

이 같은 세 가지 정신적 상태에서 일어나는 집단적 슬픔의 경향은 각기의 존재 이유를 가지고 있다. 오직 순수한 기쁨만이 정상적인 감정이라고 주장하는 것은 잘못이다. 인간은 슬픔에 완전히 무감각해서는 생존할 수 없다. 여러 가지 슬픔을 포용함으로써만 견딜 수 있으며 따라서 기쁨은 어느 정도 우울함을 내포할 수 있다.

우울증은 지나칠 때 병이 된다. 그러나 생활하면서 우울함이 전혀 없는 것도 병이다. 행복의 팽창은 그 반대의 경향으로 조절해야 한다. 그래야만 적정 수준을 유지하고 현실과 조화를 이룬다. 이것은 개인에게만 해당하는 것이 아니라 사회의 경우에도 마찬가지다. 지나치게 명랑한 도덕성은 이완된 도덕성이다. 그러한 도덕은 퇴폐적인 사람들에게만 어울리며 실제로 그러한 사람들에게서만 찾아볼 수 있다.

삶은 때때로 가혹하고 믿을 수 없으며 공허하기도 하다. 집단 감정 역시 이러한 측면을 반영하지 않을 수 없다. 그러므로 인간이 세상에 자신 있게 대처하게 만드는 낙관주의가 있어야 하고, 그보다는 정도가 좀 약하더라도 그 반대의 경향도 있어서 낙관적 경향을 어느 정도 견제하도록 해야 한다. 하나의 경향은 스스로를 제한하지 못하고 반대 경향으로만 견제할 수 있기 때문이다. 어떻게 보면 우울의 경향은 사회 형태의 수준이 높을수록 더 강한 듯하다.

다른 저술에서 밝힌 것처럼, 과거의 단순한 신앙보다 문명사회의 심층적인 종교가 더 깊은 우수를 담고 있는 것은 매우 주목할 만한 사실이다.[4] 그러나 이 말은 결국 비관적 경향이 낙관적 경향을 소멸시킬 것이라는 뜻은 아니다. 비관적 경향은 그 자체의 근거가 있으며 결코 없어질 성질의 것이 아님을 증명하는 것이다. 그렇다면 그런 비관적 경향이 유지되기 위해서는 사회에 그러한 경향을 수용할 특별한 기관이 있어야 한다. 즉 사회에는 그러한 집단적 감정을 대표하는 일군의 사람들이 있어야 하며 그 역할을 담당하는 사람들 사이에서 자살의 관념이 쉽게 뿌리내리는 것은 당연하다.

그러나 어느 정도의 자살 생성적 경향이 정상적인 사회학적 현상으로 간주되어야 한다고 해서 그와 같은 종류의 모든 경향이 반드시 같은 성격을 가지는 것은 아니다. 자기희생 정신이나 진보에의 열망, 개인화의 취향 등은 모든 사회에서 각자의 근거를 가지고 있고 불가피하게 어느 정도 자살을 일으키는 요인이지만, 그러한 경향들은 각 사회에 따라 정도의 차이는 있지만 일정 수준에서 제한되어야 한다.

그러한 경향들은 일정한 한계를 넘지 않는 범위 안에서만 정당화된다. 마찬가지로 슬픔의 경향도 그것이 지배적인 것이 되지 않는 범위 안에서만 유익하다. 따라서 이상의 논의에서는 현재 문명 사회에서 자살 경향이 정상적인가 아닌가 하는 질문은 해결되지 않는다. 우리는 지난 세기에 급격히 증가한 자살 경향이 병리적인가 아닌가를 고찰해야 한다.

오늘날의 자살 경향은 문명의 대가라고 불린다. 분명히 자살은 유럽에서 가장 많이 일어나며 유럽 국가 중에서도 문명의 정도가 높을수록 많다. 프로이센에서는 1826년에서 1890년 사이에 411%나 증가했으며 프랑스에서는 1826년에서 1888년 사이에 385%, 독일계 오스트리아에서는 1841년에서 1877년 사이에 318%, 작센에서는 1841년에서 1875년 사이에 238%, 벨기에에서는 1841년에서 1889년 사이에 212%씩 증가한 데 비해, 스웨덴에서는 1841년에서 1877년 사이에 단지 72% 그리고 덴마크는 같은 기간에 35%만 증가했다. 이탈리아는 1870년 이후, 즉 유럽 문명에 적극적으로 참여하기 시작한 이후에 자살률이 788건에서 1,653건으로 증가하여 20년 동안 109%의 상승을 보였다.

더욱이 자살은 어디서나 가장 발달한 지역에 훨씬 많이 퍼져 있다. 따라서 지성의 발달과 자살 사이에 어떤 연관이 있으며 하나가 증가하면 다른 하나도 따라서 증가한다고 생각할 수 있다.[5] 이런 주장은 범죄의 증가가 경제적 거래의 증가와 병행하기 때문에 범죄가 경제 발전 때문에 발생한다고 한 이탈리아 범죄학자의 주장과 흡사하다.[6] 만약 그렇다면 우리는 문명사회의 특질 자체가 자살 경향을 자극하기 때문에 그런 경향의 팽배는 필연적인 것이므로 자살 경향은 정상적이며 그것을 제한하려는 어떠한 조치도 문명 자체를 제한하는 것과 마찬가지라고 결론지어야 할 것이다.[7]

그러나 그런 주장을 반박할 하나의 사실이 있다. 로마 제국의 전성기에는 자살이 급격히 증가했다. 따라서 그것도 오늘날처럼 지적 발전의 대가이고, 문명인들은 많은 자살자를 내어 제물을 바쳐야 하는 것이 하나의 법칙이라고 결론을 내릴지도 모른다. 그러나 그 후의 역사는 그런 귀납이 근거 없는 것임을 밝혔다. 당시 자살은 일시적 유행이었고 로마 문화는 그 후로도 살아남았기 때문이다. 그 후 기독교 사회는 로마 문화의 정수를 받아들였을 뿐 아니라 인쇄술이 발명된 16세기 이후, 즉 르네상스와 종교 개혁 이후의 사회는 어떤 고대 사회보다 높은 수준의 사회적 면모를 보여 주었다.

그러나 자살은 18세기까지만 해도 크게 증가하지 않았다. 따라서 진보는 그 많은 자살의 필연적인 원인은 아니다. 진보의 결과는 살인이 계속되지 않고도 보존되고 발전되어 왔기 때문이다. 그렇다면 오늘날에도 현대 문명의 진보와 자살의 증가는 논리적으로 필연적 관련이 없으며 자살은 문명을 중단하지 않고도 제한할 수 있을 것이다. 그뿐만 아니라 우리는 자살이 진화의 초기 단계에서도 발견되며 경우에 따라서는 극심했음을 알게 되었다. 자살은 가장 미개한 사람들 사이에서도 존재했으며 반드시 세련된 교양과 관련된다고 생각할 이유는 없다. 물론 고대의 자살 형태는 어느 정도 사라졌으니 자살의 양은 어느 정도 감소해야 하는데도 더 증가하는 것은 놀라운 일이다.

따라서 그와 같은 자살의 증가는 진보의 본질적 성격 때문이 아니라 오늘날 자살이 발생하는 특수한 상황 때문이며, 그와 같은 상황이 정상이라고 믿을 만한 근거는 없다. 우리는 우리가 목격한 눈

부신 과학, 예술, 산업의 발전에 현혹되지 말아야 한다. 오늘날의 놀랄 만한 발전은 병적 흥분 속에서 일어나고 있으며 우리 각자는 그 끔찍한 반향을 느끼고 있기 때문이다. 자살 경향의 증가는 오늘날의 문명이 키운 병리적인 상황에서 기원할 뿐, 문명 자체가 필요조건은 아니다.

오늘날 자살 증가의 급격한 속도는 다른 어떤 가설도 허용하지 않는다. 사실상 자살은 50년도 채 안 되는 동안에 나라에 따라서 3배, 4배, 5배로 증가했다. 한편 우리는 자살이 사회의 가장 기본적인 구성 요소와 관련이 있음을 알고 있다. 자살은 사회의 분위기를 나타내기 때문이다. 마치 개인의 분위기처럼 사람들의 분위기는 유기체의 가장 기본적인 상태를 반영한다.

그렇다면 우리의 사회 조직은 자살률이 그처럼 급격하게 상승할 만큼 심각한 변동을 겪었음이 분명하다. 그와 같은 변동이 지나치게 심각하고 급격했기 때문에 그것은 불건전한 상태가 될 수밖에 없다. 왜냐하면 사회는 그처럼 급격하게 구조를 변화시킬 수 없으며 오직 점진적이고 거의 눈에 띄지 않는 수정을 통해서만 새로운 성격을 갖기 때문이다. 그러한 경우에도 변화에는 한계가 있다.

하나의 사회적 유형이 결정되면 그것은 무한히 유동적일 수 없다. 넘어설 수 없는 한계가 곧 정해진다. 따라서 오늘날 자살의 통계가 보여 주는 변동성은 정상이 아니다. 무엇인지 정확하게 알 수는 없지만 오늘날의 자살은 정상적인 진화의 결과가 아니며, 과거의 제도를 붕괴시키는 데는 성공했지만 새로운 것을 세우지 못한 병적인 상태에서 유래된다. 몇 세기가 걸릴 작업을 몇 해 만에 이루어 놓을 수는 없다. 그 원인이 비정상이라면 그 결과도 비정상일 수밖에 없다. 그러므로 자살의 급증은 현대 문명의 찬란함과는 아무 관계도 없으며, 더 이상 좌시할 수 없는 위기와 혼란의 상태 때문이다.

이상과 같은 여러 가지 이유 외에 또 하나의 이유를 추가할 수 있다. 집단적 비애의 감정이 사회생활에서 한 역할을 수행한다고 하더라도 그것은 사회의 중심이 될 만큼 일반적이고 강력한 것이 아니다. 그것은 집단적 인격으로 희미하게 지각되는 잠재적인 경향이며 확실하게 인식하지 못하는 사이에 일어난다. 만일 그와 같은 애매한 경향이 집단의식에 영향을 미친다면 그것은 단지 일시적이고 간헐적일 것이다. 일반적으로 그와 같은 경향은 단편적인 판단과 서로 관련이 없는 개별적인 격언들로써만 표현되며, 이것들은 그 완고함에도 불구하고 오직 현실의 일면만을 보여 주기 때문에 그와 반대되는 격언들로 수정되고 보완되어야 한다.

때로는 민족의 지혜를 담은 자살에 대한 우울한 격언과 경구들이 생겨나지만, 그것들이 그 반대 성격의 격언과 경구들보다 더 많은 것은 아니다. 분명히 그러한 격언들은 일시적인 인상을 담는 것으로 잠시 집단의식에 나타나기는 하지만 완전히 집단의식을 지배하지는 못한다. 그러한 감정은 비정상적으로 커졌을 때만 조정을 받고 체계화된 전체로서 공공의 주목을 받게 되며 완전한 생활 철학의 기초로 받아들여진다. 그리스-로마 시대에는 사회가 심각한 위기에 처했을 때 에피쿠로스나 제논의 비관론이 나타났다. 그 이론의 형성은 사회적 유기체의 어떤 장애 때문에 비관주의 경향이 비정상적인 수준에 이르렀음을 나타낸다.

우리는 이 같은 이론들이 최근에 급격히 늘어난 것을 잘 알고 있다. 그러한 이론의 양과 중요성을 알기 위해서는 쇼펜하우어나 하르트만 등의 비관적 철학을 생각하는 것만으로는 충분하지 않다. 같은 정신에서 유래하는 여러 가지 명칭의 다른 모든 경향도 고려하지 않으면 안 된다. 무정부주의자, 탐미주의자, 신비주의자, 사회주의 혁명론자들은 비록 미래에 대해서까지 절망하는 것은 아니라 할지라도 현존 질서에 대한 동일한 혐오와 멸시의 감정 그리고 현실을 파괴하고 현실로부터 도피하려는 동일한 열망 등을 공통으로 가지고 있다. 그런 집단적 우울은 병적인 상태가 아니고서는 집단의식에 그토록 침투할 수 없다. 따라서 그러한 상태에서 일어나는 자살의 경향도 같은 성격이다.[8]

그러므로 우리는 여러 가지 증거를 들어 지난 한 세기 동안의 급격한 자살 증가가 병리적인 현상이며, 날마다 심각한 위협이 되고 있다고 결론지을 수 있다. 그러면 어떻게 그것을 극복할 수 있을 것인가?

어떤 학자들은 과거에 시행했던 위협적인 형벌의 부활을 주장한다.[9]

이런 주장을 하는 사람들은 오늘날 자살에 대한 관용이 지나치다고 생각한다. 자살은 도덕을 어기는 것이므로 강력하게 비난해야 하며 그와 같은 비난은 명확한 외형적인 상징으로, 즉 형벌로 표현해야 한다는 주장이다. 오늘날 규제 제도의 이완은 그 자체가 비정상적인 현상이다. 그러나 심한 처벌은 공공 의식이 용인하지 않으므로 불가능하다. 왜냐하면 우리가 이미 살펴보았듯이 자살은 순수한 미덕에 가까우며 약간 과장되었을 뿐이기 때문이다. 따라서 여론은 그 판단 때문에 쉽게 양분된다. 자살은 어느 정도 여론이 존중하는 감정에서 기인하므로 여론의 비난에 주저할 수밖에 없다.

그리하여 자살이 도덕에 반하는 것이냐 아니냐를 둘러싼 끝없는 논란이 이론가들 사이에 반복되는 것이다. 하나의 연속선상에서 그 중간에 있는 행동들은 도덕적으로 용인되는 다른 행동들과 연관되기 때문에 때로는 자연스럽게 그와 같은 것으로 간주될 수 있으며, 따라서 같은 관용의 혜택을 받기 쉽다. 살인이나 절도 등에 대해서 같은 의문이 제기되는 경우는 아주 드문데, 이 경우는 구분이 훨씬 분명하기 때문이다.[10] 게다가 자살자의 죽음은 그 자체만으로도 많은 동정을 일으키기 때문에 비난하기가 어렵다.

그러한 여러 가지 이유로 자살에 대해서는 도덕적 처벌만이 가능하다. 가능한 처벌이라는 것은 자살자에게 정식 장례를 치러 주지 않거나 자살 미수자에게 양육권 행사나 공직 선출 자격을 제한하는 등과 같은 공적, 정치적, 가정적 권리를 박탈하는 정도다. 우리는 자신의 기본적 의무를 회피하려고 한 사람에게 그에 상응하는 권리를 박탈하는 일에 여론이 쉽게 동의하리라고 믿는다. 그러나 그런 조치들이 아무리 정당하다고 하더라도 이차적인 영향만 미칠 뿐이다. 그러한 조치가 자살이라는 난폭한 경향을 억제하리라고 생각하는 것은 어린아이 같은 생각이다.

그뿐만 아니라 그 조치들은 악의 근본을 없애지 못한다. 사실상 자살에 대한 법적 금지를 포기한 이유는 자살의 비도덕성이 약하기 때문이다. 자살이 전처럼 우리에게 혐오감을 일으키지 않기 때문에 자유롭게 내버려 두는 것이다. 그리고 법적 조치만으로는 우리의 도덕적 감성이 향상되지 않는다.

하나의 사실이 도덕적으로 혐오의 대상이냐 아니냐 하는 것은 입법자들에게 달린 문제가 아니다. 만일 공적 감정이 범죄라고 생각지 않는 행동을 법이 금지하면, 우리는 법이 처벌하는 행동이 아니라 법 자체에 분개한다. 우리가 자살을 관용하는 것은 자살이 발생하는 정신 상태가 일반적이기 때문에 우리 자신을 정죄하지 않고서는 자살을 정죄할 수 없기 때문이다.

우리가 자살을 어느 정도 용인하지 않을 수 없을 만큼 자살은 만연해 있다. 보다 엄격해질 수 있는 유일한 방법은 비관주의적 경향에 직접 손을 대서 그것을 정상화하고 우리의 의식을 비관주의의 영향으로부터 구출하여 새롭게 만드는 길뿐이다. 일단 도덕의 균형이 회복되면 그와 같은 의식은 어떠한 공격에도 적절하게 반응할 수 있다. 규제 제도가 무(無)의 상태에서 만들어질 필요는 없으며, 필요에 따라 저절로 제 모습을 갖추게 될 것이다. 그렇게 되기까지는 규제는 인위적인 것이며 거의 쓸모가 없을 것이다.

그렇다면 그러한 결과를 이루기 위해서는 교육이 가장 확실한 방법이 아닐까? 성격은 교육을 통해서 영향을 받으므로 보다 용감하고 포기하지 않는 성격을 키워 주는 것만으로 충분하지 않을까? 이는 바로 모르셀리의 견해다. 그는 자살의 예방에 대해 다음과 같은 의견을 피력했다.

"인간에게 자신의 관념과 감정을 조정하는 능력을 계발시켜서 인생의 명확한 목적을 가질 수 있게 해야 한다. 간단히 말해서 도덕적 특성을 강화해야 한다."[11]

그리고 그와는 전혀 다른 학파의 한 학자도 같은 결론을 내리고 있다. 프랑크는 다음과 같이 말했다.

"자살을 그 근원에서부터 치유하자면 어떻게 해야 하는가? 그것은 위대한 교육적 사업을 향상시킴으로써, 즉 지능뿐 아니라 인격을 증진시키고 관념뿐 아니라 신념을 증진시킴으로써 가능하다."[12]

그러나 이런 주장은 교육이 가지고 있지 않은 힘을 교육에 기대하는 것이다. 교육은 사회의 표상이며 반영일 뿐이다. 교육은 사회를 축약된 형태로 모방하고 재생하는 것이지 사회를 창조하는 것은 아니다. 교육은 사람들 자신이 건강할 때만 건강할 수 있다. 사람들이 병들면 교육도 병들며, 교육은 스스로를 바꿀 수 없다. 도덕적 환경이 병들어 있을 때는 교사들 자신이 그와 같은 환경 속에 살며 그 영향을 받으므로 학생들을 자신이 받은 영향과 다른 방향으로 교육할 수 없다. 새로운 세대는 언제나 그 전 세대의 양육을 받는다. 따라서 다음 세대를 향상시키기 위해서는 지금 세대부터 향상되어야 한다. 그러므로 이 관계는 순환적이다. 이따금 다른 사람들보다 뛰어난 관념과 열망을 가진 개인이 나타날 수는 있으나 그런 독립된 개인들도 사람들의 도덕적 특질을 개조할 수 없다.

물론 우리는 감동적인 호소로 사회가 기적적으로 바뀔 수 있으리라 믿고 싶어 한다. 그러나 아무것도 없는 상태에서는 아무것도 나오지 않는다. 아무리 강력한 의지라도 아무것도 없는 상태에서 존재하지 않는 것을 끌어낼 수는 없으며 충격적인 경험은 그와 같이 안이한 환상을 계속 사라지게 할 것이다. 또한 어떤 이해할 수 없는 기적이 일어나 사회 체계와 반대되는 교육 제도가 형성된다고 하더라도 그와 같은 상반성으로는 아무런 효과도 얻지 못한다.

도덕적 상태가 근거하는 집단적 조직이 온전하다면, 어린아이들은 집단과 처음 접촉하는 순간부터 그 영향을 느끼게 된다. 그에 비해 학교와 인위적 환경은 아이들을 일시적으로 보호할 수 있을 뿐이다. 그리고 실생활의 영향력이 강화됨에 따라 교사의 노력은 무위로 돌아간다. 그러므로 교육은 사회 자체가 개혁되어야만 개혁될 수 있다. 사회의 개혁을 위해서는 사회가 앓고 있는 병을 근원부터 치료해야 한다.

이제 우리는 그 근원을 알고 있다. 우리는 자살을 일으키는 경향의 원천을 앞에서 논의했다. 그중 하나는 오늘날의 자살 증가와는 관계가 없는 것이다. 바로 이타적 경향이다. 이타적 경향은 오늘날 그 근거를 상당히 잃고 있다. 그것은 주로 미개 사회에서만 나타나는 경향이고, 비록 군대에서는 아직 지속되고 있다고 하지만 그곳에서도 비정상적인 강도를 갖지는 않는다. 그것은 군인 정신을 유지하기 위해서 필요할 뿐이다. 더구나 이타적 경향은 군대에서조차 계속 감소하고 있다. 그러므로 오늘날 병적인 증가로 간주할 수 있는 것은 이기적 자살과 아노미성 자살뿐이다. 따라서 이 두 가지 형태의 자살만 고찰해 보자.

이기적 자살은 사회가 사회 성원 전부를 모든 측면에서 통제할 수 있을 만큼 충분히 통합되지 않은 상태에서 온다. 그러므로 만일 이기적 자살이 과도하게 증가한다면 그것은 그러한 자살을 일으키는 조건이 지나치게 커졌기 때문이다. 즉 사회가 약해지고 혼란해져서 너무 많은 사람이 사회의 영향으로부터 크게 벗어났기 때문이다.

따라서 그 병을 치유하는 유일한 방법은 사회 집단이 충분히 강화되어 개인을 더욱 확고히 지배하고 개인으로 하여금 자신이 사회에 속해 있음을 느끼게 하는 것뿐이다. 개인은 자신보다 오래되고 자신보다 영속하며 모든 면에서 자신을 감싸는 집단적 존재와의 유대를 더욱 강하게 느껴야 한다. 그렇게 되면 더 이상 행동의 유일한 목표로 자신만을 생각하지 않고, 자신을 자신보다 더 중요한 목적의 수단으로 이해함으로써 자신의 중요성을 알게 될 것이다. 그리고 삶 본래의 목적과 지향성을 회복했기 때문에 삶의 의미가 되살아날 것이다. 그렇다면 어떠한 사회 집단이 개인에게 그와 같이 유익한 유대감을 끊임없이 제공할 수 있을까?

정치 사회는 사회에 대한 소속감과 연대감을 무한하게 제공하지는 않는다. 특히 오늘날의 현대 국가에서 정치 사회는 개인에게 지속적으로 충분한 영향을 미치기에는 너무 멀리 떨어져 있다. 우리의 일상적인 과업과 전체적인 공공 생활 간에 어떤 관계가 있더라도 우리가 그런 관계를 항상 예민하게 느끼기에는 너무나 간접적이다. 우리는 심각하고 중요한 문제가 닥칠 때만 정치 체제에 의존하고 있음을 느끼게 된다. 물론 도덕적 엘리트들에게 조국이란 관념이 완전히 흐릿해지는 일은 드물다. 그러나 일상적인 시기에는 그런 관념이 다른 일들의 그늘에 가리고 눈에 띄지 않으며 때로는 완전히 가려지기도 한다.

커다란 국가적, 정치적 위기 같은 비상 상황에서만 조국의 관념은 일차적인 중요성을 갖게 되며 사람들의 의식에 파고들어 행동의 주도적 동기가 된다. 그런데 그런 간헐적 영향만으로는 자살의 경향을 정규적으로 규제할 수 없다. 개인들은 자신의 활동이 목적을 가지고 있다는 것을 일시적으로가 아니라 계속해서 느껴야 한다. 그러나 그런 느낌은 보다 단순하고 규모가 작으며 개인을 친밀하게 포용하고 보다 직접적인 목표를 제공하는 사회적 환경에서만 느낄 수 있다.

종교 사회 역시 그와 같은 역할에 적합하지 않다. 물론 종교가 일정한 조건 아래에서는 유익한 영향을 발휘한다. 그러나 그러한 필요조건은 이제 제공되지 않는다. 사실상 종교는 개인을 밀접하게 장악할 수 있을 만큼 강력할 때만 자살을 방지할 수 있다. 가톨릭은 신자에게 많은 교리와 관행을 부과하며 그들의 세속적 생활의 세세한 부분까지 파고들어 가 개신교 교회보다 훨씬 더 강력하게 신도들을 삶에 밀착시킨다.

가톨릭교는 삶의 여러 상황에 적용되는 교의를 가지고 신도들을 끊임없이 지배하므로 신도들이 자신이 속한 종교 집단과의 유대를 상실할 가능성이 훨씬 적다. 가톨릭교도는 그의 한 걸음 한 걸음을 염려할 필요가 없다. 자신의 한 걸음마다 신에 의해서, 즉 신의 가시적 형태인 교회에 의해서 규제받기 때문이다. 그뿐만 아니라 그런 명령은 초인간적인 권위에서 나오므로 인간의 사고로는 그것을 지배할 권리가 없다. 그들의 행위 규범의 근원을 인간의 사고에 두는 것은 실제적인 모순일 뿐만 아니라 그런 규제에 대한 자유로운 비판도 허용되지 않는다.

종교는 사람들의 자유로운 사고를 막을 수 있는 한도 내에서만 자살 경향에 영향을 미칠 수 있다. 그와 같은 인간 지성의 지배는 오늘날에는 어려운 일이며 앞으로는 더욱 어려워질 것이다. 그러한 지배는 우리의 가장 귀중한 감정을 거스른다. 우리는 이성이 제한되는 것을 거부하며, "이 한계를 넘지 말라."라는 말을 인정하지 않게 되었다. 이것은 과거에는 없던 일이다.

인간 정신의 역사는 바로 자유로운 사상의 진보의 역사다. 따라서 저항할 수 없는 경향을 억제한다는 것은 어리석은 일이다. 우리의 위대한 사회가 몰락하고 다시 옛날의 자그마한 사회 집단으로 돌아가지 않는 한, 즉 인간성이 그 출발점으로 되돌아가지 않는 한 종교는 우리의 의식에 큰 영향을 미칠 수 없다.[13] 그러나 이 말은 새로운 종교가 창립될 수 없다는 말은 아니다. 그렇지만 새로운 종교는 비판의 권리, 자유, 개인의 자발성 등을 오늘날 가장 진보적인 개신교 교파보다 더 많이 허용해야 한다. 그러므로 새로운 종교도 신도의 자살을 방지할 정도로 강력한 영향력을 행사할 수는 없을 것이다.

많은 학자들이 악을 퇴치하는 유일한 치유책은 종교뿐이라고 생각해 왔지만, 그들은 종교가 가지는 힘의 근원을 잘못 생각한 것이다. 그들은 종교란 거의 전적으로 고상한 사상과 고귀한 격언들로 이루어지고 합리주의와 조화될 수 있는 것으로 생각했고 그와 같은 종교가 사람들의 정신과 마음속에 뿌리내리기만 하면 그들의 약점을 막아 줄 수 있다고 생각했다.

그러나 그것은 종교의 본질에 대한 관념에 있어서나 종교가 자살을 방지하는 면역성의 원인에 있어서나 모두 잘못된 것이다. 사실 종교의 면역성은 종교가 개인들에게 어느 정도 신비한 내세의 관념을 불어넣어 주는 데서 오는 것이 아니라 종교가 인간의 사고와 행동에 행사하는 강력하고도 세밀한 규제에서 오는 것이기 때문이다.

만일 종교가 단순히 상징적인 이상주의거나 전통적인 철학과 같은 것으로 논의의 대상이 되고 우리의 직업적 활동과 어느 정도 거리가 있다면, 종교는 우리에게 커다란 영향을 미칠 수 없다. 자연과 인간 세계 밖에 있는 신은 우리의 세속적 행동의 목표가 될 수 없으며, 따라서 우리의 행동은 목표를 갖지 못한다. 그 순간부터 신이 의미를 부여해야 할 수많은 일들이 신과 무관해지게 된다. 그와 같은 신은 무가치한 세계를 우리에게 떠넘김으로써 동시에 현세의 생활과 관련된 모든 일을 우리 자신에게 넘긴 것이다. 그리하여 인간은 자신을 둘러싼 신비를 스스로 성찰하여 자살을 막을 수 없게 되었으며, 또한 전능한 존재자에 대한 신앙을 통해서도 막을 수 없게 된다. 우리에게는 오직 불확실한 미래와 무한하게 떨어져 있는 신만 남아 있을 뿐이다.

한마디로 말해서 우리는 오직 사회화를 통해서만 이기적 자살을 방지할 수 있는데, 종교는 우리의 자유로운 관찰의 권리를 부인함으로써만 우리를 사회화할 수 있다. 종교는 이제 우리의 희생을 요구할 만큼 충분한 권위가 없으며 앞으로도 그러할 것이다. 더는 종교가 자살을 방지할 수 있으리라고 기대할 수 없다. 또한 유일한 치유책이 종교의 회복이라고 주장하는 사람들의 주장이 일관성을 가지려면 그들은 가장 오래된 종교 형태의 재건을 요구해야 한다. 왜냐하면 자살은 가톨릭보다는 유대교, 개신교보다는 가톨릭이 더 잘 방지하기 때문이다. 그러나 개신교는 세속적 관행으로부터 가장 자유로우며 따라서 가장 관념적이다. 그와 반대로 유대교는 그 위대한 역사적 역할은 인정하지만 많은 면에서 가장 원시적인 형태의 종교다. 그러나 교리의 도덕적, 지적 우월성은 자살에 대해서는 아무런 영향도 미치지 못한다.

다음으로 자살 예방에 효력이 있는 가족을 살펴보자. 그러나 자살의 증가를 막기 위해서 미혼자 수를 줄이기만 하면 된다고 생각하는 것은 잘못이다. 기혼자는 미혼자보다 자살 경향이 적지만 그들의 자살 경향도 미혼자의 경향과 마찬가지 비율로 증가하고 있기 때문이다. 1880년에서 1887년 사이에 기혼자의 자살은 35%(2,735건에서 3,706건으로 증가)나 증가했는데, 미혼자의 자살은 13%(2,554건에서 2,894건으로 증가)밖에 증가하지 않았다.

베르티용에 따르면 1863~1868년에 기혼자의 자살률은 1백만 명당 154명이었으며, 1887년에는 242명으로 57%의 증가를 보였다. 같은 기간에 미혼자의 자살률은 조금 더 증가했는데, 173명에서 289명으로 67% 증가했다. 따라서 지난 한 세기 동안 자살의 증가는 결혼 여부와 관계없다.

가족 자체의 성격이 변했기 때문에 가족은 종전과 같은 자살 방지 효력을 발휘할 수 없다. 가족은 과거에는 가족 성원을 출생에서부터 사망까지 그 울타리 안에 묶어 둘 수 있었으며 불가분의 자그마한 단위를 형성하고 영속적인 특성을 갖고 있었지만 오늘날에는 가족생활 기간도 짧아졌다. 가족은 일단 흩어지기 시작하면 간신히 형태만 유지한다. 어린아이들은 성장하자마자 교육을 위해 가족을 떠나는 일이 많으며 성인이 되면 바로 부모를 떠나는 것이 일반적이다.

오늘날에는 대부분의 경우 가족은 부부만으로 줄어들고 있으며, 우리는 그와 같은 결합이 자살에 대하여 약한 억제력밖에 없음을 알고 있다. 따라서 가족은 생활에 있어 작은 역할밖에 못 하므로 이제는 삶의 목표가 될 수 없다. 물론 오늘날에도 자녀에게 신경을 덜 쓰는 것은 아니다. 다만 자녀들이 우리의 생활양식에 덜 밀착되어 있으며 덜 영속적인 유대를 맺는 것이다. 그러한 생활양식은 다른 존재 기반을 필요로 한다. 가족과의 결속 없이 살아가야 하므로 다른 대상에 우리의 사고와 행동을 결부시켜야 한다.

특히 오늘날에 와서 사라져 가는 것은 집단적 존재로서의 가족이다. 과거에 가족은 단순히 상호 간의 애정으로 결속된 몇 사람의 개인들만이 아니었다. 가족은 추상적이고 비인격적인 실체로서의 집단 자체였다. 가족이란 집의 건물, 조상 대대로 물려받은 논밭, 전통과 명예 등과 더불어 전승해 내려오는 가문을 뜻했다. 이 모든 것이 사라지고 있다. 완전히 새로운 조건에서 새로운 요소들로 개편되기 위해 조만간 해체될 사회는 개인적 특성을 획득할 만큼 충분한 연속성을 갖지 못하며 구성원들이 소속감을 느낄 만큼의 역사도 없다. 따라서 만일 사람들이 그들의 오래된 활동 목표를 새로운 것으로 대치하지 못한 채 그것을 상실하게 되면 커다란 공백이 생긴다.

이런 이유로 기혼자뿐 아니라 미혼자의 자살도 급증하고 있다. 왜냐하면 이러한 가족의 상태는 젊은이들이 자신의 가정을 이루기 전에 가정을 떠나게 하며, 결국 독신 가구가 점점 더 많아져서 이런 고립이 자살 경향을 증가시키고 있기 때문이다. 그러나 그와 같은 변화를 멈출 수 있는 것은 아무것도 없다. 옛날처럼 관행과 전통, 이동 제한 등으로 어느 정도 폐쇄적이던 때는 모든 세대가 그들이 출생한 지방에서 멀리 떠날 수 없었다. 그러나 그러한 제한이 없어지고 소규모 환경이 다른 지방과 평준화되고 뒤섞이면서 개인들은 각자의 야망에 따라 흩어지게 되고 보다 넓은 세계에서 자신의 이익을 추구하게 되었다. 따라서 어떠한 방법으로도 그런 벌 떼 같은 움직임을 막을 수 없으며 과거에 가족의 힘의 원천이었던 불가분성을 회복할 수 없다.

그렇다면 자살이라는 악은 치유될 수 없는 것인가? 자살을 방지하는 데 유용했던 사회 집단들이 오늘날에는 진정한 해결책을 제공할 수 없기 때문에 얼핏 아무런 치료 방법이 없는 듯 보인다. 그러나 종교, 가족, 국가가 이기적 자살에 억제력이 있지만 그러한 억제력의 원인이 종교, 가족, 국가가 장려하는 특별한 종류의 감정 때문이 아님은 이미 알고 있다. 이들 집단이 자살 억제력을 갖는 이유는 그들이 모두 사회이기 때문이고, 잘 통합된 사회일 때만 그 특성을 가질 수 있다. 그러므로 동일한 응집력을 갖는 한 전혀 다른 집단이라도 동일한 효과를 가질 수 있다.

신앙과 가족과 정치적 사회 이외에도 아직 우리가 언급하지 않은 다른 사회가 있다. 즉 같은 부류의 모든 노동자가 협동하고 모두 같은 기능으로 협동하는 직업 집단, 즉 조합이다. 이런 역할에 대한 직업 집단의 적합성은 그 정의를 보면 알 수 있다. 그러한 집단은 같은 과업에 종사하는 개인들로 구성되며 서로 연대하고 결속된 이해관계를 가지므로 사회적 관념과 감정을 발전시키는 데 이보다 더 좋은 사회 집단을 생각할 수 없다. 출신 배경과 문화, 직업의 동일성은 공동생활의 가장 훌륭한 밑바탕이 된다. 더욱이 조합은 집합적 인격을 형성할 수 있으며 자율성과 성원들에 대한 권위를 모두 가질 수 있다는 것이 이미 오래전에 증명되었다.

따라서 직업 집단이 개인들의 도덕적 환경이 될 수 있다는 것에는 의심의 여지가 없다. 잘 조직된 사회에서 개인적 이익에 대한 사회적 이익의 우월성과 권위를 노동자 조합이 대체하지 못할 이유는 없다. 또 다른 관점에서 직업 집단은 다른 집단에 비하여 언제 어디에나 있으며 생활의 대부분을 통제한다는 점에서 삼중의 이점을 가지고 있다.

개인에 대한 직업 집단의 영향은 정치 사회처럼 간헐적이지 않으며 개인 협동 작업을 통해 끊임없이 개인들과 접촉한다. 근로자들이 어디에 가든지 직업 집단은 있으나 가족은 그렇지 못하다. 근로자들이 어디에 있든지 직업 집단은 그들을 수용하며 그들에게 의무를 지우고 필요할 때는 그들을 지원한다. 끝으로 직업 생활은 거의 생활의 전부이기 때문에 조합 활동은 직업 활동의 세세한 부분까지 영향을 미쳐 하나의 집단적 경향이 된다. 따라서 조합은 개인에게 환경을 제공하고 도덕적 고립으로부터 그를 끌어내는 데 필요한 모든 특성을 구비하고 있다. 그리고 이미 다른 집단들이 부적절해진 때에 직업 집단만이 위에서 말한 불가결한 기능을 수행할 수 있다.

그러나 직업 집단이 영향력을 가지려면 오늘날과는 아주 다른 기초 위에서 조직되어야 한다. 첫째, 직업 집단이 법적으로 허용되지만 정치적으로는 무시되는 사적 집단에 머무르지 않고 공공 생활의 한 기관으로서 인정되어야 한다. 이것은 직업 집단을 의무화해야 한다는 뜻이 아니라 직업 집단이 특정한 이익의 여러 가지 결합만을 표현하기보다는 사회적 역할을 하게끔 구성되어야 한다는 뜻이다. 그뿐만 아니라 그와 같은 틀이 빈껍데기에 그치지 않으려면 모든 생활의 싹이 그 속에서 활발히 피어날 수 있어야 한다. 직업 집단이 단순한 명칭에 그치지 않으려면 명확한 기능을 부여해야 하며 직업 집단이 다른 어떠한 집단보다도 더 잘 수행할 수 있는 기능들도 분명히 존재한다.

오늘날 유럽 사회는 직업 생활을 규제하지 않고 방임하거나 정부가 개입하여 규제하거나 양자택일해야 할 상황에 놓여 있다. 정부 이외에는 그와 같은 중재 역할을 담당할 다른 기관이 없기 때문이다. 그러나 정부는 하나하나의 직업 생활에 적절한 특수한 형태를 제시할 복잡한 활동을 하기에는 부적합하다. 정부는 오직 일반적이고 명확한 과업만을 위해 만들어진 기구다. 정부의 획일적인 활동은 무한하게 다양하고 특수한 상황들에 쉽게 적응할 수가 없다. 따라서 정부의 활동은 불가피하게 억압적이며 평균적이다.

다른 한편으로 우리는 기반을 잃은 모든 생활을 무질서하게 방치할 수 없다고 느끼고 있다. 그래서 우리는 지나친 엄격성 때문에 무력해진 권위주의적 규제와 무정부 상태로 끝나고 말 제도적인 불개입의 사이에서 끊임없이 흔들리고 있을 뿐이다. 문제가 노동 시간이건 건강이건 임금이건 사회 보장이건 간에 언제나 사람들은 같은 문제에 끊임없이 봉착한다. 어떤 규제를 시도하면 그 규제는 유연성이 없어서 실제의 경험에 적용되지 못하며, 혹은 그러한 규제를 통하여 해결하려고 한 문제 자체에 해를 끼치지 않고서는 적용이 불가능함을 곧 알게 된다.

그 모순을 해결하는 유일한 방법은 비록 국가의 통제는 받지만 국가의 외부에 여러 집단적 힘의 집합체를 만들어서 보다 큰 다양성을 갖춘 규제를 행사하는 것뿐이다. 이 조건에 가장 잘 맞는 집단은 조합뿐이며, 그러한 기능을 담당할 만한 다른 집단은 찾아볼 수 없다. 직업 조합은 구체적 사실과 가장 가깝고 사실과 계속해서 직접 접촉하며 미묘한 차이까지 전부 알 수 있고 각자의 다양성을 잘 살릴 수 있을 만큼 충분히 자율적이다.

그러한 조합들은 보험, 구호, 연금 등 많은 사람이 필요하다고 생각하지만 강력하면서도 서투른 정부에게는 맡기기 어려운 모든 기능을 맡아야 할 것이다. 또한 같은 직업 내의 여러 부분 간에 끊임없이 일어나는 분쟁을 조정하고, 사업 종류에 따라 상이한 방식으로 모든 계약의 조건이 공정하게끔 조정하고, 공공의 이익을 위해 강자가 부당하게 약자를 착취하지 못하도록 보호하는 등의 임무를 맡아야 한다.

노동은 분화되어 있으므로 법과 도덕은 비록 어디서나 동일한 일반적인 원칙에 의거하지만 각각의 특수한 기능에 따라 상이한 형태를 취한다. 모든 인간에게 공통되는 권리와 의무 이외에 각 직업의 특수한 성격에 따르는 권리와 의무가 있게 마련이며 그런 직업별 권리와 의무는 직업 활동이 발전하고 다양해질수록 더욱 증가한다. 각각의 규율을 위해서는 그 규율을 적용하고 유지해야 할 각각의 특수한 기관이 필요하다. 같은 기능에 종사하는 노동자 집단 이외에 어떤 다른 집단이 그 규제에 적합할 수 있겠는가?

이제 조합체가 그들에게 요망하는 임무를 수행하려면 어떠한 성격의 집단이 되어야 하는지를 대략 밝혔다. 그러나 물론 오늘날의 상태로는 조합들이 도덕적 권위를 행사할 수 있는 수준으로 발전하리라고 생각하기 어렵다. 조합들은 아직 피상적이고 간헐적인 관계를 맺고 있을 뿐 개인들 사이에 아무런 유대도 가지고 있지 못하며 서로가 협동자이기보다는 오히려 경쟁자이거나 적대적 관계를 갖는 경향이 더 많다.

그러나 그들이 많은 문제에서 공통성을 갖게 되고 개인과 집단 간의 관계가 밀접해지면 아직 알려지지 않은 새로운 유대 감정이 일어날 것이며 오늘날과 같이 구성원들과 동떨어진 직업 환경의 낮은 도덕적 수준도 결국 올라갈 것이다. 그리고 그와 같은 변화는 비단 경제생활에만 국한되지 않을 것이다. 사회의 모든 직업이 그와 같은 조직을 요구할 것이고 그러한 조직을 만들게 될 것이다. 그리하여 오늘날 위험할 정도로 이완된 사회 조직망은 전반적으로 다시 치밀해지고 강화될 것이다.

이 같은 복구가 대대적으로 이루어지려면 안타깝게도 앙시앵 레짐(구체제, 프랑스 대혁명 이전의 왕정) 시기에 노동 집단이 남겼던 악명을 극복해야만 한다. 그러나 낡은 집단이 프랑스 대혁명 때 폐지되었다는 사실에서 드러나는 무용함보다는 직업 집단이 중세뿐만 아니라 그리스-로마 시대와 같은 고대[14]로부터 계속 유지되었다는 사실로 그 불가결성이 증명되었다고 할 수 있다. 19세기를 제외하고는 직업적 활동이 어느 정도 발달하였던 곳 어디서나 조합이 조직되었다는 사실은 조직이 필요하다는 것과 또 그러한 직업적 조직을 1백 년 전의 것과 다르게 수정하고 향상시켜서 복원해야 한다는 것을 증명한다. 물론 낡은 직업 조직은 급속한 진보를 막는 장애가 된다. 낡은 지방의 직업 집단은 모든 외적 영향에 대해 폐쇄적이었기 때문에 도덕적, 정치적으로 통일된 국가에서는 비정상적인 것이 되었다.

그러한 집단이 국가 속의 국가가 되게 했던 과도한 자율성은 더 이상 유지될 수 없으며, 정부 기구는 모든 방향으로 확장되어 사회의 모든 이차적인 기관들을 점점 더 정부에 종속하고 있다. 따라서 이와 같은 기관의 기반은 확대되어야 하며 국민 생활 전반에 걸쳐서 연결되어야 한다. 그러나 만일 여러 지방의 유사한 조합들이 고립 대신에 서로 연대하여 단일한 체계를 형성한다면 그리고 이런 체계들이 국가의 일반적인 통제를 받고 연대성을 인식하게 된다면 관료주의의 횡포나 직업적 이기주의를 적당한 수준에서 제한할 수 있을 것이다.

사실 한 도시의 경계를 넘지 않는 자그마한 집단에서 가능했던 유익한 고정 불변성의 전통은 광대한 영역에 걸쳐 있는 대규모의 연합체에서는 존속할 수 없다.[15] 그러나 동시에 각 특수 집단들은 일단 공적 생활의 지도적 중심과 정규적인 관계를 맺게 되면 그 자체의 이익만 추구하는 일이 줄어들 것이다.

이런 조건 아래에서만 공공복지에 대한 인식이 항상 개인의 의식 속에 살아 있게 된다. 개별적 기관과 일반적 이익을 대표하는 권위 사이에 부단한 의사소통이 이루어지기 때문에 사회는 더 이상 개인이 가끔 막연하게 떠올리는 존재가 아니게 되었다. 우리는 사회가 일상생활의 모든 과정에 존재하는 것을 느끼게 된다. 그러나 기존의 질서를 대체할 새로운 질서를 세우지 않고 기존 질서를 파괴했기에 조합 이기주의는 그보다 더 해로운 개인 이기주의로 대체되었다. 그 때문에 지금까지 이루어진 모든 해체 중 직업 집단의 해체만이 유일하게 유감스러운 것이다. 우리는 개인들의 의지를 지속적으로 결합할 수 있는 유일한 집단을 해체시킴으로써 도덕 재건의 유일한 수단을 스스로 파괴한 것이다.

그러나 이 방법은 이기적 자살에만 효과가 있는 것이 아니다. 이기적 자살과 밀접한 관련을 가진 아노미성 자살도 같은 처방으로 치료할 수 있다. 아노미는 사회의 특정 부분에서 집단적 세력이 결핍될 때 나타난다. 즉 사회생활의 규제에 필요한 집단의 부족에서 나온다. 그러므로 부분적으로 아노미는 이기적 경향을 생성하는 해체 상태에서 나오는 결과다. 그러나 그 발생 지점이 어디인지, 적극적이고 실제적인 기능에 영향을 미치는지 아니면 상징적인 기능에 영향을 미치는지에 따라 같은 원인이 다른 결과를 가져온다. 같은 원인이 전자의 경우에는 선동하고 격앙시키며, 후자의 경우에는 혼란과 부조화를 일으킨다. 따라서 양자의 경우에 치유책은 동일하다.

그리고 우리는 이미 직업 집단의 주된 역할이 과거와 같이 미래에도 사회적 기능, 특히 경제적 기능을 관리함으로써 그러한 기능을 오늘날의 해체 상태에서 구해내는 것임을 알게 되었다. 지나친 욕망이 한계를 넘어설 때마다 조합은 각 부분에 공정하게 돌아가야 할 몫을 결정해 줄 수 있다. 조합은 성원들보다 높은 위치에서 불가피한 희생과 양보를 요구하고 명령을 내릴 권위를 가질 것이다.

강자에게 힘의 사용을 절제하게 하고, 약자에게 끊임없는 저항을 자제하게 하면서 양자 모두에게 상호 간의 의무와 전체의 이익을 상기시키고 경우에 따라 생산을 억제하여 병적인 욕망에 빠지지 않도록 규제함으로써 조합은 욕망을 조정하고 나아가서 그 한계를 정해 줄 수 있다. 그리하여 새로운 종류의 도덕적 규율을 확립할 수 있다. 이것이 없이는 모든 과학적 발견과 경제적 진보는 오직 불만만 낳을 뿐이다.

이와 같이 시급한 분배 정의의 법칙은 다른 어떤 환경에서도 발전할 수 없으며 다른 어떤 기관에 의해서도 적용될 수 없다. 과거에 어느 정도 그 역할을 담당하고 있었던 종교도 이제는 적합하지 않다. 종교가 경제생활을 종속시킬 수 있는 유일한 규제 원칙은 부에 대한 경멸뿐이기 때문이다. 만일 종교가 그 추종자들에게 자신의 몫에 만족하라고 권유한다면 그것은 지상에서의 우리의 처지가 구원과 관계없기 때문이다. 종교가 형편에 따라 우리의 운명을 기쁘게 받아들이는 것이 우리의 의무라고 가르친다면, 그것은 우리를 노력할 가치가 있는 다른 목적에 결속시키기 위함이다. 일반적으로 종교는 같은 이유로 욕망의 절제를 권유한다.

그러나 그와 같은 소극적 금욕은 오늘날 집단생활에서 세속적 이해관계가 차지하고 있는 위상과 조화될 수 없다. 오늘날 우리에게 필요한 규율은 세속적 욕망을 부차적인 지위로 낮추는 것이 아니라 욕망을 그 중요성에 맞게 조직하는 것이다. 문제는 더욱 복잡해졌으며 욕망의 고삐를 풀어 주는 것이 치유책이 아닌 것과 마찬가지로 욕망을 통제하기 위해서 억압하는 것만으로는 충분하지 못하다.

낡은 경제 이론의 옹호자들이 오늘날에는 옛날과 같은 욕망의 규제가 불필요하다고 착각하는 것과 마찬가지로, 종교 제도의 옹호자들이 과거의 규제가 오늘날에도 유용하다고 믿는 것도 잘못이다. 사실 오늘날의 타락 원인은 바로 종교가 이제는 무용하게 되었기 때문이다.

손쉬운 해결책은 실제 상황의 어려움에 전혀 대처할 수 없다. 물론 도덕의 힘 외에는 어떤 것도 인간을 규제할 수 없다. 그러나 그러한 규제는 세상에서 일어나는 일들의 진정한 가치를 판단하기 위해 현세의 문제와 충분한 연관을 가져야 한다. 직업 집단은 바로 그러한 이중적 성격을 갖는다. 직업 집단은 하나의 집단으로서 개인들의 탐욕을 규제할 만큼 충분히 개인들을 지배할 수 있으며, 동시에 개인들의 욕구에 공감할 만큼 개인들의 삶을 중요하게 생각한다.

물론 국가도 중요한 기능을 계속 수행해야 한다. 국가만이 각 조합 집단의 특수성에 맞서 유기적 균형의 필요와 일반적 효용성의 요구를 대변할 수 있다. 그러나 우리는 국가의 활동은 오직 그 활동을 다양화할 이차적인 기관들의 체계가 있을 때만 효과적이라는 것을 잘 알고 있다. 따라서 장려해야 할 것은 그와 같은 이차적인 기관들이다.

그러나 이상과 같은 방법으로 제지할 수 없는 한 가지 종류의 자살이 있다. 그것은 결혼의 아노미에서 일어나는 자살이다. 이 형태에 대해서 우리는 해결하기 어려운 모순과 마주친 듯하다.

앞서 언급한 바와 같이 그 원인은 이혼 그리고 이혼을 허용하고 제도화한 관념과 관행에 있다. 이혼 제도는 과연 폐지되어야 할 것인가? 이 문제는 단순하지 않으므로 이곳에서 논의할 수 없는 문제다. 이 문제는 결혼 제도와 그 발전 과정에 대해 충분히 연구한 뒤에야 제대로 논할 수 있다. 그러므로 여기서는 이혼과 자살의 관계에 대해서만 관심을 갖기로 하자. 그러한 관점에서 우리는 "결혼의 아노미로 인한 자살의 수를 줄일 유일한 방법은 결혼을 보다 해체하기 어렵게 만드는 것이다."라고 말할 수 있다.

이 문제를 더욱 곤란하게 만들면서도 한편으로는 흥미롭게 만드는 사실은 남편들의 자살은 아내들의 자살을 증가시키지 않고서는 감소될 수 없다는 사실이다. 남성과 여성 중 어느 한쪽이 반드시 희생되어야 한다면, 그 해결책은 두 악(惡) 가운데에서 덜 나쁜 악을 선택해야 하는 것뿐일까? 결혼에 대한 남편과 아내의 이해관계가 그처럼 명백하게 상반되는 이상 다른 어떤 방법도 생각할 수 없는 듯하다. 아내들은 자유를 필요로 하며 남편들은 규율을 필요로 하는 이상 결혼 제도는 그들에게 동일한 혜택을 줄 수 없다. 그러나 이처럼 해결이 불가능해 보이는 상반성도 완전히 치유가 불가능한 것은 아니다. 즉 그와 같은 상반성이 없어지기를 바라는 것이 유일한 해결책이다.

상반성은 남녀가 사회생활에 동등하게 참여하지 않기 때문에 생긴다. 남자는 사회생활에 적극적으로 참여하고 있으며, 여자는 멀리 물러서서 바라보는 셈이다. 따라서 남성은 여성보다 훨씬 더 사회화되어 있다. 남성의 취향, 열망, 유머 등은 대부분 집단생활에서 유래하는 데 비해 여성은 신체에 더 직접적인 영향을 받는다. 따라서 남성의 욕구는 여성의 욕구와 크게 다르며, 또한 그들의 공동생활을 규제하는 제도도 동일할 수 없고 그들의 상반된 욕구를 동시에 충족시킬 수도 없다.

따라서 결혼은 거의 사회적 산물이라고 할 남성과 자연의 산물에 가까운 여성에게 동시에 만족스러운 제도가 될 수 없는 것이다. 그러나 그러한 상반성이 불가피하게 유지되어야 한다는 것도 분명하다. 물론 그와 같은 상반성은 어떤 의미에서 원래는 지금보다 덜 현저했던 것이 사실이지만, 그렇다고 해서 그러한 상태가 무한정 발전하리라고 결론지을 수도 없다. 가장 원시적인 사회적 상태는 가장 높은 진화의 단계에서 때때로 재생되는 일이 있지만 그 형태는 원초적인 것과는 아주 다르게 재생된다.

여성이 사회에서 남성과 같은 기능을 수행할 수 있으리라고 생각할 근거는 없다. 그러나 분명히 여성들은 사회에서 여성만의 독자성을 갖고 지금보다 더욱 적극적이고 중요한 역할을 수행하게 될 것이다. 또한 여성이 남성과 비슷해지지는 않을 것이며 오히려 남녀의 차이는 더욱 커질 것이라고 예상할 수 있다. 그러나 그 차이는 과거에 비해서 훨씬 더 많은 사회적 유용성을 갖는다.

예를 들어 남성들이 실용적 기능에 더욱 열중함으로써 차츰 멀어지는 심미적 기능들은 여성들의 기능이 될 수 있지 않겠는가? 남성과 여성은 서로의 차이로 인해서 오히려 가까워질 수 있다. 그들은 서로 다른 방법을 통해서 사회적으로 동등해질 수 있다.[16] 그리고 진화는 실제로 그러한 방향으로 진행되고 있다. 여성들은 농촌보다 도시에서 남성들과 훨씬 더 차이가 난다. 그러나 여성들의 지적, 도덕적 특질은 도시에서의 사회생활에서 가장 많이 나타난다.

어쨌든 이것만이 자살 통계가 보여 주는 것처럼 남녀의 성에 존재하는 불행한 도덕적 갈등을 감소시킬 수 있는 유일한 방법이다. 남편과 아내의 차이가 줄어들 때에만 결혼은 한 성의 희생 위에 다른 성에 유리한 것이 될 가능성을 벗어날 것이다. 남성과 마찬가지로 여성 동등권의 주창자들은 수 세기에 걸친 결과가 하루아침에 폐지될 수 없다는 사실을 잊고 있다. 그들은 또한 심리적 불평등이 이렇게 심한 상태에서는 법적 평등이 합법화될 수 없다는 점을 잊고 있다. 우리는 오히려 불평등을 감소시키는 데 집중해야 한다. 남성과 여성이 같은 제도 아래 동등하게 대우받기 위해서는 먼저 같은 성격의 사람들이 되지 않으면 안 된다. 그때에만 결혼 유대의 불가분성은 두 성 가운데 한쪽에만 유리하다는 비난을 면할 수 있을 것이다.

요약하면, 자살이 인간의 삶이 어렵기 때문에 일어나는 것이 아닌 것과 마찬가지로 자살을 통제하는 방법도 생존 경쟁을 덜 어렵게 하고 삶을 더 쉽게 하는 것이 될 수 없다. 과거보다 오늘날에 더 많은 자살이 일어나는 것은 오늘날에는 우리가 살기 위해서 더 애써야 하기 때문도 아니며 우리의 정당한 욕구가 덜 충족되기 때문도 아니다. 그보다는 우리가 지금 우리의 정당한 욕망의 한계를 모르고 있으며 노력의 방향을 알지 못하기 때문이다.

물론 오늘날에는 교통과 통신의 발달로 더 많은 경쟁자와 다투게 되었기에 날이 갈수록 경쟁이 심해지는 것은 사실이다. 그러나 다른 한편으로는 보다 완전해진 분업과 보다 복합적인 직업 조합이 여러 가지 직업을 새로 만들어 냄으로써 더 많은 사람이 다양하게 유용한 일을 하면서 자신의 생존 수단을 찾고 있다.

오늘날에는 가장 열등한 적성의 소유자까지도 일할 곳을 찾을 수 있다. 동시에 그처럼 정교해진 조합들은 더 많은 생산을 가능하게 함으로써 인간의 전체 자원을 증가시켜 각 근로자에게 더 많은 보수를 약속하고, 그 결과 더 많은 힘의 소비와 회복 사이에 균형을 이루게 한다. 그리고 비록 동일한 비율은 아니더라도 사회의 모든 계층에서 평균적으로 안락함이 증가한 것도 사실이다. 따라서 우리가 경험하는 부적응은 고난의 객관적 원인이 그 양에 있어서나 강도에 있어서 증가했기 때문이 아니다. 즉 경제적 빈곤의 증가 때문이 아니라 위험한 정신적 빈곤 때문인 것이다.

하지만 이 말의 뜻을 잘못 이해해서는 안 된다. 우리는 개인이나 사회의 질병이 정신적인 것이라고 하면, 보통 그 병은 실제적인 치유가 필요 없고 반복적인 권고나 선의의 충고와 같이 말을 통한 교화만으로 치료할 수 있는 것으로 생각하기 쉽다. 즉 관념의 체계는 다른 세계와는 아무 관계가 없는 것처럼 생각하고, 관념을 제거하거나 변화시키기 위해서는 특별한 방식으로 특별한 경구를 말하기만 하면 되는 듯이 생각하기 쉽다.

이러한 방법은 원시인들이 자연계의 사물에 적용하려 했던 신앙과 방법을 오늘날의 정신적 문제에 적용하려는 것이나 마찬가지다. 마치 원시인들이 주술적인 주문을 가지고 하나의 사물을 다른 사물로 바꿀 수 있다고 믿은 것처럼 우리는 우리의 생각이 우둔한 것임을 알아차리지 못하고 인간의 행동이나 성격을 적당한 말만 가지고서 바꿀 수 있다고 생각하고 있다. 마치 야만인들이 어떤 자연 현상의 변화가 일어나기를 바라는 열렬한 교감의 주술을 통해 실제로 그러한 변화가 일어나리라고 믿었던 것처럼 우리는 우리가 진정으로 인간의 행동과 성격의 변화를 원한다는 것을 진술하는 것만으로 그러한 변화가 저절로 일어나리라고 믿고 있다.

　그러나 실제로 인간의 정신 체계는 단순한 권고만으로 해체되거나 재조직될 수 없는 명확한 힘의 체계다. 그것은 사회적 요소들의 집합과 조직에 달려 있기 때문이다. 일정한 수의 개인들이 특정한 방법으로 조직되면 그곳에는 그러한 집단이 존속하는 조건이 변화되지 않는 한 계속 유지되는 집단적 관념과 관행이 생기게 된다.

　물론 집단생활의 성격은 구성원의 수나 집단의 계획 등에 따라 다르며, 그 사고방식과 행위 양식도 변화한다. 그러나 사고방식이나 행위 양식은 오직 집단적 생존 양식 자체가 변해야만 변화할 수 있으며, 집단적 생존의 변화는 그 구성 부분들의 변화가 없이는 일어날 수 없다. 따라서 우리가 자살의 비정상적 증가가 정신적 질병의 증상이라고 말하는 것은 그것을 단순히 부드러운 말 몇 마디로 치료할 수 있는 표면적 질환이라는 뜻이 결코 아니다. 그와 반대로 정신적 특질의 변화는 우리 사회 구조의 심각한 변동을 요구한다. 즉 정신적 특질을 치유하려면 사회 구조를 개조해야 한다.

개조가 어떠한 것이어야 하는지는 이미 설명했다. 그러나 그와 같은 개조가 시급하다는 것은 비단 자살 때문만이 아니라 전반적인 역사의 발전이 개조를 요구하기 때문이다.

역사적 발전의 주된 특성은 낡은 사회 조직의 형태를 말끔하게 제거한다는 것이다. 낡은 조직들은 시간의 흐름에 따라서 서서히 또는 커다란 소용돌이를 거쳐 사라져 갔지만 그것을 대체할 새로운 조직은 나타나지 않았다. 사회는 최초에는 가족을 기초로 조직되었다. 처음에는 모든 성원이 친족인 작은 집단들이 결합된 것이었다. 그와 같은 조직은 그 순수한 형태를 오래 유지하지 못했다. 가족은 곧 정치적 단위 역할을 멈추고 개인적 생활의 중심이 되었다. 다음에는 지역 집단이 가족 집단의 뒤를 이었다. 같은 지역에 사는 개인들은 혈족 관계에 상관없이 점차적으로 공통의 이해관계와 관습을 갖게 되었고, 멀리 떨어진 이웃과는 차이를 갖게 되었다.

그리하여 이웃 관계 외에는 다른 아무런 기초도 없는 소규모 집단들이 각각의 특징을 가지고 존재하게 되었다. 그것이 바로 부락이며, 좀 더 큰 규모는 도시 국가 및 그 종속 지역이다. 물론 이들이 완전히 고립적이지는 않았다. 그들은 서로 연맹을 맺기도 했으며 각자의 독립성을 잃지 않은 채로 보다 큰 복합 사회를 구성하기도

하였다. 그러한 집합체들은 전체 사회를 구성하는 부분 요소로 남아 있었으며 전체 사회는 개별적 집단의 확대판에 불과하였다. 그러나 점차 연맹체들의 결합이 굳어지고 지역적 경계가 뒤섞이게 되면서부터는 원래의 정신적 독자성을 잃게 되었다. 한 도시나 지역과 다른 도시나 지역 간의 차이가 줄어든 것이다.[17]

프랑스 혁명으로 일어난 커다란 변화는 전례가 없을 정도의 평준화를 가져왔다. 프랑스 혁명이 변화를 즉흥적으로 만들어 냈다기보다는 앙시앵 레짐(구체제)이 지향했던 중앙 집권화에 의해서 오랫동안 준비되었던 것이다. 과거의 지방 행정 단위를 법적으로 철폐하고 새로 인위적이고 명목적인 경계선을 정함으로써 중앙 집권이 영구화되었다. 그 후 교통수단의 발달과 인구 이동으로 인해서 옛날의 지방주의는 흔적도 없이 사라지게 되었다. 또한 직업 집단조차 난폭하게 파괴됨에 따라 모든 이차적 사회생활의 기관들이 제거되고 말았다.

그와 같은 태풍을 겪은 후 남은 유일한 집단 형태는 국가뿐이었다. 국가는 그 성격상 사회성을 띠는 모든 형태의 활동을 흡수하였으며, 그 결과 불안정한 개인들의 흐름만이 남게 되었다. 그러나 바로 이 사실 때문에 국가는 적합하지 않은 기능을 맡게 되었고 그러한 기능을 만족스럽게 수행할 수 없었다. 흔히 국가가 무능한 만큼 더 강제력을 사용할 수밖에 없다고 말한다. 국가는 그에 속하지 않거나 강제력을 써야 장악할 수 있는 일들까지 간섭하려 했다. 따라서 국가가 소비하는 에너지는 얻어지는 결과와 균형이 맞지 않았다.

한편 개인들은 국가만이 유일한 조직적 집단체이기 때문에 국가 이외에는 아무런 집단 통제도 받지 않게 되었다. 개인들은 오직 국가를 통해서만 사회를 지각하고 사회에 대한 의존성을 인식하게 되었다. 그러나 국가는 개인과는 거리가 멀기 때문에 개인에 대한 국가의 영향은 소원하고 불연속적인 것일 뿐이다. 따라서 사회의식은 필요한 지속성과 힘을 가질 수 없다.

대부분의 일상생활에서 개인들을 개인 밖으로 끌어내고 개인들에게 규제를 가할 수 있는 존재가 없다. 그리하여 개인들은 이기주의와 무정부 상태에 빠지고 만다. 인간은 개인보다 우월한 소속 집단이 없으면 높은 차원의 목표나 규칙에 종속될 수 없다. 개인을 모든 사회적 압력으로부터 해방시키는 것은 개인을 방치하는 것이며 개인을 혼란에 빠뜨리는 것이다. 이것이 바로 우리의 정신적 상태가 지닌 두 가지 특성이다.

국가는 개인들을 확실히 장악하기 위해 확장되고 비대해졌지만 성공하지 못했으며, 개인들은 그들을 규제하고 고정시키고 조직할 중심적인 힘을 찾지 못한 채 상호 간의 관계를 확립하지 못하고 수많은 액체의 미립자들처럼 굴러다닌다.

이런 병적인 상태를 치료하기 위해서 옛날의 자율적인 지방 집단들을 재건하는 것이 필요하다는 주장이 때때로 제기되었다. 그러나 진정으로 효력을 갖는 유일한 분권화는 사회적 에너지의 강력한 집중화를 동시에 달성할 수 있어야 한다. 국가와 사회의 각 부분들과의 유대를 이완시키지 않으면서 국가가 행사할 수 없는 도덕적 영향력을 수많은 개인에게 행사할 수 있어야 한다.

오늘날의 지방은 그러한 영향력을 행사할 수 있는 능력이 없다. 그들은 오직 전통적인 명칭만 가지고 있을 뿐 아무런 실질적인 의미를 갖지 못하고 있다. 물론 다른 지역과 비교해서 다른 일상적 조건이 일정하다면 사람들은 자기가 태어나고 성장한 곳에서 살기를 원한다. 그렇지만 애향심과 같은 것은 더 이상 존재하지 않으며 존재할 수도 없다. 영구적으로 통합된 국가 생활은 그러한 분산을 허용하지 않는다.

과거를 그리워할지 모르지만 그것은 소용없는 일이다. 이미 전혀 남아 있지 않은 특수주의자(지방주의자)의 정신을 인위적으로 부활시키는 것은 불가능한 일이다. 정부 기구의 기능을 여러 가지로 재결합함으로써 어느 정도 제한할 수는 있을 것이다. 그렇지만 그러한 방법으로는 사회의 정신적 안정을 이룰 수 없다. 그렇게 하면 정부의 과중한 부담은 어느 정도 줄어들고 지방 행정 당국의 활동 범위는 좀 더 넓어질 수 있겠지만 그러한 방법으로 여러 지방에서 다양한 정서적 환경이 만들어지기는 불가능하다. 행정 조치로는 그 같은 결과를 만들 수도 없고 바람직하지도 않다.

국가의 통합을 약화하지 않으면서 공동생활의 중심을 증대할 수 있는 유일한 종류의 분권화는 소위 '직업 집단의 분권화'다. 왜냐하면 그와 같은 중심들은 특수한 제한된 활동들의 초점일 뿐만 아니라 서로 뗄 수 없는 관계를 가지고 있으며, 따라서 개인이 전체 사회의 유대를 잃지 않으면서 각자의 유대를 지킬 수 있기 때문이다. 사회생활은 분화된 부분들이 전체에 대한 각자의 기능을 가지고 있을 때만 통합을 유지한 채로 분화될 수 있다. 이제 많은 학자와 정치가들이 이를 깨달아 가고 있으며,[18] 선거구를 지역이 아니라 조합 단위별로 하는 등 직업 집단을 정치 조직의 기초로 제안하고 있다.

이를 위해서는 무엇보다 먼저 직업 조합이 조직되어야 한다. 조합은 아무런 공통의 연대 없이 그저 선거일에 만나는 사람들의 집단 이상이 되어야 한다. 직업 집단은 단순히 인습적인 집단이 아니라 그 자체의 관습과 전통 그리고 권리와 의무와 통합성을 갖는 집단적 인격을 갖춘 확고한 제도가 되어야만 그 역할을 수행할 수 있다. 가장 어려운 문제는 직업별로 대표를 선출하고 각 직업의 비례를 정하는 문제가 아니라 각 조합이 정신적 자주성을 가져야 하는 것이다. 그렇지 못하면 우리가 대체하고자 하는 기존의 인위적인 구분에 또 하나의 불필요한 외형적인 구분을 보태는 결과만 나올 뿐이다.

그러므로 자살에 관한 논문은 단순히 다루고자 하는 특정한 사실에만 한정해서 논할 수는 없다. 그러한 연구 논문에서 제기하는 문제들은 현대의 가장 중대한 실제적인 문제들과 밀접한 관련이 있다. 자살의 비정상적인 증가와 현대 사회의 전반적인 불안정은 같은 원인에서 나온다.

예외적으로 높은 자살의 수는 오늘날 문명사회가 경험하고 있는 심각한 질병의 상태를 나타내며 그 심각성을 보여 준다. 더 나아가 자살은 그 증상을 측정하는 척도라고까지 말할 수 있다. 만일에 그와 같은 증상을 이론가가 묘사하였다면 사람들은 그러한 묘사가 과장되고 서투르게 해석되었다고 생각할 것이다. 그러나 우리의 자살 통계는 명백한 사실이며 개인적인 해석을 내릴 여지가 없다.

그러므로 집단적 우울의 경향을 치유할 유일한 방법은 그러한 경향이 상징하는 것이자 그러한 경향을 만들어 내는 집단적 질병 자체를 치유하는 것이다. 그러기 위해서 우리는 이미 낡아서 단지 겉모습만 제공하는 사회적 형태를 인위적으로 복구할 수 없으며, 또한 역사적 유추 없이 아무것도 없는 곳에서 전혀 새로운 것을 창출해 낼 수도 없다는 것을 알게 되었다. 우리는 과거로부터 새로운 생활 형태의 싹을 찾아서 그 성장을 촉진해야 한다.

앞으로 그와 같은 싹이 발전되어야 할 특수한 형태를 좀 더 정확하게 묘사하는 일은, 다시 말해서 앞으로 우리가 필요로 하는 직업 집단 조직의 세부에 관해서 묘사하는 일은 본 연구에서는 할 수 없다. 조합 체제와 그 발전 법칙에 관한 특수한 연구를 거친 뒤에야 이상의 결론을 보다 명확하게 내릴 수 있을 것이다.

또한 우리는 일반적으로 정치철학자들이 주장하는 지나치게 확정적인 프로그램의 중요성을 과대평가하지 않는다. 그러한 태도는 복잡한 현실과 너무 거리가 멀어 실질적 가치를 지닐 수 없는 일종의 상상적인 도피이다. 사회적 현실은 그렇게 단순하지 않으며, 또한 세밀한 부분까지 예상할 수 있을 만큼 충분히 파악된 것도 아니다. 오직 직접 부딪쳐 봄으로써 과학이 결여한 구체성을 얻을 수 있다.

그러므로 일단 사회적 악의 존재가 증명되면 그 결과 우리는 그 성격과 원인 그리고 그 치유의 일반적인 방향과 적용 부위 등을 알게 될 것이다. 결국 모든 것을 예상하는 계획을 미리 세우는 것보다는 단호하게 일에 착수하는 것이 훨씬 중요하다.

에밀 뒤르켐 연보

1858년   프랑스 국경 근처 로렌 지방의 에피날에서 유대인 부모에게서
             태어남.

1882년(24세)   파리의 고등사범학교(Ecole Normale Supérieure) 졸업.

1887년(29세)   보르도 대학교 교수로 임명됨.

1893년(35세)   《사회분업론(De la division du travail social: etude sur lorganization des societes
             superieures)》출판.

1896년(38세)   《사회학연보(L'Anee sociologique)》를 주재함. 뒤르켐 학파의 지도자
             활동 시작.

1897년(39세)   《자살론(Le suicide: etude de sociologie)》발표.

1902년(44세)   소르본 대학교에서 '교육과학과 사회학' 강좌 담당.

1906년(48세)   소르본 대학교의 정교수로 임명됨.

1912년(54세)   《종교 생활의 기초적 형태(Les formes elementaires de la vie religieuse; le
             systeme totemique in Austlie)》출간.

1917년(59세)   사망.

1922년   그의 사후 5년 만에《교육과 사회학(Education et sociologie)》출간.

1924년   《사회학과 철학(Sociologie et philosophie)》및《도덕교육(L'Education
             morale)》출간.

1928년   《사회주의(Le socialisme;Sadefinition, ses debuts, la doctirine Saint Simon jeune)》
             출간.

1938년   《프랑스 교육의 발전(Levolution pedagogiue en France)》출간.

1950년   《사회학 강의(Lecons de sociolgie;pysique de moeurs et du droit)》출간.

1953년   《몽테스키외와 루소(Montesquieu et Rousseau;precurseurs de la sociologie)》
             출간.

1955년   《프래그머티즘과 사회학(Pragmatisme et sociologie)》출간.

자살자
(1878~1887)

주민 10만 명당 비율

- ■ 31-48
- ▨ 24-30
- ▦ 18-23
- ▥ 13-17
- ▥ 8-12
- □ 3-7

알코올 중독자 비율
(1878~1887)

주민 10만 명당 비율 / 평균 173

- ■ 376-659
- ▨ 230-266
- ▦ 111-196
- ▥ 70-104
- ▥ 41-69
- □ 19-38

알코올 중독
(1867~1876) 연평균

정신 질환자 1백 명당 알코올 중독자 비율 / 평균 12.36

- ■ 29.3-18.9
- ▨ 18.14-13.69
- ▦ 13.44-12.75
- ▥ 12.22-10.06
- ▥ 9.75-8.27
- □ 7.90-3.90

알코올 소비량
(1873)

주민 1백 명당 알코올 소비량 / 평균 2.84

- ■ 10-6.80
- ▨ 6.34-5.05
- ▦ 4.75-3.30
- ▥ 2.61-2.05
- ▥ 1.84-1.01
- □ 0.99-0.37

부록 II. 프랑스 각 군들의 자살자 분포

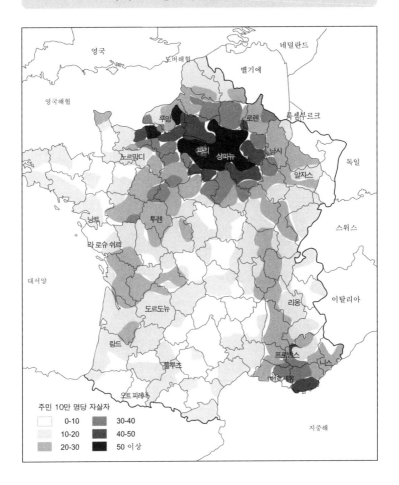

영국

네덜란드

북해해협

벨기에

영국해협

룩셈부르크

루앙

로렌

노르망디

파리

상파뉴

낭시

알자스

독일

낭트

투렌

스위스

라 로슈 쉬르

대서양

도르도뉴

리옹

이탈리아

랑드

프로방스

니스

툴루즈

마르세유

오트 피레네

지중해

주민 10만 명당 자살자

0-10

10-20

20-30

30-40

40-50

50 이상

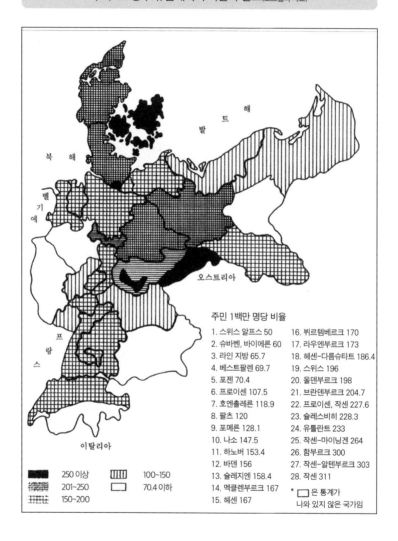

주민 1백만 명당 비율

1. 스위스 알프스 50
2. 슈바벤, 바이에른 60
3. 라인 지방 65.7
4. 베스트팔렌 69.7
5. 포젠 70.4
6. 프로이센 107.5
7. 호엔촐레른 118.9
8. 팔츠 120
9. 포메른 128.1
10. 나소 147.5
11. 하노버 153.4
12. 바덴 156
13. 슐레지엔 158.4
14. 메클렌부르크 167
15. 헤센 167

16. 뷔르템베르크 170
17. 라우엔부르크 173
18. 헤센-다름슈타트 186.4
19. 스위스 196
20. 올덴부르크 198
21. 브란덴부르크 204.7
22. 프로이센, 작센 227.6
23. 슐레스비히 228.3
24. 유틀란트 233
25. 작센-마이닝겐 264
26. 함부르크 300
27. 작센-알텐부르크 303
28. 작센 311

* ☐ 은 통계가
나와 있지 않은 국가임

■ 250 이상
▥ 201~250
▤ 150~200
▦ 100~150
☐ 70.4 이하

부록 Ⅳ. 자살과 가족 크기의 관계

자살자
(1878~1887)

주민 10만 명당 비율

- ■ 31-48
- ▨ 24-30
- ▦ 18-23
- ▥ 13-17
- ▥ 8-12
- ☐ 3-7

가족의 크기

10가구당 사람 수

- ■ 35-33
- ▨ 38-36
- ▦ 40-39
- ▥ 43-41
- ▥ 45-44
- ☐ 49-36

10가구당
평균 39명

부록 Ⅴ. 자살과 경제적 부의 관계

자살자
(1878~1887)

주민 10만 명당 비율

- ■ 31-48
- ▨ 24-30
- ▦ 18-23
- ▥ 13-17
- ▥ 8-12
- ☐ 3-7

생계자 수입

주민 1천 명당 수입

- ■ 100 이상
- ▨ 71-100
- ▦ 51-70
- ▥ 41-50
- ▥ 31-40
- ☐ 10-30

평균 62%

부록 VI. 연령, 결혼상태, 자녀 유무별 자살의 분포(센을 제외한 프랑스의 도들)[*]

(자살자의 절대 수, 1889~1891)

연령	자녀가 없는 기혼자		자녀가 있는 기혼자		자녀가 없는 홀로된 사람		자녀가 있는 홀로된 사람	
	남자	여자	남자	여자	남자	여자	남자	여자
0~15	1.3		0.3		0.3			
15~20	0.3	2.3	0.6	0.3		0.3		
20~25	6.6	15	6.6	15	0.6	0.6		0.3
25~30	33	23	34	31	2.6	2.6	3	2.3
30~40	109	46	246	84	11.6	9	20.6	12.6
40~50	137	55	367	98	28	17	48	19
50~60	190	57	457	106	48	26	108	40
60~70	164	35	385	67	90	47	173	65
70~80	74	15	187	32	86	30	212	68
80 이상	9	1.3	36	2.6	25	12	71	19

* 이 표는 법무성의 미간행 자료에 의거해 만든 것이다. 이 표는 국세조사가 연령별로 자녀가 없는 기혼자와 홀로된 사람들의 수를 제공해 주지 못하기 때문에 별 효용이 없었다. 그러나 이 표를 내놓은 이유는 후에 국세조사가 보완되었을 때 사용될 수 있기를 바라기 때문이다.

■ 머리말

1. *Les régles de la Méthode Sociologique*, Paris, F. Alcan, 1895(Translated into English as *The Rules of Sociological Method*, and published by the Free Pressm Glencoe, Illinois, 1950).

2. 제3부 제1장 각주를 달았듯이 나는 이 같은 관점이 모든 자유를 부인하는 것이 아니며 통계 자료에 나타나는 결정론과 개인의 자유를 조화시킬 수 있는 유일한 길임을 밝힐 것이다.

■ 서론

1. 매우 의심스럽기는 하지만 단순히 본능적인 반응으로서만 설명하기 어려운 극소수의 사례들이 있기는 하다. 예를 들어 아리스토텔레스의 보고에 따르면 부지중에 어미 말과 성교를 강요당한 사실을 알게 된 말이 절벽에서 고의로 떨어져 죽었다고 한다(*History of Animals*, IX, 47). 그러나 말 사육자들은 말이 근친상간을 거부하지 않는다고 말한다(Westcott, *Suicide*, p.174-179).

2. 도표에서 예외적인 급격한 변화가 있는 연도는 괄호로 표시해 놓았다.

3. 도표에서 일반적인 숫자와 좀 더 굵은 글자체의 숫자를 함께 사용하여 후자가 상이한 파동을 나타내게 함으로써 전자와 구별이 되도록 하였다.

4. 바그너는 도덕과 결혼을 이런 방식으로 비교한 적이 있다(*Die Gesetzmässigkeit*, etc., p.87).

5. According to Bertillon, article *Mortalité* in the *Dictionnaire Encyclo-pedique des sciences medicals*, V. LXI, p.738.

6. 물론 이러한 표현을 사용한다고 해서 집단의식의 개념을 실체화하자는 것은 아니다. 우리는 인간 영혼이 실제로 있다는 것을 인식할 수 없듯이 사회에도 그런 것이 실재한다고 보지 않는다. 그러나 이 점은 뒤에 다시 논의하겠다.

7. 제3부 제1장을 보시오.

8. 필요할 때마다 특별한 문제를 다루고 있는 참고문헌을 각 장의 앞머리에서 찾아볼 수 있을 것이다. 자살에 관한 일반적 참고문헌은 다음과 같다.

I. Official statistical publications forming our principal sources: Oesterreichishe statistik(Statistik des Sanitätswesens). -Annuaire statistique. Zeitschrift des Koeniglisch Bayerischen statistischen Bureau. -Preussische Statistik(Sterblichkeit nach Todesursachen und Altersclassen der Gestorbenen).-Würtembürgische Jahrbücher für Statistik und Landeskunde. -Badiche Statistik.-Tenth Census of the United States. Report on the mortality and vital statistic of the United States, 1880, Ⅱth part.-Annuario statistico taliano.-Statistica delle cause delle Morti in tutti I communi del Regno. -Relazione medico-statistica sulle conditione sanitarie dell' Exercito Italiano. -Statistische Nachrichten des Grossherzogthums Oldenurg. -Compte-rendu général de l'administration de la justice criminelle in France.

Statistisches Jahrbuch der Stadt Berlin. -Statistik der Stadt Wien. -Satistisches Handbuch für den Hamburgischen Staat.-Jahrbuch für die amtliche Statistik der Bremischen Staaten. -Annuaire statistique de la ville de Paris.

Other useful information will be found in the following articles: Platter, *Ueber die Selbstmorde in Oesterreich in den Jahren 1819~1872.* In *Statist. Monatsch*, 1876. -Brattassevic, *Die Selbstmorde in Oesterreich in den Jahren 1873~1877*, in *Stat. Monatsch.*, 1878, p.429. -Ogle, *Suicides in England and Wales in relation to Age, Sex, Season and Occupation.* In *Journal of the Statistical Society*, 1886. -Rossi, *Il Suicidio nella Spagna nel* 1884. *Arch. di psychiatria*, Turin, 1886.

Ⅱ. Studies on suicide in general: De Guerry, *Statistique morale de la*

France, Paris, 1835, and *Statitique morale comparée de la France et del Angleterre*, Paris, 1864- Tissot, *De la manie du suicide et de l'esprit de révolte, de leurs causes et de leurs remédes,* Paris, 1841. -EtocDemazy, *Recherches statistiques sur le suicide*, Paris, 1844. -Lisle, *Du suicide*, Paris, 1856. -*Wappäus, Allgemeine Bevölkerungsstatistik*. Leipzig, 1861. -Wagner, *Die Gesetzmässikeit in den scheinbar willkürlichen menxhlichen Handlingen*, Hamburg, 1864, Part 2. -Brierre de Boismont, *Du suicide et de la foliesuicide*, Paris, Germer Bailliére, 1865.-Douay, *Le suicide ou la mort volontaire*, Paris, 1870.- Leroy, *Etude sur le suicide et les maladies mintales dans le départment de Seine-et-Marne*, Paris, 1870 -Oettingen, *Die Moralstatistik*, 3rd Ed., Erlangen, 1882, p.786~832 and accompanying tables 103~120. -By the same, *Ueber acuten und chronishen Selbstmord*, Dorpat, 1881 -Morselli, *Il suicidio*, Milan, 1879. -Legoyt, *Le suicide ancien et morderne*, Paris, 1881. -Masaryk, *Der Selbstmord als sociale massenerscheinung*, Vienna, 1881. -Westcott, *Suicide, its history, literature*, etc., London, 1885. -Motta, *Biblografia del Suicidio*, Bellinzona, 1890. -Corre, *Crime et suicide*, Paris, 1891. -Bonomelli, *Il suicidio*, Milan, 1892. -Mayr, *Selbstmordstatistik*, In *Handwörterbuch der staatswissenschaften, herausgegeben von Conrad, Erster Supplementband*, Jena, 1895. -Hauviller, D., *Suicide*, thesis, 1898~1899.

■ 제1부 비사회적 요인

제1장 자살과 정신 질환

1. Bibliography. -Falret, *De l'hypochondrie et du suicide*, Paris, 1882. -Esquirol, *Des maladies mentales*, Paris, 1838 (v. I, p.526-676) and the

article, *Suicide*, in *Dictionnaire de médicine*, in 60 vols. -Cazauvieilh, *Du Suicide et de l'aliénation méntale*, Paris, 1840-Etoc-Demazy, *De la folie dans la production du suicide* in *Annales medico-psych.*, 1844, -Bourdin, *Du suicide consideré comme maladie*, Paris, 1845. -Dechambre, *De la monomanie homicide-suicide*, in Gazette Medic., 1852, -Jousset, *Du suicide et de la monomanie suicide*, 1858, -Brierre de Boismont, *op. cit.* -Leroy, *op. cit.* -*Art. Suicide*, in *Dictionnaire de medecine et de chirurgie pratique*, V. XXXIV, p.117-Strahan, *Suicide and Insanity*, London, 1894.

Lunier, *De la production et de la consommation des boissons alcooliques en France*, Paris, 1877. -By the same, art. in *Annales médico-psych.*, 1872: *Journal de la Soc. de stat.*, 1878. -Prinzing, *Trunksucht und Selbstmord*, Leipzig, 1895.

2. 정신병 자체는 개인적인 문제다. 그러나 그것도 부분적으로는 사회적 현상이다. 이 점은 뒤에 다시 논의하겠다.

3. *Maladies mentales*, V. I, p.639.

4. *Ibid*, V. I, p.665.

5. *Du suicide*, etc., p.137.

6. In *Annales mentales-psych.*, v. VII, p.287.

7. *Maladies mentales*, v. I, p.528.

8. See Brierre de Boismont, p.140.

9. *Maladies mentales*, p.437.

10. See article, *Suicide*, in *Dictionnaire de medecine et de chirurgie pratique*.

11. 이 환각증은 환자가 위험한 행동을 하게 만드는 것과는 구별해야 한다. 예를 들어 환자가 창문을 방문으로 착각하는 것은 환각증과는 다르다. 이는 자살이라기보다는 사고사로 규정한다.

12. Bourdin, *op. cit.*, p.43.

13. Falret, *Hypochondrie et suicide*, pp.299~307.

14. *Suicide et folie-suicide*, p.397.

15. Brierre, *op. cit.*, p.574.

16. *Ibid.*, p.314.

17. *Maladies mentales*, v. I , p.529.

18. *Hypochondrie et suicide*, p.3.

19. Koch, *Zur Statistik der Geisteskrankheiten*, Stuttgart, 1878, p.73.

20. 제2부 제4장을 보시오.

21. Koch, *op. cit.*, pp.139~146.

22. Koch, *op. cit.*, p.81.

23. *Op. cit.*, p.238.

24. *Op. cit.*, p.404.

25. 모르셀리는 그의 통계가 백치를 포함하고 있다고 확실하게 말하지 않았다. 그러나 그 수치는 정신병만을 나타내는 것으로는 너무 높다. 정신병과 《성 씨 사전》에 있는 표를 참조하라. 모르셀리는 정신 질환자와 백치를 합하여 총수를 계산하였음이 분명하다.

26. 이 표에서는 코흐가 보고한 여러 나라 가운데 네덜란드만을 제외했다. 네덜 란드의 경우 자살 경향에 대한 정보가 불충분한 것으로 보였기 때문이다.

27. *Op. cit.*, p.403.

28. 이에 대하여 완전히 결정적인 증거는 제시된 바가 없다. 증가가 어떻게 이 루어졌든 간에 가속 계수는 알려져 있지 않다.

29. 제2부 제4장을 보시오.

30. 그와 같이 애매하게 두드러진 예는 프랑스 문학과 러시아 문학에 있어서의 유사성과 차이점에서 찾아볼 수 있다. 프랑스의 러시아 문학에 대한 호응 을 보면 러시아 문학과 프랑스 문학의 유사성을 알 수 있다. 두 나라의 작 가들 사이에서 우리는 신경 체계의 병적인 예민성을, 즉 어떤 정신적 및 도 덕적 불균형을 지각할 수 있다. 그러면서도 생물학적, 심리학적으로 동일한 조건에서 매우 다른 사회적 결과가 나오지 않는가! 러시아 문학은 매우 이 상주의적이며 인간의 고통에 대한 우수와 신념을 자극하고 적극적인 행동 을 촉진하는 건강한 종류의 슬픔인 데 비해, 프랑스 문학은 삶의 깊은 실의

와 우울만을 반영하고 있음을 자랑한다. 그러므로 같은 유기적 상태가 거의 반대되는 사회적 목적을 위해서 사용될 수 있는 것이다.

31. According to the *Compte general de l'administration de la justice criminelle*, for 1887. [부록 I]을 보시오.

32. *De le production et de la consommation des boissons alcooliques en France*, pp.174~175.

33. [부록 I]을 보시오.

34. See Lunier, *op. cit.*, p.180 ff. Similar figures applying to other years are to be found in Prinzing, *op. cit.*, p.58.

35. 포도주 소비량과 자살률은 반비례한다. 포도주는 자살률이 가장 낮은 중부 지역에서 가장 많이 소비된다. 그렇다고 포도주가 자살을 방지한다고 볼 수는 없다.

36. See Prinzing, *Op. cit.*, p.75.

37. 자살에 대한 알코올의 영향을 설명하기 위하여 1830년 이후 알코올 소비량과 자살률이 모두 감소한 노르웨이를 예로 드는 것을 볼 수 있다. 그러나 스웨덴에서는 알코올 중독이 감소했음에도 자살은 계속 증가했다(1821~1830년에는 인구 1백만 명당 62명의 자살률을 보였으나 1886~1888년에는 115명으로 늘어났다). 이는 러시아에서도 마찬가지였다.

독자에게 문제의 모든 측면을 보여 주고자 일시적 또는 습관성 음주로 인한 자살의 비율을 제시하고자 한다. 프랑스 통계로는 그 비율이 1849년의 6.69%에서 1876년의 13.41%로 늘었다. 그러나 이들 모두가 소위 알코올 중독이라고 불리는 증상으로 인한 것이었다고 볼 수는 없으며, 알코올 중독과 단순한 주취나 빈번한 음주를 혼동해서는 안 된다. 그와 같은 수치의 정확한 의미가 무엇이든 간에, 그러한 통계는 자살률에 대하여 주류의 과음이 큰 역할을 한다는 증거로 충분하지 않다. 끝으로 우리는 자살의 원인에 관한 통계로서 제시된 이 정보에 대하여 큰 가치를 부여할 수 없음을 자세히 설명할 것이다.

제2장 자살과 정상적인 심리 상태-인종과 유전

1. Notably Wagner, *Gesetzmässigkeit*, etc. p.165 ff.; Morselli, p.158; Oettingen, *Moralstatistik*, p.760.

2. *L'espéce humaine*, p.28. Paris, Felix Alcan.

3. Article, *Anthropologie*, in *Dechambre's Dictionnaire*, vol. Ⅴ.

4. 바그너와 외팅겐의 인종 분류를 여기에서 언급하지 않는 이유는 모르셀리 자신이 그들의 분류를 이미 결정적으로 비판하였기 때문이다(p.160).

5. 이 사실을 설명하기 위해서 모르셀리는 증거가 없음에도 불구하고 영국에는 켈트적 요소가 많으며 플랑드르에 대해서는 기후의 영향이 있음을 가정하고 있다.

6. Morselli, *op. cit.*, p.189

7. *Memoires d'anthropologie*, vol. I. p.320

8. 키가 큰 두 인종의 지역적 집단이 나누어지는 것에는 이론의 여지가 없는 것 같다. 하나는 신장이 큰 사람이 지배적으로 많은(1천 명의 병역 소집자 중 39명이 면제자) 15개의 북부 도들로 구성되어 있으며, 다른 하나는 단신이 더 많은(1천 명의 소집자 중 98~130명이 면제자) 24개의 중부 및 서부의 도이다. 이 같은 차이는 인종으로 인한 것인가? 이는 매우 어려운 질문이다. 프랑스의 평균 신장이 최근 30년 동안에 눈에 띄게 변한 것을 고려한다면, 즉 1831년에 단신으로 인한 병역 면제자가 92.80명이던 것이 1860년에는 59.40명으로 떨어진 것을 놓고 봤을 때, 그렇게 변하기 쉬운 특성이 인종이라는 비교적 영속적인 유형의 존재를 증명하는 확실한 기준이 될 수 있는지 의문을 제기할 수 있다. 어찌 됐든 브로카가 분류한 두 개의 극단적인 유형의 인종 사이에 중간적인 집단들이 과연 구성된 것인지 그리고 그들과 웨일스족이나 그 밖의 다른 종족이 어떠한 분파를 이루고 어떤 연관을 가지고 있는지 등은 더욱 의문의 여지가 많다. 이 경우에 형태학적인 이유는 성립될 수 없다. 인류학은 특정 지역의 평균 신장을 계산할 수는 있겠지만 이 평균이 유래하는 혼합을 증명하지 못한다. 중간 키는 켈트족이 그들보다 장신인 인종들과 혼혈된 결과일 수도 있다. 그리고 이들의 지리적 분포도 특징지을 수 없는 것이, 혼혈 집단은 산발적으로 북서부(노르망디와 하부 루아르), 남서부(아키텐), 남부

(로만 지역), 동부(로렌) 등지에 흩어져 있다. 그러므로 추측에 불과한 여러 가지 역사적 주장이 남아 있을 뿐이다. 여러 민족이 어떻게, 언제, 어떤 조건에서, 어떤 비율로 서로 섞이게 되었는지에 대해서는 역사학적으로 별로 알려진 사실이 없다. 또한 역사학은 이들의 유기적 구성에 대한 영향에 관해서 큰 도움이 되지 못한다.

9. 특히 특수한 조건으로 다른 지방과 비교하기 어려운 센을 제외한다면 더욱 그렇다.

10. 제2부 제4장을 보시오.

11. Broca, *op. cit.*, vol. I, p.394.

12. See Topinard, *Anthropologie*, p.464.

13. 이탈리아에 대해서도 같은 이야기를 할 수 있다. 이탈리아에서도 남부보다는 북부에서 자살이 더 많이 발생한다. 또한 북부인의 평균 신장이 남부인보다 약간 더 크다. 그러나 오늘날 이탈리아 문명은 그 기원을 피에몬테족 문명에 두고 있으며, 피에몬테족은 남부인보다 약간 더 장신이다. 그러나 그 차이는 근소하다. 적어도 이탈리아 대륙 내에서는 토스카나와 베네치아의 최장신이 1.65미터이며, 칼라브리아의 최단신은 1.60미터라는 것이 밝혀졌다. 그러나 사르디니아의 신장은 1.58미터로 더 작다.

14. *Sur les functions du cerveau*, Paris, 1825.

15. *Maladies mentales*, vol. I, p.582.

16. *Suicide*, p.197.

17. Quoted by Legoyt, p.242.

18. *Suicide*, pp.17~19.

19. See Morselli, p.410.

20. Brierre de Boismont, *op. cit.*, p.59; Cazauvieih, *op. cit.*, p.19.

21. Ribot, *L'hérédité*, p.145. Paris, Felix Alcan.

22. Lisle, *op. cit.*, p.195.

23. Brierre, *op. cit.*, p.57.

24. Luys, *op. cit.*, p.201.

25. *Dictionnaire encyclopédique des sciences méd.*, art, *Phtisie*, vol. LXXVI,

p.542.

26. *Op, cit.*, pp.170~172.

27. See Morselli, p.329 ff.

28. See Legoyt, p.158 ff. Paris, Felix Alcan.

29. 남성의 경우에는 이탈리아에서만 30~40세의 연령층에서 자살률 증가가 잠시 정체하고 있다. 여성의 경우에는 같은 연령층에서 자살률 증가가 중단되는 것이 일반적이다. 이 연령대는 여성의 삶에 있어서 하나의 단계를 나타낸다. 이 시기는 아마도 독신 생활에서 오는 실의와 좌절이 줄어들기 시작하며, 동시에 나이가 들어가고 독신으로 사는 여인이 느끼는 정신적 고독이 아직 일어나기 이전인 중간적 시기인 듯하다.

제3장 자살과 우주적인 요인

1. *Bibliography.* -Lombroso, *Pensiero e Meteore*; Ferri, *Variations thermométri-ques et criminalité*. In Archives d'Anth, criminelle, 1887; Corre, *Le délit et le sucide à Brest.* In *Arch. d'Anth. crim.*, 1890, p.109 ff., 259 ff.;by the same, *Crime et suicide*, pp.605~639; Morselli, pp.103~157.

2. 제2부 제4장을 보시오.

3. De *l'hypochondrie*, etc., p.28.

4. 계절에 따라 정신병이 어떠한 편차를 가지느냐 하는 것은 정신병원에 입원하는 환자 수로 추정할 수밖에 없다. 그러나 그런 표준은 매우 부적합하다. 왜냐하면 가족들은 새로운 환자를 발병 즉시 입원시키기보다는 어느 정도 시일이 지난 후에야 입원시키기 때문이다. 그리고 우리가 가진 자료에 따르면 정신병과 자살의 계절적인 편차는 정확한 일치를 보이지 않는다. 카조비에의 통계에 의하면 샤랑통 정신병원에 입원한 환자 1천 명의 계절별 입원 환자 수치는 다음과 같다. 겨울에 222명, 봄에 283명, 여름에 261명, 가을에 231명이다. 센에 있는 정신병원에 입원한 환자의 통계도 거의 같은 결과를 보여 준다. 즉 겨울에 234명, 봄에 266명, 여름에 249명, 가을에 248명이다. 가장 많은 환자가 입원한 것으로 나타난 계절은 여름이 아니라 봄이다. 그뿐만 아니라 앞에서 지적한 이유로, 진정으로 가장 많은 환자를 낸

계절은 봄보다 더 앞선 계절일 것이다. 또한 계절적인 차이는 아주 근소하다. 자살의 경우에는 계절적인 차이가 더욱 현저하다.

5. We take these facts from Brierre de Boismont, *op. cit.*, pp.60~62.

6. 이 같은 비율의 동일성을 지나치게 강조해서는 안 된다. 그 의의에 대해서는 뒤에 다시 언급하겠다(제3부 제4장을 보시오).

7. 이 학자들의 주장대로라면 자살이 살인의 일종에 불과하다는 것이 사실이다. 그렇다면 남부 여러 나라에서 자살이 적은 것은 그곳에 살인이 많기 때문이라는 것이 분명하다. 우리는 뒤에 그 함수관계에 대하여 고찰하고자 한다. 그러나 이것은 이미 이 학자들의 주장과 반대되는 것이 분명하지 않은가? 만일 더운 나라에서의 높은 살인율이 낮은 자살률과 상쇄된다면, 왜 같은 상쇄가 더운 계절에는 일어나지 않는가? 왜 더운 계절에는 자살과 살인 둘 다 많이 일어나는가?

8. *Op. cit.*, p.148.

9. 스위스의 통계는 제외하였다. 스위스의 통계는 1876년 한 해 동안에만 계산된 것이므로 그와 같은 자료에서는 아무런 결론도 얻을 수 없다. 그리고 10월에서 11월까지 증가한 자살자 수는 83명에서 90명으로 아주 적다.

10. 그와 같은 일치는 [표 13]을 더 확대할 필요가 없게 해 준다. 낮의 길이와 자살률은 위도가 크게 다른 나라들을 제외한다면 나라마다 거의 비슷하므로 프랑스 이외의 다른 나라들에 대해서 월별 자살률과 낮의 길이 변화를 서로 비교해 볼 필요가 없는 것이다.

11. 뒤르켐의 원저에는 오후가 아니라 '저녁'으로 되어 있다. 그러나 [표 14]에서 보면 저녁의 자살자 수는 대낮의 자살자 수보다 많지 않다. 그러므로 뒤르켐이 '오후'를 뜻하고 있음이 분명하다. -역주

12. 하루 중의 사회생활이 활동과 휴식의 리듬을 갖는다는 다른 증거로는 시간별 사고 수의 통계를 들 수 있다. 프로이센 통계국에 따르면 하루 중 사고는 다음과 같이 분포되어 있다.

6시~정오	시간별 평균 사고 수 1,011건
정오~2시	시간별 평균 사고 수 686건

2시~6시	시간별 평균 사고 수 1,191건
6시~7시	시간별 평균 사고 수 979건

13. 한 달 중의 전반부와 후반부 사이에도 대조가 나타난다는 점을 주목할 필요가 있다. 브리에르 드 부아몽(op.cit., p.424)에 의하면 파리에서 발생한 자살 사례 4,595건의 분포는 다음과 같다.

월 초순 10일간	1,727건
월 중순 10일간	1,488건
월 하순 10일간	1,380건

월 중 마지막 10일간의 사례는 31일까지 있는 달들이 있어서 10일이 아니라 11일일 때도 있으므로 실제로는 위에 든 수치보다 더 적을 것이다. 사회생활의 리듬은 달력의 구분에 따르는 듯하다. 새로운 시기가 시작될 때마다 새로운 활동이 재개되며, 한 시기가 끝날 때는 일종의 이완이 일어난다.

14. See the *Bulletin du ministere des travaux publics*.

15. 여름 동안 사회 활동이 증가함을 나타내는 사실들에 다음의 통계를 추가할 수 있을 것이다. 사고는 다른 계절보다 따뜻한 계절에 더 많이 일어난다. 다음은 이탈리아에서 일어난 사고의 통계다.

	1886년	1887년	1888년
봄	1,370	2,582	2,457
여름	1,823	3,290	3,085
가을	1,478	2,560	2,780
겨울	1,190	2,748	3,032

이 통계에서 보면 겨울에는 여름 다음으로 사고율이 높게 나타난다. 이는 얼음으로 인한 추락사고와 추위 때문에 일어나는 특수한 사고 때문이다. 이런 사고를 제외하면 계절별 자살 발생률과 비슷한 순위가 된다.

16. 대도시의 계절별 비율은 대도시가 있는 국가의 전체 비율과는 다르지만 대도시들 사이에는 거의 비슷함을 주목할 필요가 있다. 그러므로 비슷한 사회 환경에서의 자살률은 거의 같다. 베를린, 빈, 제네바, 파리 등은 계절별로 비슷한 자살률의 변화를 보인다. 이 같은 사실에서 우리는 어느 정도 현실의 전모를 깨달을 수 있다.

제4장 모방

1. *Bibliography*. -Lucas, *De l'imitation contagieuse*, Paris, 1883. -Despine, *De la contagion morale*, 1870. *De l'imitation*, 1817.-Moreau de Tours (Paul), De la contagion du suicide, Paris, 1875. -Aubry, *Contagion du meurtre*, Paris, 1888. -Trade, *Les Lois de l'imitation(passim) philosophie pénale*, p.319 and ff. Paris, F. Alcan. -Corre, *Crime et suicide*, p.207 and ff.

2. Bordier, *Vie des sociétés*, Paris, 1887, p.77-Trade, *Philosophie pénale*, p.321.

3. Trade, *Ibid*., pp.319~320.

4. 이와 같은 표상을 모방의 과정이라고 보는 것이 이 표상이 표현하는 상태의 단순한 복사라는 의미일까? 그러나 그것은 지각 형태에 대한 낡고 그릇된 이론에서 나온 매우 조잡한 은유다. 또한 만일 우리가 모방이라는 용어를 이런 뜻으로 사용한다면 우리는 우리의 모든 감각과 관념을 그렇게 부르지 않으면 안 된다. 왜냐하면 그와 같은 은유를 따른다면 우리의 모든 감각과 관념은 관계된 대상을 재생하는 것이라고 해야 하기 때문이다. 그렇게 되면 우리의 모든 지적 생활은 모방의 산물이 되고 만다.

5. 이 경우에 예절이나 전통이 단순히 원숭이가 하는 것과 같은 모방을 통해서 재생될 수도 있다. 그러나 그렇게 재생된 것이 예절이나 전통 그 자체일 수는 없다.

6. 독창적인 발명이 아닌 모든 것은 모방이라고 불리기도 한다. 그렇다면 진정한 발명이란 매우 드문 것이므로 거의 모든 인간의 행동은 모방이라고 해야 할 것이다. 그러나 그와 같은 뜻에서의 모방은 거의 모든 행동을 의미하므로 무의미해진다. 그러한 용법은 오직 혼란만을 초래한다.

7. 소위 논리적인 모방이라는 것이 있는 것은 사실이다(*Lais de l'imitation*, I. ed., p.158). 이 경우에 행위의 재생은 분명한 목적을 갖는다. 그러나 그 모방은 분명히 모방의 충동과는 아무런 관계가 없다. 한 가지 원인으로 인한 사실과 다른 원인으로 인한 사실은 조심스럽게 구분하지 않으면 안 된다. 그들은 서로 다르게 설명되는 것이다. 또 한편 우리가 고찰한 것처럼 예절의 모방과 관습의 모방은 그 자체로 특별한 논리이기는 하지만 다른 경우와 마찬가지로 보편적인 논리인 것이다.

8. 개인이든 집합체든 최초의 행위자가 가진 도덕적이고 지적인 위세 때문에 모방되는 행동은 오히려 두 번째 범주에 속한다. 그런 모방은 자동성을 갖지 않기 때문이다. 행동은 이성적인 판단을 내포한다. 모방자는 처음 행위자의 인정된 우월성이 자신의 행동의 타당성을 보장하기 때문에 스스로 확신을 가진 것처럼 행동한다. 그는 그를 존경하는 이유로 그의 행동을 따른다. 그러므로 그들이 모방한다고 할 때는 그 행동에 대하여 아무런 설명도 없다. 중요한 것은 복종을 일으키는 확신이나 존경의 원인이다.

9. 그러나 곧 알게 되겠지만, 모방 자체로만 충분한 설명이 되는 경우는 드물다.

10. 왜냐하면 우리는 그것이 무엇인지에 대한 막연한 관념에서 벗어나기 어렵기 때문이다. 집합적인 상태에서 결합이 어떻게 일어나는가, 그 구성 요소들은 무엇인가, 어떻게 지배적인 상태가 이루어지는가 하는 것들은 단순한 관찰만으로 해결하기에는 너무 복잡한 문제들이다. 수많은 실험과 관찰이 필요하겠지만 아직 그런 연구는 이루어지지 않았다. 우리는 아직도 개인의 정신 상태가 결합되는 법칙에 대해서도 아는 바가 없다. 우리가 시도하는 설명은 대부분 은유에 불과하다. 그러므로 우리의 설명도 그 현상에 대한 정확한 표현은 아니다. 그러한 현상 중에는 단순한 모방 이외의 다른 요인이 있음을 지적하고자 한 것이다.

11. See the detailed facts in Legoyt, *op. cit,*. p.227 ff.

12. See similar facts in Ebrard, *op. cit*., p.376

13. Ⅲ, 26.

14. Essais, Ⅱ. 3. [Translation from vol. Ⅰ, p.40, *The Essays of Michel de Montaigne*, New York, 1934]. -역주

15. 다음에 다시 설명하겠지만, 어느 사회에서든지 자살이 발생하는 공통적인 경향을 찾아볼 수 있다. 그러나 이것은 만성적이고 그 사회의 정신적 기질의 정상적인 요소이기 때문에 유행과는 구별된다. 유행도 역시 집단적 경향이기는 하지만 그것은 비정상적이고 일시적인 원인에 의한 것이므로 나타나는 일이 드물다.

16. *Op. cit.*, p.213. 르로이에 따르면 심지어 1865~1866년에 마른 도 전체와 센에마른 도 전체의 자살률이 센의 자살률보다 높았다. 마른은 2,791명 중 1명, 센에마른은 2,768명 중 1명, 센은 2,822명 중 1명이었다.

17. 물론 전염의 영향은 아니다. 이 마을들은 거의 비슷한 중요성을 지닌 각 군의 중심 마을로서, 아주 상이한 자살률을 보이는 많은 코뮌으로 나뉜다. 그와 같은 비교가 밝혀 주는 것은 비슷한 차원의 사회 집단들과 같은 생활 조건을 가진 사회 집단들은 서로 영향을 주고받지 않더라도 비슷한 자살률을 갖는다는 사실이 전부다.

18. *op, cit.*, pp. 193~194. 자살률에서 선두에 있는 매우 작은 코뮌은 주민 630명 중 1명의 자살자 혹은 인구 1백만 명당 1,587명의 자살자를 가지고 있는데, 이는 파리보다 4~5배나 더 높은 자살률이다. 그리고 이는 센에마른에 한정된 사실이 아니다. 우리는 트루빌의 르구필(Legoupils) 박사에게서 퐁 레베크 군의 작은 3개 코뮌에 대한 자료를 얻을 수 있었다. 즉 빌레르빌(주민 978명)과 크리크뵈프(주민 105명), 펜네드피(주민 33명)의 통계다. 14~25년간의 기간을 두고 계산한 자살률은 세 코뮌에 있어 각각 인구 1백만 명당 429명, 800명, 1,081명이었다.

물론 대도시가 일반적으로 작은 도시나 지방의 군보다 더 높은 자살률을 보이는 것은 사실이다. 그러나 그와 같은 명제는 많은 예외가 있으며, 또한 크게 보아서 그러할 뿐이다. 그뿐만 아니라 이 명제와 모순되는 듯한, 앞서 언급한 사실들도 해명될 수 있다. 우리는 대도시가 도시 그 자체보다 자살 증가에 더 큰 영향을 미치는 동일한 원인의 영향을 받으며 형성되고 발전한다는 데 동의하는 것으로 충분하다. 따라서 자살률이 높은 지역에는 대도시가 당연히 많지만 반드시 그런 지역에만 대도시가 있는 것은 아니며, 반대로 자살률이 낮은 지역은 대도시가 적지만 그런 곳에도 자살이 아예 없는 것은 아니다. 그러므로 도시의 평균 자살률은 농촌에 비하면 (경우에 따라 더 낮은 사례도 있긴 하지만) 일반적으로 더 높다.

19. [부록 Ⅲ]을 보고, 주(칸톤)들에 대한 보다 자세한 수치는 제2부 제5장에 있는 [표 26]을 참조.

20. *Traité des maladies mentales*, p.243.

21. *De la contagion du suicide*, p.42.

22. See especially Aubry, *Contagion du meurtre*, 1st ed., p.87.

23. 이 말은 집합적인 신뢰나 존경을 통해서 얻은 모든 힘을 잃어버린 개인의 경우를 두고 하는 말이다. 분명히 공직자나 인기 있는 개인은 그가 개인적으로 타고난 힘뿐만 아니라 집단적인 감정의 산물로서의 사회적 힘을 발휘할 수도 있다. 그러나 그는 개인 이상일 때만 그러한 영향력을 가질 수 있다.

24. See Delage, *La structure du protoplasme et les théories de l'hérédite*, Paris, 1895, p.813 ff.

■ 제2부 사회적 원인과 사회적 유형

제1장 사회적 원인과 사회적 유형의 구분

1. *Op, cit*., p.358.

제2장 이기적 자살

1. 우리는 프랑스에서의 종교의 영향에 관한 자료를 가지고 있지 않지만, 르로이는 센에마른에 대한 연구에서 다음과 같이 보고하고 있다. "캉시, 낭퇴유레모, 마뢰이 등의 여러 코뮌에서 개신교도는 주민 310명당 1명꼴로 자살하며, 가톨릭교도는 주민 678명당 1명꼴로 자살한다(op, cit, p.203)."

2. *Handwörterbuch der Staatswissenschaften*, Supplement, Vol. I, p.702.

3. 자살률이 낮은 비가톨릭 국가인 잉글랜드의 경우는 예외다. 이에 대해서는 나중에 설명할 것이다.

4. 바이에른은 아직도 유일한 예외다. 이 나라에서는 유대인들이 가톨릭교도

보다 2배나 높은 자살률을 보인다. 바이에른에서는 유대교의 위치에 어떤 예외적인 특징이 있는 것인지에 대해서 우리는 아는 바가 없다.

5. Legoyt, *op. cit.*, p.205; Oettingen, *Moralstatistik*, p.654.

6. 사실 영국의 자살률 통계는 별로 정확하지 못하다. 자살에는 벌칙이 따르므로 많은 사례들이 사고사로 보고된다. 그러나 통계의 부정확성만으로는 영국과 독일의 자살률 차이가 설명되지 않는다.

7. Oettingen, *Moralstatistik*, p.626.

8. Oettingen, *Moralstatistik*, p.586.

9. 바이에른의 취학률이 프로이센보다 높았던 기간(1877~1878)이 있었다. 그러나 그것은 그때 단 한 번뿐이었다.

10. Oettingen, *ibid.*, p.582.

11. Morselli, *op. cit.*, p.223.

12. 더욱이 앞으로 우리는 중등 및 고등 교육도 가톨릭 국가보다는 개신교 국가에서 더 발달했음을 보게 될 것이다.

13. See *Annuaire statistique de la France*, 1892~94, pp.50~51.

14. Oettingen, *Moralstatistik*, p.586.

15. General report of criminal justice for 1882, p.CXV.

16. See Prinzing, *op. cit.*, pp.28~31. 프로이센의 경우 예술가와 언론인들이 보통의 자살률(279명)밖에 보이지 않는 것은 주목할 만하다.

17. Oettingen, *Moralstatistik*, supplement, Table 83.

18. Morselli, p.223.

19. Oettingen, *ibid.*, p.577

20. 스페인은 예외다. 그러나 스페인의 통계가 정확한 것인지에 대해서는 누구나 의심하고 있을 뿐 아니라 스페인은 중부 및 북부 유럽의 큰 나라들과는 비교될 수 없는 나라다.

21. Baly and Boudin. We quote from Morselli, p.225.

22. According to Alwin Petersilie, *Zur Statistik der höheren Lehranstalten in Preussen*. In Zeitschr. d. preus. stat. Bureau, 1887, p.109 ff.

23. *Zeitschr. d. pr. stat, Bureau*, 1889, p.XX.

24. 다음은 프로이센의 여러 지역에서 관찰한 개신교도의 중등학교 취학률에 관한 통계다.

	전체 인구 중 개신교도의 비율	전체 학생 중 개신교 학생의 평균 비율	두 비율의 차이
제1그룹	98.7~87.2% 평균(94.6)	90.8	-3.8
제2그룹	80~50% 평균(70.3)	75.3	+5
제3그룹	50~40% 평균(46.4)	56.0	+10.4
제4그룹	40% 이하 평균(29.2)	61.0	+31.8

이처럼 개신교가 대다수인 곳에서는 취학 인구가 전체 인구와 비례하지 않는다. 그러나 가톨릭 소수 집단이 더 커짐에 따라 비율의 차이는 -에서 +로 바뀌고, 개신교의 비율이 줄어듦에 따라 이 +의 차이는 더 커진다. 가톨릭교도들도 그들이 소수 집단일 때는 더 높은 지적 관심을 갖는다(Oettingen, *Moralstatistik*, p.650.).

25. 자살에 대하여 우리가 알고 있는 유일한 형벌의 규약에 관한 언급을 플라비우스 요세푸스가 저술한 《유대전쟁사》(Ⅲ, 25)에서 볼 수 있다. 여기서 저자는 단순히, "자살자의 시체는 해가 진 후에도 매장되지 않는다. 하지만 전쟁으로 죽은 사람은 좀 더 일찍 매장된다."라고 하였다. 이 또한 명백한 형벌이라고 할 수 없다.

제3장 이기적 자살(속)

1. 뒤르켐의 원서에서는 139가 132로 잘못 표기되어 있다. -역주

2. See Wagner, *Die Gesetzmässigkeit*, etc., p.177.

3. See article, *Mariage*, in *Dictionnaire encyclopédique des sciences médicales*, 2nd series. See p.50 ff. -On this question cf. Bertillon, Jr., *Les célibataires, les veufs et les divorcés au point de vue mariage in Revue scientifique*, February, 1879. -Also an article in the *Bulletin de la société d'anthropologie*, 1880, p.280 ff. -Durkheim, *Suicide et natalité*

in Revue philosophque, November 1888.

4. 우리는 이 두 집단의 평균 연령이 프랑스와 같다고 가정한다. 가정으로 인해서 발생한 오차는 매우 작다.

5. 남녀를 같이 포함했을 때의 경우다. 이 언급이 중요한 의미를 갖는다는 것은 뒤에 알게 된다(제2부 제5장을 보시오).

6. See Bertillon, art., *Mariage* in *Dict. Encycl.*, 2d series, see p.52. Morselli, p.348. -Corre, *Crime et suicide*. p.472.

7. 자료 수집은 개인이 한다면 매우 힘든 작업이지만 정부의 통계국에서 수집한다면 쉽게 할 수 있다. 온갖 불필요한 정보가 들어 있는 반면에 유럽 여러 사회의 가족생활 상태를 보여 줄 이 통계는 빠져 있다.

8. 물론 <국제인구 통계학 보고(*Bulletin de démographie internationale*)>(1878. p.195)에 재구성된 스웨덴의 통계가 있기는 하다. 그러나 이 통계는 쓸모가 없다. 첫째로, 홀로된 사람들과 미혼자들이 합쳐져 있어서 서로 다른 두 상태가 구별되지 않기에 비교 가치가 적어진 것이다. 그뿐만 아니라 이 통계는 부정확해 보인다. 예를 들어 다음과 같은 도표가 있다.

인구 10만 명당 연령별, 성별, 결혼상태별 자살률							
연령	16~25세	26~35세	36~45세	46~55세	56~65세	66~75세	75세 이상
남자 기혼	10.51	10.58	18.77	24.08	26.29	20.76	9.48
남자 미혼/홀아비	5.69	25.73	66.95	90.72	150.08	229.27	333.35
여자 기혼	2.63	2.76	4.15	5.55	7.09	4.67	7.64
여자 미혼	2.99	6.14	13.23	17.05	25.98	51.93	34.69

같은 성, 같은 연령대에서 미혼자는 기혼자보다 얼마나 더 자살하는가							
연령	16~25세	26~35세	36~45세	46~55세	56~65세	66~75세	75세 이상
남자	0.5	2.4	3.5	3.7	5.7	11	37
여자	1.13	2.22	3.18	3.04	3.66	11.12	4.5

우선 도표의 통계에서 노년층 기혼자들의 자살률이 엄청나게 낮은 것이 의심스럽다. 그것은 우리가 알고 있는 다른 모든 사실과 너무나 차이 나기 때문이다. 우리는 이를 검증하는 것이 불가피하다고 생각해서 같은 기간 스웨덴의 연령별 자살자의 절대치를 조사해 보았다. 남성의 경우에는 다음 도표와 같은 결과를 나타냈다.

	16~25세	26~35세	36~45세	46~55세	56~65세	66~75세	75세 이상
기혼자	16	220	567	649	383	140	15
미혼자	283	519	410	269	217	156	56

절대치를 바로 위 도표의 비율과 비교해 보면 착오가 있었다는 것이 분명해진다. 실세로는 66~75세의 연령층에서 기혼자와 미혼자의 자살자 수는 그 절대치가 거의 같다. 그런데 인구 10만 명에 대한 비율을 나타낸 도표에서는 기혼자가 미혼의 11분의 1밖에 자살하지 않는 것으로 보고하고 있다. 그와 같은 비율이 옳은 것이 되려면, 이 연령층의 기혼자는 홀아비와 과부를 포함하는 미혼자보다 10배가 더 많아야 한다(정확히 말해서 9.2배). 같은 이유로 75세 이상의 연령층에서도 기혼자의 수가 미혼자의 10배가 되어야 한다. 그러나 그것은 있을 수 없는 일이다. 이처럼 매우 높은 연령층에는 홀로된 사람이 많고, 또한 미혼자와 합치면 대체로 기혼자 수와 비슷하거나 오히려 더 많은 것이 보통이다. 그러므로 이는 어떠한 착오가 있었는지 암시하고 있다. 즉 미혼자와 홀아비 및 과부의 자살을 한데 합쳤음이 틀림없고, 그 합을 미혼자의 총수만으로 나누었음이 틀림없다. 한편 기혼자의 자살 수는 기혼자 총수와 홀아비 및 과부의 총수를 합한 수로 나누었음이 분명하다. 이같이 추정하는 이유는 기혼자의 낮은 자살률은 높은 연령층에서 유별나며, 따라서 그처럼 높은 연령층에서는 홀로된 사람들의 수가 많으므로 계산에 오차를 일으킬 수 있기 때문이다. 이 점은 특히 혼자된 사람이 많은 75세 이후에 더욱 그렇다.

9. 바로 위의 '8번 미주' 참고. 물론 15~20세 기혼자들의 높은 자살률은 동일 연령 그룹 내에서 기혼자의 평균 연령이 미혼자의 평균 연령보다 높기 때

문이라고 생각할 수도 있다. 그러나 그와 같은 자살 경향이 실질적인 것임은 다음 연령 그룹(20~25세)의 기혼자 자살률이 5배나 더 적은 것을 보면 알수 있다.

10. See bertillon, art. *Mariage*, p.43 ff.

11. 단 하나의 예외가 있다. 그것은 70~80세 여성의 경우로, 자살방지계수가 1보다 약간 낮다. 이와 같은 편차의 원인은 센 도의 영향에 있다. 다른 도에서는 여성의 계수가 1보다 높다(239쪽 [표 22] 참고).

12. Paris, 1888, p.436.

13. J. Bertillon, Jr., article cited in the *Revue scientifique*.

14. 기혼자들의 낮은 자살 경향이 결혼을 통한 선택 때문이라는 가설을 부정하기 위해서 사람들은 과부나 홀아비 생활에서 일어나는 것으로 생각되는 자살의 촉진 경향을 언급한다. 그러나 그들은 미혼자에 비하여 자살 촉진 경향을 갖지 않음을 우리는 이미 알고 있다. 홀로된 사람들은 미혼자들보다 자살률이 낮다. 그러므로 그와 같은 논의는 성립되지 않는다.

15. 1891년 프랑스 인구조사 수치.

16. 우리는 이 2.39라는 계수를 유보한다. 그 이유는 15~20세의 계수이며, 이 연령층에서 기혼 여성의 자살은 매우 드물기에, 그렇게 적은 사례를 가지고 계산된 이 계수의 정확성이 어느 정도 의심스럽기 때문이다.

17. 일반적으로 두 가지 결혼상태별로 성의 차이를 비교할 때 연령의 영향이 충분히 배제되지 않은 것이 많다. 그러므로 그 결과는 정확하지 않다. 보통 방법을 따른다면, 1887~1891년에 기혼 남성의 자살 79명에 대하여 기혼 여성의 자살은 21명이고, 모든 연령에 있어서는 미혼 남성의 자살 100명에 대하여 미혼 여성의 자살은 19명이다. 그러나 이 수치는 그릇된 인상을 주게 된다. 바로 위의 도표에서 보는 것처럼 기혼 여성은 미혼 여성보다 모든 연령층에서 더 높은 비율을 차지하고 있다. 그러므로 미혼자와 기혼자의 경우 모두 남녀 간의 차이는 연령 그룹에 따라 다르다. 그리하여 70~80세에서의 남녀 간의 차이는 20세에 비해 2배나 차이가 난다. 그런데 미혼자는 대부분 30세 미만의 사람들로 구성되어 있다. 그러므로 만일 연령을 고려하지 않는다면 실제 차이는 30세의 미혼 남성과 미혼 여성의 차이인 것이

다. 그러나 만일 이것을 가지고 연령과 관계없이 기혼자와 비교한다면, 기혼자의 평균 연령은 50세이므로 실제로 이는 50세의 기혼자와 비교하게 되는 셈이다. 그러므로 이 같은 비교는 잘못된 것이다. 즉 남녀 간의 차이는 연령의 영향으로 인해서 기혼자나 미혼자가 동일하게 변하는 것이 아니기에 오차는 더욱 커진다. 미혼자의 경우에는 기혼자의 경우보다 남녀 간의 차이가 더욱 증가한다.

18. 뒤르켐은 남성 15~20세 그룹의 자살방지계수가 [표 21]에서 0.22인 것을 언급하지 못하였음. -역주

19. 따라서 우리는 앞의 도표에서 연령이 높아질수록 기혼자 자살에서 기혼 여성이 차지하는 비율이 미혼자 자살에서 미혼 여성이 차지하는 비율보다 높아진다는 것을 알 수 있다.

20. 이와 같은 뒤르켐의 언급은 [표 21]에 비추어서 반드시 조심스럽게 평가되어야 했음. -역주

21. 르고이(op. cit., 175)와 코레(Crime et suicide, p.475)는 그럼에도 자살률과 결혼율 간의 상관관계를 입증할 수 있을 거라고 생각하였다. 그러나 그들의 착오는 첫째로 그들이 너무 짧은 기간을 분석한 점이고, 둘째로는 그들이 최근과 1813년 이후에 결혼율이 유난히 높았던 1872년을 비교한 점에서 일어났다. 1872년은 1870년의 전쟁으로 인한 공백을 메우기 위해서 결혼이 급증했던 비정상적인 해였다. 그러한 비교로는 결혼율의 변동을 제대로 측정할 수 없다. 같은 현상을 독일과 그 밖의 거의 모든 유럽 나라에서도 찾아볼 수 있다. 마치 전기 충격을 받은 것처럼 그 시기의 결혼율이 영향을 받았다. 이탈리아, 스위스, 벨기에, 영국, 네덜란드 등에서 결혼율이 갑자기 크게 올라갔고 1873년까지 계속 증가하였다. 마치 전체 유럽이 두 나라의 전쟁으로 인한 결혼율의 감소를 보완하는 듯하다. 그 후 얼마의 시간이 지나고 나서는 엄청난 결혼율의 감소가 일어난 것은 당연한 일이다(Oettingen, *Moralstatistik*, supplement, Table 1,2 and 3).

22. See Levasseur, *Population francaise*, Vol. II, p.208.

23. According to the census of 1886, p.123 of the *Dénombrement*.

24. See *Annuaire statistique de la France*, 15th vol., p.43.

25. 마찬가지 이유로, 자녀가 있는 기혼 남성의 연령은 전체 기혼 남성보다 더 높다. 따라서 이들의 자살방지계수 2.9도 실제보다 어느 정도 낮은 것으로 생각해야 한다.

26. 뒤르켐의 뜻은 자녀가 없는 홀아비들을 자녀가 없는 남편과 비교한 경우보다 자녀가 있는 홀아비들을 자녀가 있는 남편과 비교한 경우가 상대적으로 더 불리하다는 뜻으로 보인다. -역주

27. 자녀가 없는 남편과 자녀가 없는 아내의 사이에서도 마찬가지의 계수 차이가, 오히려 더 큰 차이가 발견된다. 후자의 계수(0.67)는 전자의 계수(1.5)보다 66% 더 낮다. 그러므로 자녀의 존재는 결혼에 의해서 상실한 만큼 아내에게 보상해 주는 셈이다. 다시 말해, 만약 아내가 결혼을 통해서 남편보다 이득을 덜 본다면, 아내는 남편보다 자녀의 존재에 의해 더 많은 이득을 보는 것이다. 아내는 남편보다 자녀가 미치는 좋은 영향에 더 민감하다.

28. Article *Mariage, Dict, Encyl*., 2d series, vol. Ⅴ. p.36.

29. *Op. cit*., p.342.

30. See Bertillon, *Les celibataires, les veufs*, etc., *Rev. scient*., 1879.

31. 모르셀리는 그의 주장을 뒷받침하기 위해서 전쟁 직후에 과부의 자살은 미혼 여성이나 기혼 여성보다 훨씬 더 많이 증가한다는 사실을 들고 있다. 그러나 그와 같은 사실은 단순히 과부의 인구가 불균형하게 증가했기 때문일 뿐이다. 그러므로 과부의 증가는 자연히 과부의 자살률을 증가시키며, 그 증가는 다시 균형이 회복되고 여러 가지의 결혼 지위가 다시 정상 수준으로 회복이 될 때까지 계속될 것이다.

32. 자녀가 있는 경우에는 홀로되어 나타나는 계수의 감소가 남녀에 있어 거의 같다. 자녀가 있는 남성의 계수는 2.9인데 홀로되면 1.6으로 감소한다. 같은 경우 여성의 계수는 1.89에서 1.06으로 감소한다. 그러므로 남성의 감소율은 45%이며, 여성은 44%다. 홀로되는 상태는 두 가지 영향을 미친다. 첫째는 부부 사회에, 둘째는 가족 사회에 지장을 초래한다. 그런데 여성은 결혼에서 이득을 덜 보기 때문에 전자의 지장은 남성보다 여성이 덜 느낀다. 그러나 후자의 지장은 여성이 훨씬 더 크게 느낀다. 왜냐하면 홀로된 남성이 여성의 집안일 기능을 대신하는 것보다 여성이 남편의 기능을 떠맡는 것이

훨씬 더 어렵기 때문이다. 그러므로 자녀가 있을 경우에는 홀로된 상태에서 남성과 여성의 자살률을 같은 비율이 되도록 변화시키는 일종의 보충 작용을 일으킨다. 홀로된 여성이 주변의 결혼으로 인해서 불리해진 상태를 어느 정도 회복할 수 있는 것은 자녀가 없는 경우다.

33. [표 22]를 보면, 다른 도와 마찬가지로 파리에서도 20세 이하의 남편들의 계수는 1보다 적다. 즉 자살의 방지가 아닌 촉진인 것이다. 이 사실은 앞서 우리가 제시한 법칙을 입증한다.

34. 분명히 여성이 결혼으로 유리한 경우의 남녀 간의 차이는 남성이 더 유리한 경우의 남녀 간의 차이보다 적다. 이 역시 위에서 언급한 사실에 대한 새로운 확증이다.

35. 베르티용은 자녀가 있을 때와 없을 때의 여러 결혼 상태에서의 자살률을 이미 제시하고 있다. 그는 다음과 같은 결과를 발견하였다.

인구 1백만 명당 자살자			
자녀가 있는 남편	205명	자녀가 있는 아내	45명
자녀가 없는 남편	478명	자녀가 없는 아내	158명
자녀가 있는 홀아비	526명	자녀가 있는 과부	104명
자녀가 없는 홀아비	1,004명	자녀가 없는 과부	238명

이상의 통계는 1861~1868년을 대상으로 한 것이다. 자살의 대체적인 증가에 있어서는 우리의 통계와 일치한다. 그러나 우리가 작성했던 [표 21]처럼 기혼자 및 홀로된 사람과 같은 연령의 미혼자를 비교하지 못하기 때문에 위의 자료로는 자살방지계수와 관련해서 정확한 결론을 내릴 수가 없다. 우리는 또한 위의 자료가 프랑스 전국의 통계인지 의문을 가지고 있다. 왜냐하면 프랑스 통계국에 의하면, 1855년에 센 도를 제외하고는 1866년의 인구조사에서 자녀가 있는 부부와 자녀가 없는 부부를 구분해서 집계한 일이 없다고 하였기 때문이다.

36. 제2부 제5장을 보시오.

37. See *Dénombrement de 1886*, p.106.

38. 여기에서는 '밀도(density)'라는 용어가 사회학에서 일반적으로 사용하는 것
과는 좀 다른 뜻으로 사용되고 있다. 일반적으로 집단의 밀도는 결합된 개
인들의 절대 수의 함수로서 규정되지 않으면(그것은 오히려 '수량'이라고 불러야 할 것
이다) 일정한 사회적 양 속에서의 상호관계에 실제로 참여하고 있던 개인 수
의 함수로서 규정한다(Durkheim, E., *Regles de la Meth. sociol.*, p.139). 그러나 가족의
경우에는 가장 규모가 작은 집단이므로 결합해 있는 모든 성원이 실제의
관계를 갖고 있기 때문에 양과 밀도의 구별이 필요하다.

39. 발전이 가능한 젊은 사회와 후진 사회를 혼동해서는 안 된다. 후진 사회는
다음 장에서 논의하겠지만 오히려 자살이 매우 빈번하게 일어난다.

40. 엘베시우스(Helvetius)는 1781년에 다음과 같이 기록하였다. "경제적 무질서와
국가 헌법의 변화는 일반적인 불안을 야기했다. 수도에서 많은 자살이 일
어났던 일은 이것을 증명하는 슬픈 사실이다." Quoted from Legoyt, p.30.
또한 메르시에(Mercier)는 그의 《파리연감(*Tableau de Paris*)》(1782)에서, 25년 동안
파리의 자살자 수가 3배로 늘었다고 말하고 있다.

41. According to Legoyt, p.252.

42. According to Masryck, *Der Selbstmord*, p.137.

43. 1889~1891년에 이 연령층의 연간 자살률은 실제로 396명에 불과했으며,
반년간의 자살률은 약 2백 명이다. 그런데 1870~1890년간 모든 연령층의
자살률은 배가 되었다.

44. 뒤르켐이 제시한 수치는 1869년 5,114명에서 1870년 4,157명으로 감소한
것으로 1,057건이 아니라 957건 감소하였다. -역주

45. 1872년의 감소도 1870년의 사건으로 인한 것인지는 확실하지 않다. 실제
전쟁 기간에는 프로이센을 제외하고는 자살의 감소가 별로 눈에 띄지 않는
다. 작센에서는 1870년의 감소가 8%에 불과하며, 그 감소가 1871년에는 계
속되지 않았고 1872년에는 거의 완전히 원상으로 회복된다. 바덴에서는 감
소가 1870년에 한정되며, 1871년에는 244건으로 1869년보다 10% 증가했
다. 그러므로 프로이센만이 승리 직후 일종의 집단적 도취에 사로잡혔던 듯
하다. 다른 나라들은 전쟁의 결과로 증가된 영광과 권력을 덜 느꼈으며, 사
회적인 열정도 국가적으로 큰 위기가 종결됨에 따라 곧 가라앉았던 듯하다.

46. 제2부 제2장을 보시오.

47. 우리는 여기서 영혼 불멸의 신앙이 삶을 이상적으로 보호해 주는 문제에 대해 논의하고 있는 것은 아니다. 왜냐하면 그와 같은 신념은 가족이나 정치 사회가 자살을 방지하는 것을 설명할 수 없으며, 앞서 우리가 본 바와 같이 종교의 예방 효과를 가져오는 것도 그러한 신념은 아니기 때문이다.

48. 이는 비관적 이론가들이 개인적 인상을 일반화한다고 하는 비난이 정당하지 않은 이유다. 그들은 일반적 조건의 메아리에 불과한 것이다.

제4장 이타적 자살

1. Biliography. -Steinmetz, *Suicide Among Primitive Peoples*, in *American Anthropologist*, January 1894. -Waitz, *Anthropologie der Naturvoelker, passim*. -*Suicides dans les Armées*, in *Journal de la société de statistique*, 1874, p.250. -Millar, *Statistic of military suicide*, in *Journal of the Statistical Society*, London, June 1874. -Mesnier, *Du suicide dans l'Armée*, Paris 1881. -Bournet, *Criminalité en France et en Italie*, p.83 ff. -Roth, *Die Selbstmorde in der K. u. K. Armee, in den Iahren 1873~1880*, in *Statistiche Monatschrift*, 1892. -Rosenfeld, *Die Selbtmorde in der Preussischen Armee*, in *Militarwochenblatt*, 1894, 3. supplement. -By the same, *Der Selbstmord in der K. u. k. oesterreichischen Heere*, in *Deutsche Worte*, 1893. -Anthony, *Suicide dans l'armée allemande*, in *Arch. de med. et de phar. militaire*, Paris, 1895.

2. Oettingen, *Moralstatistik*, p.762

3. Quoted from Brierre de Boismont, p.23.

4. *Punica*, I, 225 and ff.

5. *Life of Alexander*, CXⅢ.

6. Ⅷ, 9.

7. Cf. Wyatt Gill, *Myths and Songs of the South pacific*, p.163.

8. Frazer, *Golden Bough*, vol. I, p.216 and ff.

9. Strabo, par. 486. -Elian, Ⅴ. H., 337.

10. Diodorus siculus, III, 33, pars. 5 and 6.

11. Pomponius Mela, III, 7.

12. *Historie de France*, I, 81, cf, *Caesar, de Bello Gallico*, VI, 19.

13. See Spencer, *sociology*, vol., II, p.146.

14. See Jarves, *History of the Sandwich Islands*, 1843, p.108.

15. 이러한 관행의 근거에는 아마 죽은 사람의 혼이 그와 관계를 맺고 있던 사
    물이나 사람을 방문하기 위하여 세상에 다시 돌아오는 것을 막으려는 생
    각이 있을 것이다. 그러나 바로 그 같은 생각 자체가 하인과 추종자들이 주
    인에게 철저히 예속되었으며 주인과 떨어질 수 없음을 의미한다. 그것은 영
    혼이 지상에 머물러 있음으로써 일어날 재난을 막기 위해서 그들이 공동
    이익을 위해 희생되어야 한다는 것을 의미한다.

16. See Frazer, *Golden Bough, loc. cit.*, and *passim*.

17. See *Division du travail social, passim*.

18. Caesar, *Gallic War*, VI, 14. -Valerius Maximus, VI, 11 and 12. -Pliny,
    Natural History, VI, 12.

19. Posidonius, XXIII, in Athanasius Deipnosophistes, IV, 154.

20. Elian, XII, 23.

21. Waitz, *Anthropologie der Naturvoelker*, vol. VI, p.115.

22. *Ibid*, vol. III, Part I, p.102.

23. Mary Eastman, Dacotah, pp.89, 169. -Lombroso, *L'Uomo delinquente*,
    1884, p.51.

24. Lisle, *op. cit.*, p.333.

25. *Lois de Manu*, VI, 32(trans. Loiseleur).

26. Barth, *The Religions of India*, London. 1891. p.146.

27. Bühler, *Uber die Indiche Secte der Jäina*, Vienna, 1887, pp.10, 19, and
    37.

28. Barth, *op. cit.*, p.279.

29. Heber, *Narrative of a Journey through the Upper Provinces of India*,
    1824~1825, Chap. XII.

30. Forsyth, *The Highlands of Central India*, London, 1871, pp.172~175.

31. Cf. Burnell, *Glossary*, 1886, under the word, Jagarnnath. 이러한 관행은 이제 거의 사라졌다. 그러나 간혹 지금도 발견되고 있다. See Stirling, *Asiatic Studies*, vol. XV, p.324.

32. *Histoire du Japan*, vol. II.

33. 이와 같은 자살을 일으키는 정신 상태를 무감각 상태(acedia)라고 불렀다. See Bourquelot, *Recherches sur les opinions et la législation en matiére de mart volontaire pendant le moyen âge*.

34. 혁명기의 빈번한 자살도 적어도 부분적으로는 이타적인 정신 상태에 기인하고 있다. 민족운동과 같이 사회적으로 들끓는 시기에는 개인적인 인격은 어느 정도 그 가치를 잃게 된다. 국가나 정당의 이익이 모든 것을 초월하는 것이다. 그리고 수많은 사형 집행도 같은 원인에서 일어난다. 그러한 시기에는 자기 자신뿐 아니라 타인도 쉽게 죽일 수 있다.

35. 군인의 자살에 대한 통계는 정부 자료와 바그너(*op. cit.*, p.229 and ff.)를 참고했다. 민간인에 대한 통계는 정부 자료와 바그너, 모르셀리의 자료를 참고했다. 그리고 미국의 경우는 군인의 평균 연령을 유럽에서와 같이 20~30세로 가정하였다.

36. 이것은 기질적 요인 전체와 특히 결혼 선택이 효력이 없다는 것을 보여 주는 새로운 증거다.

37. 1867~1874년의 자살률은 약 140명이다. 그리고 1889~1891년의 자살률은 210~220명으로 거의 60% 증가하였다. 만약 미혼 남성의 자살률이 같은 비례로 증가하였다면, 또 그렇게 증가하지 않았을 이유는 하나도 없지만, 이들의 자살률은 이 시기의 첫해인 1889년에는 319명에 불과하며, 따라서 부사관의 자살촉진계수는 3.11이나 된다. 1874년 이후 부사관들의 자살률에 대하여 언급하지 않는 이유는 그때 이후로는 직업적인 부사관의 수가 점점 줄어들었기 때문이다.

38. See Roth's arthcle in the *Stat. Monatschrift*, 1892, p.200.

39. 프로이센과 오스트리아의 경우에는 복무연한별 군인의 수가 집계되어 있지 않으므로 비례 수치를 계산할 수가 없다. 프랑스는 전쟁 이후 군인의 자

살이 감소했는데, 그 이유는 군 복무 기간이 짧아졌기 때문이다(7년에서 5년으로). 그러나 이 감소는 오래 지속되지 않았고 1882년 이후에는 현저하게 증가하였다. 1882년에서 1889년 사이에 자살률은 전쟁 전 수준으로 되돌아가 복무 기간이 5년에서 3년으로 다시 단축되었는데도 불구하고 1백만 명당 322명 내지 424명에 이르렀다.

40. 오스트리아의 군인 자살촉진계수가 매우 높은 것은 민간인에 비하여 군인의 자살 기록이 더욱 정확하기 때문이 아닌가 생각된다.

41. 어느 지역에 이타주의가 내재한다는 것은 주목할 만한 일이다. 브르타뉴의 군대는 브르타뉴 사람들로만 구성되어 있지 않지만, 그들은 그 지역 환경의 정신적 분위기에 영향을 받는다.

42. 이 증가는 우연한 것이라고 하기에는 너무나 중요하다. 만약 그러한 증가가 식민지 확장 초기에 일어난 것이라면, 우리는 전쟁이 군인 정신을 다시 일으킨 것이라고 생각할 수 있다.

43. 우리는 억압으로 인해서 개인이 고통을 받았고, 그러한 고통으로 인해서 그들이 자살했다고 말하는 것은 아니다. 그들의 높은 자살률은 그들의 개체화의 정도가 약한 것에 기인하였음을 의미한다.

44. 그것이 앞으로 완전히 사라질 것이라는 뜻은 아니다. 그와 같은 잔존물은 그것대로 존재의 근거를 가지고 있다. 그리고 과거의 일부가 현재에 어렴풋이 남아 있는 것은 자연스러운 일이다. 인생이란 그러한 모순으로 이루어져 있기 때문이다.

제5장 아노미성 자살

1. 뒤르켐은 이를 51%로 잘못 계산하였다. -역주

2. 이 70%라는 비율은 1873년의 수치에 견주어 인용한 것임. -역주

3. See Starck, *Verbrechen und Vergehen in Preussen*, Berlin, 1884, p.55.

4. *Die Gesetzmässigkeit in Gesellshaftsleben*, p.345.

5. See Fornasari di Verce, *La Criminalita e le vicende economiche d'Italia*, Turin 1894, pp.77~83.

6. *Ibid.*, pp.108~117.

7. *Ibid.*, pp.86~104.

8. 1885~1890년에 증가율이 낮은 것은 재정 위기가 있었기 때문이다.

9. 번영의 증가가 자살을 감소시킨다는 것을 증명하기 위하여 빈곤의 탈출구인 이민을 할 때는 자살이 줄어든다는 것을 입증하려고 한 학자가 있었다(See Legoyt, pp.257~259). 그러나 이민과 자살 사이에는 역비례 관계보다는 평행 관계가 더 많았다. 이탈리아에서는 1876년에서 1890년 사이에 이민자 수가 인구 10만 명당 76명에서 335명으로 증가하였다. 그 수는 1887년과 1889년 사이에 더 늘었다. 그러나 그와 동시에 자살도 계속해서 증가했다.

10. 실제로 이것은 순수하게 도덕적인 비난이며, 법적으로 제한할 수 없는 것이다. 우리는 금지법의 부활을 바람직하거나 가능한 것이라고 생각지 않는다.

11. 제2부 제3장을 보시오.

12. 제2부 제3장을 보시오.

13. 이들 나라만을 언급하는 이유는 다른 나라들의 통계가 남편과 아내의 통계를 구별하지 않고 있기 때문이다. 남녀를 구분한 통계가 반드시 필요한 이유는 뒤에 알게 될 것이다. 그러나 우리는 [표 27]을 보고 프로이센과 바덴 및 작센에서 기혼 남성이 미혼 남성보다 실제로 더 많이 자살한다고 결론지어서는 안 된다. 즉 평균 연령의 미혼 남성(25-30세)은 평균 연령의 기혼 남성(40-45세)의 반만큼 자살하므로, 기혼 남성들은 이혼이 빈번한 사회에서조차도 어느 정도 자살에 대한 면역성을 가지고 있다. 그러나 그 면역성은 다른 나라에서보다 적다. 이 면역성이 무시될 수 있는 정도라면 연령을 고려하지 않으면 기혼 남성의 자살률은 미혼 남성의 자살률의 2배가 되어야 하는데, 실제는 그렇지가 않다. 그러나 이를 고려하지 않더라도 우리의 결론은 영향을 받지 않는다. 왜냐하면 기혼 남성의 평균 연령은 나라에 따라 거의 다르지 않으며(2-3년에 불과하다), 자살에 대한 연령의 영향은 어느 곳에서나 같기 때문이다. 따라서 연령의 효과를 고려하지 않음으로써 우리는 자살방지계수의 절대치를 감소시켰다. 그러나 그 감소는 모든 나라에서 같은 비율로 이루어졌기 때문에 우리가 중요하게 생각하는 상대적인 값에는 차이를 보이지 않는다. 우리는 각국 기혼 남성이 지닌 자살 면역성의 절대치를 구하려고 하는 것이 아니라 다만 면역성의 관점에서 여러 나라를 분류

하고자 한 것뿐이다. 이같이 단순화하게 된 까닭은 문제를 쓸데없이 복잡하게 만들고 싶지 않았고, 또한 연령의 효과를 정확하게 계산하는 데 필요한 자료를 다 구할 수 없었기 때문이다.

14. 연간 이혼자 수를 구할 수 없는 지역들은 기록된 이혼자 수에 따라 분류해야 했다.

15. Levasseur, *Population francaise*, V. Ⅱ, p.92. cf. Bertillon, *Annales de Dem. Inter*, 1880, p.460 - 작센에서는 남녀의 이혼 요구 비율이 거의 비슷하다.

16. Bertillon, *Annales*, etc., 1882, p.257 ff.

17. See *Rolla in Namouna* the portrait of Don Juan.

18. See the monologue of Faust in Goethe's work.

19. 이혼으로 인해 결혼이 약화되지 않는 사회에서는 엄격한 일부일처제가 염증을 일으킬 것이라는 주장에 우리는 반대한다. 만약 의무의 도덕성이 약화되면 물론 그와 같은 결과를 가져올 것이다. 그러므로 중요한 것은 규제의 존재만이 아니라 그 규제가 의식에 의해서 받아들여져야 한다. 그렇지 않으면 규제는 도덕적 권위를 갖지 못하며 내면적인 관성의 힘에 의해서 유지될 수밖에 없으므로 유익한 역할을 수행할 수 없게 된다. 그와 같은 규제는 별로 성과가 없이 사람을 괴롭힐 뿐이다.

20. 남편의 면역성이 낮은 곳에서는 아내의 면역성이 높으므로 서로 상쇄되지 않는지 의아해하는 사람도 있을 것이다. 그러나 전체 자살자의 총수 가운데서 기혼 여성의 비중은 매우 적으며, 따라서 여성의 자살 감소는 남성의 자살 증가와 균형을 이룰 만큼 전체 자살 가운데서 큰 비중을 갖는 것은 아니다. 따라서 이혼은 결국 자살자 총수의 증가와 정비례 관계를 갖게 된다.

21. *Op. cit.*, p.171.

22. 제2부 제3장을 보시오.

23. 결혼의 자살 방지 효과는 30세 이후에야 나타난다고 말할 수 있을지도 모른다. 실제로 이 연령에 이르기까지 자녀가 없는 기혼 남성은 절대 수에 있어서는 자녀가 있는 기혼 남성과 거의 같은 자살률을 갖는다. 즉 20~25세에는 자살률이 다 같이 6.6이며, 25~30세에는 자녀 없는 기혼 남성은 33,

자녀가 있는 기혼 남성은 34의 자살률을 보인다. 그러나 물론 이 연령에서는 자녀를 가진 기혼자 수가 자녀가 없는 기혼자 수보다 훨씬 많다. 그러므로 후자의 자살 경향은 전자의 자살 경향보다 몇 배가 더 많거나 또는 미혼 남성의 자살과 같은 정도가 되어야 할 것이다. 그러나 국세조사는 연령별로 자녀가 없는 남편의 수를 자녀가 있는 남편의 수와 구별해서 제시하고 있지 않으므로 생활 주기별로 각각의 자살률을 계산할 수 없기에 우리는 이 문제에 대하여 가설을 정립할 수 있을 뿐이다. 우리는 1889~1891년에 대해서 법무부에서 나온 절대 수치만을 알 수 있을 뿐이다. 우리는 그 통계를 본서의 부록에 있는 표에 제시했다. 국세조사의 이 같은 허점은 매우 유감스러운 바이다.

24. 제2부 제3장을 보시오.

25. 이상과 같은 고찰은 마치 이기적 자살과 이타적 자살이 서로 반대되는 유형인 것처럼 아노미성 자살에도 반대 유형의 자살이 있을 수 있음을 암시한다. 그것은 지나친 규제로 인한 자살이며 강압적인 규율에 의해서 미래가 무자비하게 제한되고 욕망이 난폭하게 제압당한 사람들의 자살이다. 그와 같은 자살은 아주 젊은 기혼자들이나 자녀가 없는 기혼 여성들의 자살이다. 따라서 완벽을 기하기 위해 우리는 네 번째의 자살 형태를 분류해야 할 것이다. 그러나 이 형태는 오늘날 거의 중요성이 없으며 방금 말한 것들을 빼놓으면 그 예를 찾아보기가 극히 어려우므로 무시해도 좋을 것이다. 그러나 역사적인 관심의 대상은 될 수 있다. 어떤 특정한 조건에서는 빈번하게 일어날 수 있는 노예들의 자살이나(Corre, *Le crime en pays creoles*, p.48) 지나친 물리적 및 정신적 압제로 인한 모든 자살이 여기에 속한다. 불가항력적이고 융통성이 없는 규율의 성격을 나타내고, 또한 우리가 본 장에서 사용한 용어인 '아노미'라는 표현과 대조하기 위해서 우리는 그러한 자살을 '숙명적 자살(fatalistic suicide)'이라고 부를 수 있을 것이다.

제6장 여러 자살 유형의 개인적 형태

1. *Raphaël*. ed. Hachette, p.6.

2. *Hypochondrie et sucide*, p.316.

3. Brierre Boismont, *Du suicide*, p.198.

4. *Ibid.*, p.194.

5. Examples will be found in Brierre de Boismont, pp.494 and 506.

6. Leroy, *op. cit.*, p.241.

7. See cases in Brierre de Boismont, pp.187~189.

8. *De tranquillitate animi*, II, sub fine. CF. Letter XXIV.

9. *René*, ed Vialat, Paris, 1849, p.112.

10. 333쪽 [표 24]를 보시오.

11. 세네카는 카토의 자살을 물질적 사물에 대한 인간 의지의 승리라고 칭송했
다(De Prov. 2, 9 and Ep.71, 16).

12. Morselli, pp.445~446.

13. See Lisle, *op. cit.*, p.94.

■ 제3부 사회 현상으로서 자살의 일반적 성격

제1장 자살의 사회적 요소

1. 특히 그의 다음 두 저작을 보라. *Sur l'hpmme et le developpement de
see facultés ou Essai de physique sociale*, 2 vol., Paris, 1835, and *Du
systéme social et des loisqui le régissent*, Paris 1848. 케틀레가 이 규칙성
에 관하여 처음으로 과학적 설명을 했지만, 그가 첫 번째 발견자는 아니다.
정신 통계는 쥐스밀히(Süssmilch) 목사의 저서에서 처음 발견할 수 있다. *Die
Göttliche Ordnung in den Veränderungen des menslichen Geschlechts,
aus der Geburt, dem Tode nd der Fortpflanzung desselben erwiesen*, 3
vol., 1742.

See on the same question: Wanger, *Die Gesetzmässigkeit*, etc., first part;
Drobisch, *Die Moralische Statistik und die menchliche Willensfreihit*,
Leipzig, 1867(especially pp.1-58); Mayr, *Die Gesetzmässigkeit im Gesell-
schatsleben*, Munich, 1887; Oettingen, *Moralstatistik*, p.90 and ff.

2. 이 점은 인종으로는 사회적 자살률을 설명할 수 없다는 또 하나의 증거이 기도 하다. 인종적 유형은 그 자체가 생성적 유형이다. 이것은 상당수의 개 인에게 공통된 특성들만을 포함한다. 그러나 자살은 예외적인 현상이다. 따라서 인종은 자살을 결정할 아무런 요인도 없다. 그렇지 않다면 자살은 실제보다 더 일반적이어야 한다. 그렇다면 인종을 구성하는 어떤 요소도 자 살의 충분한 원인은 못 되지만 그 성격상 인종은 사람들에게 다소간에 어 떤 자살을 일으키는 원인을 제공한다고 생각할 수 있을까? 그럴 리도 없지 만, 그와 같은 가설이 사실로 증명된다고 하더라도 인종적 유형은 매우 평 범한 영향밖에 주지 못한다고 볼 수밖에 없다. 왜냐하면 그 가상의 영향이 대다수의 사람에게서는 나타나지 않고 예외적으로만 나타나고 있기 때문 이다. 즉 모두가 같은 인종으로 구성된 사람들 사이에서 왜 겨우 1백만 명 당 1백 또는 2백 긴의 자살밖에 일어나지 않는지를 설명할 수 없는 것이다.

3. 이것은 기본적으로 앞에서 인용한 드로비쉬(Drobisch)의 견해다.

4. 이 같은 논의는 다른 경우에서보다는 더 현저하지만 자살 문제에만 한정 된 것은 아니다. 좀 다른 형태로 이 논의는 범죄에 대해서도 적용할 수 있 다. 범죄자도 자살자와 마찬가지로 예외적인 존재들이므로 평균적 유형으 로는 범죄의 영향을 설명할 수 없다. 그러나 결혼은 살인이나 자살보다 훨 씬 일반적임에도 역시 평균적 유형으로는 설명할 수 없다. 생활의 주기별 로 보면, 결혼하는 사람 수는 미혼자에 비해 소수다. 예를 들면 프랑스에서 는 결혼을 가장 많이 하는 연령층인 20~30세의 사람들은 1천 명의 미혼자 에 대하여 남성은 176명, 여성은 135명의 결혼율을 보일 뿐이다(1877~1881년). 그러므로 성적 경험과는 구별해야 하는 결혼의 경향은 평균적 유형으로 충 분히 설명될 만큼 일반적인 것은 아니다. 이 경우에도 자살의 경우와 마찬 가지로 통계 수치는 개인적 경향의 평균적인 강도를 나타내는 것이 아니라 결혼에 대한 충동을 나타낸다.

5. 그런데 자살의 통계뿐만 아니라 모든 정신적 통계의 사실이 앞에서 소개한 바와 같이 이러한 결론을 함축하고 있다.

6. Tarde, *La sociologie élémentaire, in Annles de l'Institut international de Sociologie*, p.213.

7. 우리가 이것을 '마지막에 선택해야 할' 설명이라고 하는 것은, 그 같은 방식으로는 문제의 핵심을 풀 수 없기 때문이다. 그러한 연속성을 설명하기 위해서 정말 필요한 것은 특정한 시기의 관행이 어떻게 다음 시기에도 잊히지 않고 기억되는가를 보여 주는 일이다. 새로운 세대가 선조들의 관행을 순전히 개인들 사이에서의 전승을 통해서 알고 있다는 사실은 그들이 선조들과 같이 행동하리라는 것을 의미하지는 않는다. 그렇다면 무엇이 그들을 그렇게 하도록 만드는가? 관습의 존중이나 지난 세대의 권위 때문인가? 만일 그렇다면 그러한 연속성의 원인은 관념과 관행의 전달자로서의 개인들이 아니라 특정한 사람들 사이에서 선조들을 특별한 존중심을 가지고 대하게 하는 집단적인 성향인 것이다. 그리고 이 성향이 개인들에게 파고들어 가는 것이다. 자살의 경향처럼 특정한 사회에 있어서의 집단적 성향은 개인들이 전통에 동조하는 정도에 따라 그 고유의 강도를 가진다.

8. See *Règles de la méthode sociologique*, Ch. Ⅱ.

9. Trade, *op. cit.*, in *Annales de l'Institut de social.*, p.222.

10. See Frazer, *Golden Bough*, p.9 ff.

11. 오해를 피하고자 이상의 논의를 통해 개인과 사회적 영역이 어디서 시작되고 어디서 끝나게 되는지에 대한 명확한 한계점이 있다고 주장하는 것이 아님을 밝혀 둔다. 결합은 확립되어 있지 않을 수도 있고, 그 결과를 일시에 모두 일으키는 것도 아니다. 그러기 위해서는 시간이 걸리므로 실체가 불확실할 경우도 있다. 그래서 우리는 하나의 사실에서 다른 사실로 간격 없이 넘어가게 된다. 그러나 그렇다고 우리가 이들을 구별하지 않아야 하는 것은 아니다. 명확하게 구별되는 유사 개념은 없으며, 진화는 연속적이기 때문에 그런 식으로 한다면 우리는 아무것도 하지 못하고 말 것이다.

12. 우리는 이 같은 설명 때문에 우리가 사회학에 있어 내면적인 것을 외면적인 것으로 대치하려 한다는 비난을 받으리라고는 생각지 않는다. 외적인 것만이 직접 주어진 것이므로 거기에서 시작해서 내면으로 도달하고자 하는 것뿐이다. 물론 그 절차는 복잡하다. 그러나 우리가 사실의 질서 대신 사실의 질서에 관한 우리의 개인적 느낌으로 연구하려고 하는 것이 아니라면 그 외에는 다른 방법이 없다.

13. 이러한 존경심이 한 사회에서 다른 사회보다 더욱 강력한지를 알아보기 위해서는 제재 방법의 폭력성뿐만 아니라 형벌 규정에 있어서의 형벌의 위치도 고려해야 한다. 계획적인 살인은 과거와 마찬가지로 오늘날에도 사형으로 처벌된다. 그러나 오늘날에는 단순한 사형이 상대적으로 더욱 큰 의미를 갖게 되었다. 왜냐하면 과거에는 단순한 사형보다 더 심한 처벌이 있었으나 오늘날에는 그것이 최고형이기 때문이다. 과거에는 보통의 살인 행위에 대해서는 단순한 사형이 적용되지 않았으므로 덜 심하게 처벌되었던 셈이다.

14. 마치 자연 과학이 자연 세계의 창조자인 신에 대한 신앙을 논의하지 않는 것과 같이, 도덕의 과학도 역시 도덕의 창조자는 신이라고 보는 교리에 대하여 아무런 관심도 두지 않는다. 그 문제는 우리의 능력 밖의 일이고, 또 꼭 그 해답을 구해야 할 의무도 없다. 우리의 관심 대상은 이차적인 원인들이다.

15. 서론 및 제3부 제1장 참조.

16. See Trade, *op. cit.*, p.212.

17. See Delage, *Structure du protoplasme, passin*; Weissmann, *L'hérédité* and all the theories akin to Weissmann's.

18. 제2부 제4장을 보시오.

19. 이러한 증가는 물론 이타적 자살이 비교적 적은 유럽 사회에서만 입증되었다. 아마도 연령에 따른 증가는 이타적 자살에 적용되지 않는 듯하다. 이타적 자살은 사회생활에 가장 적극적인 성년기에 최고조에 달할 것이다. 다음 장에서 언급할 이타적 자살과 타살과의 관계는 이런 가설을 입증해 준다.

20. 우리의 영역 밖인 형이상학적 문제를 제기하고 싶지는 않지만, 이런 통계의 이론이 인간의 모든 자유를 부인하는 것은 아니다. 그와 반대로 개인을 사회적 현상의 원인으로 규정하는 것보다도 더 많은 자유 의지를 남겨 놓는다. 사실상 집단적 표현의 규칙성의 원인이 무엇이든 그 결과는 일어날 수밖에 없는 것이다. 그렇지 않다면 그 결과는 무작위적이어야 할 터인데 실제로는 일정하기 때문이다. 그 원인들이 만일 개인에 내재한다면 불가피하게 개인의 행동을 결정하지 않을 수 없다. 따라서 이런 가설은 엄격한 결정

론을 피할 수 없다. 그러나 만일 인구학적 자료의 안정성이 개인에 외재하는 것이라면 결정론을 피할 수 있게 된다. 그런 힘은 특정한 개인을 결정하지 않는다. 그것은 특정한 사람에 의해서 수행되어야 한다고 지정하는 것이 아니라 다만 일정한 수의 특정한 행동을 결정할 뿐이다. 어떤 사람은 그힘에 저항하고 어떤 사람은 그 영향을 받아들인다. 사실상 우리는 물리적, 화학적, 생물학적, 심리학적 요인에다 역시 외재적인 사회적 요인을 첨가할 뿐이다. 위의 요인들이 인간의 자유를 제한하지 않는다면 사회적 요인도 마찬가지다. 문제 자체가 양자를 같은 입장에서 보기 때문이다. 그리고 가령 전염병에 오염된 지역이 있다고 한다면, 그 강도는 그로 인한 사망률을 결정할 것이다. 그러나 누가 오염되어야 한다고 지정하는 것은 아니다. 자살 생성 경향과 자살자의 관계도 그와 같다.

제2장 자살과 다른 사회적 현상과의 관계

1. See *Division du travail social*, Introduction.
2. Bibliography on the question. Appiano Buonafede, *Histoire crique et philosophique du suicide*, 1762, Fr. trns., Paris, 1843. -Bourquelot, *Recherches sur les opinions de la législation en matière de morts volontaires*, in *Bibliothèque de l'Ecole des Chartes*, 1842 and 1843. -Guernesey, *Suicide, History of the Penal Laws*, New York, 1883. -Garrison, *Le suicide en droit romain et en droit français*, Toulouse, 1883. Wynn Westcott, *Suicide*, London, 1885, pp.43~58. -Geiger, *Der Selbstmord im klassichen Altertum*, Augsburg, 1888.
3. Garrison, *op. cit.*, p.77.
4. *Omicidio-suicido*, pp.61~62.
5. *Origines du droit français*, p.371.
6. Ferri, *op. cit.*, p.62.
7. Garrison, *op. cit.*, pp.144, 145.
8. Ferri, *op. cit.*, pp.63 and 64.
9. *Koran*, III, v. 139.

10. *Ibid.*, ⅩⅥ, v. 63.

11. *Ibid.*, LⅥ, v, 60.

12. *Ibid*, XXXⅢ, v. 33.

13. Aristotle, *Eth. Nic.*, Ⅴ.Ⅱ, 3.

14. Aeschines, *Against Ctesiphon*. -Plato, Laws, Ⅸ, 12.

15. Dion Chrysostom, *Orations*, 4, 14(Teubner ed. Ⅴ, 2, p.207.)

16. *Melet*, Ed. Reiske, Altenburg, 1797, p.198 ff.

17. Valerius Maximus, 2, 6, 8.

18. Valerius Maximus, 2, 6, 7.

19. ⅩⅡ, 603.

20. See Lasaulx, *Ueber die Bücher des Koenigs Numa*, in his *Etudes d' antiquité classique*. We quote from Geiger, p.63.

21. Servius, *loc. cit.*, -Pliny, *Natural History*, XXXⅥ, 24.

22. Ⅲ, title Ⅱ, bk. Ⅱ, par.3.

23. *Inst. orat.* Ⅶ, 4, 39. -Orationd, 337.

24. *Digest*, bk. XLIX title ⅩⅥ, law 6, par. 7.

25. *Ibid.*, bk. XXⅧ, title Ⅲ, law 6, par. 7.

26. *Digest*, bk. XLVⅧ, title XXI, law 3, par. 6.

27. Towards the end of the Republic and the beginning of the Empire; see Geiger, p.69.

28. 최근에는 사회의 범죄에 대한 사형의 권리조차도 논란되기 시작했다.

29. See Geiger, *op. cit.*, pp.58~59.

30. See my *Division du travail social*, bk. Ⅱ.

31. 1881년 리옹과 1887년 로마에서 열린 범죄학회에서 라카사뉴는 이 이론에 대해 자신이 책임지겠다고 주장했다.

32. Bibliography. -Guerry, *Essai sur la statistique morale la France*. -Cazauvieilh, *Du suicide, de l'aliénation mentale et des crimes contre les personnes, comparés dans leurs rapports reciproques*, 2 vols., 1840. -Despine, Psychologie natur., p.111. -Maury, *Du mouvement moral des*

sociétés, in *Revue des Deux-Mondes*, 1860. -Morselli, *Il suicidio*, p.243
ff. -*Actes du premier congrès international d'Anthropologie criminelle*,
Turin, 1886~1887, p.202 ff. -Trade, *Criminalité comparée*, p.152 ff. -Ferri,
Omicidio-suicidio, 4th ed., Turin, 1895, p.253 ff.

33. *Moralstatistik*, p.526.

34. 원저와 프랑스 형법 용어를 참작하여 계획적 및 비계획적 살인으로 번역하
    였음. -역주

35. *Op. cit.*, p.333. -In the *Actes du congrés de Rome*, p.205. 그러나 저자는
    그런 반대되는 경향의 실제에 대하여 의문을 표명하고 있다.

36. 프랑스 법적 용어에 의거하고 문맥을 참작하여 '과실 치사'로 번역하였음.
    -역주

37. *Op. cit.*, pp.310 ff.

38. *Op. cit.*, p.67.

39. *Des prisonniers de l'imprisonnement et des prisons*, Paris, 1850. p.133.

40. *Op. cit.*, p.95.

41. *Le suicide dans départment de Seine-et-Marne*.

42. *Op. cit.*, p.377.

43. *L'homme criminal*, Fr. trans. p.338.

44. 교도소 생활이 자살에 미치는 영향은 무엇일까? 부분적으로는 분명히 감
    방 생활로 인한 영향일 것이다. 그러나 전체 교도소의 공동생활이 그러한
    영향을 미친다고 해도 우리는 놀라지 않을 것이다. 범죄자와 죄수들은 일
    반적으로 매우 응집력이 강하다고 알려져 있다. 개인은 완전히 말살되고
    교도소의 규율 자체도 같은 경향을 보인다. 우리가 군대에서 관찰한 것과
    비슷한 현상이 교도소에서도 일어날 것이다. 군대 막사에서처럼 교도소에
    서도 자살의 전염이 빈번하다는 사실은 이 같은 가설을 증명해 주고 있다.

45. 페리가 보고한 통계(*Omicidio* p.373.)도 결정적인 증거는 되지 못한다. 통계에
    의하면 1866~1876년에 이탈리아 교도소에서는 상해범 중 175건의 자살이,
    재산범 중에서는 5건의 자살이 발생하였다. 그러나 전자가 후자보다 교도
    소 수용 인원 중에서 차지하는 비율이 훨씬 높다. 따라서 이 숫자들은 결정

그의 저서 《범죄 비교(*Criminalité comparée*)》(p.72)에서 요약한 내용밖에는 알지 못한다.

7. 외팅겐은 그와 같은 결론을 피하고자 자살은 문명의 나쁜 측면 중 하나에 불과하므로 문명을 해치지 않고도 감소시킬 수 있다고 주장하였다. 그러나 이것은 말장난에 지나지 않는다. 만일 문명에 의존하는 것과 같은 원인에서 자살이 발생하는 것이라면 우리는 다른 제한 없이 하나를 감소시킬 수가 없다. 왜냐하면 자살을 제한하는 유일한 길은 그 원인을 제거하는 것뿐이기 때문이다.

8. 이러한 주장은 반박할 수 있다. 불교와 자이나교는 비관적인 생활의 교리다. 그와 같은 종교를 실천하는 사람들도 병적인 상태에 있다고 해야 할 것인가? 저자는 이 질문에 대답할 만큼 그 교리에 대해서 알고 있지 못하다. 그러므로 우리의 논의를 유럽인에게 한정하고 대도시적인 사회에만 적용해 보기로 하자. 그 범위 안에서는 위와 같은 주장은 거의 이론의 여지가 없다. 그리고 특정한 다른 사회에서는 정상적인 상황에서도 자기 부정의 정신이 체계화될 수 있는 가능성은 있다.

9. Among others, Lisle, *op. cit.*, p.327 and ff.

10. 이 경우에도 도덕적 행동과 비도덕적 행동의 구별이 명확하다고 볼 수 없다. 선과 악 사이의 구분은 일반 의식에 있어서 명확성이 결여되어 있다. 불분명한 단계가 양자 사이에 존재하며 그 경계는 명확하지 못하다. 확실한 범죄의 경우에만 선과 악의 구별이 명확하며 극단과 극단의 관계는 자살의 경우보다 오히려 불분명하다.

11. *Op, cit.*, p.499.

12. Art. *Suicide, in Diction. Philos.*

13. 이 점에 오해가 없어야 한다. 물론 오늘날의 사회도 멸망할 날이 올지도 모른다. 그리하여 보다 작은 그룹으로 분열될지도 모른다. 그러나 만일 과거를 미래로 판단할 수 있다면, 그와 같은 상황은 일시적일 뿐이며 그와 같이 분열된 그룹들은 오늘날의 사회보다 더 큰 새로운 사회의 재료가 될 것이다. 심지어 분열된 그룹들조차도 오늘날의 사회를 구성하는 부분들보다 훨씬 더 크리라는 것을 예견할 수 있다.

14. 최초의 수공업 집단은 로마 제국 시대로 거슬러 올라간다. See Marquardt, *Privatleben der Romer*, Ⅱ, p.4.

15. See the reasons in my *Division du travail social*, Bk. Ⅱ, ch. Ⅲ, especially p.335 ff.

16. 아마도 이러한 차이가 더 이상 오늘날과 같이 엄격한 규제적 성격을 갖지 않게 되리라고 예상한다. 여성들에게 특정한 역할이 금지되고 다른 역할만 주어지지는 않을 것이고 여성들의 선택은 더욱 자유로워질 것이다. 그러나 여성들의 선택은 그녀들의 적성에 따라 결정될 것이므로 대체로 같은 종류의 직업에 집중될 것이다. 그녀들의 직업은 강제적으로는 아니더라도 현저한 동일성을 가질 것이다.

17. 물론 우리는 이와 같은 진화의 주요 단계만을 다루고 있는 것이다. 현대 사회가 도시 국가로부터 곧바로 진화되었다고 하는 것은 아니다. 다만 그 중간 단계들은 생략했을 뿐이다.

18. See on this point Benoist, *L'organisation du suffrage universal*, in *Revue des Deux Mondes*, 1886.

에밀 뒤르켐의
자살론

초　판 1쇄 발행 · 2008. 5. 30.
개정판 2쇄 발행 · 2024. 12. 15.

지은이 · 에밀 뒤르켐
옮긴이 · 황보종우
발행인 · 이상용 이성훈
발행처 · 청아출판사
출판등록 · 1979. 11. 13. 제9-84호
주소 · 경기도 파주시 회동길 363-15
대표전화 · 031-955-6031 팩시밀리 · 031-955-6036
E - mail · chungabook@naver.com

* 잘못된 책은 구입한 서점에서 바꾸어 드립니다.
* 본 도서에 대한 문의 사항은 이메일을 통해 주십시오.